Heinz J. Nowarra · Die deutsche Luftrüstung 1933–1945 · Band 2

Heinz J. Nowarra

Die deutsche Luftrüstung 1933–1945

Band 2: Flugzeugtypen Erla–Heinkel

Bernard & Graefe Verlag

Das gesamte Bild- und Zeichnungsmaterial entstammt dem Archiv des Verfassers und wurde in den Jahren 1949 bis 1983 mit Unterstützung in- und ausländischer Sammler, der deutschen Luftfahrtindustrie und des Smithsonian Institution, Washington, D. C. zusammengestellt.

Herstellung und Layout: Walter Amann, München
Lithos: Repro GmbH, Ergolding/Landshut
Satz: Isar-Post GmbH, Landshut
Gesamtherstellung: Graficas Estella S.A.
Printed in Spain

ISBN 3-7637-5464-4 (Gesamtwerk)
ISBN 3-7637-5466-0 (Band 2)

Inhalt

Vorbemerkung

Das Werk »Die deutsche Luftrüstung 1933 – 1945« behandelt in vier Bänden ein militär-technisches Geschehen, dessen Ursachen, dessen Gesamt- und Einzelablauf vor dem zeitgeschichtlichen Hintergrund dieser nicht nur deutschen Schicksalsjahre gesehen und verstanden werden müssen. Der »technische Vorgang« kann eigentlich nicht vom politischen Vorgang losgelöst behandelt werden. Wenn dies hier dennoch geschieht, so aus folgenden Gründen:
Die geistige, politische und militärische Bewältigung und Aufarbeitung der Jahre 1933 – 1945 ist im In- und Ausland in breitestem Umfang und mit Unterstützung aller verfügbarer Medien so vorgenommen worden, daß die Kenntnis der politischen und militärischen Hintergründe der deutschen Luftrüstung dieser Jahre beim Leser dieses Werkes vorausgesetzt werden kann.
Gegenüber der eingehenden wissenschaftlichen Verarbeitung der politischen und militärischen Ereignisse befinden sich die Darstellungen der technischen, industriellen, wirtschaftlichen und rüstungsmäßigen Vorgänge der Jahre 1933 – 1945 weit im Hintertreffen.
Deshalb wurde in diesem Werk der eindeutige Schwerpunkt auf die Darstellung der rüstungstechnischen Vorgänge gelegt. Auf die politische und militärische Bedeutung der Luftrüstungsmaßnahmen wurde zwar hingewiesen, sie haben aber aus den angegebenen Gründen hier nicht die Priorität.

Vorwort

Das erstmals im Jahre 1961 im F. J. Lehmanns Verlag in München erschienene Buch »Die deutschen Flugzeuge 1933 – 1945« ist bis zum Jahr 1977 — immer wieder erweitert und verbessert — fünfmal neu aufgelegt worden.

Die ständige Nachfrage nach dem Werk, die Fülle an neuem Material und Informationen, besonders auch nach 1977, die sich inzwischen angesammelt hatten, und Unterlagen, die uns erst jetzt aus ehemaliger Siegerhand wieder zugänglich gemacht wurden, zwangen zu der hier vorgelegten Neuausgabe.

So wurden hier neben anderem die Flugzeug- und Motorenentwicklung, die Flugzeugbewaffnung, Flugzeugausrüstung, Sondergeräte, Lenkwaffen sowie Funk- und Ortungsgeräte berücksichtigt.

Nur ein Teil des Textes der Ausgabe von 1977 wurde verwendet, der größere Teil des Textes neu geschrieben und ergänzt.

Photos und Zeichnungen sind neu, bei den letzteren handelt es sich größtenteils um Werkszeichnungen.

Die thematische Erweiterung rechtfertigte den jetzt gewählten Titel »Die deutsche Luftrüstung 1933 – 1945«, die erhebliche Umfangerweiterung zwang dazu, dieses Werk in vier Bänden vorzulegen. Der Band 1 enthält neben den für *alle* Flugzeugtypen — also auch für die Bände 2 – 4 — notwendigen Angaben die Typen von AEG bis Dornier, der Band 2 die Flugzeugtypen von Erla bis Heinkel, der Band 3 von Henschel bis Messerschmitt und der Band 4 beinhaltet die Flugzeugtypen von MIAG bis Zeppelin, die Flugzeugschleppverfahren, die FIST-Landflugzeugschleuder KI 12, Flugkörper, Flugmotoren aller Art, Bordwaffen und Ausrüstung.

Da es sich bei den in den vier Bänden erfaßten fliegerischen Geräten um Entwicklungen ausschließlich der Jahre 1933 bis 1945 handelt, wurden hier Abmessungen, Gewichte und Leistungen in den damals gültigen Werten angegeben, die im Ausland zum Teil heute noch Gültigkeit haben. Da diese Werte in der Bundesrepublik Deutschland jedoch seit dem 31. Dezember 1977 nicht mehr gültig sind, wurde allen vier Bänden eine Umrechnungstafel beigefügt, die insbesondere jüngeren Lesern behilflich sein soll; ebenso ist ein »Appendix for english-speaking readers« Bestandteil aller Bände.

Ein Werk dieses Umfangs, zusammengefügt aus so vielen Einzelfachgebieten, wäre ohne die Hilfe anderer nicht zu bewerkstelligen gewesen. Platzgründe verbieten die Aufzählung aller, denen der Autor sich zu Dank verpflichtet weiß. Stellvertretend für die vielen seien hier genannt:

Messerschmitt-Bölkow-Blohm, Werk VFW, Bremen
Dornier-Werke, München
DFVLR, Porz-Wahn
H. P. Dabrowski, Hannover
Dr. Göers, Osnabrück
Manfred Griehl, Mainz
Armin Kerle, Böblingen (†)
Peter Petrick, Berlin
Helmuth Roosenboom, Bremen
Professor Soehne, München
Jay P. Spencer, Smithsonian Institution

Dieses Werk möchte der Autor gern auch in die Hände junger Leser gelegt wissen:
Die technischen und unternehmerischen Leistungen der Väter sind auch Teil der deutschen Geschichte und, wie ich meine, sie sind nicht ihr schlechtester Teil!

Harreshausen. Heinz J. Nowarra

Einzelnachweis für Flugzeuge, Triebwerke, Ausrüstung und Geräte

Erklärung von Ausdrücken und Abkürzungen

Ausdrücke aus der Nachtjagd

Himmelbett	Nachtjagdverfahren, bei dem eine geschlossene Wolkendecke von unten durch Scheinwerfer angestrahlt wurde. Die feindlichen Flugzeuge erschienen den hoch fliegenden Nachtjägern wie Schattenrisse auf einer Mattglasscheibe.
Schräge Musik	Starr in den Rumpfrücken eingebaute Waffen, die in einem Winkel von etwa 70° schräg nach oben schossen. Sie ermöglichten ein Bekämpfen der feindlichen Flugzeuge durch Unterfliegen.
Wilde Sau	Freie Nachtjagd auf im Scheinwerferlicht erfaßte Feindmaschinen.

Abkürzungen im Textteil

A-Stand	Waffenstand im Bug
B-Stand	Waffenstand auf der Rumpfoberseite
B1-Stand	Bei zwei Waffenständen auf dem Rumpfrücken der vordere
B2-Stand	Bei zwei Waffenständen auf dem Rumpfrücken der hintere
C-Stand	Waffenstand unter dem Rumpf
C1-Stand	Bei zwei Waffenständen unter dem Rumpf der vordere
C2-Stand	Bei zwei Waffenständen unter dem Rumpf der hintere
DVL	Deutsche Versuchsanstalt für Luftfahrt
EDL	elektrisch betätigte Drehlafette
ETC	Bombenaufhängevorrichtung
FDL	fernbetätigte Drehlafette
FHL	fernbetätigte Drehlafette im Heck
FT	Funkentelegraphie-Einrichtung
FuG	Funkgerät
GM	Sauerstoffhaltiges Zusatzmittel (Stickstoffoxyd) für die kurzzeitige Leistungssteigerung von Flugmotoren
HD	handbetätigter Drehturm
H-Stand	Waffenstand im Heck
HZ-Anlage	Höhenladerzentrale für Höhenflugzeuge, bestehend aus einem zusätzlichen Motor, der ausschließlich Luft für die anderen Triebwerke erzeugt.
LC	Leuchtbomben
Lotfe	Lotfernrohr als Bombenzielgerät
LT	Lufttorpedo
MG	Maschinengewehr
MK	Maschinenkanone
MW	Wasser-Methanol-Einspritzanlage für die kurzzeitige Leistungssteigerung von Flugmotoren
NSFK	Nationalsozialistisches Fliegerkorps
PTL	Propellerturbine
PV	Periskop-Visier
Rb	Reihenbildgerät
REVI	Reflexvisier
RF	Rückblickfernrohr
RLM	Reichsluftfahrtministerium
SC, SD usw.	Sprengbomben
TL	Luftstrahlturbine
T-Stoff, C-Stoff usw.	Raketentreibstoffe. Sie sind im Teil der Flugkörper näher erläutert.
VDM	Vereinigte Deutsche Metallwerke
V-Muster	Versuchsmuster

Umrechnungsfaktoren von Einheiten des SI-Systems

Umrechnung einiger älterer d. h. außer Kraft gesetzter Einheiten in Einheiten des SI-Systems

Techn. Atmosphäre	at ata atü	1 at = 0,980 bar
Kilogramm (Kraft)	kg	1 kg = 9,806 N = 0,0098 kN
Kilokalorie	kcal	1 kcal = 4,187 kJ
Kilopond	kp	1 kp = 9,806 N = 0,0098 kN
Pferdestärken	PS	1 PS = 735,5 W = 0,736 kW

Appendix for English-speaking readers

Translations of the most important German aeronautical terms

Sorts of aircraft

Jagdflugzeug, Jäger	Fighter, interceptor
Aufklärer	(recco-plane), reconnaissance plane
Bombenflugzeug	Bomber
Bombenflugzeug, mittleres	Medium bomber
Bombenflugzeug, leichtes	Light bomber
Bombenflugzeug, schweres	Heavy bomber
Langstreckenflugzeug	long-range airplane
Höhenflugzeug	high-altitude airplane
Flugboot	flying boat
Seenotflugzeug	air sea rescue airplane
Jagdbomber, Jabo	fighter-bomber
Nachtjäger	nightfighter
Schwimmer-, Wasserflugzeug	sea plane
Versuchsflugzeug	experimental aircraft
Düsen- oder Turbinenflugzeug	jet aircraft
Lastensegler	cargo-glider
Transportflugzeug	transport plane
Verkehrsflugzeug	personel transport plane
Schulflugzeug	basic trainer
Übungsflugzeug	trainer
Verbindungsflugzeug	liaison airplane
Sturzbomber, Stuka	dive-bomber

Sorts of powerplants

Verbrennungs- oder Kolbenmotor	piston engine
Flugmotor	aero engine
Raketenmotor	rocket engine
Strahlturbine	turbo-jet engine
Propellerturbine	prop-jet, gas-turbine
Sternmotor	radial engine
Reihenmotor	in-line engine
Kompressor	supercharger
Turbolader	turbo-blower
Einspritzung	fuel injection
Schwerölmotor, Diesel	Heavy-oil-engine, Diesel

Parts of aircraft

Flugzeugzelle, Zelle	airframe
Rumpf	fuselage
Tragfläche, Fläche, Flügel	wing
Leitwerk	tail unit
Brennstoffbehälter	fuel tank
Kühler	radiator
Höhenflosse	horizontal fin
Höhenruder	elevator
Seitenflosse	vertical fin
Seitenruder	rudder
Fahrwerk	undercarriage
Fahrwerk, einziehbares	undercarriage, retractable
Fahrwerk, festes or starres	undercarriage, fixed
Luftschraube	airscrew, propeller
Propellerhaube	spinner

Data of aircraft

Länge	length
Spannweite	span
Höhe	height
Flächeninhalt, Flügelfläche	wing area
Leergewicht	empty weight
Nutzlast, Zuladung	payload
Fluggewicht	gross weight
Höchstgeschwindigkeit (V/max)	maximal speed
Reisegeschwindigkeit (V/R)	cruising speed
Landegeschwindigkeit (V/L)	landing speed
Gipfelhöhe	service ceiling
Reichweite	range
Steiggeschwindigkeit	rate of climb
Bombenlast	bombload
Ausrüstung	equipment
Bewaffnung	armament
FuG, Funkgerät	W/T set, radio device
A-Stand	front gun position
B-Stand	dorsal gun position
C-Stand	ventral gun position
Bola — Bodenlafette	ventral gun mounting
Lenkbombe, Lenkgeschoß	guidet missile
Revi — Reflexvisier	reflecting gunsight
Lotfe — Lotfernrohr, Bombenvisier	bombsight
ETC — äußeres Bombengehänge	external bomb rack
Lastenraum (bei Kampfflugzeugen)	bomb-bay
R-Gerät, Startrakete	RATO, generally ATO
Minensuchgerät	mine-detector
Ballonseil-Abschneidegerät	balloon-cable-cutter
Kuto-Nase	balloon-cable-cutter in leadingedge of wing
MW und GM-Geräte	fuel injection-device for engine
DL — Drehlafette	rotating gun-mount
FDL — Ferngesteuerte Drehlafette	electrically operated rotating gunmount

Aquivalents of German Measures

Zentimeter	Inches	Meter	feet
1	0,394	1	3,281
2	0,787	2	6,562
3	1,181	3	9,843
4	1,575	4	13,123
5	1,969	5	16,404
6	2,362	6	19,685
7	2,756	7	22,966
8	3,150	8	26,247
9	3,543	9	29,528
10	3,937	10	32,808
20	7,874	20	65,617
30	11,811	30	98,425
40	15,748	40	131,233
50	19,685	50	164,042
60	23,622	60	196,850
70	27,559	70	229,658
80	31,496	80	262,467
90	35,433	90	295, 275

Quadratmeter (m^2)	Square feet	Kilogramm (kg)	Pounds
1	10,76	1	2,205
2	21,53	2	4,410
3	32,29	3	6,615
4	43,06	4	8,820
5	53,82	5	11,025
6	64,58	6	13,230
7	75,35	7	15,435
8	86,11	8	17,640
9	96,88	9	19,845
10	107,64	10	22,050
20	215,28	20	44,100
30	322,92	30	66,150
40	430,56	40	88,200
50	538,20	50	110,250
60	645,84	60	132,300
70	753,48	70	154,350
80	861,11	80	176,400
90	968,75	90	198,450

Kilometer (km)	Miles statute	Miles nautical
1	0,621	0,539
2	1,243	1,079
3	1,864	1,619
4	2,486	2,158
5	3,107	2,698
6	3,728	3,238
7	4,350	3,777
8	4,971	4,317
9	5,592	4,856
10	6,214	5,396
20	12,427	10,792
30	18,641	16,188
40	24,855	21,584
50	31,069	26,980
60	37,282	32,376
70	43,496	37,772
80	49,710	43,168
90	55,924	48,564

Liter (l)	US Gallons	Imp. Gallons
1	0,264	0,220
2	0,528	0,440
3	0,793	0,660
4	1,057	0,880
5	1,321	1,100
6	1,585	1,320
7	1,849	1,541
8	2,113	1,761
9	2,378	1,981
10	2,642	2,201
20	5,284	4,402
30	7,926	6,603
40	10,567	8,804
50	13,209	11,005
60	15,851	13,206
70	18,493	15,407
80	21,135	17,608
90	23,777	19,809

Übersetzungstafel/Translation table

Deutsch	English	Français	Español
Flügelspitze	wing tip	bout d'aile, extrémité d'aile	extremo del ala
Ölbehälter, Öltank, Schmierstoffbehälter	oil tank	réservoir d'huile	depósito de aceite
Brandschott	fire-proof bulkhead	cloison-pare-feu, paroi de protection contre l'incendie	tabique parafuego
Motor	engine, motor	moteur	motor
Triebwerksgerüst, Motorträger, Motorbock	engine mounting	bâti-moteur	bancada del motor
Auspuffstutzen Auspuffrohr	exhaust pipe	pipe-d'échappement	tubo de escape
Kühlstoffbehälter Glycolbehälter	glycol tank	réservoir de glycol	depósito de glicol
Propellerhaube	spinner	casserole	caperuza (de la hélice)
Flügelmittelstück	wing center-section	section centrale d'aile	sección central del ala
Flügelanschlüsse	wing junctions	attaches de l'aile	unión del ala
Nasenleiste, Stirnleiste, vordere Randleiste	leading edge	bord d'attaque, aretier	borde de ataque
Holm	spar	longeron	larguero
a) Hauptholm	main spar	longeron principal	larguero principal
b) Hinterholm	rear (back) spar	longeron arrière	larguero posterior
c) Kastenholm	box spar	longeron caisson	larguero en cajón
d) Röhrenholm	tubular spar	longeron tubulaire	larguero tubular
Rippe	rib	nervure	nervadura
a) Hauptrippe	main rib	nervure principale	nervadura principal
b) Hilfsrippe	false rib, form rib stiffening rib	fausse nervure nervure auxiliaire	nervadura auxiliar
Torsionsnase, drehsteife Flügelnase	leading edge stiff against torsion	bord d'attaque résistant à la torsion	borde de ataque resistente a la torsión
Ölfederstrebe	oleo-leg	jambe oléo-ressort	montante amortigua-dor de aceite
Einziehfahrgestell, Verschwindfahrwerk	retractable undercarriage	train d'atterrissage escamotable (relevable)	tren de aterrizaje re-plegable
Fahrgestelleinziehschacht	undercart housing	alvéole du train rentrant	compartimiento de repliegue del tren
Verriegelung	locking device	verrouillage	enclavamiento
Landescheinwerfer	landing light	phare d'atterrissage	faro de aterrizaje
Positionslichter	wing lights, position lights	feux de position	luces de posición
Landeklappe	landing flap	volet d'atterrissage	alerón de aterrizaje
Landeklappenbetätigung	flap control	commande des ailerons	mando de los alerones
Steuerknüppel(-rad)	control-stick, control-column, joy-stick (steering wheel, control wheel)	manche à balai, levier de commande (volant de commande) manche de commande	palanca de mando (volante de mando)
Rumpfspant	former, frame	cloison, couple	armazón
Längsprofile	longitudinal stringers	lisses longitudinales	perfil longitudinal
Stoßstange (für Leitwerk)	operating rod, push rod	poussoir de commande, tige de commande	palanca intermedia

Deutsch	English	Français	Español
Rumpfgerüst (Spanten und Längsprofile)	fuselage frame	charpente de fuselage	armazón del fuselaje
Sanitätskasten	first-aid box, medical box	boîte médicale de secours	botiquín
Anschlußpunkte (für Motoren)	points of attachment	points d'attache	puntos de unión
Radgabel, Sporngabel	wheel fork	fourche de roue	horquilla de la rueda
Gewichtsausgleich Ausgleichsgewicht Trimmgewicht	mass balance, counterweight	compensation par contrepoids	compensación por pesos
Funkgerät	wireless apparatus W/T set	appareil radiotélegraphique, appareil de TSF	aparato radiotelegráfico
Höhenflosse	tail plane, stabilizer, horizontal fin	plan stabilisateur, plan fixe horizontal	plano fijo de cola
Seitenflosse	vertical fin	dérive, plan fixe vertical	plano de deriva
Hilfsruder Trimmklappe	trim tab, trim flap	volet de centrage	aleta de centraje
Kraftstofftank	fuel tank	réservoir à carburant	depósito de carburante
Gerätetafel, Instrumentenbrett	instrument board (panel) dash board	tableau de bord, planche de bord, planchette d'instruments	tablero de instrumentos
Öldruckmesser	oil pressure gauge, oil gauge	indicateur de pression d'huile, manomètre d'huile	indicador de la presión de aceite
Kraftstoffdruckmesser	fuel pressure gauge	indicateur de presoin de carburant	indicador de la presión del carburante
Ölthermometer	oil thermometer, oil temperature gauge	thermomètre d'huile	termómetro de aceite
Kraftstoffvorratsmesser	fuel contents gauge	jaugeur de carburant	indicador del carburante
Kühlertemperaturmesser	radiator temperature gauge	thermomètre de radiateur	termómetro del radiador
Seitensteuerfußhebel	rudder bar	palonnier	pedales del timón de dirección
Kompaß a) Nahkompaß b) Fernkompaß	compass direct reading compass remote compass, tele-compass	compas compas à lecture directe télé-compas	compás, brújula brújula de lectura directa brújula a distancia
Hydraulische Pumpe	hydraulic pump	pompe hydraulique	bomba hidráulica
Klappenbetätigung	flap control	commande des ailerons	mando de los alerones
Fahrgestellbetätigung	undercarriage control	commande de train l'atterrissage	mando del tren aterrizaje
Trimmung	trim compensation	centrage	centraje
Gashebel	throttle lever	manette de gaz	palanca des gases
Gemischregelung	mixture control	réglage du mélange	control de la mezcla
Bremshebel	brake lever	levier de frein	palanca de freno
Fahrgestellanzeiger	undercarriage position indicator	indicateur de la position du train	indicador de la posición del tren
Navigationsinstrumente	navigation instruments	instruments de navigation	instrumentos de navegación
Sprachrohr	speaking tube	tuyau acoustique	tubo acústico
Kabinendach	cabin roof	toit de la cabine	techo de la cabina
Windschutzscheibe	wind-screen, windshield	pare-brise	parabrisas
Fahrtmesser	airspeed indicator A.S.I.	indicateur de vitesse, anémomètre	indicador de la velocidad, anemómetro
Künstlicher Horizont	artificial horizon	horizon artificiel	horizonte artificial
Steiggeschwindigkeitsmesser	Rate-of-climb indicator, climb indicator, climbing speed indicator	indicateur de vitesse ascensionelle, variomètre	indicador de la velocidad de subida

Deutsch	English	Français	Español
Höhenmesser	altimeter	altimètre	altímetro
a) Grobhöhenmesser		altimètre ordinaire, altimètre de service courant	altímetro normal
b) Feinhöhenmesser	sensitive altimeter, precision altimeter	altimètre sensible, altimètre de précision	altímetro de precisión
Kurskreisel	direction gyro, directional gyro	gyroscope de direction	giroscopio de la dirección, girodirección
Wendezeiger	turn indicator	indicateur de virage	indicador de viraje
Drehzahlmesser	revolution counter, revolution indicator, tachometer, R.p.m. indicator	compte-tours, tachymètre	cuentarrevoluciones
Ferndrehzahlmesser	distance revolution counter	tachymètre à distance	cuentarrevoluciones de mando a distancia
Ladedruckmesser	boost gauge, boost pressure gauge	manomètre de suralimention	manómetro de sobrealimentaciñón
Propellernabe	airscrew boss	moyeu d'hélice	ojiva de la hélice
Rollenlager	rollet bearing	roulement à galet	cojinete de rodillos
Kurbelwelle	crankshaft	vilebrequin	cigüeñal
Triebwerksgerüst	engine mounting	bâti-moteur	bancada del motor
Ölsumpf	sump	cuvette d'huile	colector de aceite
Pleuel	connecting rod	bielle	biela
Hauptlager	main hearing	coussinet principal	cojinete principal
Ansaugrohr	suction pipe, induction pipe	pipe d'admission	tubo de admisión
Ölleitung	oil feeder line	canalisation d'huile	tubería de aceite
Zündkerze	spark plug	bougie d'allumage	bujía de encendido
Ölfilter	oil filter	filtre d'huile	filtro de aceite
Magnet	magneto	magnéto	imán
Kühlmittelleitung	coolant supply	canalisation d'agent de refroidissement	canalización del líquido refrigerante
Brennstoffpumpe	fuel pump	pompe à carburant	bomba del combustible
Vergaser	carburettor, carburetor (Am.)	carburateur	carburador
Kompressorantrieb	supercharger drive	commande du compresseur	accionamiento del compresor
Ladedruckregler	boost pressure control, boost control	régulateur de suralimentation	regulador de sobrealimentación
Druckluftverteiler, Luftkompressor	air compressor	compresseur d'air	compresor de aire
Nockenwelle	camshaft	arbre à came	árbol de levas
Zylinderbolzen	cylinder bolt	boulon de cylindre	pasador del cilindro
Zylinder	cylinder	cylindre	cilindro
Kolbenbolzen	piston pin	axe de piston	eje del émbolo
Kompressionsring	compressing ring	segment d'étanchéité	segmento de compresión
Ventil	valve	soupape	válvula
a) Einlaßventil	intake valve	soupape d'admission	válvula de admisión
b) Auslaßventil	exhaust valve	soupape d'échappement	válvula de escape
Wassermantel	water jacket	chemise d'eau	camisa de agua
Kolben	piston	piston	émbolo, pistón
Zylinderkopf	cylinder head	culasse, tête de cylindre	culata
Luftschraubenantrieb	airsrew drive	entrainement d'hélice	accionamiento de la hélice
Kugellager	ball bearing	roulement à billes	cojinete de bolas

Flugzeugtypen Erla – Heinkel

Erla

Erla Maschinenwerk G. m. b H., Leipzig

Chefkonstrukteur: Ing. F. X. Mehr
Werke: Leipzig-Mockau und Leipzig-Heiterblick

Ing. F. X. Mehr, der 1915 bei Gustav Otto in München-Oberwiesenfeld den Pilotenschein Nr. 1300 erhielt, entwickelte in den Jahren 1926 bis 1929 in Friedrichshafen am Bodensee verschiedene Gleit- und Segelflugzeuge sowie den Leichtflugzeug-Tiefdecker Me 3 mit 16 PS-DKW- oder 18 PS-Ursinus-Motor. Ein besonderer Wurf wurde das Hochleistungs-Segelflugzeug Me 4 Typ Friedrichshafen, das in einer kleinen Serie aufgelegt und besonders in Vorarlberg erfolgreich geflogen wurde. 1932 berief Herr Rasmussen der Firma DKW Ing. Mehr in das neugegründete Eisen- und Flugzeugwerk Erla G. m. b. H. nach Erla im Erzgebirge, wo ein neues Leichtmotorflugzeug mit wassergekühltem 20 PS-DKW-Motor, die Me 5, gebaut wurde und eine verbesserte Variante des Seglers Me 4 entstand. Bei der Überführung dieses Werkes in die Firma Erla Maschinenwerk GmbH in Leipzig am 18. Juli 1934 wurde Mehr zum Chefkonstrukteur ernannt, und die verbesserte Me 5 A ging als kunstflugtaugliches Kleinflugzeug in Serie. Obwohl sich die Firma Erla in ihrem Entwicklungsprogramm ganz auf Leichtflugzeuge einstellte und Mehr einige hervorragende Konstruktionen schuf, wurden zur Erweiterung der Produktion Lizenzaufträge hereingeholt. Folgende Muster standen auf dem Bauprogramm: 1934 – 35 Arado Ar 65, 1935 – 36 Arado Ar 68 und Heinkel He 51, 1936 – 45 ca. 12000 Me 109; weiterhin Gotha Go 145 Übungsdoppeldecker, Rümpfe und Leitwerke für Gotha Go 242 und DFS-Lastensegler, Tragflächen für Me 110 und Teile für Focke-Wulf Ta 152 und Heinkel He 162. Durch die dadurch erforderliche Produktionsumstellung mußte später der Leichtflugzeugbau ganz eingestellt werden.

Erla 4 A

Im Jahre 1934 wurde probeweise versucht, aus dem Hochleistungssegler Me 4 durch Einbau eines Hilfsmotors einen Motorsegler zu schaffen. Der grundsätzliche Aufbau des Segelflugzeuges wurde beibehalten, also abgestrebter Hochdeckerflügel, zweiteilig, in zweiholmiger Holzbauweise mit verdrehsteifer Flügelnase aus Sperrholz und stoffbespanntem Hinterteil, Kastenrumpf und freitragendes Normalleitwerk ebenfalls aus Holz. Das Rumpfvorderteil des Erla 4 A genannten Motorseglers wurde für den Einbau eines 1 × 14 PS-DKW-Motors geändert und verstärkt. Der Motor trieb eine vierflügelige Holzluftschraube kleinen Durchmes-

1. Erla 5 A

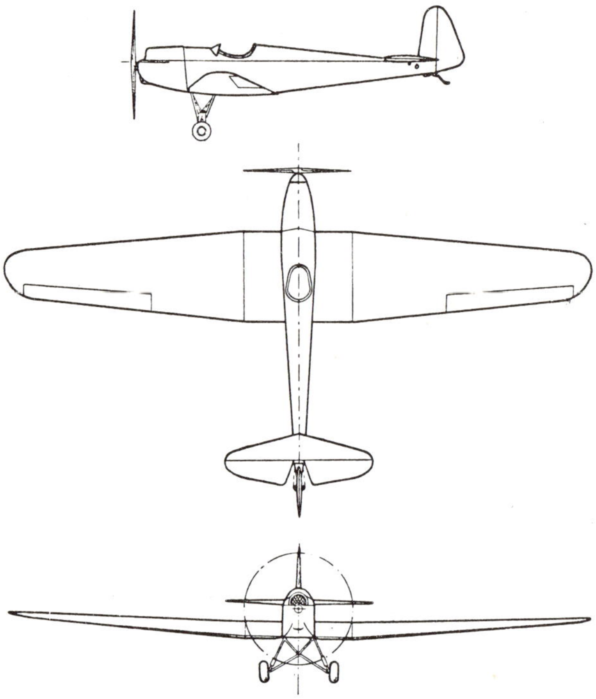

1. Erla 5 D

sers. Diese Luftschraube wurde gewählt, um den Schraubenkreis nicht unterhalb der Rumpfunterkante zu bekommen. Trotzdem wurde für die Sicherheit der Luftschraube noch ein Schritt weitergegangen, indem man die Rumpfkufe bis über die Schraubenebene hinaus nach vorne durchzog. Außer der Kufe war noch ein normales Fahrwerk vorhanden, welches aber hochgezogen werden konnte, falls das Gelände nur eine Kufenlandung ratsam erscheinen ließ. Später wurde das Muster für die Musterprüfungsflüge des 18 PS-Kröber M 4-Motors herangezogen.

Erla 5 D

Als 1937 das NSFK einen wirtschaftlichen Übungseinsitzer mit einem 40/50 PS-Motor forderte, faßte Mehr die mit der einsitzigen Me 5 aus dem Jahre 1932 und ihrer kunstflugtauglichen Weiterentwicklung Me 5 A gemachten Erfahrungen zusammen und entwickelte die Erla 5 D mit einem 50 PS-Zündapp-Motor. Die Erla 5 D entsprach bis auf das stärkere Triebwerk fast vollkommen der Me 5 A, konnte jedoch wahlweise mit offenem oder verkleidetem Führersitz geflogen werden. Mit einer Maschine dieses Musters wurde im April 1939 ein 3-Erdteile-Flug Europa—Afrika—Asien—Europa durchgeführt, und Heinz Gabler errang im August 1939 den Langstreckenweltrekord in der 2-Liter-Klasse mit einer Erla 5 D durch einen Flug über 1909,833 km von Friedrichshafen am Bodensee bis Vaennaes in Nordschweden.

Typ: Einmotoriges kunstflugtaugliches Sportflugzeug.
Flügel: Freitragender Tiefdecker. Zweiteiliger, einholmiger Holzflügel mit Hilfsholm und verdrehsteifer Sperrholznase, hinten stoffbespannt.
Rumpf: Sperrholzbeplanktes Holzgerüst mit rechteckigem Querschnitt und abgerundetem Rücken.
Leitwerk: Normal, freitragend. Aufbau aus Holz, Flossen sperrholzbeplankt, Ruder stoffbespannt. Sämtliche Ruder unausgeglichen.
Fahrwerk: Starres Normalfahrwerk. Verkleidete Haupträder an ausgekreuztem Strebensystem mit Gummidämpfung. Schleifsporn.
Triebwerk: Ein Zündapp Z 9-092 luftgekühlter hängender Vierzylinder-Reihenmotor mit 1 × 50 PS Startleistung. Starre Zweiblatt-Holzluftschraube mit 1,80 m Durchmesser. Kraftstoffkapazität 40 Liter, Schmierstoff 4 Liter.
Besatzung: 1 Pilot in offener oder geschlossener Kabine.

Erla 6 A

Auf eine Anregung des Führers des NSFK, Christiansen, entwickelte Mehr in den Jahren 1937 bis 1939 rein privat nach Feierabend einen einsitzigen Motorsegler mit einem 20 PS-Schliha-Motor, der in einem Exemplar (D-YDEM) als Erla

2. Erla 5 D

3. Erla 6 A

6 A gebaut wurde. Gleichzeitig mit der Musterprüfung der Zelle wurde die Musterprüfung des Schliha-Motors durchgeführt. Die Erla 6 A wurde im In- und Ausland von über 100 Piloten mit Begeisterung und ohne Beschädigung geflogen. Die Serienherstellung konnte durch die Kriegsereignisse nicht mehr erfolgen.

Typ: Einmotoriger Motorsegler.
Flügel: Abgestrebter Hochdecker. Zweiteiliger, einholmiger Holzflügel mit Hilfsholm und verdrehsteifer Sperrholznase, hinten stoffbespannt. I-Stiele.
Rumpf: Normaler Holzaufbau aus Spanten und Gurten, komplett mit Sperrholz beplankt. Motoreinbau in der Rumpfspitze.
Leitwerk: Wie Erla 5 D.
Fahrwerk: Starres, geteiltes Normalfahrwerk mit zwei Ballonrädern, Schleifsporn.
Triebwerk: Ein Schliha luftgekühlter Zweizylinder-Boxermotor mit 1 × 20 PS Startleistung. Starre Zweiblatt-Holzluftschraube. Kraftstoffkapazität 20 Liter.
Besatzung: Ein offener Sitz vor dem Flügel.

F.A.G. Hamburg

Flugtechnische Arbeitsgemeinschaft an der H.T.L. Hamburg, F.H. Schule GmbH., Hamburg 26

In der *Werk Nr. 1* (D-EFAG) schuf die F.A.G. Hamburg einen Reisezweisitzer modernster Konzeption, der Einbeine und zwei nebeneinanderliegende Sitze in einer geschlossenen Kabine aufwies.

Typ: Einmotoriges Reiseflugzeug.
Flügel: Freitragender Tiefdecker. Zweiteiliger zweiholmiger Holzflügel mit sperrholzbeplankter Nase, sonst stoffbespannt. 10° Pfeilform und 6°-V-Form.
Rumpf: Aufbau in Gemischtbauweise. Rumpfvorderteil als geschweißtes Stahlrohrgerüst mit formgebender Sperrholzbeplankung, Hinterteil als Holzschale.

2. F.A.G Hamburg »Kobold«

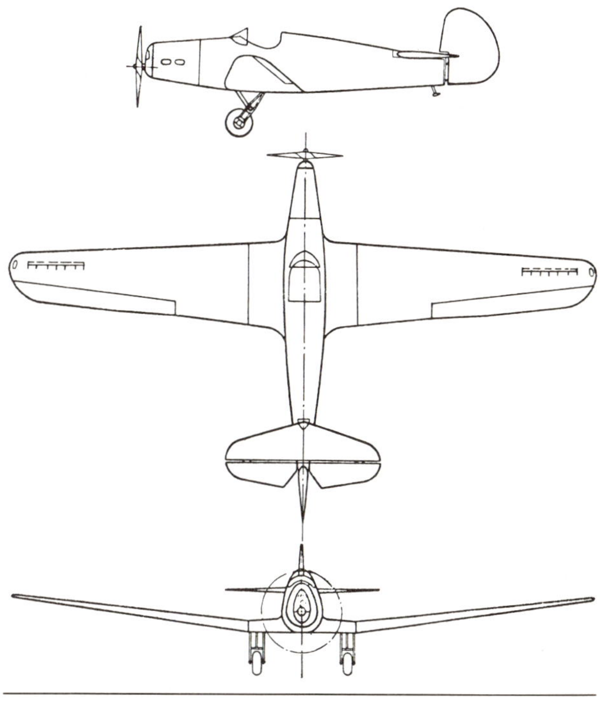

4. F.A.G. Hamburg Werk-Nr. 1 △

5. F.A.G. Hamburg »Kobold« ▽

Leitwerk: Freitragendes Normalleitwerk. Aufbau aus Holz mit sperrholzbeplankten Flossen und stoffbespannten Rudern.
Fahrwerk: Starres Normalfahrgestell. Bremsbare Haupträder an freitragenden Einbeinen.
Triebwerk: Ein Breuer 9-091 luftgekühlter Fünfzylinder-Sternmotor mit 1 × 45 PS Startleistung. Starre Zweiblatt-Luftschraube aus Holz mit 1,80 m Durchmesser. Kraftstoffkapazität 50 Liter, Schmierstoff 5 Liter.
Besatzung: 2 Mann nebeneinander in geschlossener Kabine.

Dann erschien als *Hamburg »Kobold«* (D-YBOK) noch ein Versuchs-Sporteinsitzer, der in jeder Flügelhälfte einen 900 mm langen Schlitz in einer Entfernung von 25 % der Flügeltiefe besaß, um die Abreißeigenschaften bei hohen Anstellwinkeln zu untersuchen.

Typ: Einmotoriges Versuchs-Sportflugzeug.
Flügel: Freitragender Tiefdecker. Zweiteiliger Flügel mit einem Mittelstück fest am Rumpf. Aufbau in einholmiger Holzbauweise mit verdrehsteifer Sperrholznase, sonst stoffbespannt. Außenflügel mit 7° V-Form.
Rumpf: Holzgerüst, teils sperrholzbeplankt, teils stoffbespannt.
Leitwerk: Freitragendes Normalleitwerk mit weit vorgezogener Höhenflosse. Seitenruder ungedämpft. Aufbau als Holzgerippe mit Stoffbespannung, Höhenflosse sperrholzbeplankt.
Fahrwerk: Starres Normalfahrgestell. Haupträder ohne Bremsen in federnden Gabelbeinen. Schleifsporn.
Triebwerk: Ein Ilo Fl-2/400 luftgekühlter Zweizylinder-Zweitakt stehender Reihenmotor mit 1 × 22 PS Startleistung. Starre Zweiblattluftschraube aus Holz mit 1,30 m Durchmesser. Kraftstoffkapazität 35 Liter.
Besatzung: 1 Pilot in einem offenen Sitz.

F.A.G. Stettin

Flugtechnische Arbeitsgemeinschaft an der H.T.L. Stettin

Die F.A.G. Stettin brachte nach einem unkonventionellen Motorgleiter Stettin 4 mit Doppeldeckerflügel, Rumpfboot, Gitterrumpf, Kreuzleitwerk, Druckschraube und Dreiradfahrwerk den ansprechenden Leicht-Einsitzer *Stettin La 11* (D-YLAS) heraus.

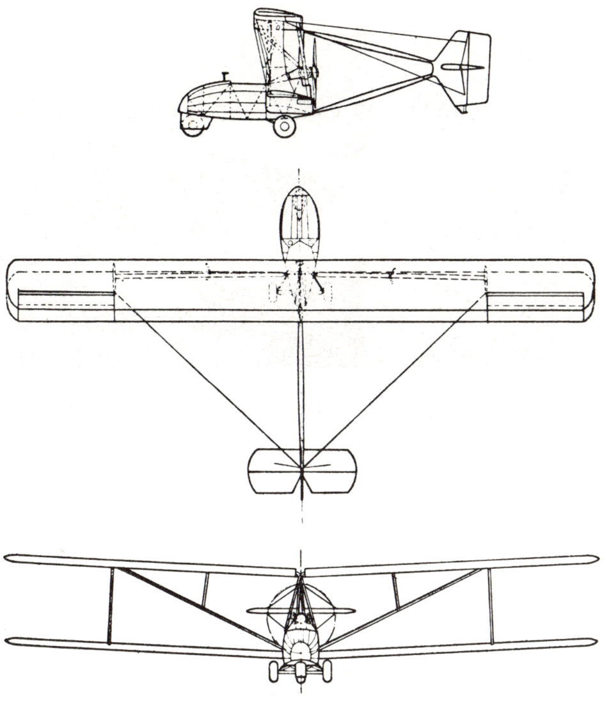

3. F.A.G. Stettin 4 △

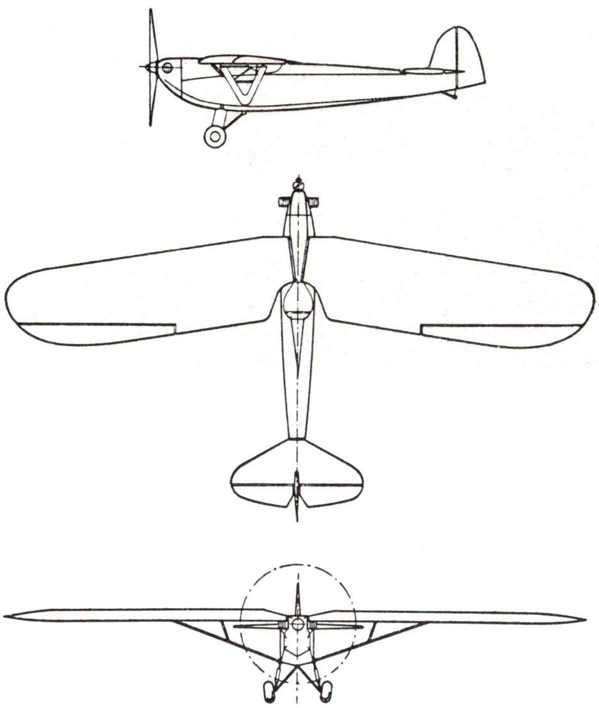

4. F.A.G Stettin La 11 ▷

Typ: Einmotoriges Sportflugzeug.
Flügel: Abgestrebter Schulterdecker. Zweiteiliger zweiholmiger Holzflügel mit sperrholzbeplankter Nase, sonst stoffbespannt. Jede Hälfte durch einen V-Stiel zum Rumpfuntergurt hin abgefangen. 8,5°-Pfeil-Form.
Rumpf: Holzgerüst mit sechseckigem Querschnitt, komplett mit Sperrholz beplankt.
Leitwerk: Freitragendes Normalleitwerk. Sämtliche Flächen aus Holz aufgebaut und mit Stoff bespannt.
Fahrwerk: Starres Normalfahrgestell. Haupträder ohne Bremsen an Dreibeinen. Schleifsporn.
Triebwerk: Ein Mercedes F-7502 luftgekühlter Zweizylinder-Boxermotor mit 1 × 23 PS Startleistung. Starre Zweiblatt-Luftschraube aus Holz mit 2,25 m Durchmesser. Kraftstoffkapazität 36 Liter, Schmierstoff 2 Liter.
Besatzung: 1 Pilot in einem offenen Sitz.

Die gleiche Maschine konnte als *Stettin La 11 W* mit zwei Schwimmern anstelle des Fahrgestelles ausgerüstet werden.

Schwimmwerk: Zwei starre Hauptschwimmer, einstufig. Aufbau aus Holz mit Sperrholzbeplankung.

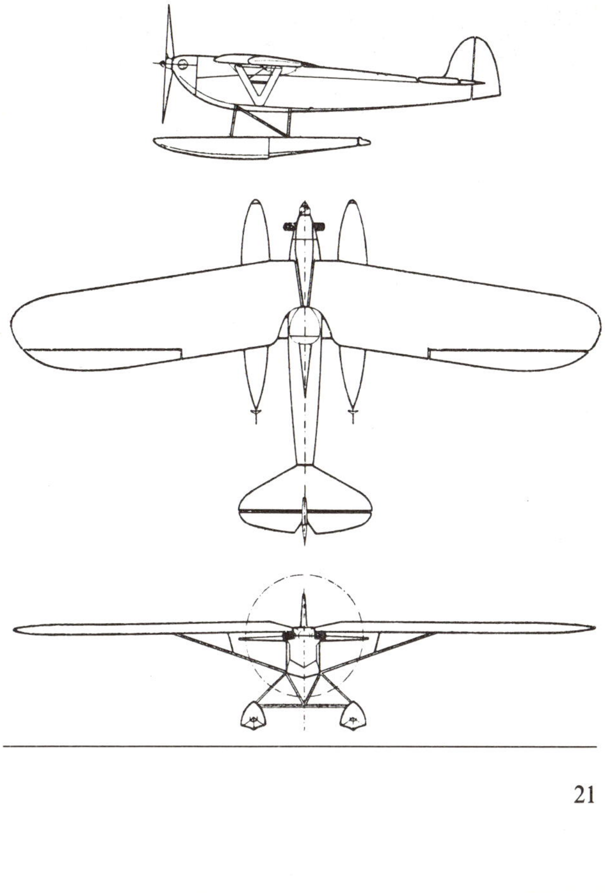

5. F.A.G. Stettin La 11 W ▷

6. F.A.G. Stettin La 11 △

7. F.A.G. Stettin La 11 W

Flugtechnische Fachgruppe an der T.H. München

Mü 13

Zu Forschungszwecken wurde in München der Motorsegler Mü 13 entwickelt. Es handelte sich um einen einsitzigen Schulterdecker, dessen Antrieb aus einem 18 PS-Kröber M 4-Motor bestand. Die Maschine verfügte über einziehbares Fahrwerk, Landeklappen und Trimmruder. Die Maschine hatte eine größte Flugdauer von 3 ½ Stunden. Der Rumpf war eine stoffbespannte Stahlrohrkonstruktion, während Tragfläche und Leitwerk aus Holz gefertigt und ebenfalls stoffbespannt waren.

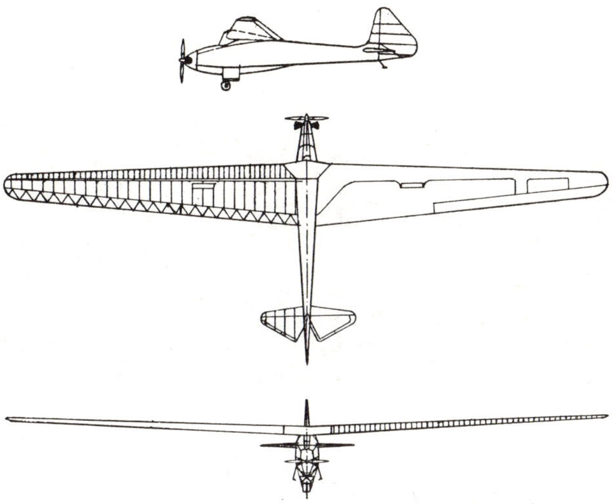

6. FFG München Mü 13

Flugtechnische Arbeitsgemeinschaft an der Staatlichen Akademie für Technik, Chemnitz

C 10

Besonderes Merkmal dieses Motorseglers war die um den Leitwerksträger umlaufende und anklappbare Luftschraube, die sich beim Anlassen des Motors durch Zentrifugalkraft öffnete. Der Motor konnte auch im Flug vom Führersitz aus angeworfen werden. Konstrukteur der Maschine war H. Wünsche. Für die Tragfläche wurden die NACA-Profile 23012 und 23016 verwendet, für das Leitwerk NACA 0012. Das ganze Flugzeug war in Gemischtbauweise hergestellt.

8. F.A.G. Chemnitz C 10

Fieseler

Gerhard Fieseler Werke GmbH, Kassel

Vorsitzender: Gerhard Fieseler
Entwicklungschef: Prof. Dr.-Ing. K. G. F. Thalau
Kaufmännischer Direktor: Dr. Göbel
Technischer Direktor: Dr.-Ing. Banzhof
Chefkonstrukteur: Reinhold Mewes
Werke: Kassel-Waldau und Kassel-Bettenhausen

Der im Jahre 1896 in Glesch im Kreis Bergheim a. Rh. geborene Sohn eines Bonner Buchdruckereibesitzers, Gerhard Fieseler, nahm im Ersten Weltkrieg an der mazedonischen Front als Jagdflieger teil und schoß unter dem Namen »Tiger« 22 Gegner ab. Nachdem ihn seine Nachkriegstätigkeit als Druckereibesitzer in Eschweiler nicht befriedigte, ging er 1926 als Teilhaber und Fluglehrer zu den Raab-Katzenstein-Flugzeugwerken in Kassel-Bettenhausen. Mit einer 120 PS »Schwalbe« entwickelte er hier den Kunstflug zur meisterlichen Reife. 1927 führte er beim Internationalen Schaufliegen in Zürich elf Minuten lang kühne Figuren in Rückenlage vor und arbeitete sich damit in die Weltklasse der Kunstflieger vor. Bereits 1928 ließ er sich nach eigenen Plänen ein spezielles Kunstflug-Flugzeug, die 240 PS starke F-1 »Tigerschwalbe«, bauen. Das durch den Kunstflug verdiente Geld legte Fieseler für die Gründung eines eigenen Werkes zurück. Am 1. April 1930 erwarb er den bisher von Fritz Ackermann betriebenen »Segelflugzeugbau Kassel«, aus dem verschiedene erfolgreiche Segelflugzeuge der »Kassel«-Reihe hervorgegangen waren. Unter Fieselers Leitung wurden besondere Bauaufträge ausgeführt, so das »Musterle« von Wolf Hirth und von Kronfeld die »Wien« und das bisher größte Segelflugzeug der Welt, die »Austria«. Trotzdem wäre das Werk in der Zeit der Wirtschaftskrise nicht lebensfähig geblieben, hätte nicht Fieseler den Kunstflug ganz in die Sache seines Werkes gestellt. Damals hieß es: »Fieseler hat sich ein ganzes Werk erflogen.« 1932 entstand bereits im eigenen Werk als eine Konstruktion von Schüttkowsky seine berühmteste Kunstflugmaschine, der F-2 »Tiger« mit 340 PS-Pollux-Motor, mit dem er 1934 die Weltmeisterschaft gewann. Die mit diesem Titel verbundenen 80000 Goldmark versetzten die Werke Fieselers in die Lage, ihr Produktionsprogramm zu erweitern. Fieseler selbst zog sich vom Kunstflug zurück und widmete sich ganz dem Bau von preiswerten Sportflugzeugen. Zuerst war bereits die F-3 »Wespe« nach Plänen von Lippisch entstanden. Da aber diese schwanzlose Konstruktion mit zwei in Tandemanordnung untergebrachten 75 PS-Pobjoy-Motoren fliegerisch nicht den Erwartungen entsprach, wurde die Entwicklung abgebrochen. Ebenfalls erwies sich die auf der DELA 1932 ausgestellte zweisitzige Sportmaschine F-4 mit einem 35 PS-Argus As 16-Boxermotor als ein Fehlschlag. Erst die nächste Konstruktion, die mit einem 60 PS-Hirth-Motor ausgerüstete F-5, wurde ein voller Erfolg, denn es liefen so viele Bestellungen ein, daß der Serienbau aufgenommen werden konnte. Fieseler vergrößerte sein Werk innerhalb weniger Tage auf 200 Mann und konnte bis zum Deutschlandflug 1933 im August des Jahres innerhalb von sieben Wochen noch acht F-5 an den Start bringen. Die F-5 wurde auch später in der verbesserten Ausführung Fi 5 R in größeren Serien erstellt. Nach der F-6, eine mit geänderten Flügel- und Leitwerksflächen versehene F-5, begann mit der Fi 97 das neue, vom RLM kontrollierte Entwicklungsprogramm, aus dem die erfolgreichste und bekannteste Fieseler-Schöpfung hervorging, der Fi 156 »Storch«. Ebenfalls bei Fieseler, dessen Werk am 1. April 1939 in Gerhard Fieseler Werke GmbH umbenannt worden war, entstand die Fi 103, der Prototyp der später unter dem Namen »V 1« bekanntgewordenen fliegenden Bombe, die im Abschnitt »Lenk- und Raketenwaffen« näher beschrieben ist.

Fieseler Fi 5 R

Die Fi 5 R ist eine Weiterentwicklung des 1933 mit einem 1 × 60 PS Hirth HM 60 gebauten kunstflugtauglichen Zweisitzers F-5. Gegenüber dieser besitzt sie einen 1 × 80 PS-Hirth HM 60 R-Motor. Der freitragende Tiefdecker mit zwei

7. Fieseler Fi 5 R

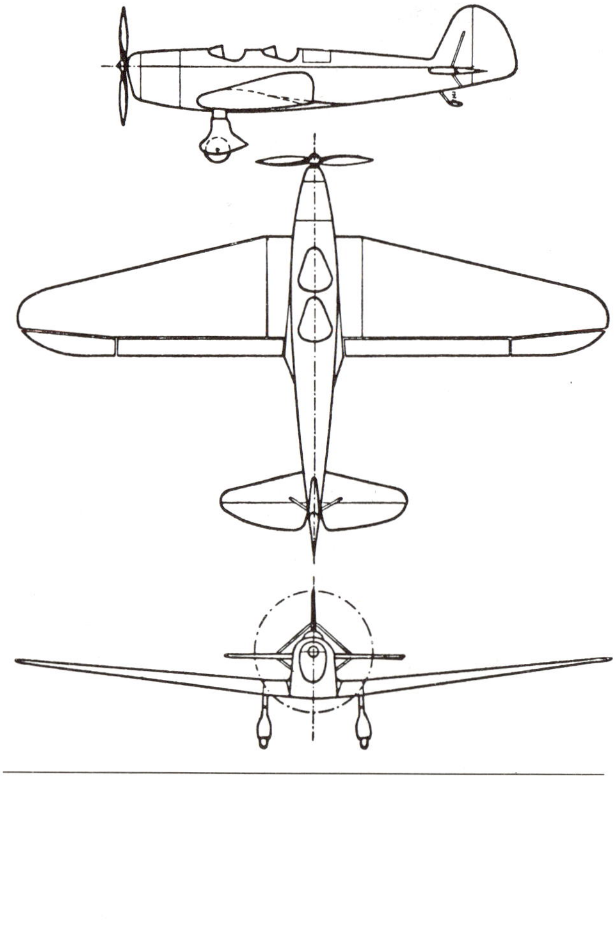

9. Fieseler Fi 5 R △

10. Fieseler Fi 97 ▽

hintereinanderliegenden offenen Sitzen besticht durch seine aerodynamische Formgebung mit den freitragenden Fahrgestellbeinen und zur Verbesserung der Längsstabilität gepfeilten Flügelvorderkanten. Von der Fi 5 R wurden größere Serien hergestellt.

Typ: Einmotoriges kunstflugtaugliches Sport- und Übungsflugzeug.
Flügel: Freitragender Tiefdecker. Zweiteiliger Flügel in zweiholmiger Holzbauweise. Aufbau aus Doppel-T-Holmen und Holzrippen, bis zum Hinterholm mit Sperrholz beplankt, dahinter stoffbespannt. Klappen über die gesamte Flügelhinterkante, außen als Querruder, innen als Landehilfe. Flügelhälften an den Rumpf beiklappbar.
Rumpf: Rumpfgerüst aus Stahlrohren im Dreiecksverband geschweißt und mit Stoff bespannt. Kurzes Flügelmittelstück als festes Rumpfbestandteil ebenfalls aus Stahlrohr.
Leitwerk: Abgestrebtes und verspanntes Normalleitwerk. Vom Führersitz aus verstellbare Höhenflosse in Holzkonstruktion mit Sperrholzhaut, zum Rumpf hin durch I-Stiele abgefangen und zur Seitenflosse aus Stahlrohr mit Sperrholzbeplankung verspannt. Sämtliche Ruder in Holzbauweise mit Stoffbespannung.
Fahrwerk: Starres Normalfahrwerk. Bremsbare Haupträder an freitragenden Druckgummi-Federbeinen mit Öldämpfung, vollkommen verkleidet. Schleifsporn.
Triebwerk: Ein Hirth HM 60 R luftgekühlter hängender Vierzylinder-Reihenmotor mit 1 × 80 PS Startleistung. Starre Zweiblatt-Holz-Luftschraube von 1,90 m Durchmesser. Kraftstoffkapazität 125 Liter, Schmierstoff 5 Liter.
Besatzung: 2 Mann in hintereinanderliegenden offenen Sitzen.

Fieseler Fi 97

Nach dem Erfolg mit der Serienherstellung der Fi 5 R bekam Fieseler den ersten Entwicklungsauftrag vom RLM, und zwar auf ein Wettbewerbsflugzeug für den Europarundflug 1934. Der Entwurf wurde als viersitziges Kabinen-Reiseflugzeug in Gemischtbauweise ausgelegt und bekam die Bezeichnung Fi 97. Bemerkenswert wurde an dieser Neuschöpfung der an der Flügelhinterkante angebrachte Fieseler-Rollflügel, der in Verbindung mit festen Schlitzen auf der Vorderseite die Start- und Landeeigenschaften beachtlich verbesserte. Als Triebwerk kam entweder der 225 PS Argus As 17 oder der Hirth HM 8 U in Frage. Die fünf für den Europarundflug gebauten Maschinen erwiesen sich als die besten deutschen Flugzeuge des Wettbewerbs.

Typ: Einmotoriges Reiseflugzeug.
Flügel: Freitragender Tiefdecker. Zweiteiliger Flügel in zweiholmiger Holzbauweise, bis zum Hinterholm sperrholzbeplankt, sonst stoffbespannt. Klappen über die gesamte Flügelhinterkante, außen als Querruder, innen als Fieseler-Rollflügel zur Landehilfe.
Rumpf: Aufbau als geschweißtes Stahlrohrgerüst. Kurzes Flügelmittelteil ebenfalls aus Stahlrohr, fest mit dem Rumpfgerüst verbunden. Stoffbespannung.
Leitwerk: Verspanntes Normalleitwerk. Sperrholzbeplankte Höhenflosse aus Holz zum Rumpf und zur Seitenflosse hin verspannt. Seitenflosse aus Stahlrohr mit Sperrholzbeplankung. Sämtliche Ruder aus Holz mit Stoffbespannung.

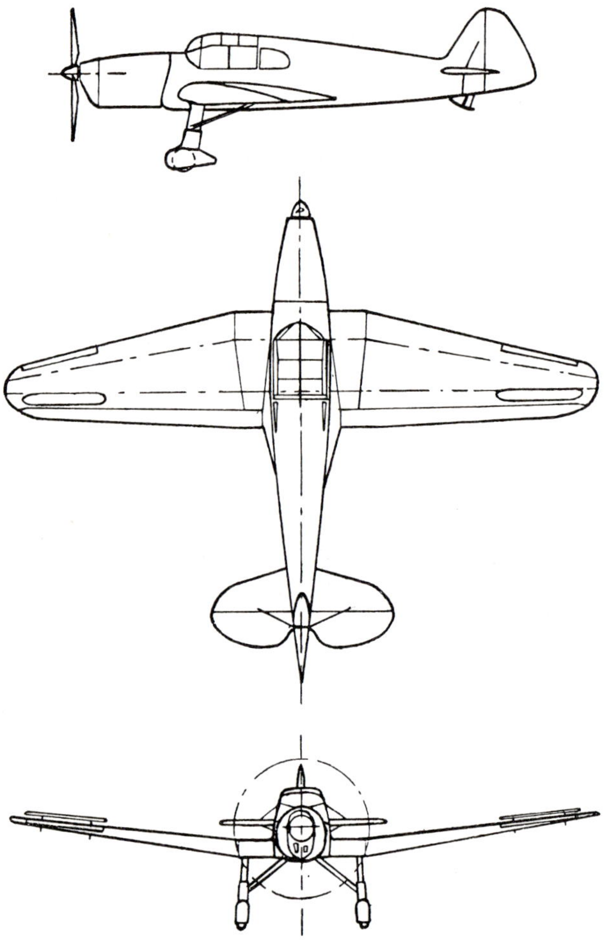

8. Fieseler Fi 97

Fahrwerk: Starres Normalfahrwerk. Verkleidete und bremsbare Haupträder an verstrebten Federbeinen. Schleifsporn.
Triebwerk: Ein Argus As 17 lufgekühlter Achtzylinder V-Motor mit 1 × 225 PS Startleistung. Starre Zweiblatt-Luftschraube aus Holz oder starre Dreiblatt-Luftschraube aus Elektron von 2,20 m Durchmesser. Kraftstoffkapazität 250 Liter, Schmierstoff 25 Liter.
Besatzung: 1 Pilot + 3 Fluggäste in geschlossener Kabine, je zwei Sitze nebeneinander.

Fieseler Fi 98

Nachdem Fieseler bewiesen hatte, daß sein Werk imstande war, schnell und gekonnt Entwicklungsaufträge auszuführen, schaltete sich die Luftwaffe ein. Entsprechend der damaligen strategischen Auffassung war der erste Entwicklungsauftrag für die neue Luftwaffe ein einsitziges Sturzkampfflugzeug. Reinhold Mewes konstruierte aus den

11. Fieseler Fi 98 △

12. Fieseler Fi 99 ▽

Erfahrungen mit der Blohm & Voß Ha 135 heraus einen robusten Doppeldecker in Metallbauweise mit der Typenbezeichnung Fi 98. Obwohl die zweistielige Zelle an erster Stelle der geforderten Robustheit entsprach, wurde jedoch auch der aerodynamischen Durchbildung ein besonderes Augenmerk geschenkt. Trotzdem entsprachen die Flugleistungen beim Erscheinen der V-Muster nicht mehr den Erfordernissen einer modernen Maschine, und die Entwicklung wurde abgebrochen. Ein interessantes Detail der Fi 98 war das doppelte Höhenleitwerk, welches dadurch gebildet wurde, daß auf die Seitenflosse eine klcinc horizontalc Stabilisierungsfläche aufgesetzt war.

Typ: Einmotoriges Sturzkampfflugzeug.
Flügel: Zweistieliger, verspannter Doppeldecker. Flügelaufbau aus Metall mit Stoffbespannung. Oberflügel auf einem Strebensystem über dem Rumpf liegend, mit dem Unterflügel durch vier N-Stiele, die untereinander kreuzweise verspannt sind, verbunden.
Rumpf: Metallaufbau mit ovalem Querschnitt. Rumpfvorderteil aus geschweißten Stahlrohren mit Blechverkleidung, Rumpfhinterteil als Ganzmetallschale.
Leitwerk: Aufbau aus Metall, Ruder stoffbespannt. Außer dem zum Rumpf und zur Seitenflosse hin verspannten Höhenleitwerk liegt eine weitere horizontale Stabilisierungsflosse auf der Seitenflosse und ist zu dieser hin abgestrebt.
Fahrwerk: Starres Normalfahrwerk. Verkleidete und bremsbare Haupträder an robusten Federbeinen, die zum Rumpf hin verstrebt sind. Verkleidetes Spornrad an robuster Aufhängung.
Triebwerk: Ein BMW-Bramo 322 H-2 luftgekühlter Neunzylinder-Sternmotor mit 1 × 650 PS Startleistung. NACA-Haube. Starre dreiflügelige Luftschraube aus Elektron.
Besatzung: 1 Pilot in offenem Sitz hinter der Flügelhinterkante.

Fieseler Fi 99 »Jungtiger«

Aber bereits die nächste Konstruktion war wieder ein Sport- und Reiseflugzeug, der Fi 99 »Jungtiger«, eine zweisitzige Kabinenmaschine mit Spreizklappen und verkleideten Einbeinfahrgestellen, die 1938 erschien.

Typ: Einmotoriges Sport- und Reiseflugzeug.
Flügel: Freitragender Tiefdecker. Zweiteiliger Flügel in zweiholmiger Holzbauweise mit Sperrholzbeplankung bis zum Hinterholm, sonst stoffbespannt. Spreizklappen zwischen Querruder u. Rumpf.
Rumpf: Aufbau als geschweißtes Stahlrohrgerüst mit Stoffbespannung.
Leitwerk: Verspanntes Normalleitwerk. Höhenflosse in Holzbauweise mit Sperrholzbeplankung zum Rumpf und zur Seitenflosse hin verspannt. Seitenflosse als stoffbespanntes Stahlrohrgerüst. Sämtliche Ruder in Holzbauweise mit Stoffbespannung.
Fahrwerk: Starres Normalfahrwerk. Mechanisch bremsbare Haupträder an verkleideten, freitragenden Federbeinen. Voll drehbares Spornrad.
Triebwerk: Ein Hirth HM 506 A luftgekühlter hängender Sechszylinder-Reihenmotor mit 1 × 160 PS Startleistung. Starre Zweiblatt-Holz-Luftschraube mit 2,20 m Durchmesser. Kraftstoffkapazität 163 Liter. Schmierstoff 4 Liter.
Besatzung: 1 Pilot + 1 Fluggast hintereinander in geschlossener Kabine. Kabinenaufsatz abwerfbar.

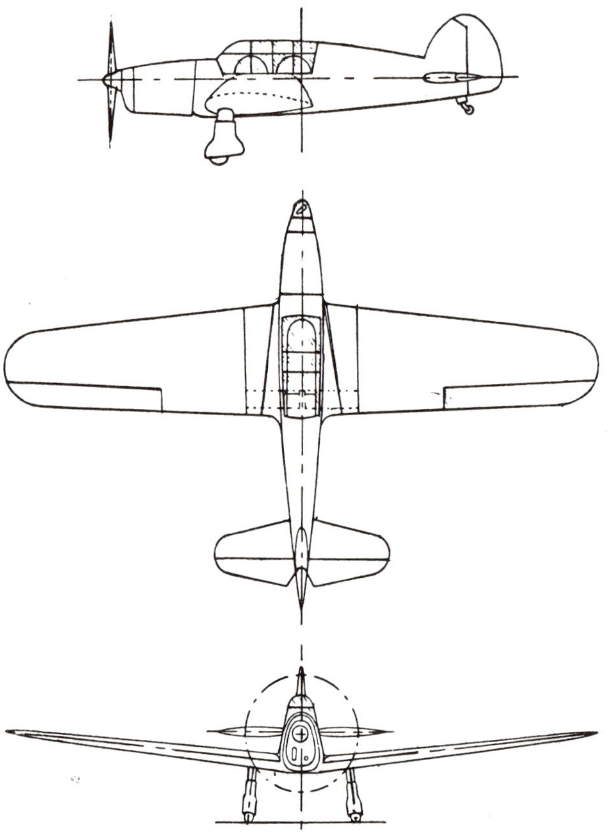

9. Fieseler Fi 99

Fieseler Fi 156 »Storch«

Im Frühjahr 1935 erließ das Technische Amt (LC) der Luftwaffe eine Ausschreibung für ein Flugzeug, das über extrem kurze Start- und Landeeigenschaften verfügen sollte. Die Maschine sollte als Verbindungsflugzeug für Truppenstäbe, fliegende Verbände und zum Einschießen der Artillerie, mit anderen Worten hauptsächlich für Heereszwecke dienen. An der Ausschreibung beteiligten sich Focke-Wulf, Fieseler, BFW (Messerschmitt) und Siebel. Die als Vorentwurf eingereichten Projekte erhielten die Typennummern Fw 186, Fi 156, Bf 163 und Si 201.
Die Fi 156 V 1 hatte die Werknummer 601 und die Zulassung D-IBXY. Bis heute konnte aber noch kein Foto dieses Flugzeuges gefunden werden. Die Fi 156 V 2, Werknummer 602, D-IGLI, ist wahrscheinlich gleichzeitig mit der V 1 im Bau gewesen und aus unbekannten Gründen früher fertig geworden, denn D-IGLI traf bereits am 29. September 1936, D-IBXY aber erst am 10. Oktober oder 10. November 1936 bei der Erprobungsstelle der Luftwaffe in Rechlin ein. Beide Maschinen unterschieden sich wie folgt:

D-IGLI Fahrgestell mit durchlaufender, in der Mitte geteilter Achse, starrer Vorflügel über ⅔ Flügelbreite.

D-IBXY Fahrgestell wie V 2, aber starre Vorflügel über ⅚ Flügelbreite.

Die Fi 156 V 1 wurde, nachdem V 2 Fahrgestellbruch erlitten und nach Kassel zu Fieseler zurückgeschickt worden war, im Lauf der weiteren Erprobung durch die Schleppantenne einer landenden Ju 52 3 m beschädigt. Bei diesen beiden Fi 156 wurde u. a. von den Rechliner Ingenieuren beanstandet:

Zu große Ruderkräfte, besonders im Höhenruder.
Nicht ausreichende Höhenruderwirkung, um einen stationären Sackflug in Dreipunktlage halten zu können. Das Flugzeug beginnt zu schütteln und geht vornüber.
Landeklappenbetätigung dauert zu lange. Zu weiches Fahrwerk, wegen durchlaufender Achse ungenügende Rolleigenschaften bei hochstehendem Gras.

Als positiv wurde auf die hervorragende Sicht in jeder Fluglage hingewiesen.
Fi 156 V 3, Werknummer 603, D-IGQE, sollte dann zur Erprobung der einzubauenden Funk-Anlage dienen; die Fi 156 flog normalerweise ohne Funkgerät. Es gab später Serien mit FuG VII, FuG 17 und FuG 14. Fi 156 V 4 ist wahrscheinlich nur als Bruchzelle zu Festigkeits- und Schwingungsuntersuchungen verwendet worden.
1937 lief dann die Vorserie Fi 156 A-0, Werknummer 605 bis 614 an, die alle zum Einfliegen und zur Truppenerprobung dienten. Die Werknummer 613 D-IKQD flog 1939 als Verbindungsflugzeug beim Lehrgeschwader 2 mit den Kennzeichen L 2 + 039.
Die ersten beiden Fi 156 waren aufgrund der Rechliner Erfahrungen in drei Punkten grundlegend geändert worden: Die Vorflügel waren verkürzt, es gab keine durchlaufende Fahrwerksachse mehr, und die Tragfläche lief gerade durch, die V-Stellung der Flügel war aufgegeben worden. Dies galt nun auch für die Serie A-0. Von der Serie A-1 scheint es nur wenige Maschinen, nämlich die Werknummern 615 bis 620 gegeben zu haben. Inzwischen lief bereits mit der Werknummer 621, Kennzeichen WL-IHKV, vorher D-IHKV, die Vorserie B-0 an.
Die Fi 156 V 2 erlebte ihren öffentlichen Auftritt im März 1939, am »Tag der Wehrmacht«, als sie, bereits in neuer Form, in Berlin Unter den Linden zwischen Staatsoper und Neuer Wache landete.
Als Spezialflugzeug zur Partisanenbekämpfung entstand bereits 1942 die Fi 156 P. Diese unterschied sich von allen anderen Baureihen durch Aufhängeroste für Abwurfbehälter mit 24 Splitterbomben SD 2/XII. Es handelte sich um dickwandige 2 kg-Bomben mit einem Durchmesser von 78 mm und einer Länge von 303 mm, die 0,225 kg Sprengstoff enthielten. Statt der Bomben konnten auch Nebelgeräte eingehängt werden, die unter anderem auch zur Vernebelung

13. Fieseler Fi 156 V 2

von wichtigen Objekten bei Hochangriffen alliierter Bomberverbände benutzt wurden.
Die Rolle, die die Fi 156 als »Fliegender Feldherrnhügel« bei Korps-, Armee- und Heeresgruppenstäben spielte, ist oft geschildert worden. Besonders bekannt war der »Storch« des Generals Rommel in Afrika. Eine recht bedeutsame militärische Rolle spielte ein »Storch« am 12. September 1941, als der Oberbefehlshaber der 11. Armee, Generaloberst Ritter von Schobert, mit seinem »Storch« in einem sowjetischen Minenfeld notlanden mußte und mit seinem Flugzeugführer getötet wurde. Sein Nachfolger wurde der spätere Generalfeldmarschall von Manstein, der mit dieser Armee die Krim eroberte.
Auch an ein anderes wichtiges, Ereignis, bei dem ein »Storch« eine wichtige Rolle spielte, sei erinnert. Am 12. September 1943 landete die 1. Kompanie des Fallschirmjäger-Lehrbataillons unter Führung von Oberleutnant von Berlepsch in Lastenseglern am Berghotel »Campo Imperatore« im Gran Sasso-Massiv in den Abruzzen und befreite den dort inhaftierten Mussolini. Hauptmann Gerlach flog dann mit ihm im »Storch« Fi 156C-5, SJ + LL in die Freiheit.
Während anfangs der »Storch« nur bei Fieseler gebaut wurde, mußten, nachdem Fieseler seine Kapazität hauptsächlich für die Fertigung der Fw 190, die dort in Lizenz gebaut wurde, brauchte, auch Lizenzfirmen eingeschaltet werden. Ab April 1942 begann die Firma Morane-Saulnier in Le Puteaux mit dem Serienbau der Fi 156. Wegen des Fw 190-Baues mußte Fieseler ab Oktober 1943 vollkommen aus der Fi 156-Fertigung ausscheiden. Jetzt wurde die Firma Leichtbau Budweis im Protektorat Böhmen und Mähren in die Fertigung eingeschaltet, die aber 1943 nur einen »Storch« baute. 1944 wurden dann noch 72 Stück dort gebaut, bevor die Fertigung an die Firma Mráz in Chozen, ebenfalls in der Tschechoslowakei, ging. Mráz stellte für deutsche Rechnung noch 64 Fi 156 her. Mit 884 Stück wurde 1943 die größte Fertigungszahl an Fi 156 erreicht. Insgesamt wurden von 1936 bis 1944 2874 Fi 156 gebaut.

1943 wurden auch noch ein bis zwei Prototypen eines verbesserten »Storchs«, der Fi 256, hergestellt. Diese Maschine war mit dem Argus As 10 P ausgerüstet, trug einen Flugzeugführer und drei bis vier Mann. Bei einem Leergewicht von 1200 kg betrug das Abfluggewicht 1680 kg. Die Maschine hatte eine Reichweite von 730 km. Zum Serienbau kam es nicht mehr.

Typ: Einmotoriges militärisches Mehrzweckflugzeug.
Flügel: Abgestrebter Hochdecker. Zweiteiliger, zweiholmiger Holzflügel mit sperrholzbeplankten Flügelnasen und Endteilen, sonst stoffbespannt. Beide Flügelhälften an den Rumpf beiklappbar. V-Stiele aus Stahlrohr. Starrer Vorflügel aus Leichtmetall über die gesamte Spannweite. Statisch ausgeglichene Schlitz-Querruder mit Flettner-Ruder über die halbe Spannweite. Zwischen Querruder und Rumpf Schlitz-Rollflügel.
Rumpf: Geschweißtes Stahlrohrgerüst mit rechteckigem Querschnitt und Stoffbespannung.

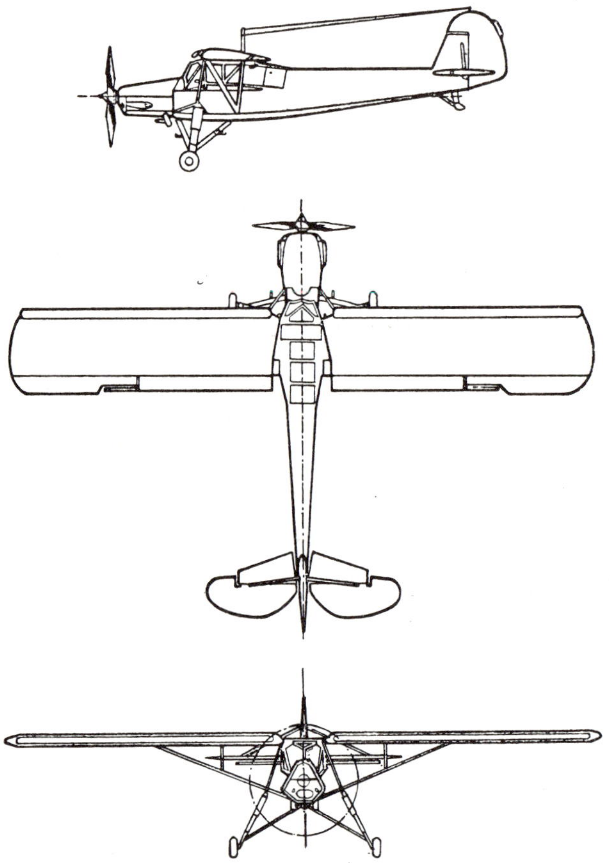

10. Fieseler Fi 156 »Storch«

Leitwerk: Normal, abgestrebt. Seitenflosse aus Stahlrohr starr mit dem Rumpf verbunden, sonst alle Flächen aus Holz mit Stoffbespannung. Zu der Seitenflosse hin abgestrebte Höhenflossen, vom Führersitz aus verstellbar. Sämtliche Ruder ausgeglichen. Starrer Hilfsflügel unter der Vorderkante des Höhenruders.
Fahrwerk: Starres Normalfahrwerk mit extrem langem Federweg. Geteiltes Hauptfahrwerk mit Ballonrädern an Spiralfederbeinen mit Öldämpfung. Federbeine oben durch I-Stiele zum Rumpfobergurt verlängert und durch V-Stiele zum Rumpfuntergurt abgefangen: unten durch V-Streben zum Rumpfkiel abgestützt. Hydraulische Bremsen an den Haupträdern. Schleifsporn an langem Spiralfederbein mit Öldämpfung.
Triebwerk: Ein Argus As 10 C luftgekühlter Achtzylinder V-Motor mit 1 × 240 PS Startleistung. Starre Zweiblatt-Holz-Luftschraube mit 2,60 m Durchmesser. Kraftstoffkapazität 150 Liter in zwei Tanks in den Flügelwurzeln. Als Rüstsatz kann an Stelle der beiden Passagiere ein Zusatztank mit 200 Liter Inhalt im Rumpf mitgeführt werden.
Besatzung: 3 Mann hintereinander in geschlossener Kabine mit starker Verglasung nach oben, zur Seite und, durch eine Ausbuchtung der Verglasung über die Rumpfseitenwände erreicht, nach

14. Fieseler Fi 156 C-2 △

15. Fieseler Fi 158 ▽

unten. Türe auf der rechten Seite. Einbaumöglichkeit für FT, Kamera und Blindflugausrüstung.
Militärische Ausrüstung: 1 × 7,9 mm MG 15 in Linsenlafette auf dem Hinterteil der Kabinenabdeckung.

Fieseler Fi 158

Für Rekordzwecke wurde 1938 der kleine Einsitzer Fi 158 gebaut. Der freitragende Tiefdecker wies ein Höchstmaß an aerodynamischer Vervollkommnung auf und war die einzige Fieseler-Konstruktion, die mit einem einziehbaren Fahrwerk ausgerüstet wurde. Die kleine Fläche war, um eine über die ganze Spannweite reichende elliptische Auftriebsverteilung zu bekommen, von elliptischem Umriß. Weiterhin schlug die Verwendung eines doppelten Seitenleitwerkes und die Ganzholzbauweise vollkommen aus dem Rahmen der bisherigen Fieseler-Konstruktionen.

Typ: Einmotoriges Versuchsflugzeug für Rekordzwecke.
Flügel: Freitragender Tiefdecker. Flügel mit elliptischem Umriß in Ganzholz-Schalenbauweise.
Rumpf: Ganzholz-Schalenrumpf mit ovalem Querschnitt.
Leitwerk: Freitragendes Höhenleitwerk mit doppeltem Seitenleitwerk als Endscheiben. Ganzholz-Schalenbauweise. Höhenruder mit Trimmkanten.
Fahrwerk: Einziehbares Normalfahrgestell. Haupträder mechanisch nach innen in den Flügel. Schleifsporn nach hinten in den Rumpf einfahrbar.
Triebwerk: Ein Hirth HM 506 luftgekühlter hängender Sechszylinder-Reihenmotor mit 1 × 160 PS Startleistung. Messerschmitt-Zweiblatt-Verstell-Luftschraube.
Besatzung: 1 Pilot in geschlossener Kabine.

Fieseler Fi 166

Unter dieser Bezeichnung fand 1941 bei Fieseler eine Voruntersuchung für die Entwicklung eines Raketenjägers statt. Es wurden zwei Versionen entworfen und durchgerechnet. Höhenjäger I, Typ R.R.Fl, für eine Flugzeit von 5 Minuten in 12000 m Höhe, und Höhenjäger II, Typ TL-R-R-uR, für 45 Minuten Flugzeit in 12000 m Höhe. Während Typ I reinen Raketenantrieb haben sollte, waren für Typ II zwei Strahlturbinen unter den Tragflächen und ein Raketentriebwerk vorgesehen. Das letztere bildete mit den Treibstoffbehältern eine gesonderte Triebwerkseinheit in einem zweiten Rumpf unter dem eigentlichen im hinteren Teil des oberen Rumpfes.

Technische Daten (Errechnet)

		Typ I	Typ II
Tragflächeninhalt	m²	36,5	43,00
Startgewicht	kg	10000	13500
Fluggewicht	kg	5620	5930
Landegewicht	kg	4220	4950
Steigschub	kg	15000	20000
Marschschub	kg	900	775
Höchstgeschwindigkeit in 2000 m Höhe	km/h	830	830

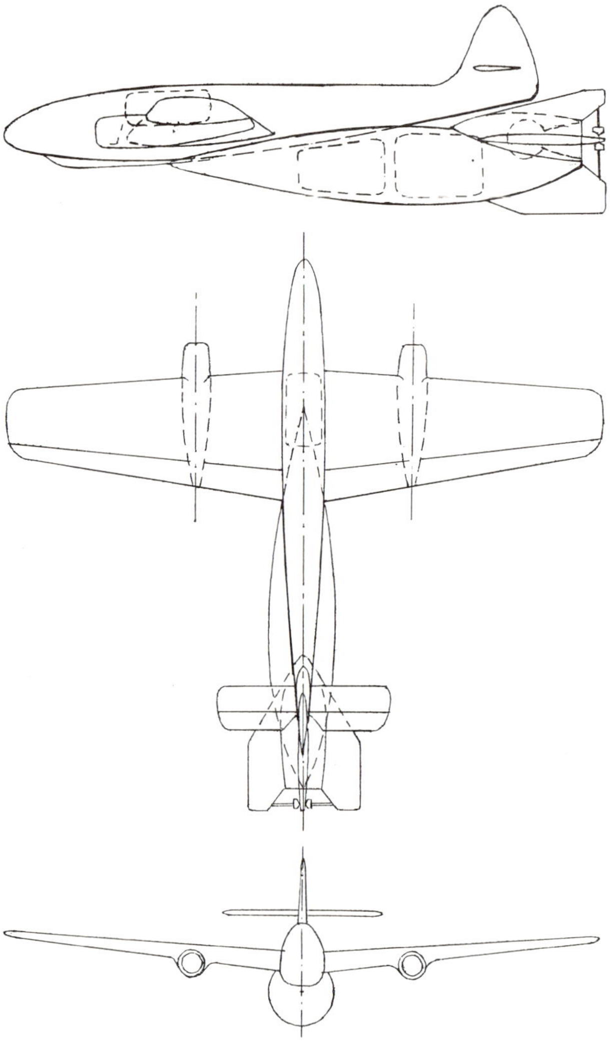

11. Fieseler Höhenjäger II Fi 166

Fieseler Fi 167

Die Fieseler Fi 167 wurde 1937/38 parallel mit dem Flugzeugträger »Graf Zeppelin« entwickelt, auf dem sie als Mehrzweckflugzeug für Aufklärung, Bombenwurf und besonders als Torpedojäger eingesetzt werden sollte. Zu einer solchen Verwendung des Musters kam es jedoch nicht, weil der Träger nie fertiggestellt wurde. Von den insgesamt 20 gebauten Maschinen wurde ein Teil für Fahrwerksuntersuchungen von der Erprobungsstelle in Budweis erworben, der Rest wurde an einen Balkanstaat während des Krieges verkauft. Für die Fi 167 wählte man eine robuste zweistielige Doppeldeckerzelle. Für den geplanten Einsatz über See besaß

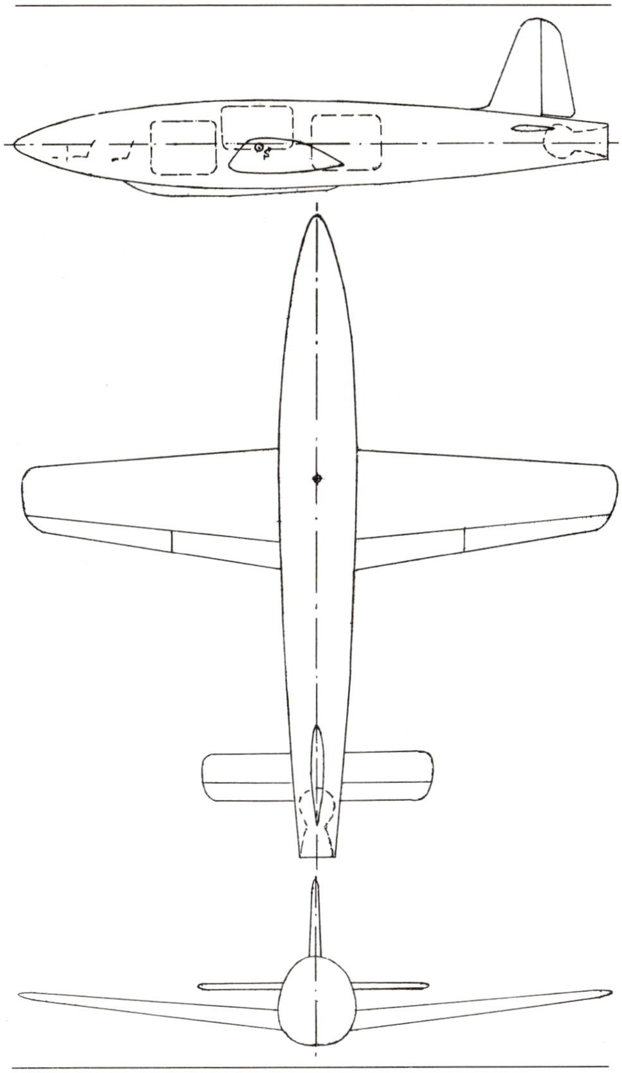

12. Fieseler Höhenjäger II Fi 166

die Maschine ein abwerfbares Fahrgestell, um ein Überschlagen bei Notwasserungen zu verhindern. Damit die Zelle sich noch eine Zeit über Wasser halten konnte, waren im Unterflügel aufblasbare Auftriebskörper vorgesehen. Hauptgrund für die Auftragsvergebung an Fieseler war die mit der Fi 156 unter Beweis gestellte Fähigkeit der Firma, Flugzeuge mit ausstechenden Start- und Landeeigenschaften, wie sie besonders für Trägerflugzeuge infolge der beschränkten Rollfläche wichtig sind, zu entwickeln. Bei der Fi 167 wurden die Erfahrungen mit dem »Storch« ausgewertet und starre Vorflügel fast über die ganze Vorderkante der beiden Flächen und Spaltwölbungsklappen im Unterflügel angeordnet.

Typ: Einmotoriges Träger-Mehrzweckflugzeug.
Flügel: Zweistieliger, verspannter Doppeldecker. Ober- und Unterflügel jeweils dreiteilig mit starr mit dem Rumpf verbundenen Mittelstücken. Aufbau in zweiholmiger Metallbauweise mit Stoffbespannung. Beide Flügel durch N-Stiele verbunden und kreuzweise verspannt. Querruder in Ober- und Unterflügel, Spaltwölbungsklappen zwischen Querruder und Rumpf im Unterflügel. Selbsttätige Vorflügel in Ober- und Unterflügel. Jedes Flügelpaar an den Rumpf beiklappbar.
Rumpf: Ganzmetall-Schalenbauweise mit Landehaken unter dem Rumpfheck.
Leitwerk: Abgestrebtes Normalleitwerk. Höhenflosse von der Seitenflosse durch I-Stiele abgefangen. Sämtliche Ruder ausgeglichen. Aufbau aus Metall mit Stoffbespannung.
Fahrwerk: Starres Normalfahrwerk. Abwerfbare Haupträder, durch Hosenbeine verkleidet und zur Rumpfmitte hin abgestrebt. Beiklappbares Spornrad.
Triebwerk: Ein Daimler-Benz DB 601 A flüssigkeitsgekühlter Zwölfzylinder V-Motor mit 1 × 1175 PS. Dreiblatt-Metall-Verstell-Luftschraube. Kraftstoffkapazität 1300 Liter.
Besatzung: 2 Mann hintereinander unter geschlossener Haube, davon Heckteil zur Bildung eines B-Standes hochklappbar.
Militärische Ausrüstung: 1 × 7,9 mm MG 17 hinter der Motorverkleidung starr auf dem Rumpfbug, 1 × 7,9 mm MG 15 auf Arado-Kurbellafette im B-Stand.

Fieseler Fi 253 »Spatz«

Immer wieder drängt sich Fieselers Volksflugzeuggedanke, die Schaffung eines leichten und billigen Sportflugzeuges, in seine konstruktive Tätigkeit hinein. Kurz vor Ausbruch des Krieges erschien der aus den Erfahrungen mit dem »Storch« entwickelte Fi 253 »Spatz«, der auch äußerlich mit seinem größeren Vorgänger eine auffallende Ähnlichkeit aufwies. Der »Spatz« war ein durch zwei Parallelstiele abgestrebter Hochdecker mit einem baulich einfachen, stoffbespannten Rechteckflügel aus Holz. In dem aus einem geschweißten Stahlrohrgerüst mit Stoffbespannung bestehenden Kastenrumpf waren zwei Sitze nebeneinander in einer Kabine untergebracht. Das Leitwerk war normal und verspannt, das geteilte Fahrwerk starr und unverkleidet. Der Antrieb bestand aus einem 1 × 50 PS-Zündapp Z 0-92-Reihenmotor mit vier hängenden Zylindern. Wegen der Kriegsereignisse konnten nur wenige V-Muster fertiggestellt werden.

Fieseler Fi 256

Als vergrößerte Ausführung der Fi 156 wurde als reines Zivilprojekt die Fi 256 entwickelt. Im Aufbau entsprach sie vollkommen dem »Storch«, jedoch waren die Formen wesentlich vereinfacht und das Fahrwerk klarer gegliedert. Fünf Personen sollten in dem durch I-Stiele abgestrebten Hochdecker Platz finden, vorne der Pilot, dahinter vier Passagiere, je zwei nebeneinander. Zwei Mustermaschinen befanden sich bei Morane-Saulnier im Bau, von denen aber nur eine (Fi 256 V-1) fertiggestellt wurde.

16. Fieseler Fi 167 △

17. Fieseler Fi 253 ▽

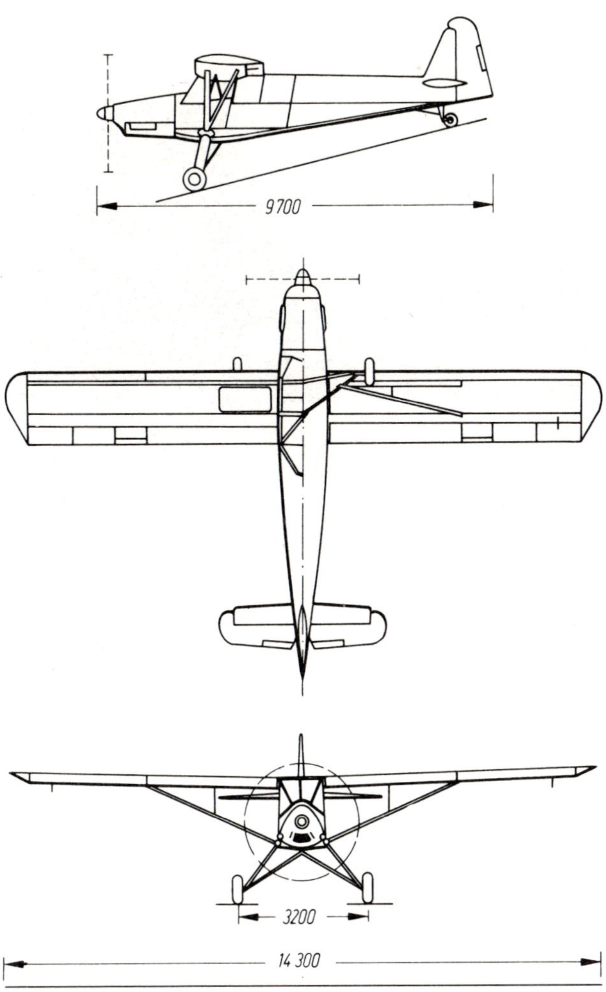

13. Fieseler Fi 256

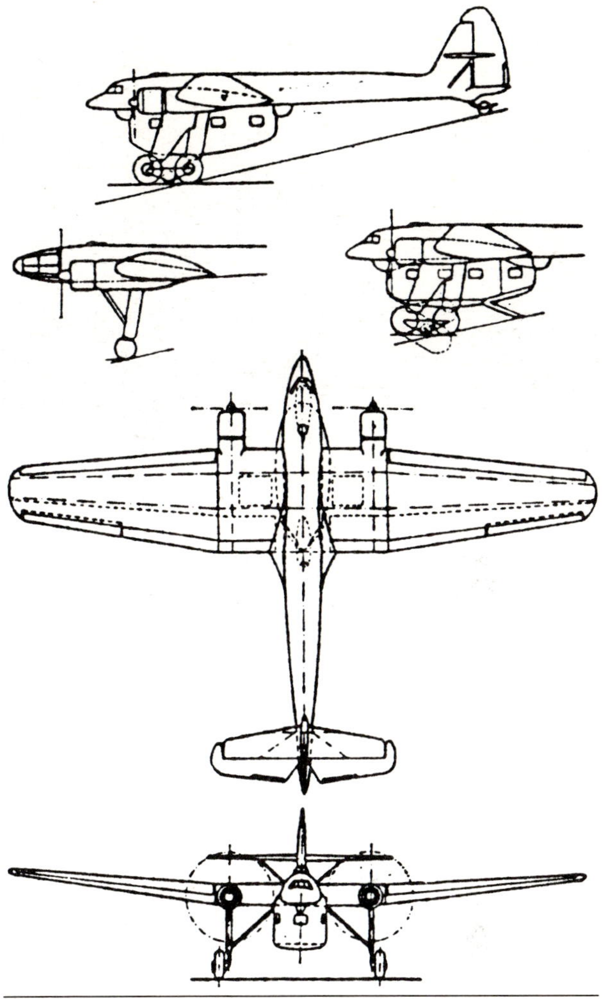

14. Fieseler Fi 333

Triebwerk Argus As 10 P	270 PS
Leergewicht	1200 kg
Fluggewicht	1685 kg
Reichweite maximal	750 km

Besatzung 1 Flugzeugführer, 1 Funker und 2 – 3 Mann

Fieseler Fi 333

Die Fi 333 war das Projekt eines Mehrzweck-Transportflugzeuges nach neuartigen Konstruktionstendenzen, die darin bestanden, daß unter eine konventionelle Zelle als Lastraum ein auswechselbarer Behälter gehängt wurde. Dieses Prinzip wurde nach dem Kriege in dem amerikanischen Transportflugzeug Fairchild XC-120 Packplane verwirklicht. Der dreiteilige Flügel der Fi 333, dessen rechteckiges Mittelstück in Tiefdeckeranordnung an dem zylindrischen Rumpf mit kleinem, unten abgeflachtem Querschnitt befestigt war, trug in den Außenteilen Vorflügel und über die gesamte Hinterkante Klappen. Das Leitwerk war normal, abgestrebt und aerodynamisch ausgeglichen. Ungewöhnlich hoch war das starre Normalfahrwerk, um eine genügende Bodenfreiheit für den Behälter zu erhalten. Das Hauptfahrgestell bestand aus zwei Tandemrädern an abgestrebten Federbeinen unter jeder Motorengondel. Der Antrieb sollte aus 2 × 1000 PS BMW-Bramo 323 D luftgekühlten Neunzylinder-Sternmotoren bestehen. Je nach den verwendeten Behältern wäre die Fi 333 wahlweise als Truppentransporter, Verwundetentransporter oder Frachter einsetzbar gewesen. Eine Ausführung der Fi 333 mit vollständig verglaster Nase und starrem Einfachfahrwerk befand sich ebenfalls im Projektstadium.

18. Fieseler Fi 256,
dahinter
Flettner Fl 282 △

19. Flettner Fl 184 ◁

Flettner

Anton Flettner GmbH., Berlin-Johannisthal

Direktor: Anton Flettner
Werke: Johannisthal und Bad Tölz

Der Name Anton Flettners ist mit einer Reihe grundlegender aerodynamischer Forschungsarbeiten verbunden. Kurz nach dem Ersten Weltkrieg konstruierte er ein Schiff, welches die Windkraft anstatt durch Segel durch riesige Rotorwalzen ausnutzte. Ebenfalls von ihm stammt das Flettner-Hilfsruder, welches in zahlreichen Flugzeug- und Schiffskonstruktionen Verwendung findet. Mitte der zwanziger Jahre nahm er die Arbeiten an Drehflügelflugzeugen auf. 1927 entstand der erste Hubschrauber, eine Konstruktion mit einem Rotor, an dessen Blattenden 20-PS-Motoren montiert waren, die über kleine Propeller den Rotor in Rotation versetzten. Die Maschine kam vom Grund frei, wurde jedoch gleich durch eine Windbö restlos zerstört. Eine intensive Bautätigkeit begann 1935 im eigenen Werk. Dies war dadurch möglich, daß das OKM auf Flettners Arbeiten aufmerksam geworden war und seine Arbeiten förderte. Flettner ist weniger vom RLM als von der Marine unterstützt worden. Warum, ergibt sich aus dem Verwendungszweck seiner Maschinen. Die erste Konstruktion war ein Tragschrauber Fl 184, dem 1936 der Hubschrauber Fl 185 folgte. Sein neues Prinzip, zwei nebeneinanderliegende Rotoren ineinanderkämmen zu lassen, fand 1938 bei dem Hubschrauber Fl 265 Verwirklichung. Aus dieser Konstruktion entstand der bekannte Aufklärungshubschrauber Fl 282, der später noch zur Fl 339 weiterentwickelt wurde. Zum Mitarbeiterstamm Anton Flettners gehörten die beiden Aerodynamiker und Schwingungsfachleute Dr. Kurt Hohenemser und Dr.-Ing. habil. Sissingh.

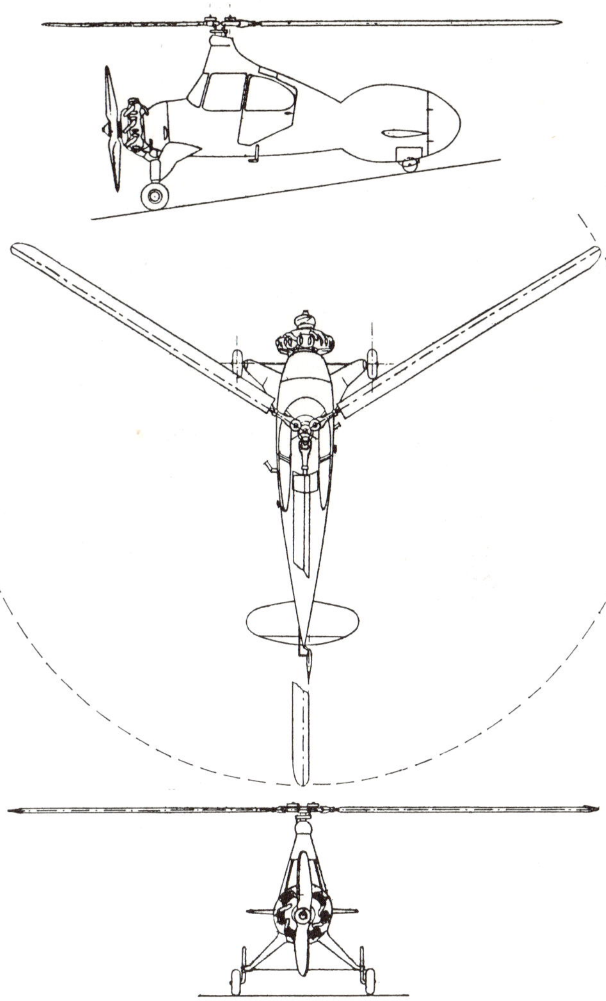

15. Flettner Fl 184

Flettner Fl 184

Zweisitziger Tragschrauber aus dem Jahre 1935. Zwei Sitze hintereinander in geschlossener Kabine. Das Muster wurde von einem BMW-Bramo Sh 14 A luftgekühlten Siebenzylinder-Sternmotor mit 1 × 160 PS Startleistung angetrieben. Das Triebwerk lag unverkleidet in der Rumpfspitze und trieb einen starren Zweiblatt-Holzpropeller. Starres Normalfahrgestell. Haupträder an vertikalen Federstreben, welche an V-Segmenten angelenkt waren. Verkleidetes Spornrad in der Kielflosse des Seitenleitwerkes. Freitragendes Normalleitwerk. Dreiflügeliger Rotor mit 12 m Durchmesser auf Pylon oberhalb der Kabine. Rotor-Kippsteuerung.

Flettner Fl 185

Einsitziger Versuchshubschrauber, mit dessen Konstruktion Ende 1936 begonnen wurde. Auch er besaß als Antriebsquelle einen BMW-Bramo Sh 14 A luftgekühlten Siebenzylinder-Sternmotor mit 1 × 160 PS in der Rumpfspitze, der ummantelt war und durch eine kleine Dreiblatt-Luftschraube gekühlt wurde. Dreiflügeliger Rotor von 12 m Durchmesser. Der Rumpf mit dem geschlossenen Sitz war äußerst konventionell und besaß am Heck eine überdimensionierte Seitenflosse mit kleinem Trimmruder. Ungewöhnlich war die Lösung für den Drehmomentenausgleich. An horizontalen Auslegern beiderseits des Rumpfes befanden sich zweiflügelige Luftschrauben, rechts in Zug-, links in Druckanordnung. Ungwöhnlich war auch die Anordnung des Fahrgestelles, welches im Bug ein starres Bugrad, unterhalb der Ausleger zwei kleine Stützräder und im Heck einen starren Schleifsporn mit großem Federweg besaß. Mit dem Prototyp (D-EFLT) wurden einige wenige Flugversuche unternommen, dann wurde die Entwicklung abgebrochen.

20. Flettner Fl 185 ◁

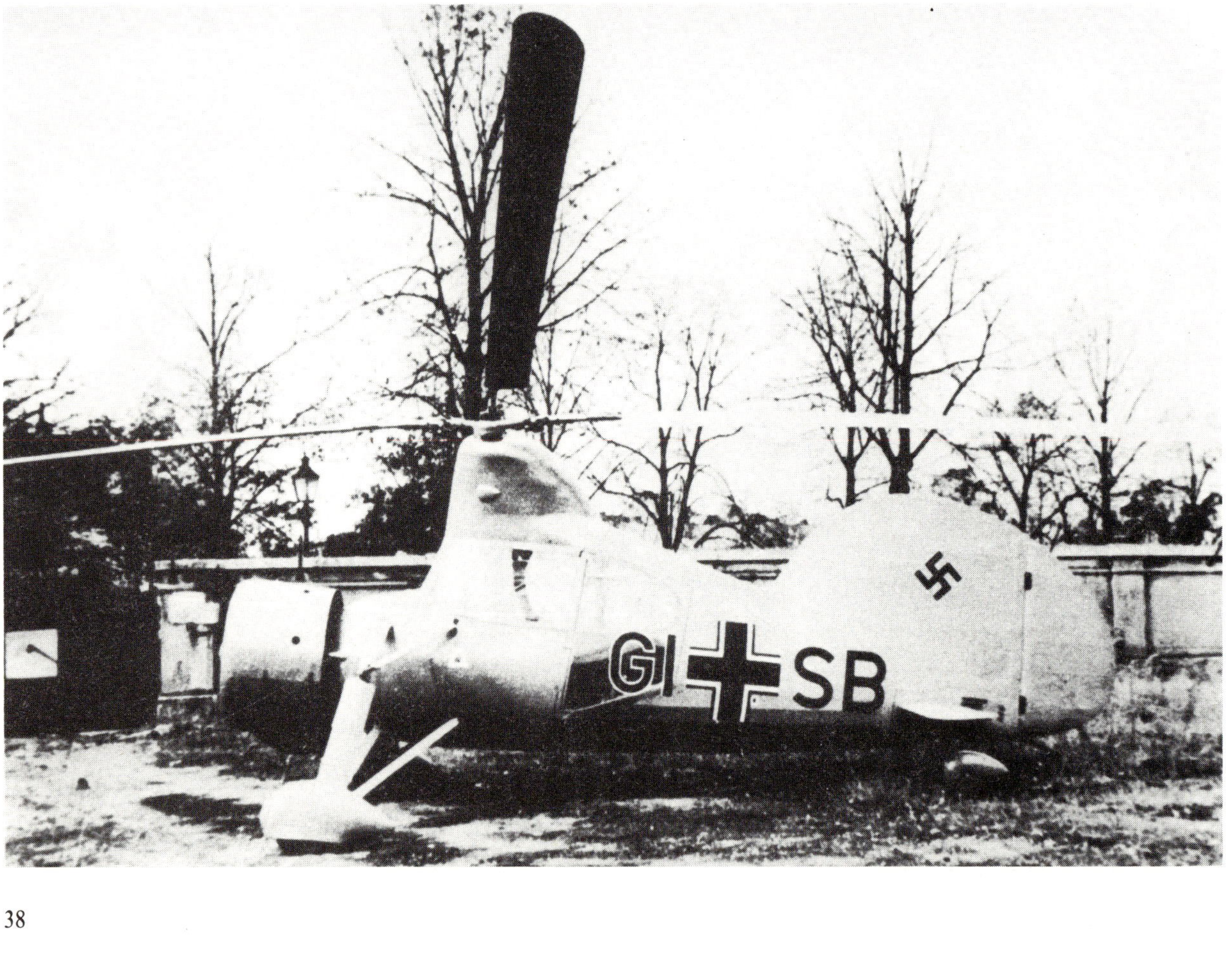

21. Flettner Fl 265 ▽

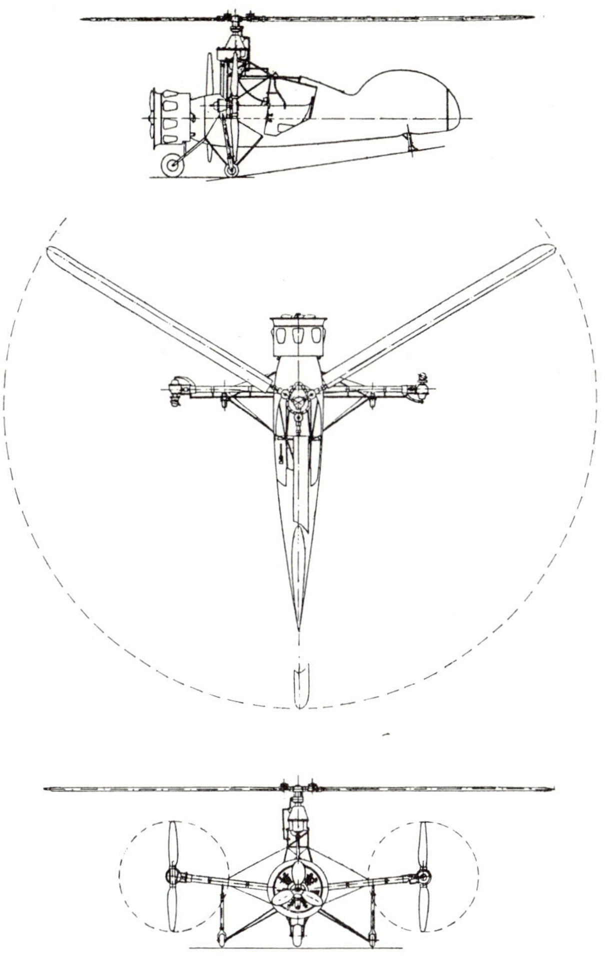

16. Flettner Fl 185

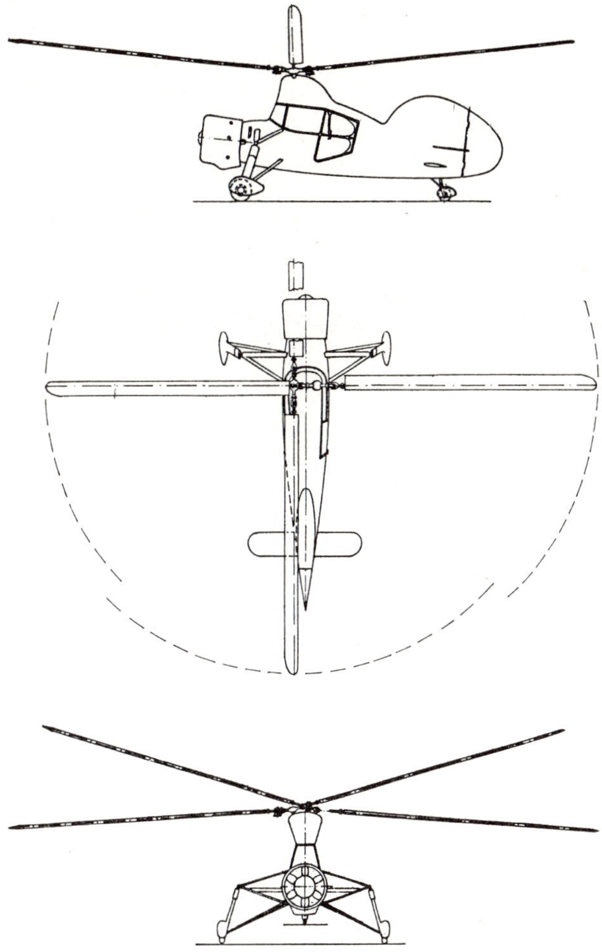

17. Flettner Fl 265

Flettner Fl 265

1938 wurde gleichzeitig mit der Konstruktion des Hubschraubers Fl 265, der erstmalig zwei gegenläufig ineinanderkämmende Rotoren besaß, das Problem des automatischen Umschaltens vom Hubschrauberzustand in den Tragschrauberzustand bei abfallenden Drehzahlen und das Zurückschalten wieder in den Hubschrauberzustand in Angriff genommen. Während das Umschalten auch anderen Konstrukteuren bereits gelungen war, blieb es Flettner und seinen Getriebefachleuten vorbehalten, auch das Zurückschalten nach langwierigen Untersuchungen der Regelvorgänge zufriedenstellend zu lösen. Damit war es nicht mehr nötig, den Abstieg in gedrosseltem Hubschrauberzustand durchzuführen, was bisher eine langwierige und fliegerisch schwierige Sache gewesen war. Auf der anderen Seite endete jetzt das einmalige Umschalten auf den Tragschrauberzustand nicht mehr mit einer Notlandung. Durch diese Maßnahmen wurde die Fl 265 zum flugsichersten Hubschrauber ihrer Zeit. Ihr Äußeres hatte sich gegenüber der Fl 185 nicht wesentlich geändert. Der 1 × 160 PS BMW-Bramo Sh 14 A saß ebenfalls ummantelt in der Spitze des Normalrumpfes mit der geschlossenen Kabine und wurde durch eine sechsflügelige Luftschraube zwangsgekühlt. Das Normalleitwerk bestand aus einer großen Seitenflosse mit einem Seitenruder und einer freitragenden Höhenflosse. Starres Dreiradfahrwerk, verkleidet, mit Spornrad. Zwei zweiflügelige, gegenläufig ineinanderkämmende Rotoren mit schräg nach außen geneigten Rotorachsen. Rotordurchmesser 12 m. Mit dem Prototyp (D-EFLV) wurden insgesamt sechs Maschinen dieses Musters gebaut. Ein Serienauftrag wurde zugunsten der Fl 282 zurückgezogen. Die Fl 265 wurde Anfang des Krieges taktisch im Mittelmeer und in der Ostsee erprobt. Der Start erfolgte von einer nur 10 m² großer Plattform auf dem Heck eines Schiffes. Gleichzeitig wurden Versuche über die Beschußempfindlichkeit angestellt. Zwei erfahrenen Jagdfliegern gelang es dabei nicht, innerhalb von 20 Minuten einen einzigen Treffer anzubringen.

Flettner Fl 282 »Kolibri«

Da sich der Hubschrauber Fl 265 auch bei der taktischen Erprobung gut bewährt hatte, gab das RLM 1940 den Auftrag, aus diesem Muster ein spezielles Beobachtungsflugzeug zu entwickeln, welches die Bezeichnung Fl 282 erhielt. Grundsätzlich entsprach der Aufbau dieses Musters dem des Vorläufers, jedoch war der Motor in Rumpfmitte unter dem Rotorsystem gelagert, um die Rumpfspitze der Sichtverhältnisse wegen für den Piloten freizubekommen. Ebenfalls besaß die Fl 282 ein Dreiradfahrwerk. 24 Maschinen wurden vom Flettner-Werk gebaut. Sie unterschieden sich nur im Detail. Verschiedene Versionen gingen ebenfalls in die taktische Flugerprobung, davon eine in der Ostsee. Sie war auf dem Geschützturm eines Kreuzers untergebracht und erbrachte ausgezeichnete Ergebnisse, besonders bei schlechtem Wetter. Die Ergebnisse der Flugerprobung bewogen das RLM, den BMW-Werken einen Serienauftrag auf 1000 Fl 282 zu überschreiben, doch konnte die Fertigung vor Kriegsende nicht mehr anlaufen. Bei Kriegsende waren noch drei Exemplare flugbereit, von denen zwei nach Amerika und eines nach Rußland gingen. Bemerkenswert, das wurde nach dem Kriege auch aus den USA bestätigt, war die ausgezeichnete Stabilität der Fl 282 in allen Fluglagen, besonders auch in Bodennähe. Auch die dynamische Stabilität konnte im Verlauf der Flugversuche immer weiter verbessert werden. Bei einer Version wurde zur Verbesserung der Längsstabilität der Drehsinn der Rotoren geändert. Das ergab gleichzeitig eine so verbesserte Kursstabilität, daß das Muster ohne Seitenleitwerk und Höhenflosse ausgezeichnet flog.

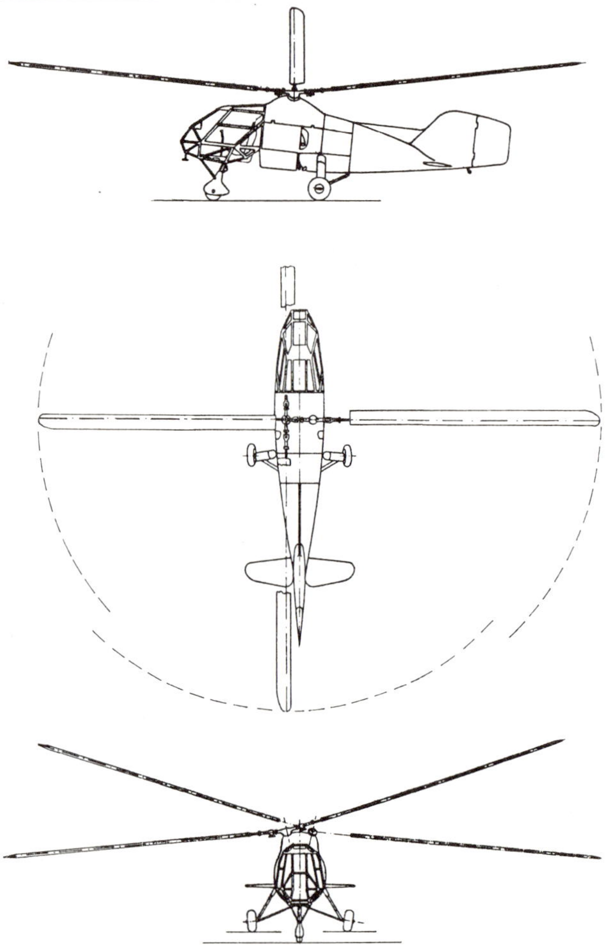

18. Flettner Fl 282

Typ: Einmotoriger Aufklärungs-Hubschrauber.
Rotorsystem: Zwei zweiflügelige, gegenläufig ineinanderkämmende Rotoren, deren Achsen, je 12° nach außen und 6° nach vorne geneigt, dicht nebeneinander auf einem Pylon über dem Rumpf angeordnet sind. Die Rotorblätter bestehen aus einem Stahlrohrholm, Holzrippen und sind komplett mit Sperrholz beplankt und darüber noch mit Stoff bespannt. Periodische Blattverstellung mittels Taumelscheibe. Umschalt- und Regelautomatik, welche durch automatische Verstellung der Blatteinstellwinkel die Rotordrehzahl in gewissen Grenzen konstant hält und bei großen Drehzahländerungen automatisch auf den Tragschrauberzustand um- oder zurückschaltet. Blattaufhängung mit Schlag- und Schwenkgelenken, reibungsgedämpft. Rotordurchmesser je 11,96 m.
Rumpf: Rumpfgerüst als geschweißtes Stahlrohrfachwerk, im Bereich der Triebwerksaufhängung mit Blech verkleidet, sonst stoffbespannt.
Leitwerk: Freitragendes Normalleitwerk. Große Seitenflosse mit angelenktem Seitenruder. Höhenflosse bei den ersten Modellen nach oben abgewinkelt, später gerade. Aufbau aller Flächen aus Holz mit Stoffbespannung.
Fahrwerk: Starres Dreiradfahrwerk. Alle Räder an Ölfederbeinen. Haupträder durch V-Strebensystem mit der Rumpfunterseite verbunden. Steuerbares Bugrad.
Triebwerk: Ein BMW-Bramo Sh 14 A luftgekühlter Siebenzylinder-Sternmotor mit 1 × 160 PS Startleistung, in der Rumpfmitte liegend und durch zehnblättrigen Holzpropeller zwangsgekühlt. Kühllufteintritt hinter dem Pilotensitz in den Rumpfseitenwänden und unter dem Rumpf. Ebensolche Austritte hinter dem Motor. Rotorwelle über Reibungskupplung mit dem Rotorgetriebe verbunden.
Besatzung: 1 bis 2 Mann. Offener Pilotensitz in der Rumpfspitze, bei einzelnen Versionen auf verschiedene Weisen halb verkleidet, teilweise mit Plexiglas-Seiten- und Bodenwänden, teilweise mit stoffbespanntem Formgerüst und langgestrecktem Plexiglas-Windschutz. Einbau eines zweiten Sitzes mit dem Rücken zur Flugrichtung zwischen Motor und Seitenflosse möglich.

22. Flettner Fl 282 V 7 ▷

23. Flettner Fl 282 V 21 ▽

Flettner Fl 339

Um einen Hubschrauber mit einer höheren Zuladung als die des Fl 282 zu bekommen, vergab das RLM noch im Jahre 1944 den Auftrag für die Entwicklung der Fl 339. Das Muster besaß die gleiche Rotoranordnung wie beim Fl 282, jedoch größere Rotordurchmesser mit 13,20 m. Neuartig war bei diesem Muster die Zusammenfassung Motor—Getriebe—Rotoren zu einer zusammenhängenden Einheit, bei der die Kraftübertragung über ein Doppelschneckengetriebe ging. Aus diesem Grund lag das Triebwerk, ein Argus As 10 C luftgekühlter V-Motor mit acht Zylindern und 1 × 240 PS Startleistung in einer Gondel oberhalb der Kabine. Ein unverkleidetes Stahlrohrgerüst trug als Gondelfortsatz das normale, aber hängend angeordnete Seitenleitwerk. Normale Höhenflosse. Kabine mit zwei hintereinanderliegenden Sitzen Rücken-an-Rücken. Starres Dreiradfahrgestell. Wegen der Kriegsereignisse konnte das Projekt nicht mehr verwirklicht werden.

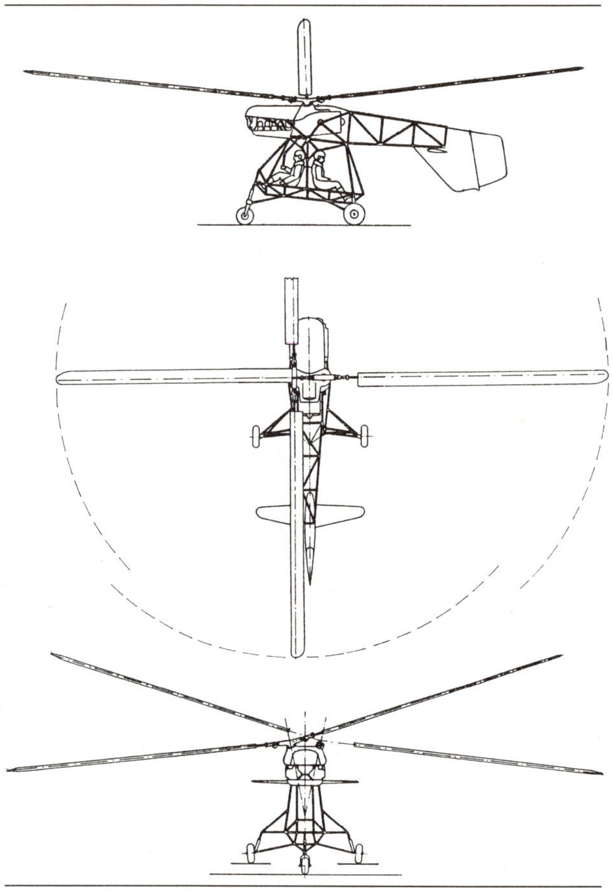

19. Flettner Fl 339

Focke-Achgelis

Focke, Achgelis & Co., GmbH., Delmenhorst

Kaufmännischer Direktor: Dipl.-Ing. Kirchhoff
Technischer Direktor: Prof. Dr.-Ing e. h. Henrich Focke
Werke: Hoyenkamp bei Delmenhorst, Oldenburg, Laupheim

Die Focke, Achgelis & Co., GmbH. wurde 1937 unter Mitarbeit des bekannten Kunstfliegers Gerd Achgelis von Prof. Henrich Focke gegründet. Henrich Focke, am 8. Oktober 1890 geboren, beschäftigte sich bereits 1909 als Primaner mit dem Bau von Flugmodellen und Gleitflugzeugen. 1913 begann er mit seinem Studium an der TH Hannover, das, durch den Krieg unterbrochen, danach beendet wurde. Im Weltkrieg war Focke zuerst Infanterist, wurde dann aber zu den Fliegern versetzt und stürzte 1917 an der Westfront ab. Nach dem Absturz kam Focke zur Flugzeugmeisterei nach Berlin-Adlershof. Mit Georg Wulf, der bereits 1913 sein Mitarbeiter war, gründete er 1923 die Focke-Wulf Flugzeugbau AG, deren technischer Direktor und Vorstandsmitglied Prof. Focke bis 1933 war. Gewohnt, eigene Wege zu gehen, erwarb Focke 1931 die Lizenz des Cierva Autogiros und stellte in den Werkstätten von Focke-Wulf zuerst das Muster C 19 Mark VI »Don Quichote« und später die C 30 »Heuschrecke« her. Angeregt durch die Arbeit an diesen Drehflügelflugzeugen gründete Focke 1931 innerhalb des eigenen Werkes eine Forschungsanstalt, der er sich später ausschließlich widmete und in der die Fa 61 entstand. Diese Forschungsanstalt war die Keimzelle der Focke, Achgelis & Co., GmbH. Als Mitarbeiter für dieses Werk konnte Prof. Focke unter anderen Dr. Jaeckel, Dr. Just, Dr.-Ing. Schweym und Dipl.-Ing. Spanger verpflichten. Die Konstruktion und Fertigung der mechanischen Teile wurde ursprünglich den Brandenburgischen Motorenwerken in Spandau übertragen, ging allerdings später automatisch an BMW über, als beide Firmen fusionierten. Noch später wurde der ganze Entwicklungsstab auf Veranlassung des RLM aus der Firma BMW herausgelöst und Focke-Achgelis zur Verfügung gestellt. Die Arbeiten in dieser Gruppe unterstanden anfänglich Direktor Dipl.-Ing. Wolff, später übernahm sie sein nächster Mitarbeiter, Obering. Bussmann, sowie von seiten der Theorie Dr.-Ing. Löffler. Der Fa 61, die als erster erfolgreicher Hubschrauber der Welt bezeichnet werden kann, folgte eine Anzahl weiterer erfolgreicher Drehflügler und eine Reihe interessanter Projekte, die wegen der Kriegsereignisse nicht mehr fertiggestellt werden konnten.

Focke-Achgelis Fa 61

1932 begann Prof. Focke mit der Konstruktion eines einsitzigen Versuchshubschraubers unter der Bezeichnung Fa 61.

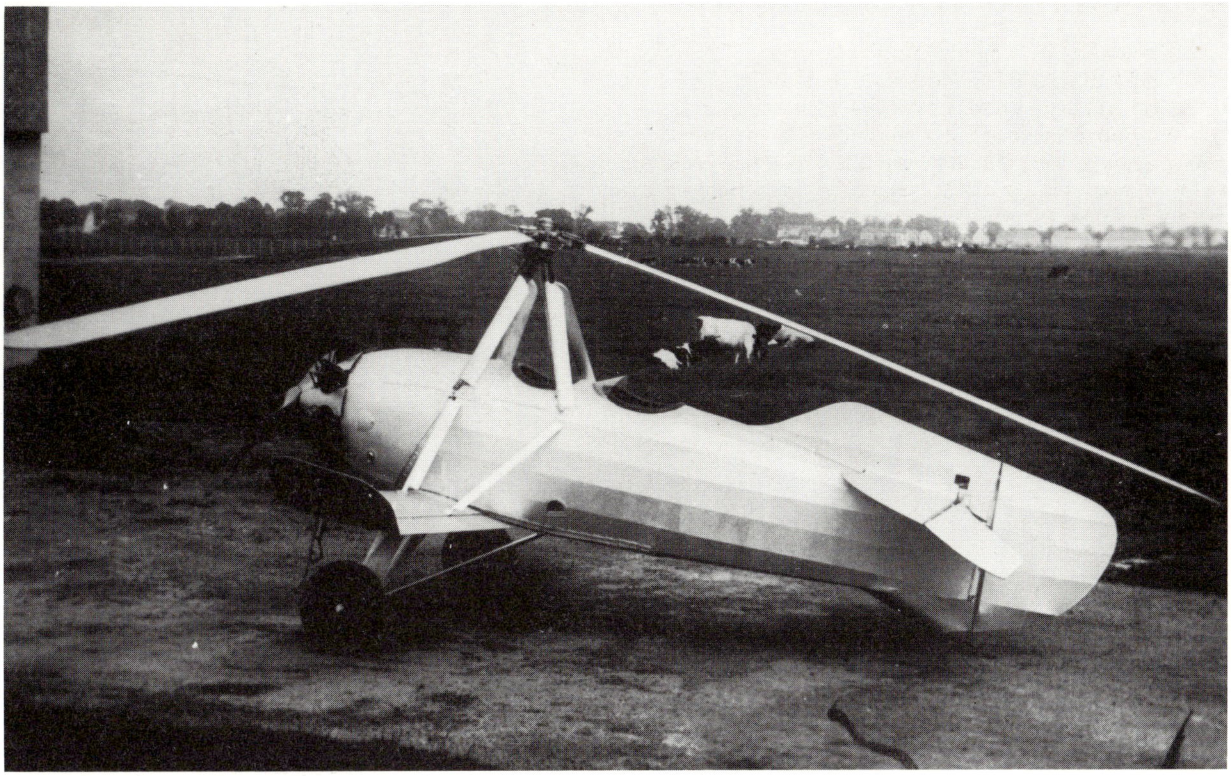

24. Focke-Wulf-de la Cierva C 19 △

25. Focke-Wulf Fw 61 V 1 ▽

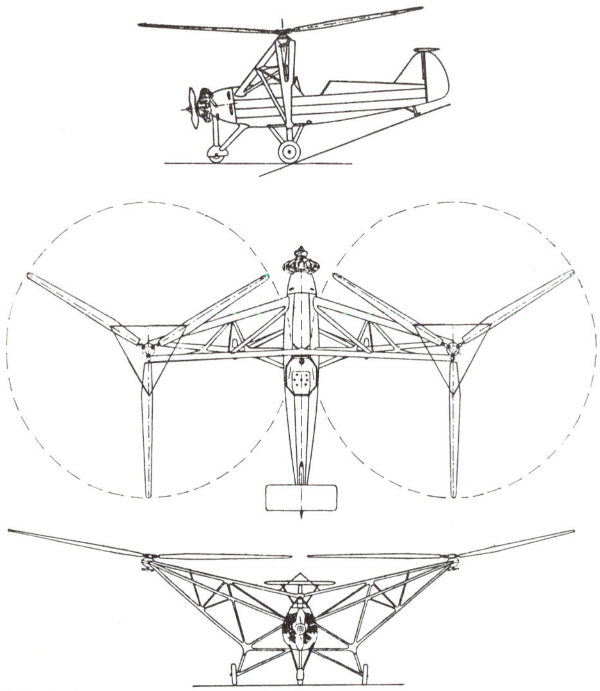

20. Focke-Wulf Fw 61

1936 startete das Modell zum Erstflug und konnte ein Jahr später sämtliche Hubschrauber-Weltrekorde nach Deutschland holen. Zu jener Zeit, als die Bestleistungen von Hubschraubern bei zehn Minuten Dauer, 1 km Entfernung und 18 m Höhe lagen, schaffte die Fa 61 im Beisein von FAI-Zeugen eine Höhe von 3427 m, eine Flugzeit von 1 h 20' 50, eine Geschwindigkeit von 122,553 km/h über 20 km, eine Entfernung in geschlossener Bahn von 80,604 km und eine Entfernung in gerader Strecke von 230,248 km. Während bis zu dieser Zeit noch kein Hubschrauber den Flugplatz verlassen hatte, wurden im Verlauf der Erprobung mit der Fa 61 eine längste Strecke von 275 km und eine längste Flugzeit von 2 h 20' bei Überlandflügen erreicht. Wichtiger als diese Leistungen war jedoch die Tatsache, daß dieser Hubschrauber als erster bei Motorausfall die Rotoren auf den Tragschrauberzustand umschalten konnte und damit den ersten flugsicheren Hubschrauber darstellte. Die erste Umschaltung wurde am 10. Mai 1937 von Rohlfs vorgenommen. Um die Betriebssicherheit der Fa 61 zu demonstrieren, wurde sie anschließend von Hanna Reitsch in der geschlossenen Deutschlandhalle vorgeführt. Zwei Muster wurden gebaut. Der Aufbau des Hubschraubers bestand aus zwei dreiflügeligen Rotoren, die an Stahlrohr-Auslegern seitlich des Rumpfes nebeneinander untergebracht waren und sich gegenläufig drehten. Der Antrieb bestand aus einem BMW-Bramo Sh 14 A luftgekühlten Siebenzylinder-Sternmotor mit 1 × 160 PS Startleistung, der unverkleidet im Rumpfbug befestigt war. Die Zwangskühlung erfolgte durch eine starre zweiflügelige Holzluftschraube. Der Rumpf, ein umgebauter normaler Serienrumpf der Fw 44 »Stieglitz«, trug ein normales Seitenleitwerk mit einer T-förmig aufgesetzten Höhenflosse. Offener Führersitz. Starres Dreiradfahrgestell.

Focke-Achgelis Fa 223 »Drachen«

Nach der Entwicklung der Fa 61 bestand in maßgebenden deutschen Kreisen die Ansicht, daß ein Hubschrauber 700 kg Nutzlast tragen müsse, um von praktischem Nutzen zu sein. Aus diesem Grund wurde 1938 mit der Konstruktion einer wesentlich größeren Weiterentwicklung begonnen. Die Fa 223 besaß im Prinzip den gleichen Aufbau der Fa 61 und war ebenfalls mit zwei Rotoren, die auf Auslegern nebeneinanderlagen, ausgerüstet. Um Planungswerte für die Fa 223 zu erhalten, wurde eine der beiden Fa 61 zu einem fliegenden Laboratorium ausgebaut. Der Prototyp der Fa 223 verließ im August 1939 die Hallen und im August 1940, allerdings gefesselt, den Boden. Dazwischen lagen 100 Stunden Bodenerprobung. Unwuchtig laufende Rotoren, Schaffung der Sicherheitseinrichtungen für die automatische Umschaltung auf Autorotation bei Triebwerks- oder Getriebestörungen und die Lösung des Problems der großen Empfindlichkeit der Blätter gegen die Änderung ihrer Einstellwinkel wie das der Schwingungen standen dabei vielen anderen Schwierigkeiten voran. Während dieser Erprobung wurde auch die gefährliche Selbsterregung der Rotorblätter untereinander entdeckt. Bei der anschließenden Flugerprobung mußten viele Fragen des Auftriebes, Widerstandes und der Drehmomente infolge fehlenden Großwindkanals im Schwebeflug ermittelt werden. Anfang 1942 war das Muster vollkommen serienreif, ein Auftrag auf 100 Maschinen wurde erteilt. Wegen der Kriegsereignisse und laufender Bombardierungen wurden jedoch bis Kriegsende nur 20 fertiggestellt und hiervon nur zehn geflogen. Von den beiden Maschinen, die nach Kriegsende noch flugfertig vorgefunden wurden, ging eine zerlegt nach den USA, während die zweite als erster Hubschrauber über den Kanal nach England geflogen wurde. Die Fa 223 zeigte gute Flugeigenschaften und war statisch und dynamisch mit Ausnahme der Stabilität um die Querachse um alle Achsen voll stabil. Beim Reiseflug mit 140 km/h konnte der Knüppel losgelassen werden, weil die Instabilität um die Querachse bei ungefähr 120 km/h verschwand. Trotz des dynamisch instabilen Fluges an Ort konnten 26 Piloten innerhalb einer Zeit von 2½ bis 3½ Stunden vollkommen auf diesen Typ umgeschult werden. Zur Erprobung gehörten Flüge bei Windgeschwindigkeiten von 21 m/s und eine umfassende Gebirgsprüfung im Karwendelgebirge.

Typ: Einmotoriger Transport-Hubschrauber.
Rotorsystem: Zwei dreiflügelige gegenläufig drehende Rotoren

26. Focke-Achgelis Fa 223 V 2 △

27. Focke-Achgelis Fa 223 ▽

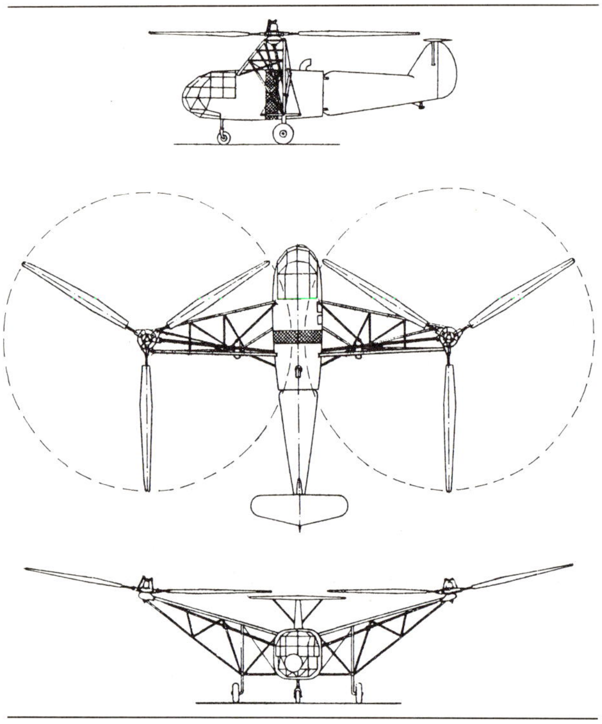

21. Focke-Achgelis Fa 223

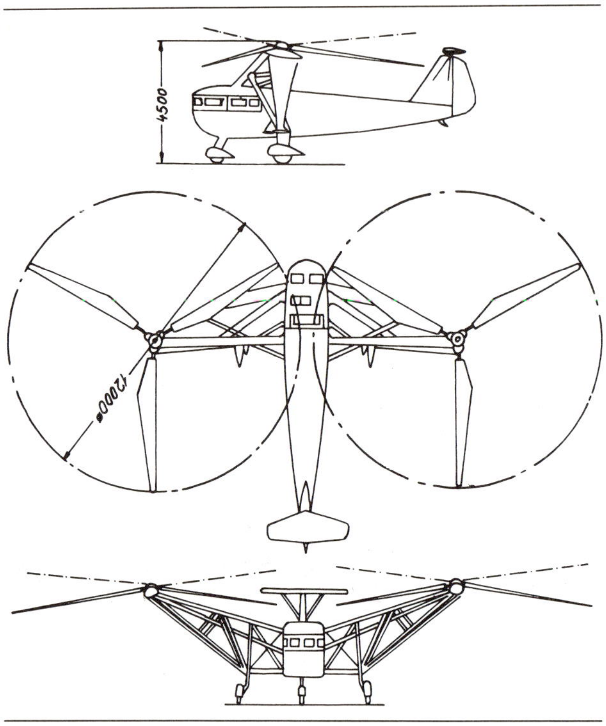

22. Focke-Achgelis Fa 266

nebeneinander auf Stahlrohrgerüstausleger. Jeder Rotor besitzt 12 m Durchmesser. Aufbau der Rotorblätter aus Stahlrohrholm, Holzrippen, verdrehsteifer Sperrholznase und stoffbespanntem Hinterteil; gelenkig mit Reibungsdämpfer gelagert. Umschaltautomatik wie bei der Fa 61 als Zentrifugalregler.
Rumpf: Aufbau als geschweißtes Stahlrohrgerüst, komplett mit Stoff bespannt.
Leitwerk: Normalleitwerk, bestehend aus einem kompletten Seitenleitwerk und einer in T-Anordnung auf die Seitenflosse gelegten und verstrebten Höhenflosse. Aufbau aller Flächen aus Holz mit Stoffbespannung.
Fahrwerk: Starres Dreiradfahrgestell. Alle Räder an ölgedämpften Federbeinen. Gefederter Hilfssporn unter dem Rumpfheck.
Triebwerk: Ein BMW-Bramo 323 Q-3 luftgekühlter Neunzylinder-Sternmotor mit 1 × 1000 PS Startleistung, in der Rumpfmitte gelagert und zwangsgekühlt. Kühllufteintritt durch um den Rumpf umlaufenden Schlitz.
Besatzung: Zwei nebeneinanderliegende Pilotensitze in vollständig verglastem Rumpfbug, dahinter Hauptkabine für 4 weitere Sitze oder entsprechende Fracht.

Focke-Achgelis Fa 224

Projekt eines aus der Fa 61 abgeleiteten Sporthubschraubers, das durch den Ausbruch des Krieges nicht mehr zur Ausführung gelangte. Aufbau grundsätzlich wie Fa 61. Der Antrieb bestand jedoch aus einem Argus As 10 C mit 1 × 240 PS, der vollkommen verkleidet in der Rumpfspitze lag. Kühllufteintritt durch runden Ansaugschacht. Rotorausleger aus breiten Profilstreben. Zwei nebeneinanderliegende offene Sitze. Starres verkleidetes Dreiradfahrgestell.

Focke-Achgelis Fa 225

Entgegen der persönlichen Einstellung Prof. Fockes wurde von verantwortlichen Stellen ein Schlepp-Tragschrauber für äußerst aussichtsreich gehalten und ein entsprechender Entwicklungsauftrag unter der RLM-Nummer Fa 225 vergeben. Focke setzte auf den normalen Rumpf eines DFS 230-Lastenseglers den Rotor einer FA 223. Dieses Gespann wurde 1934 erfolgreich von einer Ju 52 geschleppt, erwies sich aber praktisch ohne jeden Nutzen, weshalb die Entwicklung wieder eingestellt wurde. Interessant ist noch der Antrieb des Rotors beim Start: Die Rotorachse war bis unter den Rumpf durchgelegt und endigte in einer Seiltrommel, deren auf ihr aufgewickeltes Seil vor dem Start mit dem Boden verankert wurde. Beim Anziehen des Musters durch das Schleppflugzeug wurde so eine Anfangstourenzahl erreicht, die sich durch den Fahrtwind anschließend auf die zum Abheben nötige steigerte.

Focke-Achgelis Fa 266 »Hornisse«

Frühere Bezeichnung für die Fa 223, die ursprünglich als sechssitziger Verkehrs-Hubschrauber für die Deutsche Luft-

28. Focke-Achgelis
Fa 225 ▷

29. Focke-Achgelis
Fa 269 (Modell im
Windkanal) ▽

hansa geplant war. Dieses nicht verwirklichte Projekt unterscheidet sich deshalb auch im Aufbau kaum von der vorstehend beschriebenen Militärversion. Lediglich die Kanzel und die Hauptkabine waren auf den zivilen Verwendungszweck speziell zugeschnitten und das Fahrwerk verkleidet.

Focke-Achgelis Fa 269

1941 wurde aus den Erfahrungen mit den bisher geschaffenen Hubschraubern mit der Konstruktion eines Wandelflugzeuges als Kombination zwischen Starrflügler und Hubschrauber unter der Bezeichnung Fa 269 begonnen. 1943 waren die Konstruktionsarbeiten an der Maschine, die im Waagrechtflug 600 km/h erreichen sollte, abgeschlossen und eine Attrappe in natürlicher Größe erstellt, als die damalige Kriegslage die Erstellung eines Prototyps nicht mehr zuließ. Bei der Fa 269 handelte es sich im Aufbau fast um ein normales Drachenflugzeug mit freitragendem Mitteldeckerflügel, freitragendem Normalleitwerk und stark verglastem Rumpfbug. Kurz vor den Spitzen einer jeden Flügelhälfte waren schwenkbare Gondeln für die dreiflügeligen Rotoren untergebracht, die im Waagerechtflug als Druckschrauben arbeiteten und beim Start und bei der Landung nach unten geklappt als Hubschrauber wirkten. Um eine genügende Bodenfreiheit zu erreichen, saßen die Räder des Normalfahrgestelles an überlangen Federbeinen. Sämtliche Räder waren nach hinten in den Rumpf einziehbar.

Focke-Achgelis Fa 283

Bei diesem Projekt, über das nichts weiter bekannt ist und das als »Tragschrauber mit Blasheck« bezeichnet wurde, dürfte es sich um ein Gerät mit Strahlturbinenantrieb gehandelt haben, bei dem die Ansaugschächte sich seitlich am Rumpf befanden.

Focke-Achgelis Fa 284

Bei der Erprobung der Fa 223 war versuchsweise in der Kabine eine Winde eingebaut worden, mit der Lasten vom fliegenden Hubschrauber aus aufgenommen werden konnten. Da diese Versuche erfolgreich verliefen, wurde 1943 ein Riesenhubschrauber als fliegender Kran konstruiert, die Fa 284. Auch er besaß die von Focke zur Betriebsreife entwickelte Anordnung von zwei dreiflügeligen gegenläufigen Rotoren nebeneinander, die durch ein riesiges Stahlrohrgerüst miteinander verbunden waren. Innerhalb dieses Gerüstes waren verkleidete BMW 801 luftgekühlte Vierzehnzylinder-Doppelsternmotoren mit 2 × 1600 PS Startleistung untergebracht. Das Fahrwerk bestand aus vier großen Haupträdern. Ebenfalls an Stahlrohrauslegern hing die Gondel für den Piloten im Heck, damit er eine gute Übersicht für die Lastaufnahme besaß. Das Muster wurde konstruktiv durchgearbeitet. Jeder Rotor besaß 18 m Durchmesser. Zur Bauausführung kam es jedoch nicht mehr.

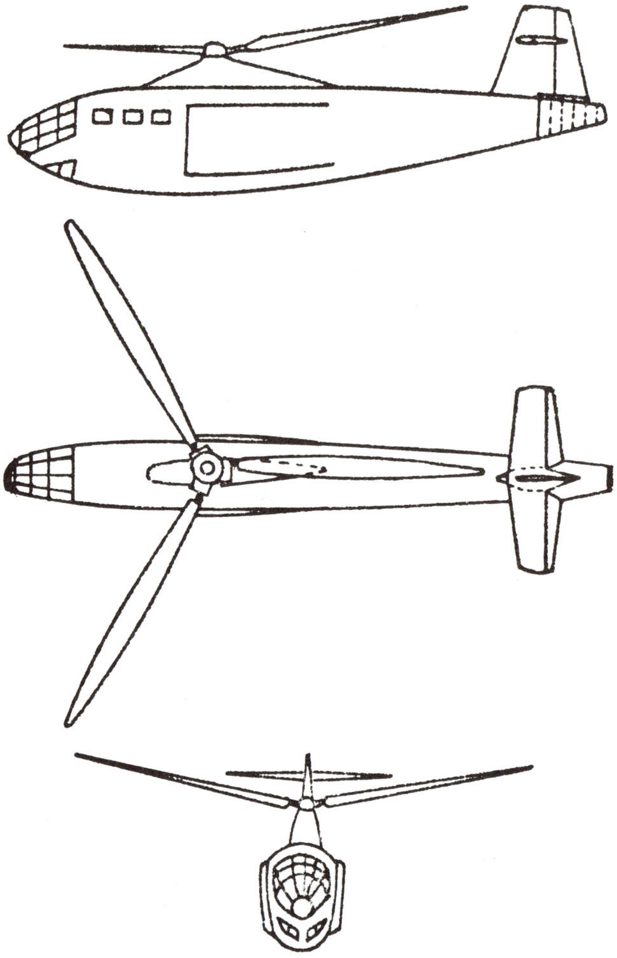

23. Focke-Achgelis Fa 283

Focke-Achgelis Fa 330 »Bachstelze«

Um den Sichtkreis für U-Boot-Besatzungen zu erweitern, wurde Anfang 1942 innerhalb weniger Monate ein motorloser Kleintragschrauber, die Fa 330, konstruiert und gebaut. Infolge der geringen Flächenbelastung von nur 4 kg/m² konnte die Maschine bereits bei Geschwindigkeiten von 30 km/h an einem Seil wie ein Drachen von einem U-Boot geschleppt werden. Der Aufbau war so einfach wie möglich. Der Rumpf bestand aus einer Stahlröhre, an deren Heck sich in normaler Anordnung angenähert rechteckige Höhen- und Seitenflossen befanden. Dahinter hing ein windfahnenartiges Seitenruder. Der durch Kippen des Kopfes gesteuerte Rotor mit 7,31 m Durchmesser besaß drei Flügel, die untereinander verspannt waren. Er saß auf einer zweiten Stahlröhre, die leicht nach vorne geneigt auf der Rumpfröhre

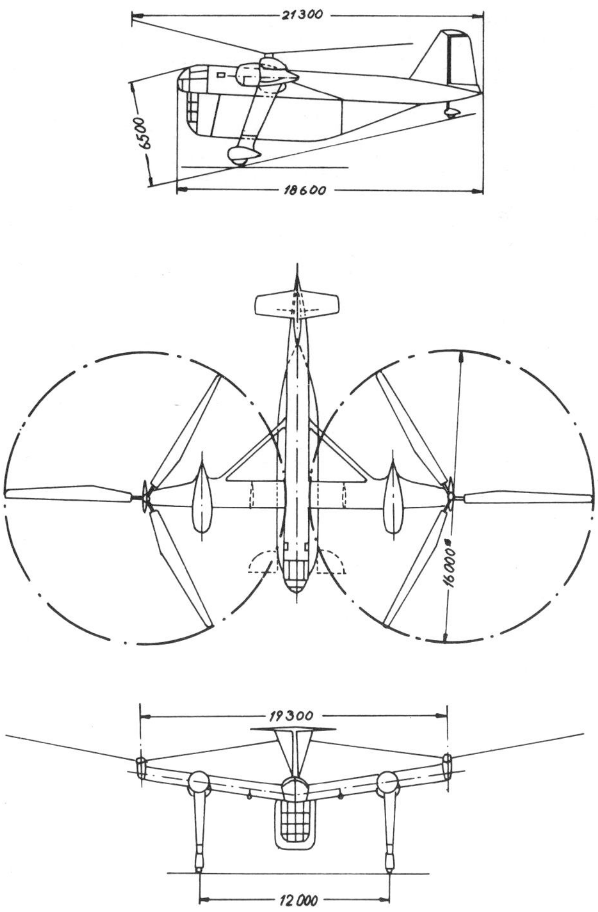

24. Focke-Achgelis Fa 284

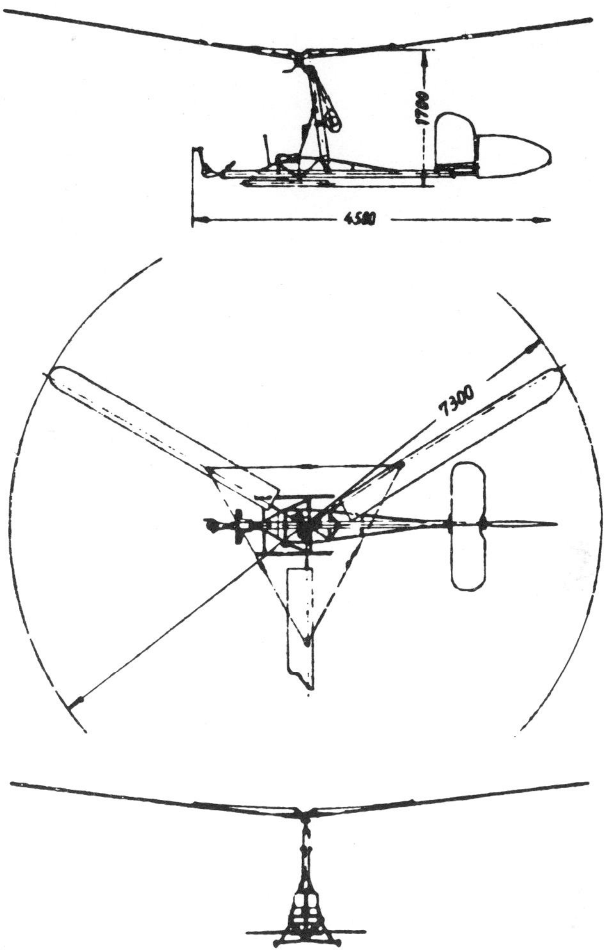

25. Focke-Achgelis Fa 330

stand und die gleichzeitig die Rückenlehne des offenen Pilotensitzes abstützte. Für Start und Landung waren noch zwei kleine Kufen vorhanden. Der Prototyp ging als komplette Einheit in den Windkanal von Chalais-Meudon zur Flugerprobung, die die Brauchbarkeit des Gerätes bewies. Obwohl die Entwicklungsabteilung der Focke Achgelis-Werke zu dieser Zeit infolge der Luftangriffe bereits nach Laupheim verlagert worden war, lief die Serienfertigung im Werk Delmenhorst an, weil die leichten Geräte bei Fliegeralarm in den Keller getragen werden konnten. Über hundert Fa 330 wurden noch fertiggestellt. Für den Einsatz auf U-Booten ließen sich die Geräte zusammenklappen und in zwei Röhren, die im Turm oder Rumpf der Boote lagen und von außen wasserdicht verschlossen werden konnten, unterbringen. Die eine Röhre nahm den Rotorkopf mit den drei Blättern, die zweite den restlichen Teil auf. Die Zeit für die Montage der Fa 330 vom Augenblick des Öffnens der Deckel bis zum Anlassen des Rotors betrug sieben Minuten, die Zeit für die Demontage zwei Minuten. Für den Gefahrenfall im Einsatz besaß das Muster noch einige weitere bemerkenswerte Details. So konnte der Rotor vor dem Berühren der Wasseroberfläche abgeworfen werden, um den Piloten im Wasser durch den umlaufenden Drehflügel nicht zu gefährden. Für den Absturz aus größeren Höhen war ein Fallschirm eingebaut, der nach dem Abwerfen des Rotors die etwa 40 kg schwere Restmaschine zusammen mit dem Piloten nach unten trug. Der Pilot hatte seine Gurte erst im Wasser zu lösen. Die Grundausbildung der Piloten erfolgte ebenfalls im Windkanal von Chalais-Meudon von einem gummigepolsterten Starttisch aus. Einige Fa 330 wurden mit einem Zweiradfahrgestell ausgerüstet und dienten in der Flugschule Gelnhausen zur Weiterausbildung mittels Windenschlepp

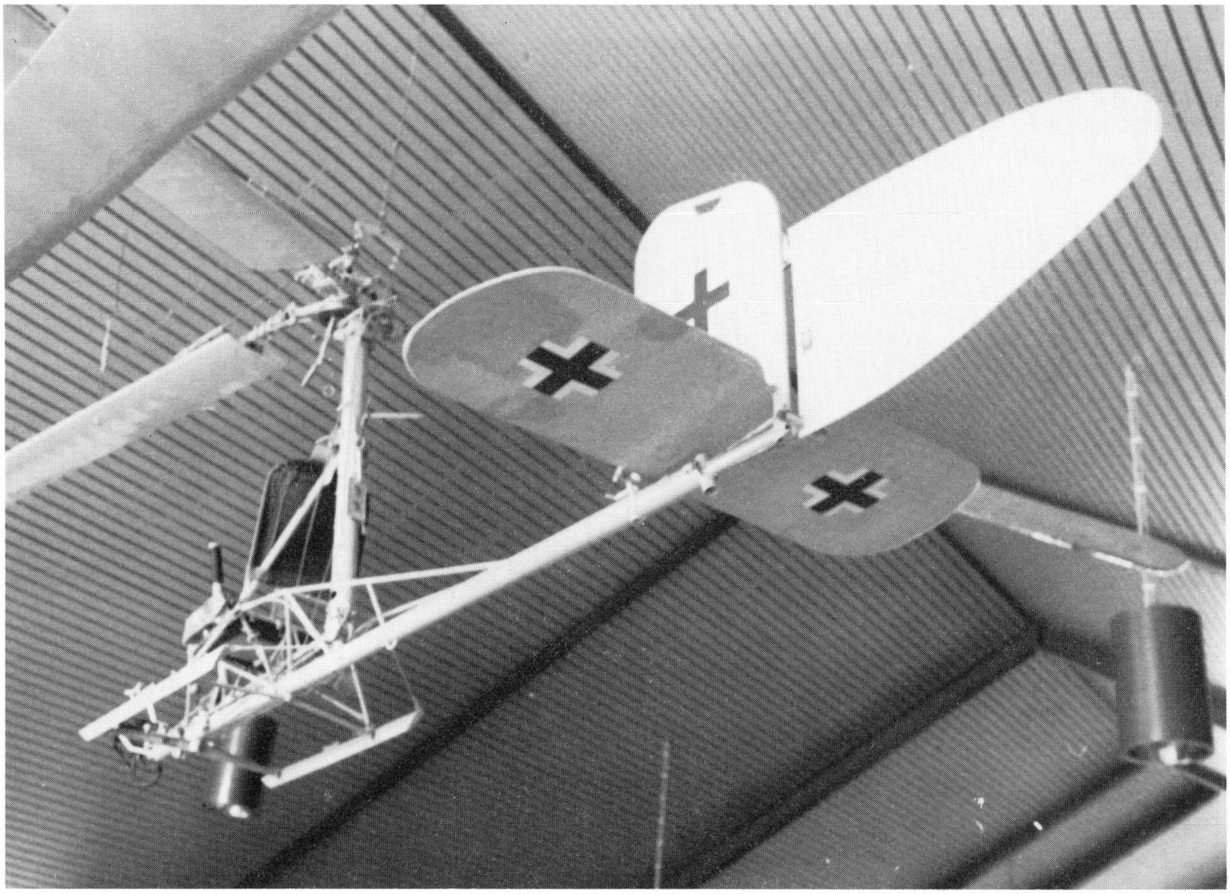

30. Focke-Achgelis Fa 330 △

31. Focke-Achgelis Fa 336 (Modell) ▽

oder hinter einem Kraftwagen. Als weitere Ausbildungsstufe erfolgte der Schlepp von einem schnellen Motorboot, auf dessen Heck ebenfalls ein Starttisch aufgebaut war. Der U-Boot-Einsatz der Fa 330 erfolgte auf den »Monsun«-Ostindienbooten der deutschen Kriegsmarine. Es waren dies Boote des Typs IX D 2 mit 87,6 m Länge und 1804 m^3 gesamter Wasserverdrängung.

Focke Achgelis Fa 336

Motorisierte Ausführung der Fa 330 mit einem 100 PS-Motor. Diese Version wurde in etwas veränderter Form nach dem Kriege in Frankreich von der SNCA du Sud-Est, die nach dem Kriege auch die Fa 223 als SE 3000 baute, als SE 3101 fertiggestellt und geflogen.

Focke-Wulf

Focke-Wulf Flugzeugbau GmbH., Bremen-Flughafen

Kaufmännischer Direktor: Dr. rer. pol. Werner Naumann
Technischer Direktor: Prof. Dipl.-Ing. Kurt Tank

Werke: Bremen, Johannisthal, Tutow/Mecklenburg, Marienburg, Warnemünde, Anklam, Kresinski, Sorau/Schlesien, Wismar, Lübeck, Bremen-Hemelingen, Bremen-Hastedt, Bremen-Neuenland, Hannover-Langenhagen, Erfurt-Nord sowie unter Kontrolle verschiedene Werke der SNCASO in Frankreich.

Am 1. Januar 1924 gründeten der Wissenschaftler Henrich Focke und der ehemalige Kriegsflieger Georg Wulf und der Bremer Kaufmann Dr. Werner Naumann mit einem Kapital von 200000,— RM die Focke-Wulf Flugzeugbau AG. in Bremen. Focke hatte bereits 1909 Gleitflüge durchgeführt, 1910 auf dem Bremer Exerzierplatz zusammen mit Dipl.-Ing. Kirchhoff eine Flugzeughalle gebaut, dann zusammen mit Wulf verschiedene Eindecker gebaut. Nach dem Kriege fanden Focke und Wulf wieder zusammen und bauten im Spätsommer 1921 einen weiteren Eindecker, die A 7, die im Dezember 1922 vom Reichsverkehrsministerium zum Luftverkehr zugelassen wurde. Nach der Inflation fanden sich 1923 eine Anzahl Männer in Bremen zusammen, die bereit waren, eine Focke-Wulf AG. zu finanzieren. An erster Stelle bei ihnen stand der Generalkonsul Dr. h. c. Ludwig Roselius, Inhaber der »Kaffee-Hag«, der auch in der Folgezeit bis zu seinem Tode im Jahre 1943 als Aufsichtsratvorsitzender Focke-Wulf durch viele Fährnisse mit außergewöhnlichem finanzpolitischem Geschick hindurchlavierte. Während die Firma sich bis 1926 die große Flugzeughalle auf dem Bremer Flughafen mit dem Deutschen Aero Lloyd teilte, konnten im gleichen Jahr eigene Räumlichkeiten bezogen werden. 1924 wurde das Kleinverkehrsflugzeug A 16 geschaffen, von dem in wenigen Jahren 23 Stück verkauft wurden. Weitere Kleinverkehrsflugzeuge schlossen sich an. Bis 1932, dem Zeitraum seiner technischen Leitung, konstruierte Henrich Focke 35 verschiedene Flugzeugmuster, die sich durch ihren bauchigen Rumpf und dem dickprofiligen, freitragenden, einholmigen Flügel, dessen Enden leicht zanoniaförmig nach oben aufgebogen waren, charakterisierten. Bekannt wurde noch die A 17 »Möve«, die auch in ihren Weiterentwicklungen A 21, A 29 und A 38 von der Deutschen Lufthansa zahlreich innerhalb des deutschen Streckennetzes benutzt wurde. Neue Wege zur Erlangung größerer Flugsicherheit wurden mit der F 19 »Ente« versucht, mit der 1927 Georg Wulf tödlich abstürzte. 1931 wurden im September die Albatros Flugzeugwerke GmbH. eingegliedert und das Kapital auf 285000,— RM erhöht. Aus Anlaß der Fusion wurde die bisherige AG. im Juni 1936 in eine GmbH. umgewandelt und 1938 das Kapital erneut auf 2500000,— RM erhöht. 1932 übernahm Dipl.-Ing. Kurt Tank die technische Leitung des Werkes, nachdem er am 1. November 1931 als Chef des Entwurfbüros eingetreten war. Der am 24. Februar 1892 in Bromberg-Schwedenhöhe geborene Kurt Tank, der den Ersten Weltkrieg als Kompanieführer an der Westfront mitgemacht hatte, studierte ab 1920 an der TH in Berlin-Charlottenburg Elektrotechnik. Hier wurde er Mitbegründer der Akaflieg Berlin und Konstrukteur des Segelflugzeuges »Teufelchen«. 1924 trat er bei der Rohrbach-Metallflugzeugbau GmbH. in Berlin ein, der er bis zu deren Liquidation im Jahre 1929 angehörte. Am 1. Januar 1930 übernahm er schließlich die Leitung des Projektbüros der Bayerischen Flugzeugwerke in Augsburg bis zu seiner Übersiedelung zu Focke-Wulf. Hier entstanden unter seiner Leitung nach der Fw 44 eine Reihe weltbekannter Konstruktionen, deren Erstflüge fast immer von ihm selbst durchgeführt wurden. 1936 wurde ihm für seine Verdienste der Titel Flugkapitän verliehen, dem der Dr.-Ing. e. h. der TH Berlin folgte. 1942 wurde er Vizepräsident der Akademie für Luftfahrtforschung und Anfang 1943 erhielt er seine Professur an der TH Braunschweig.

Focke-Wulf S 39

Bereits 1931 entwarf Henrich Focke als Konkurrenzentwurf zur Heinkel He 46 den Nahaufklärer S 39 mit Siemens »Jupiter« 510 PS. Von diesem Typ ist nur die Höchstgeschwindigkeit von 265 km/h bekannt. Es wurde nur ein Flugzeug gebaut.

Focke-Wulf Fw 40

Dieser Nahaufklärer ist eine der ersten Arbeiten Kurt Tanks bei Focke-Wulf gewesen. Die Maschine hatte als Triebwerk den Siemens SAM 22 B 660 PS. Ähnlich wie die Heinkel He 46, die dasselbe Triebwerk hatte, traten starke Schwingungen im Flugbetrieb auf, die nicht beseitigt werden konnten. So verfiel die Fw 40 der Ablehnung.

32. Focke-Wulf Fw 39 (S 39) △

33. Focke-Wulf Fw 40 ▽

Focke-Wulf Fw 42

In Anlehnung an Fockes berühmte F 19 »Ente« entstand Mitte der dreißiger Jahre der Entwurf eines zweimotorigen Bombers in Entenbauweise. Als Triebwerk waren zwei BMW VIu mit einer Startleistung von je 750/550 PS vorgesehen. Die Maschine sollte eine Spannweite von 25 m und einen Flächeninhalt von 108 m² haben. Bei einem Rüstgewicht von 5600 kg wurde ein Fluggewicht von 8500 – 9000 kg erwartet. Bei einer Höchstgeschwindigkeit von 300 km/h sollte eine Gipfelhöhe von 5000 m und eine Reichweite von 1200 km erzielt werden. Ein Modell wurde mit verschiedenen Leitwerksanordnungen im Windkanal erprobt. Zum Bau kam es nicht.

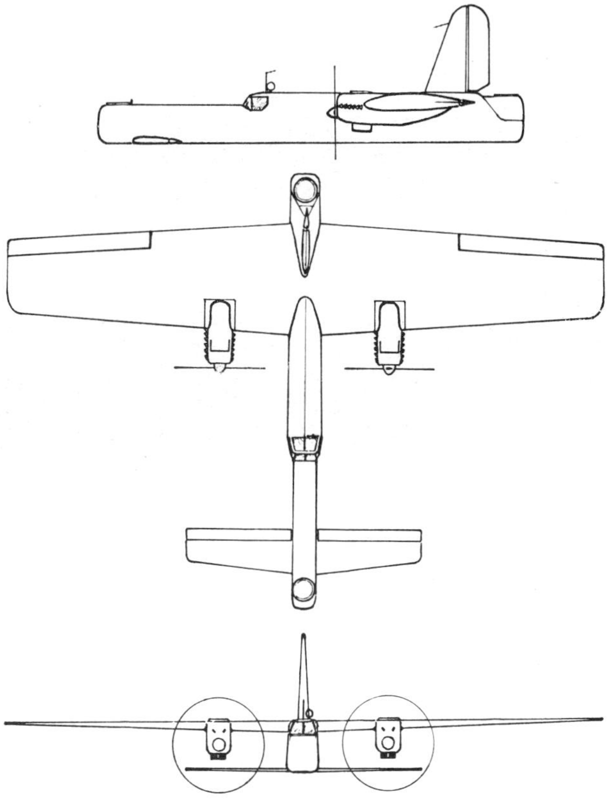

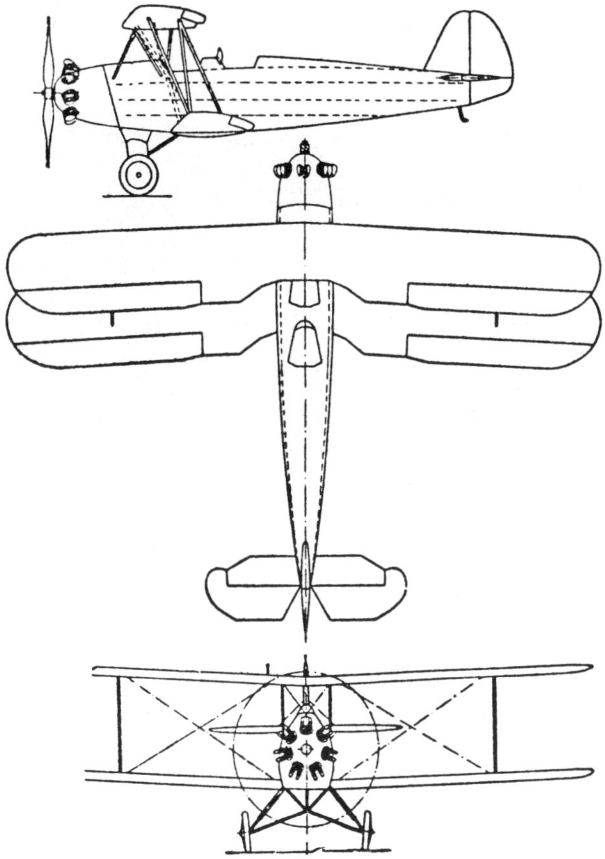

26. Focke-Wulf Fw 42 △ 27. Focke-Wulf Fw 44 »Stieglitz« ▷

Focke-Wulf Fw 43 »Falke«

Erstes Focke-Wulf-Muster der RLM-Reihe wurde die Fw 43, ursprünglich A 43, die letzte Konstruktion unter der technischen Leitung von Prof. Focke. Das Muster, welches 1932 bereits von Prof. Tank persönlich eingeflogen wurde, war speziell für den schnellen Reiseverkehr ausgelegt und infolge seiner aerodynamischen guten Durchbildung schneller als sämtliche damaligen Linienflugzeuge im europäischen Luftverkehr. Die Anregung zur Entwicklung des Flugzeuges kam von der von dem bekannten Flieger Edzard geleiteten Norddeutschen Luftverkehrs AG., die das in einem Exemplar gebaute Muster auch erwarb. Die Leistungen der Maschine befriedigten nicht, so daß der Serienbau unterblieb.

Typ: Einmotoriges Reiseflugzeug.
Flügel: Abgestrebter Hochdecker. Zweiteiliger Holzflügel, an den Rumpfobergurten angelenkt und zum Rumpfuntergurt durch je eine Stahlrohr-V-Strebe abgefangen. Aufbau aus zwei Kastenholmen, bis zum Hinterholm sperrholzbeplankt, sonst stoffbespannt.
Rumpf: Rumpf als geschweißtes Gerüst aus Chrom-Molybdän-Stahlrohren, mit Stoff bespannt.
Leitwerk: Normal, abgestrebt. Höhenflosse durch je einen I-Stiel abgefangen. Sämtliche Flächen aus Stahlrohr mit Stoffbespannung. Alle Ruder aerodynamisch ausgeglichen.
Fahrwerk: Starres Normalfahrwerk. Hauptträder an Halbachsen, je durch einen Stiel zur Rumpfunterseite und eine verkleidete Gummiring-Federstrebe zu der Rumpfseitenwand abgestützt. Hydraulische Innenbackenbremsen. Gummigefederte Vollgummi-Spornrolle, voll drehbar.
Triebwerk: Ein Argus As 10 luftgekühlter Achtzylinder-V-Motor mit 1 × 220 PS Startleistung. Starre Zweiblatt-Luftschraube. Kraftstoffkapazität 226 Liter in zwei Tanks in den Flügelwurzeln, Schmierstoff 20 Liter.
Besatzung: 3 Sitze hintereinander in geschlossener Kabine.

Focke-Wulf Fw 44 »Stieglitz«

Die erste Konstruktion, die Dipl.-Ing. Kurt Tank bei Focke-Wulf in seiner Eigenschaft als Technischer Direktor schuf, war der zweisitzige Übungsdoppeldecker Fw 44, der im Spätsommer 1932 zu seinem Erstflug startete. Der Entwurf entstand auf Anregung verschiedener Kunstflieger, an deren erster Stelle Gerd Achgelis zu nennen ist, der mit diesem Muster seine aufsehenerregende Amerikatournee durch-

34. Focke-Wulf Fw 43 (A 43) △

35. Focke-Wulf Fw 44 »Stieglitz« ▽

führte. Weitere bedeutende Kunstflieger, so Emil Kropf und Ernst Udet, bedienten sich dieses kunstflugtauglichen Zweisitzers.

Fw 44 A

Nur Musterflugzeug, Ausführung fast wie C, nur Seitenleitwerk aerodynamisch ausgeglichen.

Fw 44 B

Kleiner Serienauftrag. Ausführung wie C, aber 1 × 120 PS-Argus As 8-Reihenmotor.

Fw 44 C

Serienausführung mit einem von Siemens entwickelten Sternmotor, die für eine rationelle Großreihenfertigung im Detail durchkonstruiert wurde. Die Produktion des Musters wurde im Laufe der Jahre so hoch, daß andere Werke der deutschen Luftfahrtindustrie das Muster in Lizenz nehmen mußten. Größere Mengen der Fw 44 B wurden nach Bolivien, Chile, Türkei, Rumänien, Bulgarien, China, Finnland und in die Slowakei geliefert, während Argentinien, Brasilien und Schweden selbst den Lizenzbau übernahmen.

Typ: Einmotoriges, kunstflugtaugliches Schul- und Übungsflugzeug.
Flügel: Verspannter, einstieliger Doppeldecker. Flügel gestaffelt und leicht pfeilförmig. Ober- und Unterflügel gleicher Größe und gleichen Grundrisses zweiteilig in zweiholmiger Holzbauweise, Unterseiten sperrholzbeplankt, Oberseiten stoffbespannt. Jede Oberflügelhälfte mit einem N-Stiel über dem Rumpf befestigt und mit einem N-Stiel mit dem Unterflügel verbunden. Kreuzweise Doppeldrahtverspannung in der Vorderholmebene. Querruder im Ober- und Unterflügel.
Rumpf: Rumpfgerüst als geschweißtes Stahlrohrfachwerk, mit Stoff bespannt.
Leitwerk: Normal, verspannt. Aufbau aus Holz, Flossen sperrholzbeplankt, Ruder stoffbespannt. Höhenruder aerodynamisch ausgeglichen, Seitenruder nicht.
Fahrwerk: Starres Normalfahrgestell. Jedes Hauptrad an geteilter Achse, die in der Mitte hochgezogen und an einem dreibeinigen Bock unter dem Rumpf angelenkt ist. Federung durch Druckgummischeiben mit Ölstoßdämpfung. Hydraulische Duo-Servo-Ölbremsen. Drehbarer Schleifsporn aus Stahlrohr.
Triebwerk: Ein BMW-Bramo Sh 14 A luftgekühlter Siebenzylinder-Sternmotor mit 1 × 160 PS Startleistung. Starre Zweiblatt-Holz-Luftschraube mit 2,25 m Durchmesser. Kraftstoffbehälter 135 Liter Inhalt im Rumpf vor dem vorderen Sitz. Schmierstoff 15 Liter.
Besatzung: 2 offene Sitze hintereinander mit Doppelsteuer.

Focke-Wulf Fw 47

Auf Grund eines von Prof. K. Wegener geforderten Spezialflugzeugs für den Wetterflugdienst erhielt Focke-Wulf im September 1931 den Auftrag zum Bau der Fw 47. Der Prototyp D-2295 wurde Mai – Juni 1932 fertiggestellt und von Cornelius Edzard eingeflogen. Die Erprobung fand August bis November 1932 in Travemünde statt. Ende November wurde die Maschine an die Wetterflugstelle Hamburg zur Betriebserprobung übergeben und im Dezember im regelmäßigen Flugbetrieb eingesetzt. Diese Maschine war noch mit dem alten Argus As 10 von 195/220 PS ausgerüstet. 1934 wurden etwa neun Maschinen der verbesserten Ausführung Fw 47 C gebaut und in Dienst gestellt. Musterflugzeug war wahrscheinlich D-IPIN. Die Fw 47 C war mit dem verbesserten As 10 C von 200/240 PS ausgerüstet. 1936 erschien eine nochmals verbesserte Ausführung Fw 47 D mit Argus As 10 E von 270 PS. Hiervon wurden etwa elf Maschinen gebaut. 1944 erfolgte seitens des RLM Verschrottungsbefehl für die noch existierenden Fw 47. Dieser wurde umgangen, die Fw 47 als Schleppflugzeug an Segelflugzeuggruppen der Luftaufsicht abgegeben. Bei Kriegsende existierten zumindest noch zwei Fw 47.

Typ: Einmotoriges Wetterflugzeug.
Flügel: Abgestrebter Hochdecker. Holzflügel mit Stoffbespannung, kurzspannend durch W-Streben zu den Rumpfobergurten und durch je zwei Parallelstiele zu den Rumpfuntergurten hin abgefangen.
Rumpf: Rumpfgerüst als geschweißtes Stahlrohrfachwerk, mit Stoff bespannt.
Leitwerk: Normal, abgestrebt. Aufbau aus Holz mit Stoffbespannung. Sämtliche Ruder aerodynamisch ausgeglichen.
Fahrwerk: Starres Normalfahrgestell. Bremsbare Haupträder an Druckgummi-Federbeinen, die bis zum Vorderholm des Tragflügels durchlaufen, unten durch V-Streben zu den Rumpfuntergurten abgefangen. Schleifsporn.
Triebwerk: Ein Argus As 10 C luftgefühlter Achtzylinder V-Motor mit 1 × 240 PS Startleistung. Zweiblatt-Leichtmetall-Einstell-Luftschraube mit 2,80 m Durchmesser. Kraftstoffkapazität 192 Liter, Schmierstoff 19,5 Liter.
Besatzung: 2 offene Sitze hintereinander.

	Prototyp A 47	Fw 47 C	Fw 47 D
Triebwerk	Argus As 10	As 10 C	As 10 E
PS	195/220	240	270
Spannweite	17,76 m	17,76 m	
Länge	10,50 m	10,57 m	
Höhe	3,04 m	3,04 m	
Flächeninhalt	35,00 qm	35,00 qm	
Rüstgewicht	950 kg	1065 kg	1095 kg
Fluggewicht	1475 kg	1580 kg	1580 kg
Luftschraube	starr	Einstell	Einstell
Durchmesser	2,80 m	2,80 m	2,80 m
Höchstgeschwindigkeit	172 km/h	191 km/h	
Reisegeschwindigkeit		175 km/h	150 km/h
Landegeschwindigkeit	77 km/h	76 km/h	76 km/h
Startstrecke	390 m (— 20 mH)	105 m	
Landestrecke	530 m (v. 20 mH)	164 m	
Steigzeit auf 1000 m	6,0 min	4,4 min	
Steigzeit auf 2000 m	13,3 min		
Steigzeit auf 4000 m	34,0 min		

36. Focke-Wulf Fw 47 D △

37. Focke-Wulf Fw 55 L ▽

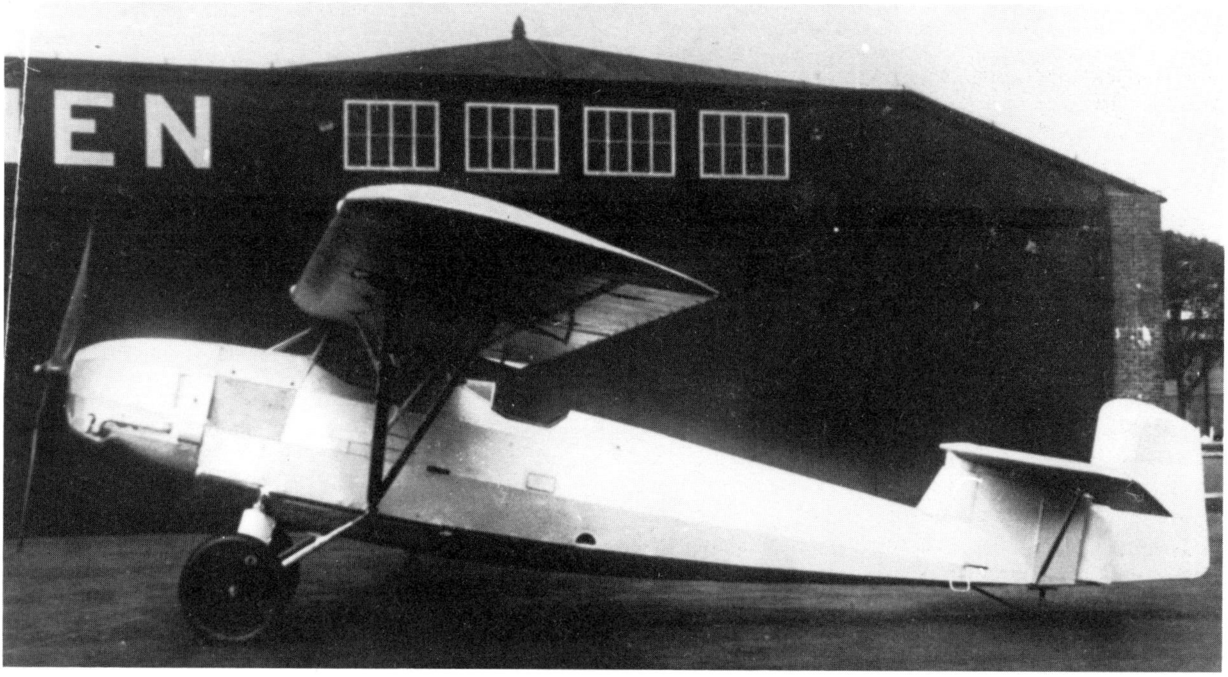

Focke-Wulf Fw 55

Diese Maschine, die nur während der Aufbauzeit der Luftwaffe als Schulflugzeug Verwendung fand, ist eigentlich nur eine normale Albatros L 102 mit einigen kleinen Änderungen. Der Entwurf stammt noch aus der Zeit, da Walter Blume (später Arado) bei Albatros arbeitete. Nach der Fusion wurden zwar die bereits fertigen Maschinen der Albatros-Typen L 100, 101, 102 bei der Luftwaffe unter ihrer alten Nummer geführt, die im Johannisthaler Werk von Fw neugefertigten Maschinen unter der Typennummer Fw 55.

Fw 55 L

Die Maschine wurde in der Landausführung als abgestrebter Hochdecker mit stark pfeilförmigen Flächen ausgelegt.

Typ: Einmotoriges Flugzeug.
Flügel: Abgestrebter Hochdecker. Dreiteiliger Holzflügel mit zweiholmigem Aufbau, teils sperrholzbeplankt, teils stoffbespannt. Kurzes Mittelteil auf Strebensystem über dem Rumpf, Außenteile durch V-Stiele zum Rumpfuntergurt hin abgefangen.
Rumpf: Rumpfgerüst als geschweißtes Stahlrohrfachwerk, von Holzformgerüst umgeben und stoffbespannt.
Leitwerk: Normal, abgestrebt. Seitenflosse als mit dem Rumpf fest verbundene flache Konsole, auf der das gesamte Höhenleitwerk liegt. Höhenflosse zum Rumpf hin durch I-Stiele abgestrebt, aus Holz mit Sperrholzbeplankung. Ruder ebenfalls aus Holz, jedoch stoffbespannt.
Fahrwerk: Starres Normalfahrwerk. Aufbau wie bei Fw 44.
Triebwerk: Ein Argus As 10 C luftgekühlter Achtzylinder-Λ-Motor mit 1 × 240 PS Startleistung. Starre Zweiblatt-Holz-Luftschraube.
Besatzung: 2 offene Sitze hintereinander.

Fw 55 W

Diese Variante als Seeflugzeug besaß infolge des höheren Gewichtes zusätzlich einen kleinen Unterflügel, der mit dem Oberflügel an jeder Seite durch zwei Parallelstiele verbunden war. Das Fahrwerk wurde gegen zwei einstufige Holzschwimmer ausgetauscht, zusätzlich wurde eine Kielflosse angebracht und das Seitenleitwerk nach unten durchgezogen. Sonst entsprach die Fw 55 W vollkommen der Landausführung. Die See-Erprobung führte Tank in Travemünde persönlich durch.

Focke-Wulf Fw 56 »Stößer«

1933 entstand als robustes Übungsflugzeug der Fw 56 »Stößer«. Die Maschine sollte speziell als Kampf-Übungseinsitzer eingesetzt werden, sie war voll kunstflug- und sturzflugtauglich. Udet benutzte 1935 eine Maschine dieses Typs, um Gegner seines Sturzfluggedankens im RLM durch eine praktische Flugvorführung mit provisorisch aufgehängten Zementbomben zu überzeugen. Der »Stößer« wurde ein großer Erfolg und in größeren Stückzahlen für die spezielle Fortgeschrittenen-Ausbildung sowie Jagd- und Sturzkampftraining hergestellt.

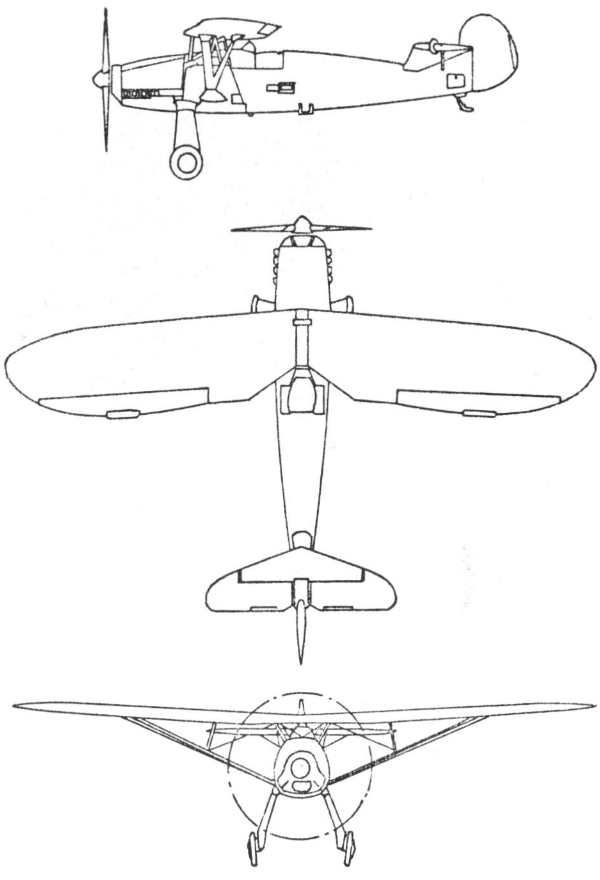

28. Focke-Wulf Fw 56 »Stößer«

Typ: Einmotoriges Fortgeschrittenen-Übungsflugzeug.
Flügel: Abgestrebter Hochdecker. Zweiteiliger, zweiholmiger Holzflügel mit Stoffbespannung, durch zwei N-Stiele über dem Rumpf gehalten und durch je eine V-Strebe zum Rumpfuntergurt hin abgefangen. Weitspannende Querruder mit Trimmklappen. Störklappen als Sturzflugbremse.
Rumpf: Rumpfgerüst als geschweißtes Stahlrohrfachwerk, darüber Holzformgerüst und Stoffbespannung. Rumpfvorderteil bis vor dem Führersitz beplankt.
Leitwerk: Normal, abgestrebt. Seitenflosse als flache Konsole auf dem Rumpfrücken ausgebildet. Durchgehende Höhenflosse aus Holz mit Sperrholzbeplankung auf der Seitenflosse liegend und mit je einem I-Stiel zum Rumpf hin abgefangen. Sämtliche Ruder in Holzbauweise mit Stoffbespannung, aerodynamisch ausgeglichen und mit Trimmkanten versehen.
Fahrwerk: Starres Normalfahrwerk. Hydraulisch bremsbare Haupträder an freitragenden, verkleideten Federbeinen, mit oder ohne Radverkleidung. Schleifsporn.
Triebwerk: Ein Argus As 10 C luftgekühlter Achtzylinder-Λ-Motor mit 1 × 240 PS Startleistung. Starre Zweiblatt-Holz-Luftschraube

38. Focke-Wulf Fw 56 »Stößer« (Altes Fahrwerk) △

39. Focke-Wulf Fw 56 der Flugbereitschaft des RLM ▽

mit 2,50 m Durchmesser. Kraftstoffkapazität 100 Liter, Schmierstoff 13 Liter.
Besatzung: 1 Pilot in offenem Sitz unter der Flächenhinterkante.

Focke-Wulf Fw 57

Den ersten militärischen Auftrag erhielt die Firma Focke-Wulf 1935, als das RLM die Schaffung eines schweren Zerstörers forderte. Unter der konstruktiven Leitung von Dipl.-Ing. Bansemir entstand in der zweimotorigen Fw 57 die erste Ganzmetallmaschine von Focke-Wulf. In ihrer Auslegung als freitragender Tiefdecker und mit einem kanonenbestückten Drehturm als B-Stand war das Muster für die damalige Zeit als äußerst modern anzusprechen, jedoch erwies sie sich mit den vorhandenen Motoren als zu leistungsschwach, weshalb ihre Entwicklung nach dem Bau von drei Mustermaschinen abgebrochen wurde.

Typ: Zweimotoriger schwerer Jäger und Zerstörer.
Flügel: Freitragender Tiefdecker. Dreiteiliger, dreiholmiger Ganzmetallflügel in Schalenbauweise.
Rumpf: Ganzmetall-Schalenrumpf mit ovalem Querschnitt.
Leitwerk: Normal, freitragend. Ganzmetall-Schalenbauweise. Sämtliche Ruder aerodynamisch ausgeglichen.
Fahrwerk: Einziehbares Normalfahrgestell. Bremsbare Haupträder hydraulisch nach hinten in die Motorengondeln einfahrbar.
Triebwerk: Zwei Junkers Jumo 210 G flüssigkeitsgekühlte Zwölfzylinder-Λ-Motoren mit 2 × 680 PS. Dreiblatt-Luftschrauben.
Besatzung: 3 Mann, bestehend aus Pilot, Funker und Schütze, hintereinander in geschlossener Kabine.
Militärische Ausrüstung: Kanonen-Drehturm als B-Stand. Bestückung des Turmes und Anzahl der starren Waffen nicht bekannt.

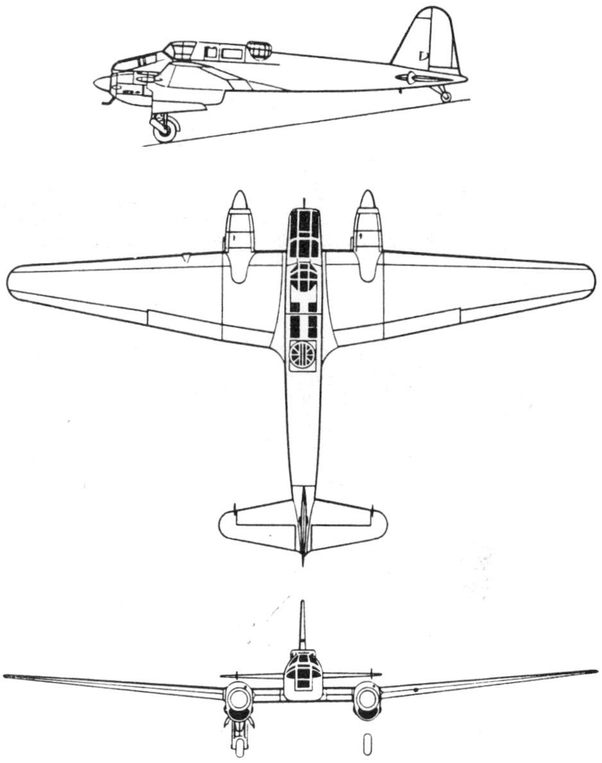

29. Focke-Wulf Fw 57 △ 40. Focke-Wulf Fw 57 V 1 ▽

Focke-Wulf Fw 58 »Weihe«

Mit diesem zweimotorigen Muster wurde die durch »Stieglitz« und »Stößer« eingeleitete erfolgreiche Reihe Focke-Wulf'scher Übungsflugzeuge fortgesetzt. Die »Weihe« war unvergleichlich universell verwendbar und wurde bis zum Kriegsende in größten Stückzahlen zur Umschulung von Flugzeugführern auf mehrmotorige Maschinen, zur FT-, Blind- und Nachtflugschulung, zur Ausbildung von MG- und Bombenschützen und in Sonderausführungen als Reise-, Vermessungs-, Sanitäts- und Wasserflugzeug eingesetzt. Gute Flugleistungen und -eigenschaften ließen das Muster auch im Ausland verbreitet Fuß fassen. So wurde sie von Ungarn, Argentinien, Türkei, Schweden und Holland erworben und in Brasilien in Lizenz nachgebaut.

FW 58 A

1934 flog der erste Prototyp des militärischen Mehrzweckflugzeuges, die *Fw 58 V-1,* zum ersten Mal. Sie und zwei weitere Prototypen führten zur Fw 58 A, der ersten Serienausführung. Die Fw 58 A entsprach in ihrem Grundaufbau bereits der späteren Fw 58 B, jedoch besaß sie noch einen fast komplett mit Stoff bespannten Rumpf und einen stumpfen Rumpfbug, auf dessen Rücken als A-Stand ein offener Drehkranz mit einem MG 15 untergebracht war.

Fw 58 B

Standard-Mehrzweckflugzeug. Aerodynamisch verfeinerte Abwandlung der Fw 58 A, deren Rumpf bis hinter die Kabine beplankt wurde und deren geschlossener Rumpfbug eine Kuppellafette erhielt. Erste Mustermaschine für diese Ausführung war die *Fw 58 V-4.*

Typ: Zweimotoriges militärisches Mehrzweckflugzeug.
Flügel: Abgestrebter Tiefdecker. Dreiteiliger, einholmiger Flügel. Rechteckiges Mittelstück, durch je einen I-Stiel zu den Rumpfseitenwänden hin abgefangen. Flügelaufbau aus Metall, bis zum Holm blechbeplankt, dahinter stoffbespannt. Zweiteilige Querruder in den Außenflügeln, Landeklappen zwischen Querruder und Rumpf.
Rumpf: Rumpfgerüst als geschweißtes Stahlrohrfachwerk, darüber Holzformgerüst und Stoffbespannung, abgesehen von dem beplankten Rumpfvorderteil.
Leitwerk: Normal, abgestrebt. Durchgehende Höhenflosse auf einer flachen Stufe der Seitenflosse aufliegend. Zu den Rumpfseitenwänden durch je einen I-Stiel abgestrebt. Sämtliche Ruder mit Trimmklappe und gewichtlich ausgeglichen, das zweiteilige Höhenruder dazu noch aerodynamisch. Aufbau aus Leichtmetall mit Stoffbespannung.
Fahrwerk: Einziehbares Normalfahrgestell. Hydraulisch bremsbare Haupträder ebenfalls hydraulisch nach hinten in die Motorengondeln einziehbar. Starres, drehbares Spornrad, verkleidet.
Triebwerk: Zwei Argus As 10 C luftgekühlte Achtzylinder-Λ-Motoren mit 2 × 240 PS Startleistung. Starre Zweiblatt-Holzluftschrauben mit 2,50 m Durchmesser. Zwei Kraftstoffbehälter mit einer Kapazität von 340 Liter im Mittelflügel beiderseits des Rumpfes, Schmierstoff 34 Liter.
Besatzung: Normal 4, bestehend aus 1 Pilot, 1 Funker und 2 Lehrer

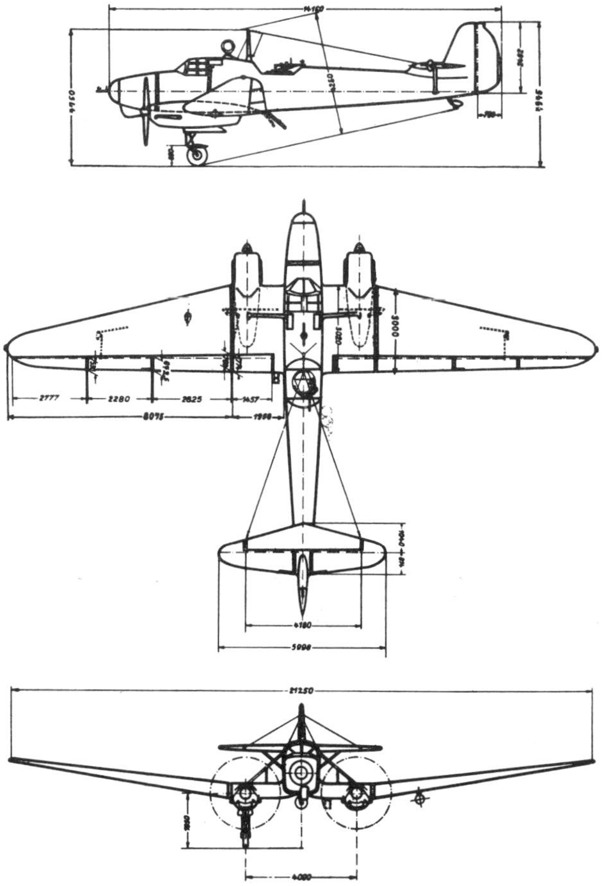

30. Focke-Wulf Fw 58 B »Weihe«

oder 1 Pilot, 2 Bombenschützen und 1 Lehrer oder 1 Pilot, 2 MG-Schützen und 1 Lehrer.
Militärische Ausrüstung: 1 × 7,9 mm MG 15 in Kuppellafette im A-Stand, 1 × 7,9 mm MG 15 in Kuppellafette im A-Stand, 1 × 7,9 mm MG 15 in offenem Drehkranz im B-Stand. Bombenzielgerät und FT-Einrichtung.

Fw 58 BW

Sonderausführung der Fw 58 B auf zwei einstufigen Schwimmern. Die Mustermaschine dieser Ausführung trug das Kennzeichen D-ODFN. Bis auf das Schwimmwerk entsprach diese Version der Fw 58 B.

Fw 58 C

Ausführung der Fw 58 als Reiseflugzeug für zivile und militärische Verwendung. Der Prototyp für die Serienausführung Fw 58 C trug die Bezeichnung *Fw 58 V-11* mit 2 × 240 PS Argus As 10 C. Eine Sonderausführung war die *Fw 58 V-13* (D-OSQN) mit glatt durchzogenem Rumpfober-

41. Focke-Wulf Fw 58 V 3 △

42. Focke-Wulf Fw 58 B ▽

43. Focke-Wulf Fw 58 V 9 △

44. Focke-Wulf Fw 58 A-0 (Tanks Reiseflugzeug) ▽

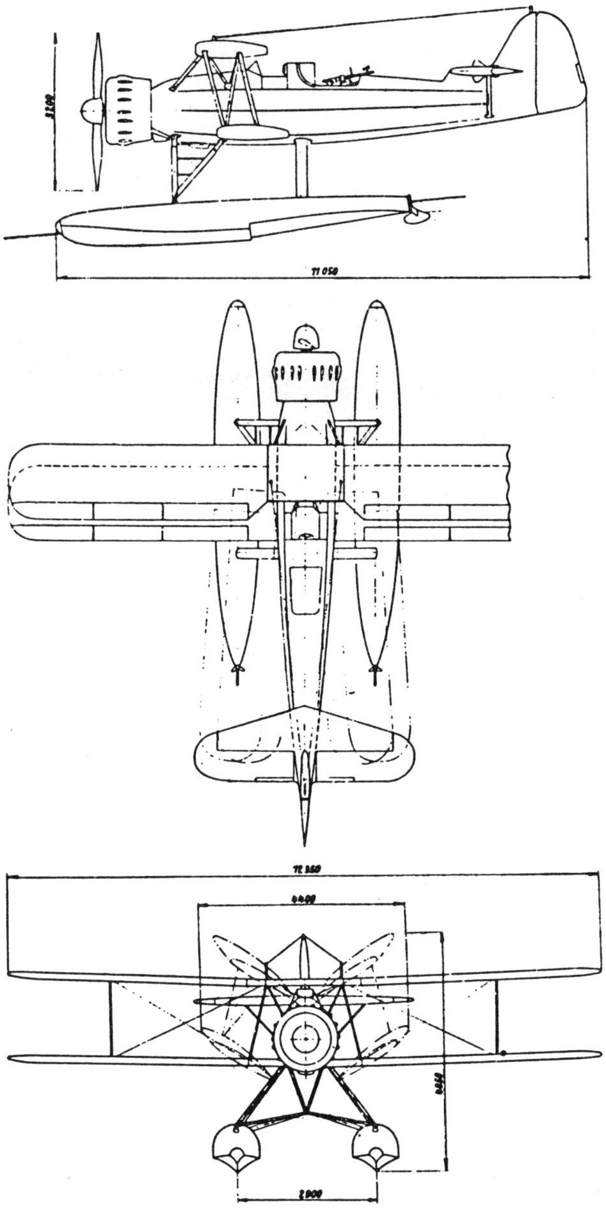

31. Focke-Wulf Fw 62 V 1/2

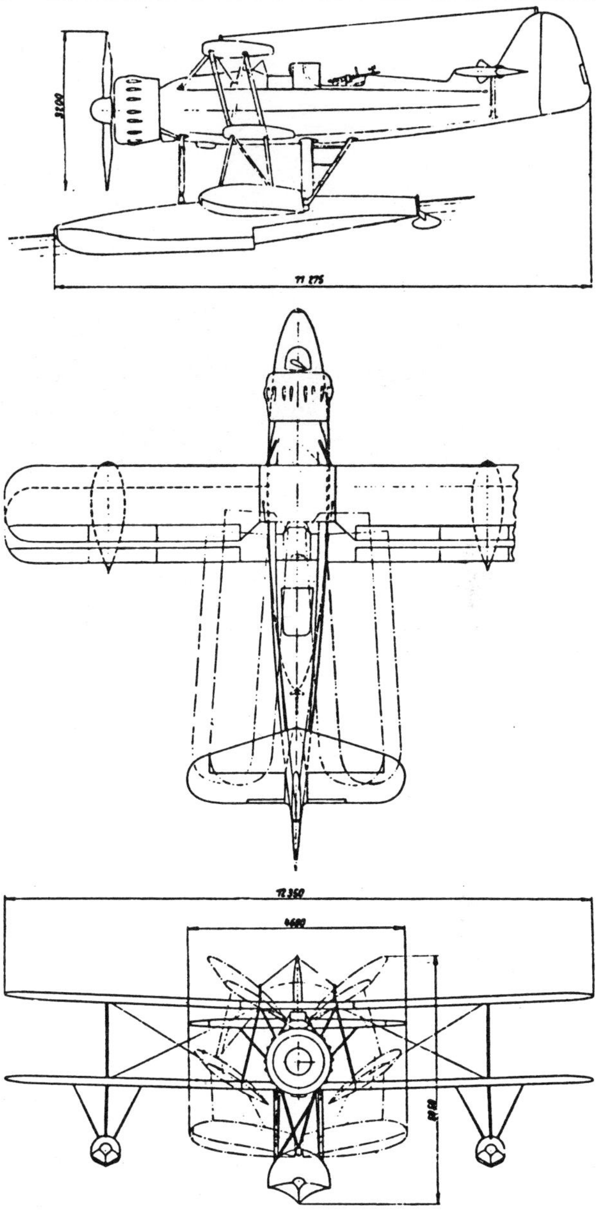

32. Focke-Wulf Fw 62 V 3/4

teil und 2 × 260 PS Hirth HM 508 D luftgekühlten Achtzylinder-Λ-Motoren und zweiblätterigen Metall-Verstell-Luftschrauben mit 2,20 m Durchmesser. Die Serienausführung Fw 58 C war eine direkte Ableitung der Fw 58 B mit solidem Rumpfbug und einer Kabine für sechs Passagiere. Die Besatzung bestand aus Pilot und Funker. Triebwerke und Zellenaufbau unterschieden sich nicht von der B-Ausführung.

Focke-Wulf Fw 62

Auf Grund einer RLM-Ausschreibung entstand unter der konstruktiven Leitung von Obering. Arbeitlang ein katapultfähiges See-Mehrzweckflugzeug mit der Bezeichnung Fw 62. Für die in Gemischtbauweise erstellte Zelle wurde eine robuste zweistielige Doppeldeckeranordnung gewählt. Die Höhenflosse war hochgelegt und abgestrebt. Als Antrieb

45. Focke-Wulf Fw 62 V 1 △

46. Focke-Wulf Fw 62 V 3 ▽

diente ein 870 PS BMW 132 H luftgekühlter Neunzylinder-Sternmotor mit NACA-Verkleidung. Die beiden Sitze lagen hintereinander und waren nicht abgedeckt. Neuartig für dieses Muster war die Schwimmerabfederung. Es wurden vier Musterflugzeuge gebaut, davon Fw 62 V-1 (W. Nr. 2062 D-OFWF) und V-2 (W. Nr. 2063 D-OKDU) mit normalem 2-Schwimmerwerk, V-3 (W. Nr. 2064 D-OHGF) und V-4 (W. Nr. 2065 D – OMCR) mit Zentralschwimmer. Alle vier Maschinen sind von Kurt Tank selbst geflogen worden. 1940 wurde der Serienbau gestrichen.

Focke-Wulf Fw 159

Im Sommer 1934 schrieb das RLM einen Konstruktionswettbewerb für einen einsitzigen Jagdflugzeug-Eindecker aus, um die alten Arado Ar 68- und Heinkel He 51-Doppeldecker ersetzen zu können. Außer Arado, Heinkel und Messerschmitt erhielt auch Focke-Wulf einen Entwicklungsauftrag. Tank beauftragte Obering. Blaser mit der konstruktiven Leitung, der bis zum Sommer 1935 die Fw 159 schuf. Aufbaumäßig lehnte sich das Muster stark an den »Stößer« an, war also ein Hochdecker, jedoch aus Ganzmetall, mit abgedecktem Führersitz und einem in den Rumpf einziehbaren Fahrgestell. Die *Fw 159 V-1,* mit einem Jumo 210 A von 1 × 610 PS Startleistung und starrer Zweiblatt-Luftschraube ausgerüstet, ging beim ersten Flug unter Flugkapitän Wolfgang Stein zu Bruch, als das Fahrwerk nicht funktionierte. Für die anschließenden Testflüge in Rechlin wurde die Maschine neu aufgebaut. Ende Oktober 1935 trat sie mit den Konkurrenzmaschinen Ar 80 V-1, He 112 V-1 und Me 109 V-1 in Travemünde zum Vergleichsfliegen an. Bei diesem Wettbewerb, aus dem die Me 109 als Sieger hervorging, zeigte sich, daß die Fw 159 in ihrer Konzeption infolge der damaligen stürmischen technischen Entwicklung bereits überholt war. Die im Bau befindlichen zwei weiteren Mustermaschinen, die *Fw 159 V-3* (D-IUPY) und die *Fw 159 V-2* (D-INGA), beide mit dem stärkeren Jumo 210 G von 1 × 680 PS Leistung und Dreiblatt-Schrauben ausgerüstet, wurden noch fertiggebaut und erprobt.

Typ: Einmotoriger Jagdeinsitzer.
Flügel: Abgestrebter Hochdecker. Dreiteiliger Ganzmetallflügel, Mittelteil auf zwei N-Stielen fest über dem Rumpf, Außenteile mit stoffbespannten Querrudern und Landeklappen, sonst Ganzmetall-Schalenbauweise. I-Stiele.
Rumpf: Ganzmetall-Schalenrumpf mit ovalem Querschnitt.
Leitwerk: Normal, freitragend. Metallaufbau, Flossen blechbeplankt, Ruder stoffbespannt. Seitenruder gewichtlich, Höhenruder gewichtlich und aerodynamisch ausgeglichen.
Fahrwerk: Einziehbares Normalfahrwerk. Haupträder an Doppelknickbeinen nach oben hinten in den Rumpf einziehbar. Hydraulische Betätigung. Unverkleidetes starres Spornrad.
Triebwerk: Ein Junkers Jumo 210 G flüssigkeitsgekühlter Zwölfzylinder-Λ-Motor mit 1 × 670 PS Startleistung. Starre Dreiblatt-Luftschraube.
Besatzung: 1 Pilot in geschlossener Kabine mit aufgesetzter Haube hinter der Flügelhinterkante.

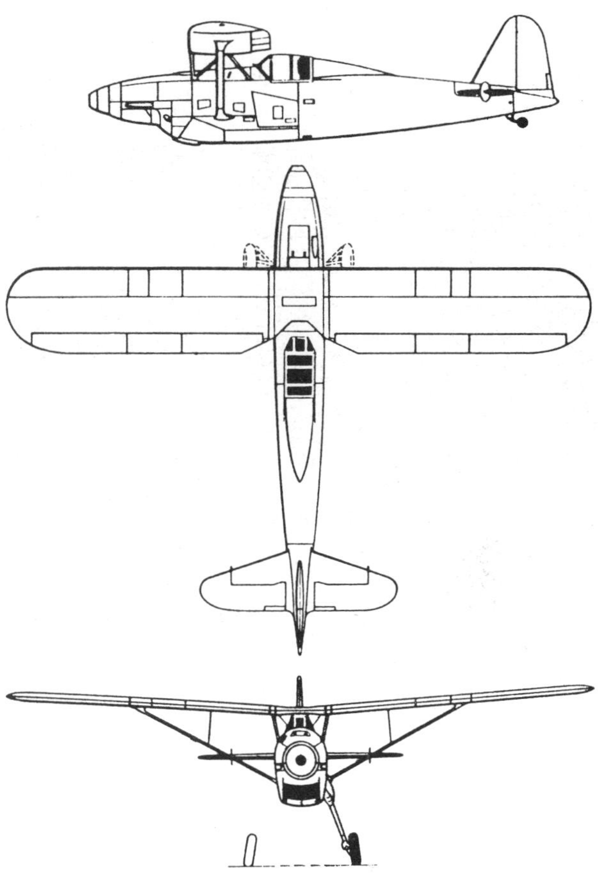

33. Focke-Wulf Fw 159

Focke-Wulf Fw 186

Professor Focke entwarf 1937/38 einen Tragschrauber, der aufgrund der Erfahrungen, die man beim Bau der »de la Cierva C. 30« gemacht hatte, entstand. Von der C. 30 hatte Focke-Wulf 40 Stück in Lizenz gebaut. Die Fw 186 war als Konkurrenzentwicklung zum Fieseler »Storch« gedacht. Es wurde nur ein Versuchsmuster, Kenn.-Nr. D-ISTQ, gebaut, das mit einem Argus As 10 C von 240 PS ausgerüstet war. Über die Leistungen der Maschine wurde nichts bekannt, jedoch müssen sie nicht so gut wie die des Fieseler »Storch« gewesen sein, da die Fw 186 abgelehnt und die Fi 156 in Serie gebaut wurde.

Focke-Wulf Fw 187

Nachdem Tank mit der Fw 159 kein Erfolg beschieden war, versuchte er einen vollständig neuen Weg einzuschlagen, den des überstarken Jagdeinsitzers mit zwei Motoren. Gegen die

47. Focke-Wulf Fw 159 V 2 △

48. Focke-Wulf Fw 159 V 3 ▽

49. Focke-Wulf Fw 186 V 1 △

50. Focke-Wulf Fw 187 A-0 ▽

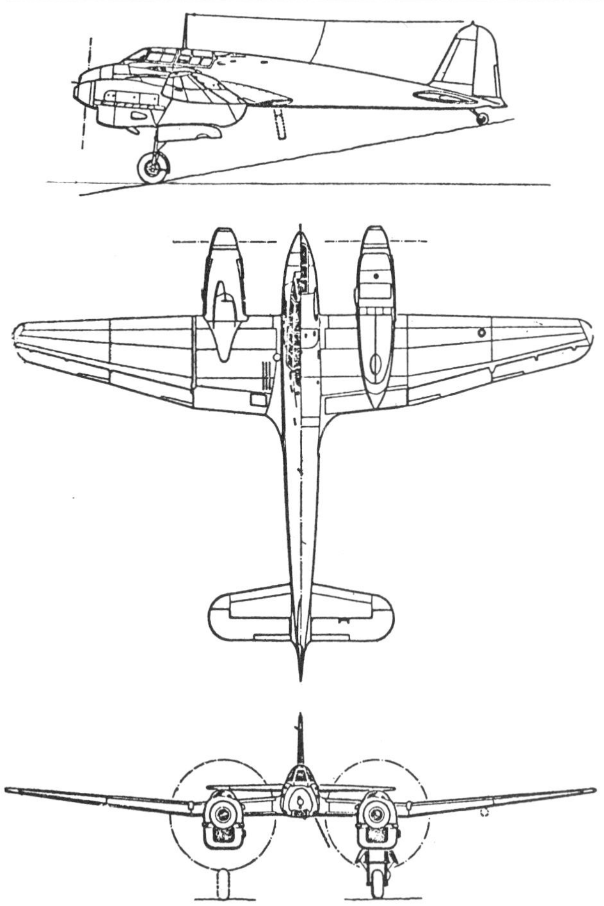

34. Focke-Wulf Fw 187 »Falke«

Meinung des RLM verfolgte Tank sein Ziel, als er 1936 Obering. Blaser mit der verantwortlichen Konstruktionsleitung des neuen Baumusters Fw 187 beauftragte. Die ablehnende Haltung des RLM blieb auch nach der Ausarbeitung der Pläne bestehen, bis sich der Chef des C-Amtes, von Richthofen, durchsetzte und einen Entwicklungsauftrag auf drei Mustermaschinen gab. Die *Fw 187 V-1* startete im Frühjahr 1937 zum Erstflug und war mit 525 km/h schneller als die derzeitigen Varianten der Me 109 und He 112. Der freitragende Tiefdecker war nach den ausgeklügeltsten aerodynamischen Erkenntnissen durchgebildet, sein Rumpf war von kleinstem Querschnitt, und die Gondeln der beiden Jumo 210 D mit 2 × 630 PS waren lang und spitz durchgezogen. In den Monaten bis Mai 1938 wurde diese Maschine einer ausgedehnten Flugerprobung unterzogen und, um eine genaue Geschwindigkeitsanzeige zu bekommen, das Staurohr durch eine lange Sonde weit vor den Rumpfbug gebracht. Die *Fw 187 V-2,* mit den gleichen Triebwerken ausgestattet, erhielt kürzere Motorensteiße, durch die die Spreizklappen unter dem Mittelflügel durchgezogen werden konnten. In diese Version wurde erstmals eine Bewaffnung eingebaut. 6 × 7,9 mm MG 17 lagen in den Rumpfseitenwänden hinter der Kabine. Stärkere Triebwerke Jumo 210 G mit 2 × 680 PS erhielt die *Fw 187 V-3,* bei der auch die beiden unteren MG 17 durch 2 × 20 mm MG FF ersetzt wurden. Beim Nachfliegen der drei Mustermaschinen 1938 in Rechlin wurde bestätigt, daß die Fw 187 rund 25 km/h schneller als die Me 109 war. Trotz dieses Ergebnisses und trotz der ausgezeichneten Flugeigenschaften lehnte das RLM, nachdem ein Führungswechsel im C-Amt stattgefunden hatte, die einsitzige Fw 187 ab. Trotzdem der Einflieger Bauer am 14. Mai 1938 mit der Fw 187 tödlich verunglückte, erreichte Tank die Erlaubnis, die Fw 187 als Vergleich zur zweisitzigen Me 110 als Zweisitzer umzubauen. Die drei folgenden Mustermaschinen *Fw 187 V-4, Fw 187 V-5* und *Fw 187 V-6* wurden mit einem zweiten Sitz für den Funker hinter dem Piloten ausgerüstet. Tank verzichtete infolge der hohen Geschwindigkeit des Musters auf eine Abwehrbewaffnung nach hinten. Während V-4 und V-5 mit Jumo 210 G-Triebwerken flogen, erhielt die V-6 2 × 1050 PS DB 600 A mit Verdampfungskühlung. Durch die stärkeren Triebwerke und durch den Fortfall der Kühler erreichte die V-6 Geschwindigkeiten von über 630 km/h. Jedoch funktionierte die Verdampfungskühlung genauso schlecht wie bei der He 100 und Me 209, weshalb sie wieder aufgegeben wurde. V-4 und V-5 dienten als Mustermaschinen für eine geplante A-Serie.

Fw 187 A-0

Drei zweisitzige Vorserienmaschinen wurden fertiggestellt, als das RLM alle Aufträge auf weitere Maschinen dieses Musters zurückzog. Da die drei A-0 nicht an die Truppe abgeliefert werden durften, flogen sie bis zum Winter 1940/41 bei der werkseigenen Industrieschutzstaffel in Bremen. Bis 1943 flogen sie dann bei einer Jagdstaffel in Norwegen, um dann endgültig auf Anordnung des RLM aus dem Einsatz gezogen zu werden.

Typ: Zweimotoriges schweres Jagdflugzeug.

Flügel: Freitragender Tiefdecker. Dreiteiliger, dreiholmiger Ganzmetallflügel. In den Außenteilen Querruder und Landeklappen, in den Mittelteilen zwischen Außenflügel und Rumpf Spreizklappen, elektrisch betätigt.

Rumpf: Ganzmetallschale mit ovalem Querschnitt. Sichtfenster unter dem Rumpfbug.

Leitwerk: Normal, freitragend. Metallaufbau, Flossen blechbeplankt, Ruder stoffbespannt. Seitenruder gewichtlich, Höhenruder gewichtlich und aerodynamisch ausgeglichen. Sämtliche Ruder mit Trimmruder.

Fahrwerk: Einziehbares Normalfahrgestell. Haupträder nach hinten in die Motorengondeln einfahrbar. Spornrad halb in den Rumpf hochziehbar. Hydraulische Betätigung.

Triebwerk: Zwei Junkers Jumo 210 G flüssigkeitsgekühlte Zwölfzylinder-Λ-Motoren mit 2 × 680 PS Startleistung. Dreiflügelige Metall-Verstell-Luftschrauben.

Besatzung: 2 Mann, bestehend aus Pilot und Funker, hintereinander in geschlossener Kabine.
Militärische Ausrüstung: 4 × 7,9 mm MG 17 und 2 × 20 mm MG FF in den Rumpfseitenwänden hinter der Kabine, starr nach vorne schießend.

Focke-Wulf Fw 189

1937 wurde unter der konstruktiven Betreuung von E. Kosel mit der Entwicklung eines eigenwilligen Mehrzweckflugzeuges begonnen. Unter der Bezeichnung Fw 189 entstand der Entwurf einer Doppelrumpfmaschine, dessen zwischen den beiden Rümpfen liegende Besatzungsgondel für den jeweiligen Einsatzzweck als Schlachtflugzeug, Aufklärer, leichter Bomber oder Schulflugzeug auswechselbar sein sollte. 1938 ging die *Fw 189 V-1* (D-OPVN) in die Flugerprobung. Sie besaß eine äußerst kleine Gondel mit geringer Stirnfläche, die für die Schlachtflugzeuglösung gedacht war. Die Gondel, stark gepanzert, bot zwei Mann hintereinander Platz und beherbergte im Heck einen Schützenstand. Bei der Erprobung erwies sich die Schnelligkeit und Wendigkeit in Bodennähe der großen, aber schwachmotorigen Maschine für den vorgesehenen Verwendungszweck als zu gering. Der zweite Prototyp, die *Fw 189 V-2* (D-OVHD), besaß bereits eine Vollsichtkanzel für drei Mann Besatzung, die sich nicht wesentlich von der der späteren Serienausführung unterschied. Dieser Prototyp wurde die Mustermaschine für die hauptsächlich als Aufklärer verwendete Fw 189 A-1. Während des Krieges wurden von der Fw 189 846 Maschinen hergestellt, besonders in verschiedenen Werken der S.N.C.A. de Sud-Ouest, die während der Besetzung Frankreichs von Focke-Wulf kontrolliert wurden. Die entsprechende Jahresproduktion ergibt folgendes Bild: 1939 6 Stück, 1940 38, 1941 250, 1942 327 und 1944 17 Stück.

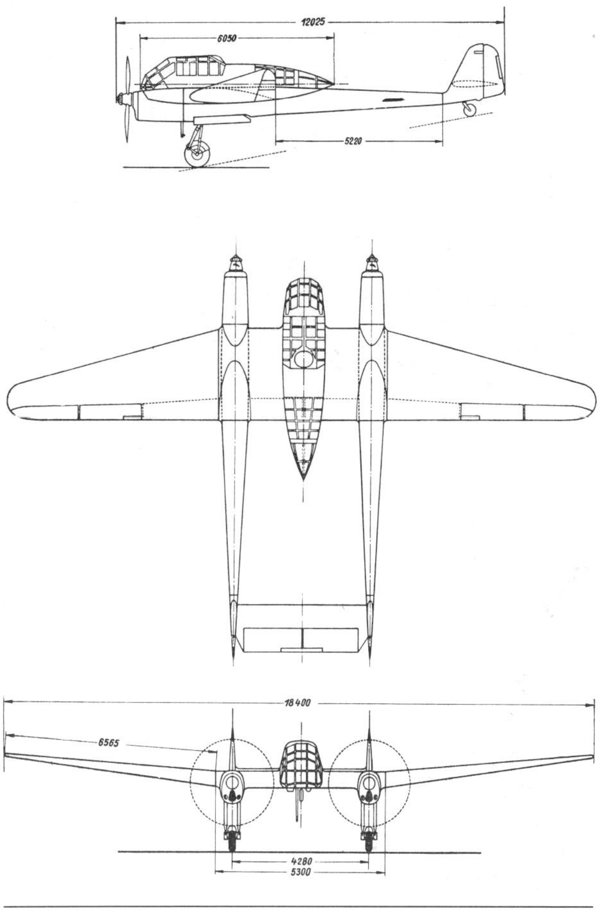

35. Focke-Wulf Fw 189

Focke-Wulf Fw 189 A-Reihe

Gegenüber der V-2 änderte sich bei der Serienausführung hauptsächlich die Bewaffnung. Während beim Prototyp in der Kanzel 3 × 7,9 mm MG 15 im A-, B- und C-Stand untergebracht waren, wurde bei der Serienausführung auf die bewegliche Waffe im A-Stand verzichtet, da vom Prototyp die beiden starren MG 17 in den Flügelwurzeln übernommen wurden. Drei Ausführungen der A-Reihe wurden bekannt, die *Fw 189 A-1, A-2* und *A-3,* die sich jedoch nur in kleinen Details unterschieden. Ihr Hauptverwendungsbereich war eine heeresverbundene Aufklärertätigkeit, jedoch konnten sie auch zum Transport von Verwundeten, als Navigationstrainer und als Reiseflugzeug herangezogen werden.

Typ: Zweimotoriger Nahaufklärer.
Flügel: Dreiteiliger, dreiholmiger Ganzmetallflügel. Rechteckiges Mittelteil zwischen den beiden Leitwerksträgern, in der Mitte Besatzungsgondel tragend. Trapezförmige Außenteile mit abnehmbaren Vorder- und Hinterkanten. Zweiteilige, stoffbespannte Querruder in den Außenflügeln. Elektrisch betätigte Spreizklappen zwischen Querruder und Leitwerksträger sowie unter dem ganzen Mittelflügel.
Rumpf: Besatzungsraum als Gondel auf dem Flügelmittelstück, Ganzmetall, weitgehend verglast, vorne mit Planscheiben, hinten in eine sphärisch gewölbte Spitze auslaufend. Zwei austauschbare Leitwerksträger aus Ganzmetall in Verlängerung der Motorengondeln.
Leitwerk: Je eine Ganzmetall-Seitenflosse im Auslauf der Leitwerksträger. Rechteckige Ganzmetall-Höhenflosse zwischen den Seitenflossen, freitragend. Sämtliche Ruder aus Metall mit Stoffbespannung, aerodynamisch und gewichtlich ausgeglichen und mit elektrisch verstellbaren Trimmrudern versehen.
Fahrwerk: Einziehbares Normalfahrgestell. Haupträder hydraulisch nach hinten in die Leitwerksträger einfahrbar. Spornrad unter der Höhenflosse, ebenfalls hydraulisch seitlich in eine Aussparung der Höhenflosse hochziehbar.
Triebwerk: Zwei Argus As 410 A-1 luftgekühlte Zwölfzylinder-Λ-Motoren mit 2 × 465 PS Startleistung. Automatische Argus-Zweiblatt-Verstell-Luftschrauben. Je ein Kraftstofftank in jedem Leitwerksträger hinter dem Motor. Kraftstoffkapazität 450 Liter.

51. Focke-Wulf Fw 189 V 1 nach Umbau zum Schlachtflugzeug △

52. Focke Wulf Fw 189 V 4 ▽

53. Focke-Wulf Fw 189 A-0 △

54. Focke-Wulf Fw 189 A als Nachtjäger ▽

Besatzung: Normal 3, kann bis auf 5 Mann erhöht werden.
Militärische Ausrüstung: 1 × 7,9 mm MG 15 im B-Stand, 1 × 7,9 mm MG 15 im C-Stand und 2 × 7,9 mm MG 17 starr in den Flügelwurzeln. Lichtbildausrüstung 1 × Rb 50/30 und 1 × Rb 20/30. 4 × 50 kg Bomben unter den Außenflügeln.

Focke-Wulf Fw 189 B
Von dieser Ausführung des Aufklärers Fw 189 wurden nur drei Stück gebaut. Die Maschinen waren als Übungsflugzeuge mit Doppelsteuerung ausgerüstet, trugen keine Bewaffnung und hatten statt der plexi-verglasten Vollsichtkanzel im unteren Teil Blechverkleidung. Als Funkgerät diente das FuG 10.

Focke-Wulf Fw 189 C-0
Diese Schlachtflugzeug-Version entsprach in ihrem äußeren Aussehen etwa der auf Abb. 51 gezeigten Maschine, jedoch war die Führerraumkabine zweisitzig und stark gepanzert. Auch von dieser Ausführung sollen drei Maschinen gebaut worden sein. Als Bewaffnung waren je zwei MG 17 und ein MG 151 auf beiden Seiten des Führerraums in der Flügelwurzel starr eingebaut. Für den Funker befanden sich auf der Rückseite der Panzerkabine zwei MG 81. Unter den Flügeln befanden sich auf jeder Seite zwei ETC 50. Statt der SC 50-Bomben konnte auch auf jeder Seite ein Nebelgerät S 12/5 aufgehängt werden.
Als Funkgerät stand ein FuG 17 zur Verfügung.

Leistungen: Höchstgeschwindigkeit	500 km/h in Bodennähe
	450 km/h in 2000 m Höhe
	410 km/h in 4000 m Höhe

Focke-Wulf Fw 189 F-Reihe
Die Fw 189 F-1 unterschied sich von der A-1 durch die Verwendung leistungsfähigerer Triebwerke des Baumusters Argus As 411 mit 2 × 575 PS Startleistung. Ebenfalls war die Bewaffnung auf 2 × MG 17 und 2 × MG 81 Z erhöht worden.

Focke-Wulf Fw 189 G-Reihe
Geplant war noch eine G-Reihe mit Argus As 402-Triebwerken, mit denen bei einem Fluggewicht von 4500 kg eine Höchstgeschwindigkeit von 435 km/h in 4500 m Höhe erreicht werden sollte.

Focke-Wulf Fw 190

Die Fw 190 war der zweite Jäger, der in größeren Stückzahlen für die deutsche Luftwaffe gebaut wurde, aber erst, als im RLM lange und schwankende Auseinandersetzungen stattgefunden hatten. Ursprünglich sollte der Messerschmitt Me-109-Jäger der einzige bleiben, um die Produktion, Ersatzteilhaltung und so weiter rationell und wirtschaftlich zu gestalten. An dieser strategisch verhängnisvollen, aber verbissen verfochtenen Eingleisigkeit scheiterten die vorzüglichen Heinkel-Jäger He 112 und die schnelle He 100 bzw. He 113. 1937 wich diese überhebliche ministerielle Selbstsicherheit, als sich bei der Me 109 im täglichen strapaziösen Einsatz einige tiefgreifende Mängel herausstellten. Im Frühjahr 1937 erteilte das RLM überraschend Focke-Wulf den Auftrag, ein einsitziges Jagdflugzeug als Ergänzung zur Me 109 zu entwickeln. Begleitet war der Auftrag von dem etwas verlegenen Kommentar: »Ein zweites Eisen im Feuer.« Ein Konstruktionsteam unter Leitung von Dipl.-Ing. Tank arbeitete zwei Entwürfe aus, von denen einer den flüssigkeitsgekühlten DB 601 vorsah, der andere einen in der Entwicklung befindlichen leistungsstarken luftgekühlten Doppelsternmotor. Die Entscheidung für einen Sternmotor bereits bei den ersten Projektarbeiten war nicht leichtgefallen, denn hier galt es den erhöhten Luftwiderstand und die schlechte Sicht bei Start und Landung zu überwinden. Auf der anderen Seite versprach das luftgekühlte Triebwerk eine erhöhte Schußunempfindlichkeit. Dazu kam noch, daß dieses Triebwerk als erstes in seiner Leistungsklasse verfügbar werden würde. Udet selbst befürwortete schließlich eine Verwendung des luftgekühlten Doppelsternmotors. Die Konstruktionsarbeiten begannen unter der RLM-Bezeichnung Fw 190 im Sommer 1938, 10 Monate später flog der erste Prototyp und 1941 wurden die ersten Einheiten der Luftwaffe mit der neuen Maschine ausgerüstet. Die an der Front gern geflogene Fw 190 bewährte sich ausgezeichnet, und selbst in England wurden die Entwürfe F. 2/43 (Hawker Fury) und F. 19/43 (Folland Fo 118) durch eine im Juni 1942 intakt in Südengland gelandete Fw 190 inspiriert. Insgesamt wurden zwischen 1942 und 1945 19999 Stück des Musters Fw 190 gebaut, davon 13365 als Jäger oder Nachtjäger, 6634 als Jagdbomber oder Schlachtflugzeug. Nachfolgend die jeweilige Jahresproduktion, deren erste Ziffer die Anzahl der Jagdversionen, die zweite die Anzahl der Schlachtflugzeuge angibt: 1941 226 insgesamt, 1942 1850 + 68, 1943 2171 + 1183, 1944 7488 + 4279 und 1945 1630 + 1104. In den Serienbau der Fw 190 waren außer den Focke-Wulf-Werken in Marienburg und Tutow/Mecklenburg die AGO-Werke in Oschersleben, Fieseler in Kassel-Waldau und Werke in Gdynia-Rahmel, Sorau, Cottbus, Halberstadt, Neubrandenburg, Schwerin, Wismar, Einswarden und Eschwege eingeschaltet.
Der Entwurf der Fw 190 stand unter der konstruktiven Betreuung von Obering. R. Blaser. Der erste Prototyp, die *Fw 190 V-1,* startete unter der Führung von Chefpilot Sander am 1. Juni 1939 zum Erstflug. Dabei zeigte sich, daß die Maschine durch ihre gut aufeinander abgestimmten Ruder überaus wendig und leicht zu fliegen war. Das breite Fahrwerk ergab eine ausgezeichnete Rollstabilität, und die Geschwindigkeit war überragend. Nach nur fünf Testflügen konnte das Muster bereits der Luftwaffen-Erprobungsstelle in Rechlin übergeben werden, wo es mit der gleichen Begeisterung geflogen wurde. 600 km/h Geschwindigkeit wurden bei allen Versuchsflügen erreicht. Der Antrieb der V-1 bestand aus einem luftgekühlten Vierzehnzylinder-

55. Focke-Wulf Fw 190 V 1, 1. Ausführung △

56. Focke-Wulf Fw 190 V 2 ▽

57. Focke-Wulf Fw 190 V 5 k

Doppelsternmotor BMW 139 von 1550 PS Startleistung. Das gebläsegekühlte Triebwerk saß in einer abgewandelten NACA-Haube geringsten Widerstandes. Die Spannweite der Maschine betrug 9,5 m und die Flügelfläche 15,0 m^2. Das Fluggewicht belief sich auf 1800 kg. Im Oktober 1939 flog die *Fw 190 V-2,* bei der, um Widerstand zu sparen, das ganze Rumpfvorderteil als hohle Luftschraubennabe drehbar angeordnet wurde. Da der fabrikatorische Aufwand für diese Anordnung zu hoch war, wurde dieser Versuch nicht weiterverfolgt. Der BMW 139-Motor der V-2 wurde versuchsweise mit und ohne Lüfterrad des Kühlgebläses geflogen, aber es zeigte sich, daß sich das Triebwerk ohne Zwangskühlung überhitzte. Erstmals erhielt die V-2 eine Versuchsbewaffnung, bestehend aus 1 × 7,9 mm MG 17 und 1 × 13 mm MG 131, beide durch den Schraubenkreis schießend. Für die Bewaffnungsversuche wurde das Muster nach Tarnewitz überführt und anschließend Rechlin zur Verfügung gestellt, wo es nach etwa 50 Flugstunden einem Unfall zum Opfer fiel. Die *Fw 190 V-2* besaß etwa die Abmessungen der V-1, wog jedoch im Fluge 2000 kg. Die *Fw 190 V-3* befand sich in der Fertigung, als vom RLM die Einstellung der Arbeit gefordert wurde, bis der stärkere BMW 801, der zu dieser Zeit seine Prüfstandläufe absolvierte, für den Einbau zur Verfügung stand. Aus diesem Grunde wurde auch der Bau des vierten Prototyps, *Fw 190 V-4,* aufgegeben. In der Zwischenzeit überarbeitete Blaser den Entwurf der Fw 190 nach den bisherigen Testergebnissen, die ergeben hatten, daß die Kabinentemperatur zu hoch wurde. Der Führersitz wurde weiter nach hinten versetzt. Da der BMW 801 etwa 90 kg schwerer war als sein Vorläufer BMW 139, wurden von der nächsten Prototype zwei Ausführungen gefertigt, die *Fw 190 V-5 k* und die *Fw 190 V-5 g.* Die Fw 190 V-5 k, bei der der Index k mit klein zu übersetzen ist, besaß die Flächen der ersten beiden Prototypen, während die V-5 g, von groß, neue Flächen mit einer Spannweite von 10,5 m und einem Flächeninhalt von 18,3 m^2 erhielt. Beide Versionen waren mit einem 1 × 1600 PS BMW 801 C und mit einer Bewaffnung von 2 × 7,9 mm MG 17 auf dem Rumpfbug und 2 × 7,9 mm MG 17 in den Flügelwurzeln ausgerüstet. Die *Fw 190 V 5* erhielt die größere Fläche. Dafür wurden von der folgenden Vorserie Fw 190 A-0 die Werknr. 0006 – 0014 mit kurzer Fläche, die restlichen 0015 – 0045 mit langer Fläche gebaut.

Focke-Wulf Fw 190 A-Reihe

Im Winter 1940 wurden die ersten Vorserienmaschinen nach dem Luftwaffen-Erprobungszentrum Rechlin überführt und dort von Luftwaffenpiloten auf ihre Fronttauglichkeit untersucht. Hier traten große Schwierigkeiten mit dem Triebwerk auf. Ölleitungen platzten, der gepanzerte Ölkühlerring riß oft, und vom hinteren Stern fraß immer wieder der unterste Zylinder, da Ölkühler und Luftleitbleche nicht die richtige

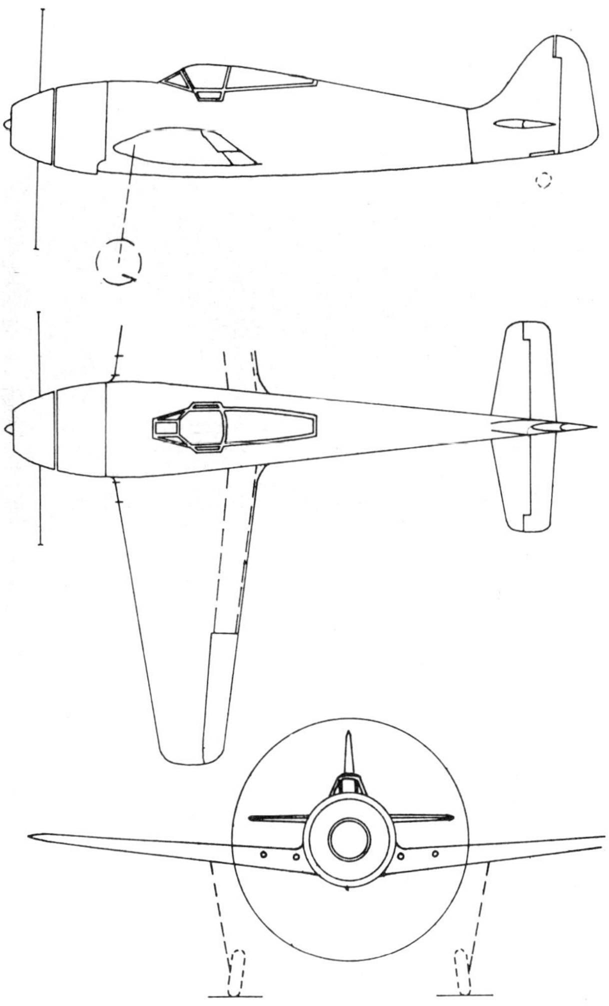

36. Focke-Wulf Fw 190 V 1 »Würger«

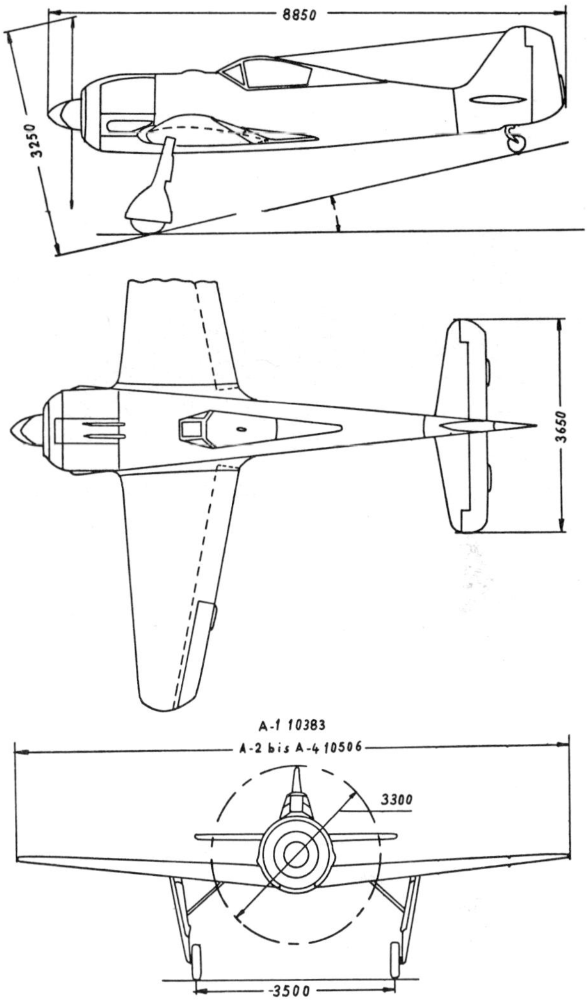

37. Focke-Wulf 190 Fw A-1, A-2 – A-4

Kühlung ergaben. Eine Kommission vom RLM wollte auf Grund der Befundberichte und Begutachtung an Ort und Stelle die Erprobung abbrechen und die Fw 190 als Frontmuster streichen. Daß es nicht dazu kam, wurde ein Verdienst des 1952 in Argentinien tödlich abgestürzten Oberleutnants Otto Behrens, der als Leiter der technischen Luftwaffengruppe von der Robustheit und Leistungsfähigkeit der Zelle überzeugt war. Als erste Luftwaffeneinheit wurde im Spätsommer 1942 die II. Gruppe des JG 26 mit der Fw 190 A-1 ausgerüstet. In Le Bourget fand eine abschließende Fronterprobung statt, die sich des Triebwerkes wegen wieder zu einer Katastrophe gestaltete. Auch hier war es Otto Behrens, der nach der Durchführung von etwa 50 Änderungen die Maschinen wirklich frontreif machte.

Fw 190 V 1	D-OPZE, nach Triebwerksänderung FO+LY, BMW 139, 1500 PS. Sp: 9,515 m, L: 8,85 m, Fl: 14,9 qm, W.Nr. 01, keine Waffen.
V 2	ähnlich FO + LY, aber 2 MG 17 + 2 MG 131, FuG VII a, W.Nr. 02.
V 3	ähnlich V 2, W.Nr. 03, BMW 801 A (Rechtsläufer)
V 4	ähnlich V 3, W.Nr. 04, BMW 801 B (Linksläufer)
A-0	W.Nr. 0016-17, 0019-20, 0024-29, 0031-34, Fl: 18,3 qm, BMW 801 C-0 oder C-1, FuG VII a, 2 MG/FF + 4 MG 17.

58. Focke-Wulf Fw 190 A-3 △

59. Focke-Wulf Fw 190 A-4 ▽

A-0/U 1	(V 5 + V 6) W.Nr. 0005-6, Fl: 14,9 qm, BMW 801 C-1, 4 MG 17.
A-0/U 2	(V 8 + V 14) W.Nr. 0008 + 0014, BMW 801 D, 2 MG 131 + 2 MG 17.
A-0/U 3	W.Nr. 0021, Fl: 18,3 qm, BMW 801 C-1, 2 MG/FF + 4 MG 17, FuG VII a + FuG 25.
A-0/U 4	W.Nr. 0022-23, Fl: 18,3 qm, BMW 801 C-1, 2 MG/FF + 4 MG 17, FuG VII a, SC 250 und 300 l Zusatzbehälter.
A-0/U 5	W.Nr. 0018, ähnlich U 4, aber nur 2 MG 151 + 2 MG 17.
A-0/U 6	sollte USA-Wright-Motor erhalten. Nicht gebaut.
A-0/U 7	sollte BMW 801 D erhalten, wegen Motorausfall nicht gebaut.
A-0/U 8	W.Nr.0020, ähnlich A-0/U 7, aber verbesserter BMW 801 D.
A-0/U 9	sollte BMW 801 C-1 erhalten, wegen Motorenausfall ungültig.
A-0/U 10	W.Nr. 0030, BMW 801 C-1, 2 MG 17, 1 MG 151,2 MG/FF-C-2.
A-0/U 11	W.Nr. 0015, BMW 801 C-1, 2 MG/ FF + 4 MG 17, Fahrwerk A-2-Serie.
V 5	durch A-0-Vorserie ersetzt.
V 6	ähnlich A-0, aber nur 2 MG 17, Fl: 14,9 qm.
V 7	ähnlich A-0, aber BMW 801 C-1 und FuG VII a und FuG 25.
V 8	ähnlich V 7, wie V 7 Musterflugzeug für A-1-Serie.
V 9	ähnlich V 7, ebenfalls Musterflugzeug für A-1-Serie.
A-1	entsprechend V 7, W.Nr. 290.0110.001-102.
A-1/U 1	ähnlich A-1, aber BMW 801 D.
A-2	ähnlich A-1, BMW 801 C-2, 2 MG 17 + 2 MG 151 + 2 MG/FF FuG VII a + FuG 25.
V 14	ähnlich V 7, aber BMW 801 C-2 und 2 MG 17 + 2 MG 151, FuG VII + 25, W.Nr. (0120)201, Musterflugzeug für A-2-Serie.
A-2	ähnlich A-1, aber BMW 801 C-2 und 2 MG 17, 2 151, 2 MG/FF. 426 Stück 1941/42 bei Focke-Wulf, AGO und Arado gebaut. Einsatz bei II., III., IV/JG 1, I., II., III./JG 2, I./JG 5, IV./JG 5, I., II., III./JG 26.
A-2/U 1	ähnlich A-2, aber Zusatzbehälter 300 l, W.Nr. 315, CM + CN.
A-2 U 3	Gepanzertes Schlachtflugzeug. Normale Bleche durch stärkere Stahlbleche ersetzt. 12 Stück 1942 gebaut.
Fw 190 A-3	Ähnlich A-2, aber BMW 801 D und Kiemenspalten, 509 Stück (Serie 0130) 1941–43 bei Fw, AGO, Arado und Fieseler gebaut.
A-3/U 1	nur ein Musterflugzeug, W.Nr. (0130)270, PG + GY. Motor vorverlegt. Später Versuche mit Fw-Träger unter Flügeln. Dadurch Musterflugzeug für A-5 und A-5/U 13-Serie.
A-3/U 2	W.Nr. (0130)386, Sp: 8,798 m, Erprobung von RZ 65-Raketen.
A-3/U 3	W.Nr. (0130)300, Musterflugzeug für A-3/U 4-Serie.
A-3/U 3	W.Nr. (00)511, Musterflugzeug für A-2/U 3-Serie. Erprobung im Windkanal von Chalais-Meudon.
A-3/U 4	Ähnlich W.Nr. (0130)300, Aufklärer mit 2 Rb 12,5/7 × 9,5, 12 Stück gebaut und bei 9.(H)/LG 2 eingesetzt.
A-3/U 7	Höhenjäger, nur drei gebaut: W.Nr. 528, 530 und 531. Außenliegende Luftansaugstutzen, Kiemenklappen. Bewaffnung nur 2 MG 151/20 in der Flügelwurzel.
Aa-3	Exportmuster für Türkei, ähnlich A-3, aber nur 4 MG 17 und 2 MG/FF.
A-4	ähnlich A-3, aber neue Leitwerksflosse mit kurzem Mast für FuG 17. 50 Maschinen mit Tropenausrüstung (W.Nr. 711 bis 760), 906 Maschinen von Juni 1942 bis Januar 1943 gebaut. Bewaffnung 2 MG 17, 2 MG 151, 2 MG/FF. FuG 16 Z und FuG 25. Einsatz bei JG 1, 2, 5, 11, 26, 51, 54, 300, SKG 10, SG 1 und 2 FAGr 123 und NAGr 13.
A-4/U 1	ähnlich A-4, aber BMW 801 C-2, Einsatz bei SKG 10.
A-4/U 3	ähnlich A-4/U 1, aber BMW 801 D-2, verstärkte Panzerung, Robot-Kamera.
A-4/U 4	ähnlich A-3/U 4, aber FuG 17 und zusätzliche Robot-Kamera.
A-4/U 8	Jagdbomber mit vergrößerter Reichweite (»Jaborei«). Musterflugzeuge W.Nr. 669 und 670 wurden 1942 gebaut. 300-Litertanks unter Tragflächen, verkleidete Weserflugträger (Ju 87). Bewaffnung nur 2 MG 151/20 in Flügelwurzel. Halbrunde Aussparung an Landeklappen. August 1943 in Fw 190 G-1 umbenannt. Sind aber nicht mit Serie G-1 identisch.
A-4	W.Nr. 665, Erprobung der Panzeraufhängung ab 7. September 1943.
A-4/R 1	ähnlich A-4, aber 2 MG 17 + 2 MG

60. Focke-Wulf Fw 190 A-5/U 8 △

61. Focke-Wulf Fw 190 A-5/ U 12 (Musterflugzeug für Serie A-7/R 1) ▽

	151 + 2 MG/FF und 500 kg Bomben. FuG 16 Z-E, Zusatzbehälter 300 l.
A-4/R 6	ähnlich A-4/R 1, aber 2 WGr 21 und FuG 16 Z.
A-5	ähnlich A-3/U 1, Bewaffnung wie A-4 4/R 1, EKa 16, 723 gebaut.
A-5	W.Nr. 783, Versuchsträger für Nachteinsatzausrüstung.
A-5/U 1	ähnlich A-5, aber BMW 801 C-2.
Fw 190 A-5k	Ähnlich A-5, aber V 5k-Fläche. Sp: 9,50 m, Bau von 10 Stück fraglich.
A-5/U 2	W.Nr. 711, Musterflugzeug. Dann Umbau von zehn weiteren A-5/U 8 und A-5/U 13 als Nacht-Jaborei. Einsatz bei SKG 10. Im April 1943 rückwirkend in G-2/N umbenannt.
A-5/U 2	ähnlich A-5, W.Nr. 783. Umbau von 5 A-5/U 8 und A-5/U 13 als Nachtjabo mit vergrößerter Reichweite. 500 kg Bomben, 2 Zusatzbehälter mit je 300 l.
A-5	W.Nr. 711, Versuchsträger für Nachteinsatzausrüstung.
A-5/U 3	Schlachtflugzeug, Bewaffnung wie A-4, 500 kg Bomben. Ausgangsmuster für Serie F-2.
A-5/U 4	Jagdaufklärer, ähnlich A-4/U 4.

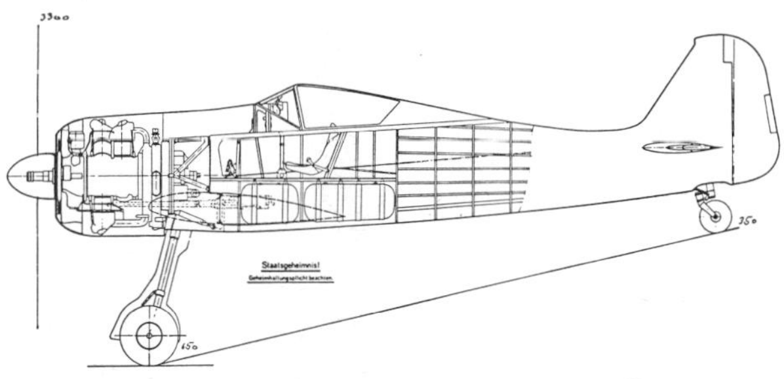

38. Focke-Wulf Fw 190 B

A-5/U 8	Langstreckenjabo, Bewaffnung nur 2 MG 151/20, FuG 16 Z Ausgangsmuster für Serie G-2, W.Nr. 1208.
A-5/U 9	W.Nr. 812 und 816. Sp: 10,506 m; L: 8,95 m, 2 MG 131 + 2 MG 151/20 + 2 MG 151/20, 500 kg Bomben, Musterflugzeuge für A-7, A-8 und F-8-Serien.
A-5/U 10	W.Nr. 861 Und 862: Musterflugzeuge für A-6-Serie. MG/FF im Außenflügel durch MG 151/20 ersetzt.

62. Focke-Wulf Fw 190 A-5/U 14

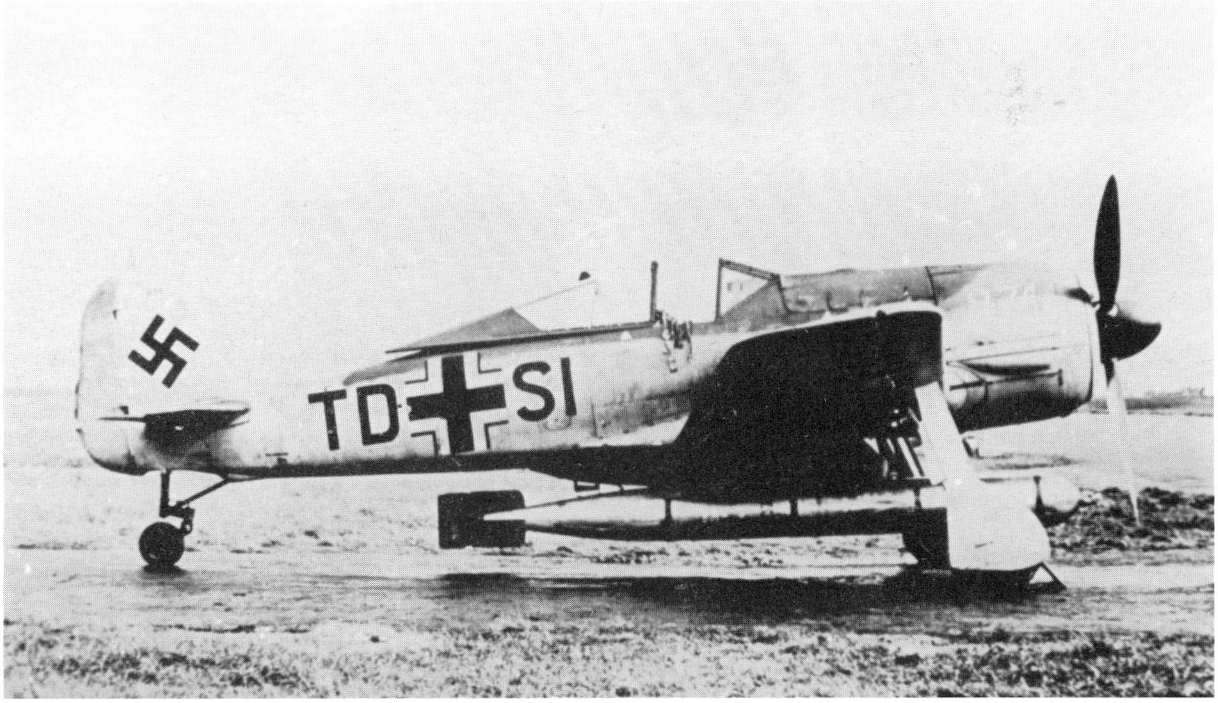

A-5/U 11	Ähnlich A-5/U 10, aber MK 103 statt MG 151/20 im Außenflügel. Musterflugzeug, W.Nr. 1303, für A-8/R 3, F-3/R 3 und F-8/R 3.
A-5/U 12	Musterflugzeuge, W.Nr. 813 (BH + CC) und 814 (BH + CD), 2 MG 17 + 6 MG 151/20, Vorläufer der A-7/R 1-Serie.
A-5/U 13	Jaborei, nur Musterflugzeuge. V 43 W.Nr. 817, V 42 W.Nr. 1083 und V 44 W.Nr. 855. Waren für G-1-Serie geplant.
A-5/U 14	Torpedoflugzeug. W.Nr. 871 (TD + SI) und 872, Mai 1943 an E-Stelle Hexengrund. Bau weiterer drei Versuchsmuster fraglich.
A-5/U 15	Torpedoträger, Versuchsmuster, W.Nr. 1282, Weserflugträger unter Tragflächen, verlängerter Hecksporn, vergrößerters Seitenleitwerk.
A-5/U 16	Musterflugzeug, W.Nr. 1340, Pulkzerstörer, Bewaffnung 2 MG 17 + 2 MG 151/20 + 2 MG/FF + 2 MK 108. Erprobung in Tarnewitz August 1943
A-5/U 17	Gepanzertes Schlachtflugzeug. Ähnlich A-5/U 14 aber 2 MG 17 + 6 MG 151/20 oder 4 MG 151/20 + 2 MK 103.
A-5/R 1	ähnlich A-4, aber FuG 16 Z + FuG 25 a.
A-5/R 6	ähnlich A-4/R 6, aber FuG 16 Z + FuG 25 a.
Fw 190 A-6	Schlachtflugzeug, Sp: 10,506 m, 2 MG 17 + 4 MG 151/20. FuG 16 Z + 25, Serienbau ab Juni 1943 bei Arado, Fieseler und AGO. 569 gebaut, teilweise auch mit Tropenausrüstung.
A-6/R 1	ähnlich A-5/U 12. 60 Maschinen im Luftzeugamt Küpper aus A-6 umgebaut.
A-6/R 2	ähnlich A-6, aber 2 MG 17 + 2 MG 151/20 + 2 MK 108.
A-6/R 3	ähnlich A-6/R 2 aber MK 103 statt MK 108.
V 45	W.Nr. 7347, Musterflugzeug für A-6/R 4, Juli 1944, RP + IU.
A-6/R 4	entspricht weitgehend A-6, GM-1.
A-6/R 6	ähnlich A-6, aber zusätzlich 2 WGr 21.

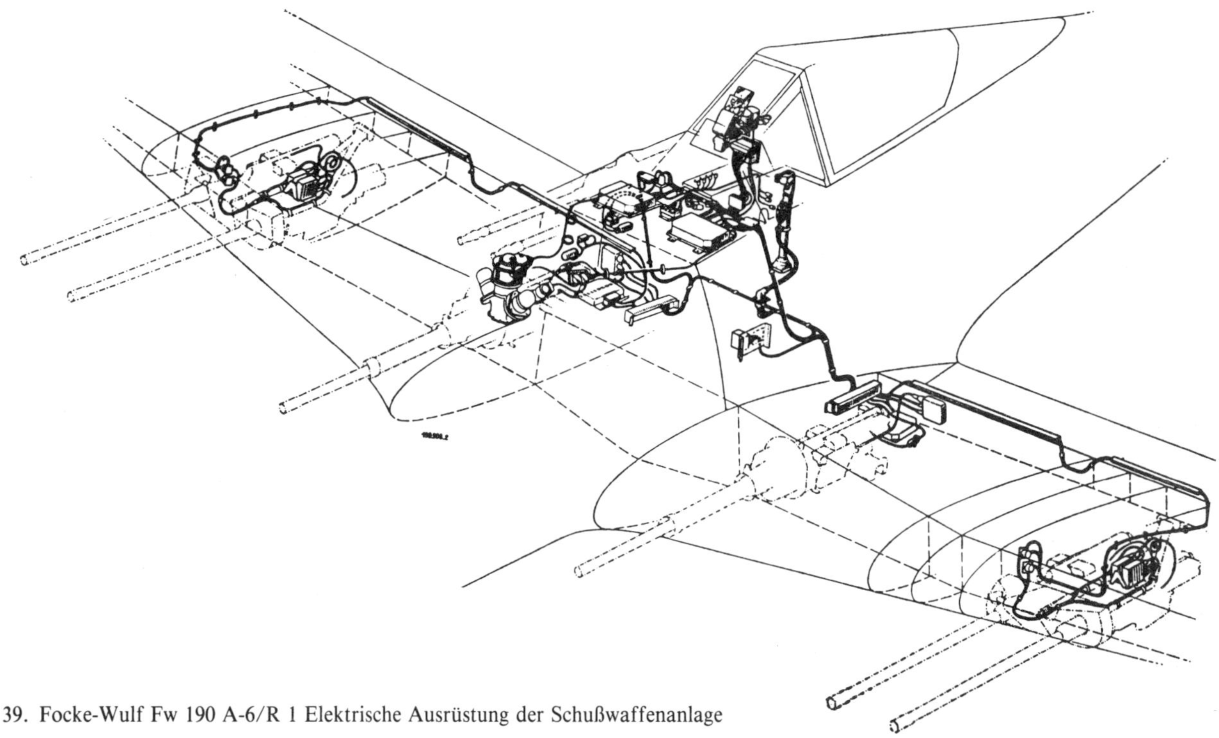

39. Focke-Wulf Fw 190 A-6/R 1 Elektrische Ausrüstung der Schußwaffenanlage

63. Focke-Wulf Fw 190 A-6 mit BMW 801 S-1 △

64. Focke-Wulf Fw 190 A-6 mit FuG 217 J-1 ▽

65. Focke-Wulf Fw 190 A-7 der II./JG 26 △

66. Focke-Wulf Fw 190 A-8/R 3 ▽

V 34	W.Nr. 410230, Triebwerkserprobung BMW 801 F u. TS 14. August 1944 Rechlin.
V 35	W.Nr. 816, Triebwerkserprobung BMW 801 F u. TS 8. April 1944 Rechlin.
A-7	ähnlich A-6, aber MG 131 statt MG 17, 80 Maschinen von Dezember 1943 bis Januar 1944 gebaut.
A-7/R 1	ähnlich A-7, aber zustätzlich 2 MG 151/20, Projekt.
A-7/R 2	ähnlich A-7, aber 2 MG 151/20 durch MK 108 ersetzt, Projekt.
A-7/R 6	ähnlich A-7, aber WGr 21 unter Außenflügel.
V 51	W.Nr. 530765, Musterflugzeug für A-8-Serie.
A-8	Schwerer Jäger. Ab Februar 1944 1344 Maschinen gebaut.
A-8	W.Nr. 170002, Versuchsbau für Rammflugzeug (Selbstvernichtung) mit MK 113 A (5,5 cm Kaliber), FuG 16 Z-Y + 25.
A-8/U 1	Umbau zum Jagdtrainer, zweisitzig, auch als Fw 190 S bezeichnet. Insgesamt 58 A-5 und A-8 in Altenburg zu Fw 190 S umgebaut. Bewaffnung nur 2 MG 131.
A-8/R 1	ähnlich A-8, aber 2 MG 131 + 6 MG 151/20.
A-8/R 2	ähnlich A-8, aber 2 MG 131 + 2 MG 151/20 + 2 MK 108, Projekt.

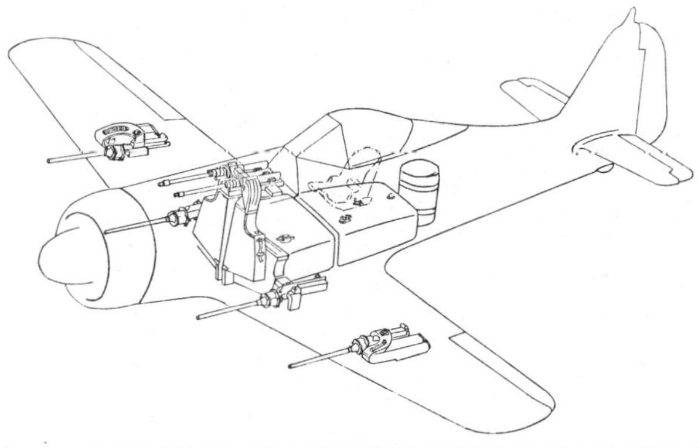

40. Focke-Wulf Fw 190 A-8/-9 Schußwaffenanlage

A-8/R 3	ähnlich A-8/R 2 aber MK 103 statt MK 108. 4 Flugzeuge in Erprobung in Tarnewitz.
A-8/R 3	ähnlich A-8/R 2, aber MK 103 statt MK 108, Projekt.
A-8/R 4	ähnlich A-8/R 1, aber nur 4 MG 151/20.
A-8/R 6	ähnlich A-8, aber WGr 21, bei 50% der Serie eingebaut.
A-8/R 7	ähnlich A-8, aber verstärkte Führerraumpanzerung für Sturmstaffeln.

67. Focke-Wulf Fw 190 A-8/U1 (S-8) ▽

A-8/R 8 ähnlich A-8/R 2, aber verstärkte Panzerung.

A-8/R 11 ähnlich A-8, aber BMW 801 TU, 2000 PS und FuG 125 statt 25 Und PKS 12. Bewaffnung 2 MG 131 + 4 MG 151/20. Wegen Herstellungsproblemen bei PJS 12 und FuG 125 nur wenige Maschinen im Einsatz.

A-8/R 12 ähnlich A-8/R 11, aber Bewaffnung wie A-8/R 2. Nur Projekt.

V 36 Musterflugzeug für A-9 und F-9-Serie.

Fw 190 A-9 ähnlich A-8, aber BMW 801 F-1, 2000 PS.

A-9/R 1 ähnlich A-8/R 1, aber BMW 801 F-1, 2000 PS.

A-9/R 2 ähnlich A-8/R 2, aber BMW 801 F-1, 2000 PS.

A-9/R 3 ähnlich A-8/R 3, aber BMW 801 F-1, 2000 PS.

A-9/R 8 ähnlich A-9, aber BMW 801 TS/TM 2000 PS, Bewaffnung nur 2 MG 151/20 + 2 MK 108, Projekt.

A-9/R 11 ähnlich A-9/R 8, aber BMW 801 TS und zusätzlich 2 MG 131.

A-9/R 12 ähnlich A-9/R 8, aber zusätzlich 2 MG 131, beide Projekt.

A-10 ähnlich A-9, aber Fl: 20,5 qm, Projekt.

A-10/R 1 bis R 3, entsprechend R-9/R 1 bis R 3 geplant, Bau aber nicht nachgewiesen.

B-0 Höhenjäger mit BMW 801 D-2 und Druckkabine. Umbau aus A-1, W.Nr. 0046, ohne Bewaffnung. W.Nr. 0047 und 0048 mit 2 MG 17 und 2 MG 151/20. W.Nr. 0049 mit GM-1-Einspritzung.

V 12 einzige B-1, W.Nr. 811, ähnlich W.Nr. 0049, aber zusätzlich 2 MG/FF.

V 13 (C-0) W.Nr. 36, SK + JS, DB 603 A, Sp: 10,24 m, 2 MG 17 + 2 MG 151/20.

V 15 (C-0) W.Nr. 37, CF + OV, ähnlich V 13, aber Druckkabine.

V 16 (C-0) W.Nr. 38, CF + OW, aber DB 603 G, keine Bewaffnung.

V 17 (C-0) W.Nr. 0039, CF + OX, keine Bewaffnung.

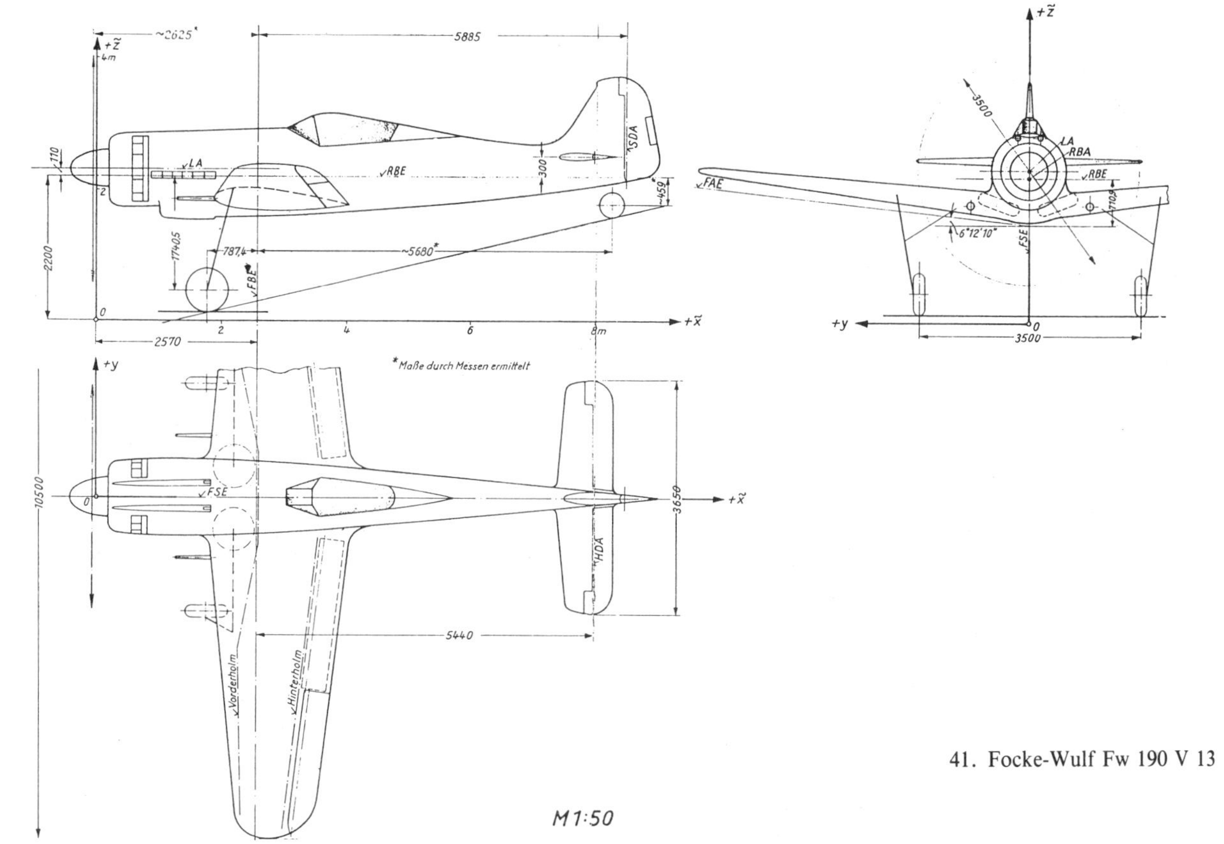

41. Focke-Wulf Fw 190 V 13

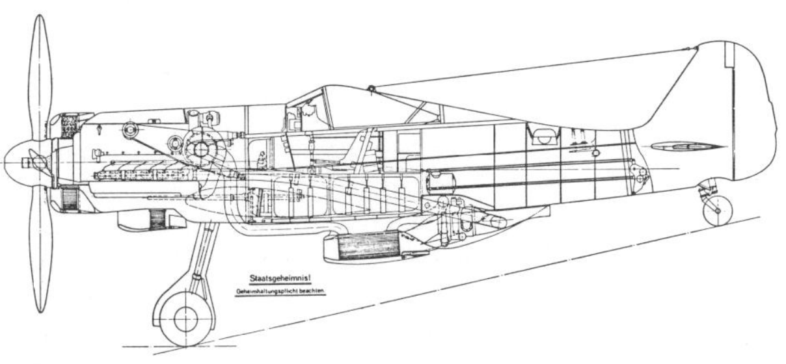

42. Focke-Wulf Fw 190 mit Turboladersatz (Rumpfschnitt)

V 18	(C-1) W.Nr. 40, CF + OY, ähnlich V 16.
V 19	W.Nr. 0042, Umbau aus A-1, GH + KP, vorgepfeilte Flächen, Bruch 16. Februar 1944. Rumpf sollte mit normalen Flächen als Versuchsträger für folgende Triebwerke dienen: BMW 801 J, 2000 PS; BMW P. 8028, 1550 PS; DB 603, 1750 PS; DB 609, 2660 PS; DB 614, 2020 PS; DB 623, 2400 PS; Jumo 213 A-1, 1740 PS; Jumo 213 A-2, 1740 PS und Jumo 213 S, 1750 PS. Versuche aufgegeben.
V 20	(C-1) W.Nr. 0043, GH + KQ, DB 603, ohne Bewaffnung.

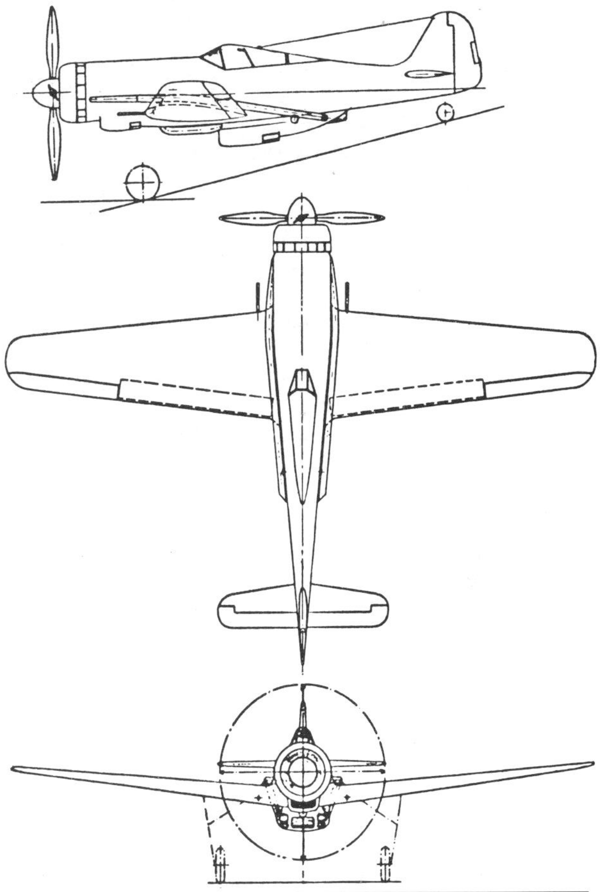

43. Focke-Wulf Fw 190 mit Turboladersatz ▷

68. Focke-Wulf Fw 190 V 18 (C-0) ▽

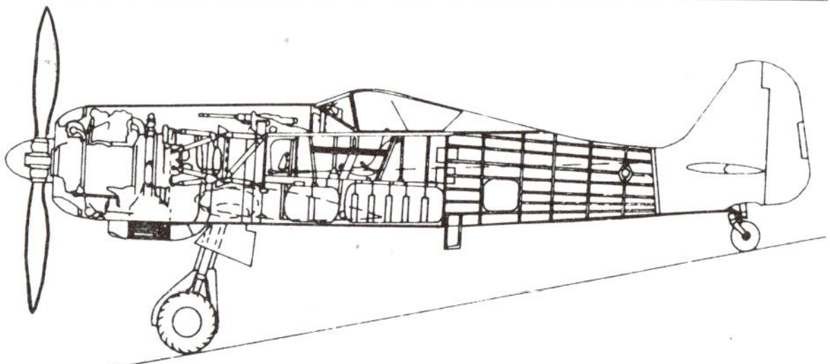

44. Focke-Wulf Fw 190 V 19 mit BMW P. 8028

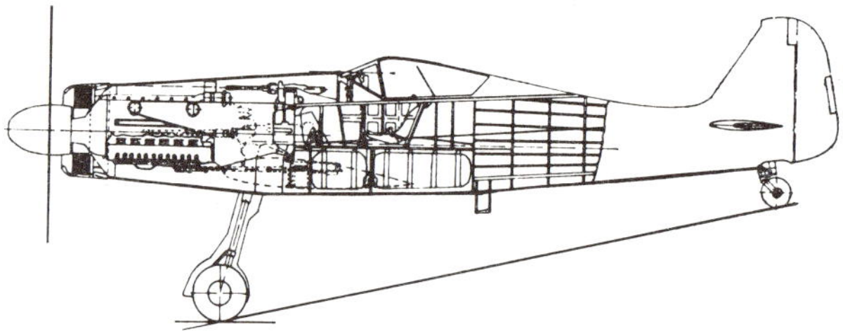

45. Focke-Wulf Fw 190 V 19 mit Jumo 213 A-2

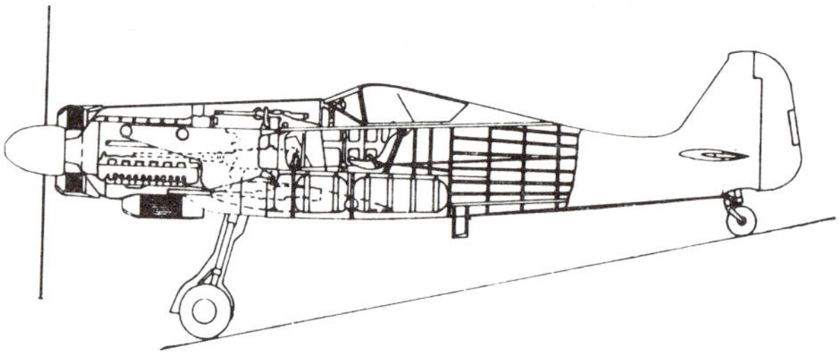

46. Focke-Wulf Fw 190 V 19 mit jumo 213 u. Ladeluftkühler

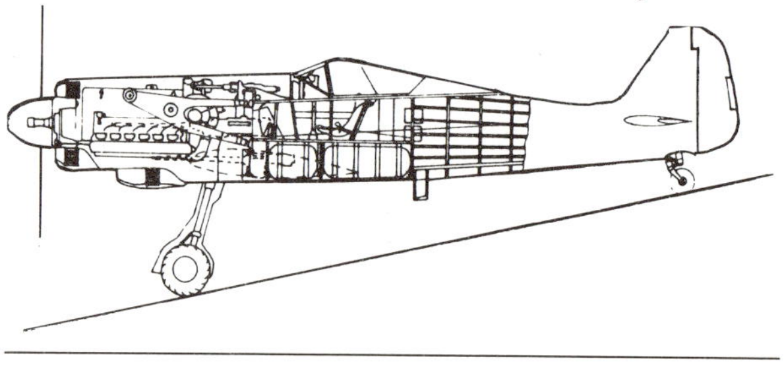

47. Focke-Wulf Fw 190 V 19 mit DB 603

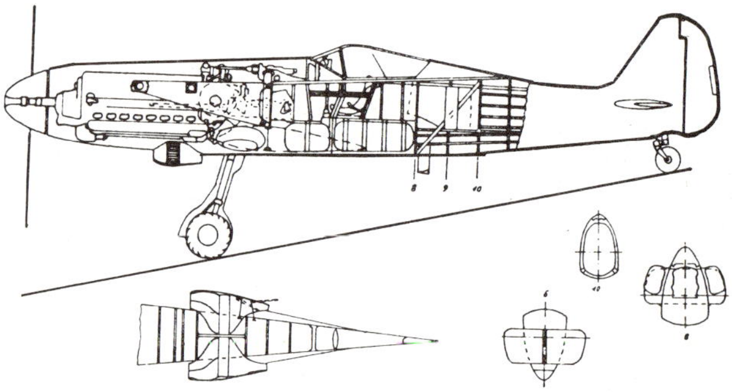

48. Focke-Wulf Fw 190 V 19 mit DB 609

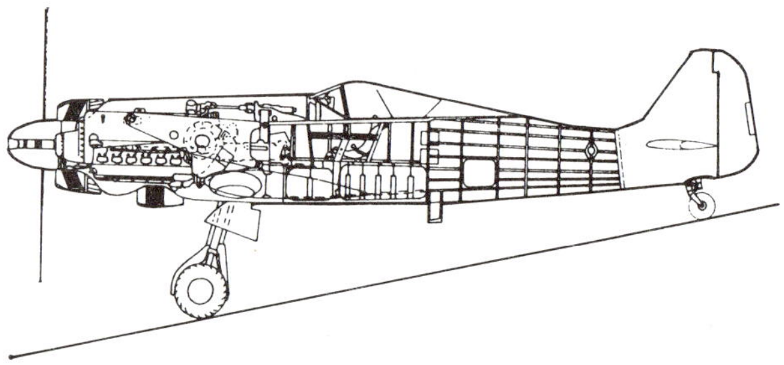

49. Focke-Wulf Fw 190 V 19 mit DB 614

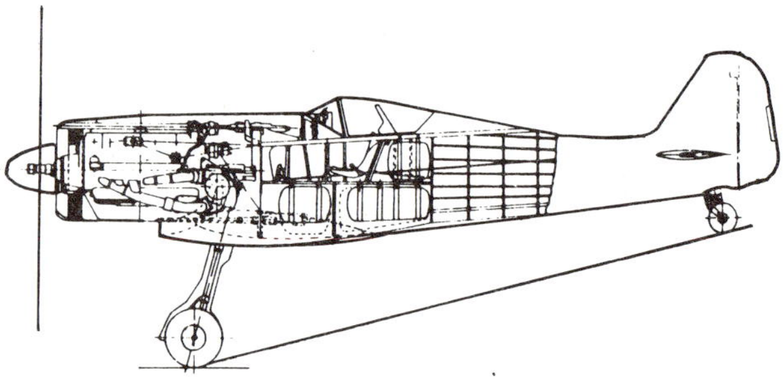

50. Focke-Wulf Fw 190 V 19 mit DB 623 A

V 21	(C-1) W.Nr. 0044, GH + KR, DB 603, ohne Bewaffnung.
V 29	(C-1) W.Nr. 54, GH + KS, ähnlich V 18, wurde Musterflugzeug für Ta 152 H-O, ohne Bewaffnung.
V 30	(C-1) W.Nr. 55, GH + KT, wie V 29.
V 31	(C-1) W.Nr. 56, GH + KU, wie V 30, Totalbruch 29. April 1943.

69. Focke-Wulf Fw 190 D-9

V 32	(C-1) W.Nr. 57, GH + KV, wie V 31, Umbau zu Ta 152 H.
V 33	(C-1) W.Nr. 58, GH + KW, wie V 32, Bruch 13. Juli 1944, Bewaffnung 2 MG 131 + 2 MG 151/20.
V 17/U 1	W.Nr. 0039, CF + OX, Jumo 213, Umbau Mai 1944, Musterflugzeug D-9.
V 53	W.Nr. 170003, DU + JC, Jumo 213, Musterflugzeug D-9 und D-10.
V 54	W.Nr. 174024, BH + RX, Jumo 213, Musterflugzeug D-9 und D-10.
D-9	Jäger mit Jumo 213 A, 1750 PS, Sp: 10,50 M, L: 10,24 m, Fl: 18,3 qm. 2 MG 131 + 2 MG 151/20, Serienbau ab W.Nr. 210001, 674 gebaut.

51. Focke-Wulf Fw 190 D-9 Schußwaffenanlage V ▽

52. Focke-Wulf Fw 190 D-9 ▷

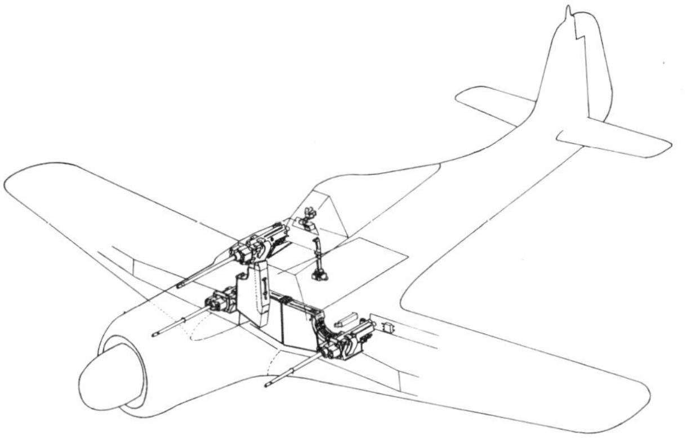

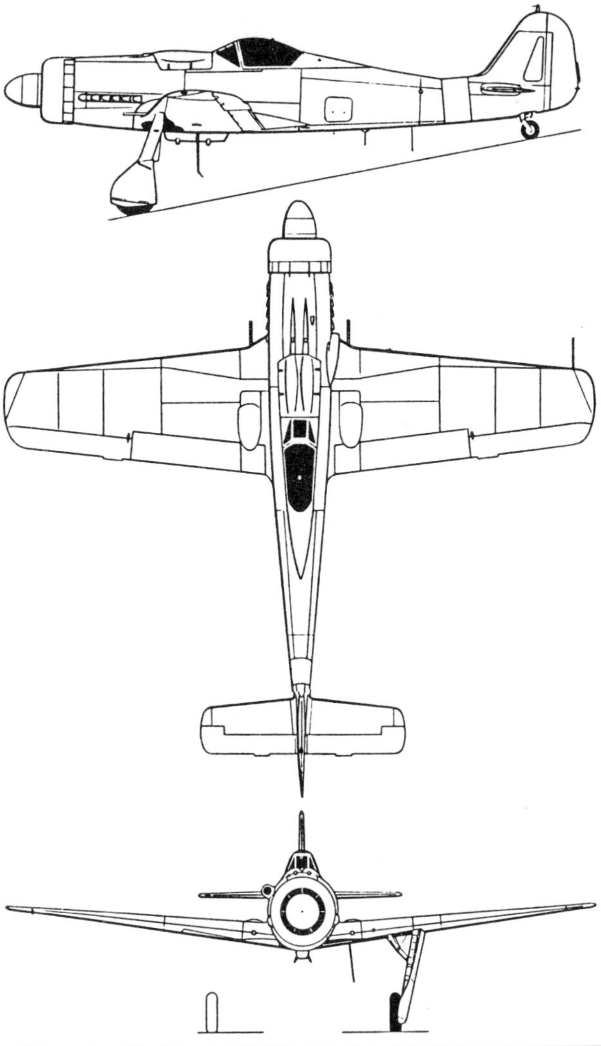

70. Focke-Wulf Fw 190 V 56 (D-11)

D-9/R 11	Schlechtwetterjäger mit erweiterter Funkausrüstung, Fertigung am 11. Dezember 1944 eingestellt.
D-10	nur W.Nr. 210001 und 210002, 2 MG 151/20 + 2 MK 108 ähnlich D-9.
Fw 190 V 55	W.Nr. 170923, GV + CV, Musterflugzeug für D-11-Serie, Jumo 213 F, Juli 1944.
V 56	W.Nr. 170924, wie V 55, GV + CW.
D-11	nur fünf Fw 190 A-8 W.Nr. 170926, 170933, 350156, 350157 und 350158 als Fw 190 V 57, 58, 59, 60 und 61 zu D-11, Jumo 213 F-1 2 MG 151/20 + 2 MK 108, Bau im Januar 1945.
D-11/R 20	nur Projekt.
D-11/R 21	nur Projekt.
V 63	W.Nr. 350165, Musterflugzeug für D-12-Serie, Umbau aus A-8.
V 64	W.Nr. 350166, Musterflugzeug für D-12/R 11-Serie, CS + IB.
V 65	W.Nr. 350167, Musterflugzeug für D-12/R 5 (4 Flügel-Tanks).
D-12/R 11	Schlechtwetterjäger, Jumo 213 F-1, 1 MK 108 + 2 MG 151/20, MW 50-Einspritzung, FuG 125, PKS 12, Serie bei Arado Februar 1945 und Fieseler Januar 1945 nicht mehr zum Tragen gekommen.
D-12/R 5	nur Projekt.
D-12/R 25	nur Projekt.
V 62	W.Nr. 732053, Musterflugzeug für D-13-Serie, November 1944.
V 71	W.Nr. 732054, Musterflugzeug für D-13-Serie, November 1944.
D-13/R 5	nur Projekt.
D-13/R 21	nur Projekt.
V 76	W.Nr. 210040, Umbau aus D-9 in D-14.
V 77	W.Nr. 210043, Umbau aus D-9 in D-14.
D-14	nur Projekt.
E-1	Jagdaufklärer mit BMW 801 D-2 nur Projekt, durch A-3/U 5, A-4/U 4 und A-5/U 4 ersetzt.
F-1	Schlachtflugzeug, BMW 801 D-2, 2 MG 17 + 2 MG 151/20, 30 Maschinen 1942 gebaut.
F-2	ähnlich F-1, aber ETC 501 + ER 4 + 4 SC 50, 271 Maschinen 1942/43.
F-3	ähnlich F-2, aber 4 ETC 50 statt ETC 501, 247 Maschinen 1943.
F-3/R 1	ähnlich F-3, bis Mai 1943 bei Arado gebaut.
F-3/R 3	ähnlich A-5/U 11, drei Maschinen Dezember 1943 / Januar 1944.
F-4	ähnlich F-1, aber zusätzlich 2 MK 103, 1944 bei Arado gebaut.
F-5	ähnlich F-3, 2 MG 131 + 2 MG 151/20 + 1 ETC 501 + 2 ETC 50, 1944 bei Fieseler und Arado gebaut.
F-8	ähnlich F-3, aber 2 MG 131 + 2 MG 151/20, 2 ETC 50, FuG 16 Z-Y bis März 1944, dann FuG 16 Z-S, C-3-Einspritzung, Baubeginn bei Arado März 1944,

71. Focke-Wulf Fw 190 F-3/R 1 △

72. Focke-Wulf Fw 190 F-8 ▽

bei NDW April 1944, 385 gebaut. (NDW = Norddeutsche Dornierwerke)

Fw 190 V 69 — W.Nr. 582072, 1. Versuchsträger für die drahtgesteuerte Bordrakete X 4 »Ruhrstahl«. Weitere Versuchsträger waren F-8 W.Nr. 583431, 583438 und 584221 sowie V 70 W.Nr. 530025.

V 73 — W.Nr. 733705, TX + PQ, Erprobungsträger für Panzerbomben.

V 74 — W.Nr. 733713, Erprobungsträger für SG 117 »Rohrblock«, Bordwaffe für vertikales Salvenfeuer von 7 MK 108.

V 78 — W.Nr. 551103, Erprobungsträger für Abwurfgerät AG 140.

V 79 — W.Nr. 581304, gleicher Zweck wie V 78.

V 80 — W.Nr. 586600, desgleichen, alle drei Umbau aus F-8.

F-8/R 1 — ähnlich F-8, aber 4 ETC 50 unter den Flügeln, später ETC 71. Auslieferung August 1944.

F-8/R 2 — ähnlich F-8, aber 2 MK 108 unter den Flügeln, nur zwei Maschinen bei NDW gebaut, keine Serie.

F-8/R 3 — ähnlich F-8/R 2, aber MK 103 statt MK 108, nur zwei Maschinen bei NDW gebaut, keine Serie.

F-8/U 1 — Langstrecken-Jabo. Flächen-ETC 50 durch ETC 503 ersetzt für SC 250-Bomben. 300 Liter-Tank unter Rumpf an ETC 501.

F-8/U 2 — Erprobungsträger für Bombentorpedo BT 1400. 2 ETC 503 für 300 l-Zusatztanks, Zielgerät TSA II A. Umbau bei Menibum November 1944 bis März 1945, kein Serienbau, Ersatz durch F-8/R 15 und R 16.

F-8/U 13 — Nachtschlachtflugzeug, 2 MG 151/20, 2 ETC 503. Unter den Flügeln Zusatzbehälter für 300 l. Funkausrüstung: FuG 25, FuG 16 Z-S, FuG 101 und PKS 12. Nur W.Nr. 586597. Serienbau bei Flugzeugbau Klemm nicht mehr angelaufen.

F-8/R 14 — Torpedoflugzeug, verlängerter Hecksporn, Rumpf bei Spant 4 verstärkt, Torpedoträger ETC 502, ohne 115 l-Rumpfbehälter. Nur eine Maschine, Serienbau bei Weserflug nicht mehr angelaufen.

F-8/R 15 — Träger für Bombentorpedo BT 1400, ähnlich R 13. Vereinfachte Ausführung F-8/U 3, wenige Maschinen an III./KG 200. Serienbau bei Blohm & Voss nicht mehr angelaufen.

F-8/R 16 — Träger für Bombentorpedo BT 700, ähnlich R 13, Zielgerät TSA II A, Serienbau bei Blohm & Voss nicht angelaufen.

F-9 — nur Musterflugzeuge V 35 und V 36 (siehe A-7/A-8).

F-10 — nur Projekt.

F-15 — nur Musterflugzeug V 66, W.Nr. 584002, März 1945 BMW 801 TS.

Fw 190 F-16 — Nur Musterflugzeug V 67, W.Nr. 930516, Ende 1944.
55 l-Zusatztanks im Außenflügel. Zielgerät TSA II D vorgesehen, da für Torpedoeinsatz geplant. Funkanlage von R 13 durch FuG 15 erweitert.

G-1 — Jagdbomber mit vergrößerter Reichweite »Jaborei«. Ähnlich A-5/U 8. 2 × 300 l-Zusatzbehälter an Weserflugträgern unter den Flügeln. 2 MG 151/20, ETC 501 unter Rumpf.
1942/43 Maschinen gebaut.

G-2 — »Jaborei« ähnlich G-2, aber Messerschmitt-Träger statt Weserflug, 601 Stück 1942/43 gebaut. Einsatz bei SG 4 und SG 10.

G-2 N — ähnlich A-5/U 2. Nur wenige Flugzeuge. Bei SG 10 eingesetzt.

G-3 — ähnlich A-5/U 13, 150 Maschinen Juli/August 1943 bei Fw gebaut.

G-3/R 5 — Schlachtflugzeug, Umbau aus G-8: 4 ETC 50 unter den Flügeln statt Messerschmitt-Trägern.

G-3 N — Umbau für Nachteinsätze durch Änderungsmaterial 116 und 128.
Zusätzlich Kurssteuerung PKS 11.

G-4 tp — ähnlich G-3, aber Tropenausrüstung, nur ein Versuchsflugzeug.

G-8 — Rumpf geändert für Einbau 115 l-Tank oder GM 1. FuG 16 Z-Y vorverlegt, ETC 501 unter Rumpf 20 cm vorverlegt. Nur wenige Maschinen November 1943 bis Februar 1944 gebaut.

G-8/R 5 — Umrüstung aus G-8 entsprechend G-3/R 5.

S — zweisitziger Schuljäger. Nicht in Serie, durch A-5/U 1 und A-8/U 1 ersetzt. Umbauten aus A-5 als S-5 bezeichnet.

Sonderausführungen:

A-8 — W.Nr. 380394 Erprobungsträger für Zusatzbehälter auf der Tragfläche, »Doppelreiter«.

A-6 — W.Nr. 7374 (V 45) Umbau zum Höhenjäger mit 12,3 m Spannweite.

73. Focke-Wulf Fw 190 G-2 △

74. Focke-Wulf Fw 190 G-2/N ▽

75. Focke-Wulf Fw 190 G-3 △

76. Focke-Wulf Fw 190 A-8 mit »Doppelreiter« ▽

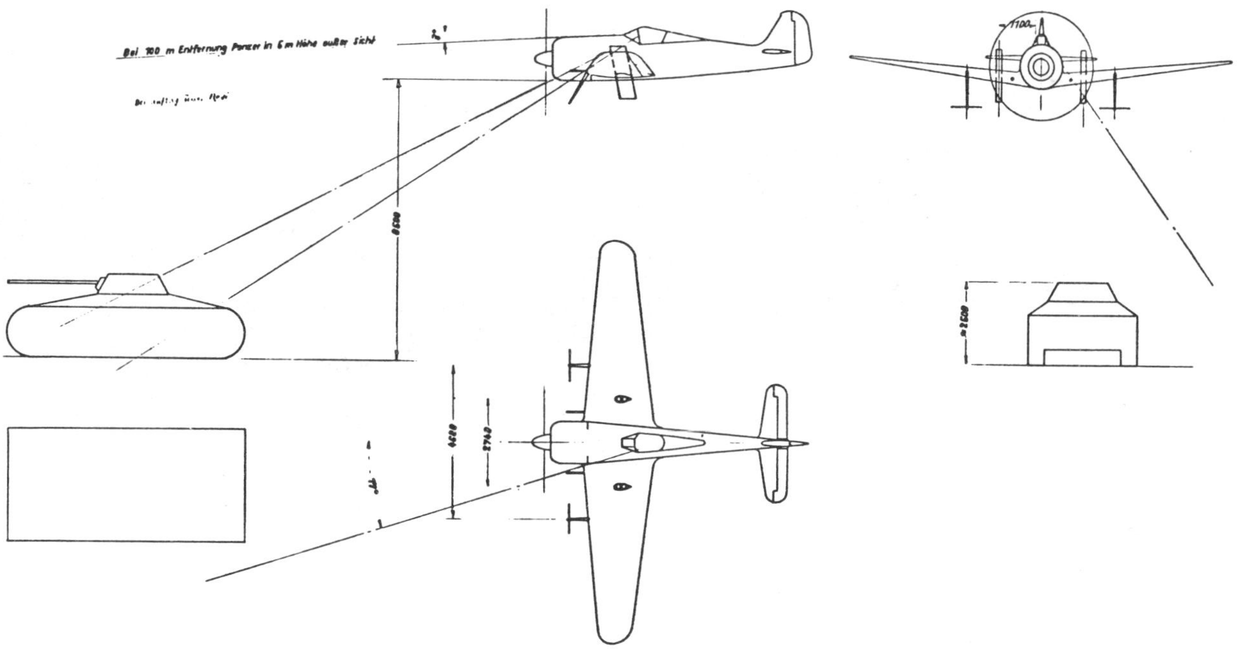

53. Focke-Wulf Fw 190 mit SG 113 A

A-8 W.Nr. 530115 (V 47) Umbau zum Höhenjäger mit 12,3 m Spannweite.

V 25 W.Nr. 50 Erprobungsträger für Jumo 213, April 1944 Tarnewitz.

V 52 W.Nr. 170002, DU + JB, Erprobungsträger für FuG 125 »Hermine«, Erstflug 30. August 1944.

V 72 W.Nr. 170727, GV + BB, Erprobungsträger für BMW 801 TS und PKS 12.

V 75 W.Nr. 582071, Erprobungsträger für SG 113 A, einer starren Vertikalbordwaffe gegen Panzerziele.

F-8 Erprobungsträger für SG 116, einer starren Vertikalbordwaffe zum Verschuß nach oben, 40 Maschinen bei JG 10 im Versuch.

77. Focke-Wulf Fw 190 F-8 mit 2 × SG 113

78. Focke-Wulf Fw 190 F-8 mit Bv 246

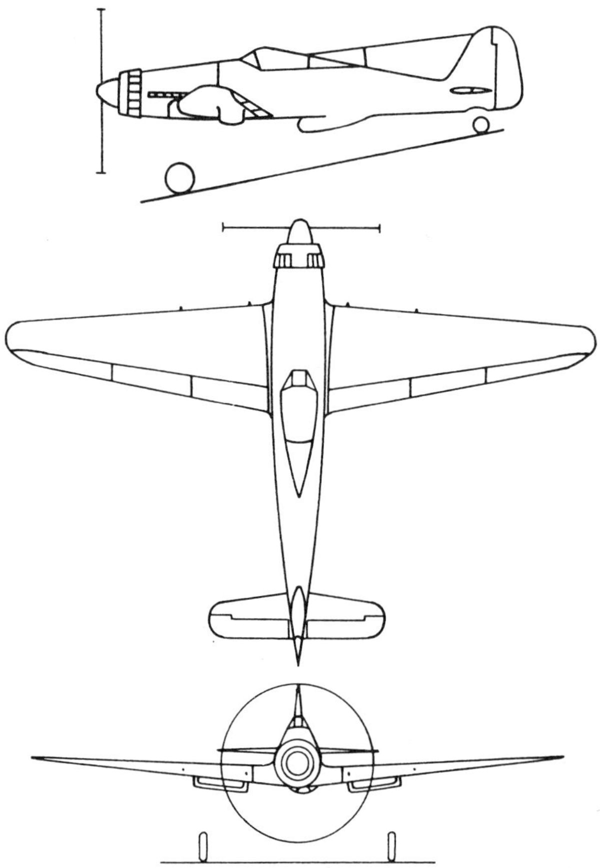

54. Focke-Wulf Fw 190 mit 20,3 qm Tragfläche

Focke-Wulf Fw 190-Projekt mit Jumo 222 A

Im Frühjahr 1943 erfolgte auf Grund der bekannt gewordenen technischen Daten des 28-Zylinder Jumo 222 A die Umkonstruktion der Fw 190-Zelle für diesen Motor. Es ist interessant festzustellen, daß eine Rumpfverlängerung von 1,11 m als ausreichend für den Gewichtsausgleich für den schwereren Motor angesehen wurde, obwohl sich beim Einbau des Jumo 213 (Baureihe Fw 190 D) eine Rumpfverlängerung um 1,40 m als notwendig erwies. Die Höchstgeschwindigkeit mit Jumo 222 A wurde mit 700 km/h errechnet.

Focke-Wulf Fw 190-Projekt mit Jumo 222 C

Bei gleichen Maßen wie vorgehend geschilderter Ausführung wurde eine Höchstgeschwindigkeit von 740 km/h errechnet. Bei beiden Ausführungen war eine Bewaffnung von 2 × MG 131 und 2 × MG 151 vorgesehen.

Focke-Wulf Jäger mit Jumo 222 A

Über dieses ebenfalls im Frühjahr 1943 entworfene Projekt ist nur bekannt, daß es sich um einen der Ta 152 ähnlichen Entwurf mit einer Bewaffnung von 6 MG 151 handelte.

Focke-Wulf J. P. 000.222-001

Hochleistungsjäger mit Jumo 222 E/F von 2450 PS Startleistung. Bewaffnung: 2 MG 213 und 1 × MK 103.

Focke-Wulf Fw 190-Projekt mit Strahlantrieb

1942 entstand ein Entwurf der Fw 190, bei dem der Kolbenmotor BMW 801 durch eine von Focke-Wulf entwickelte Strahlturbine ersetzt werden sollte. Dieses Triebwerk sollte einen zweistufigen Radialkompressor und eine einstufige Turbine enthalten. Der Abgasstrahl sollte über die Rumpfoberfläche geführt werden. Diese Ausführung der Fw 190 sollte ein Fluggewicht von 3762 kg haben. Die Höchstgeschwindigkeit der Maschine in Bodennähe sollte 752 km/h betragen, in 9000 m 824 km/h. Die Steiggeschwindigkeit in Bodennähe wurde auf 162 min^{-1}, in 9000 m Höhe auf 77 min^{-1} berechnet.

Focke-Wulf Fw 190-Projekt mit BMW 802

Weiterentwicklung Fw 190 D mit 18-Zylinder BMW 802 Startleistung 2450 PS. Propellerhaube vorn offen für Kühlluftzuführung. Bewaffnung 4 MK, zwei über Motor, zwei in Flügelwurzel. Spannweite 13,00 m, Länge 11,15 m.

Focke-Wulf Fw 191

Focke-Wulfs Beitrag zum im Winter 1940 ausgeschriebenen RLM-Konstruktionsprogramm »Bomber B« war die von Dipl.-Ing. Kosel konstruktiv betreute Fw 191. Nach der Ausschreibung, aus der auch die Arado Ar 340, die Dornier Do 317 und die Junkers Ju 288 hervorgingen, mußte es sich um einen zweimotorigen Bomber handeln, der in der Lage war, mit einer Bombenlast von 4000 kg eine Geschwindigkeit von 600 km/h zu erreichen. Als Triebwerk waren für alle Entwürfe 2500 PS-Motoren des in der Entwicklung befindlichen Musters Jumo 222 vorgesehen. Nach der Vorlage der Projekte entschied sich das RLM für eine bevorzugte Entwicklung der Fw 191 und Ju 288. Die Konstruktionsarbeit an der Fw 191 begann im Frühjahr 1940. Sie wurde wesentlich durch den Umstand erschwert, daß das Technische Amt des RLM für die Fw 191 jede nur mögliche Betätigung durch Elektromotoren forderte. Gegen die Meinung der Konstrukteure, die in einer Unzahl von Schwachstrommotoren und ungezählten elektrischen Leitungen eine unnütze Gewichtserhöhung, eine anfällige Fehlerquelle und einer vergrößerte Schußempfindlichkeit sahen, setzte das RLM die volle Elektrifizierung des Musters durch. Im Frühjahr 1942 stand die *Fw 191 V-1* zum Erstflug bereit. Da

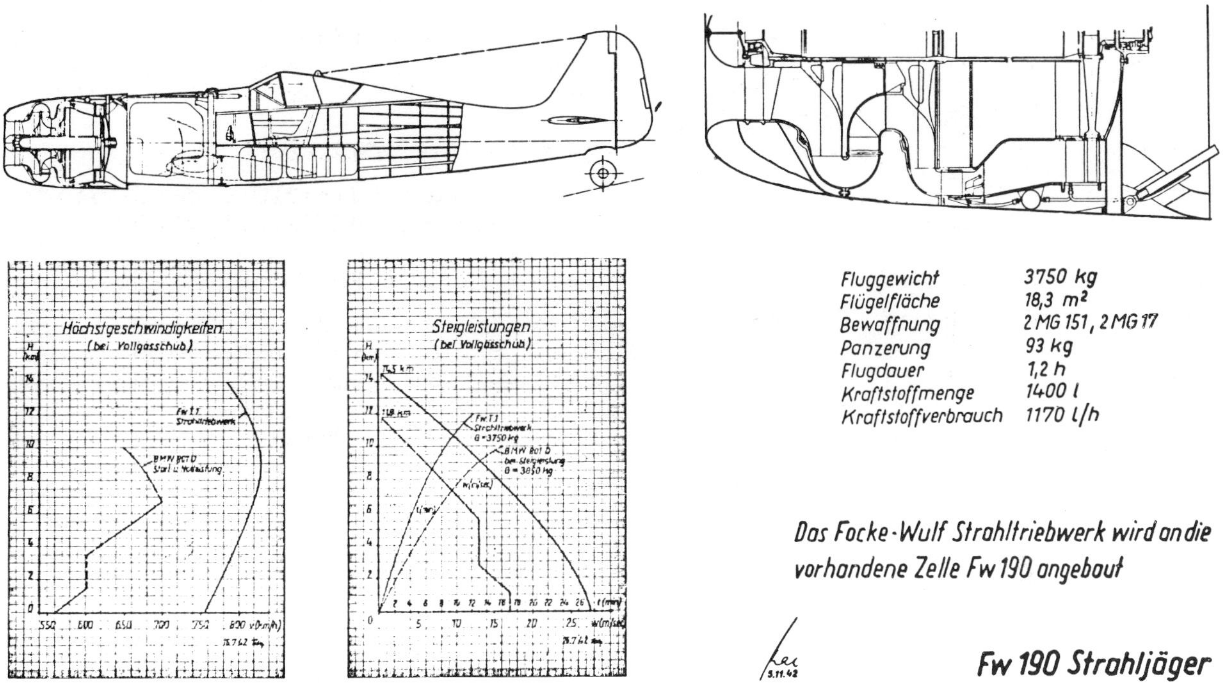
Höchstgeschwindigkeiten
(bei Vollgasschub)
Steigleistungen
(bei Vollgasschub)
Fluggewicht 3750 kg
Flügelfläche 18,3 m²
Bewaffnung 2 MG 151, 2 MG 17
Panzerung 93 kg
Flugdauer 1,2 h
Kraftstoffmenge 1400 l
Kraftstoffverbrauch 1170 l/h
Das Focke-Wulf Strahltriebwerk wird an die vorhandene Zelle Fw 190 angebaut
Fw 190 Strahljäger

55. Focke-Wulf Fw 190 mit Strahltriebwerk △

56. Focke-Wulf Fw 190 Weiterentwicklung mit BMW 802 ▽

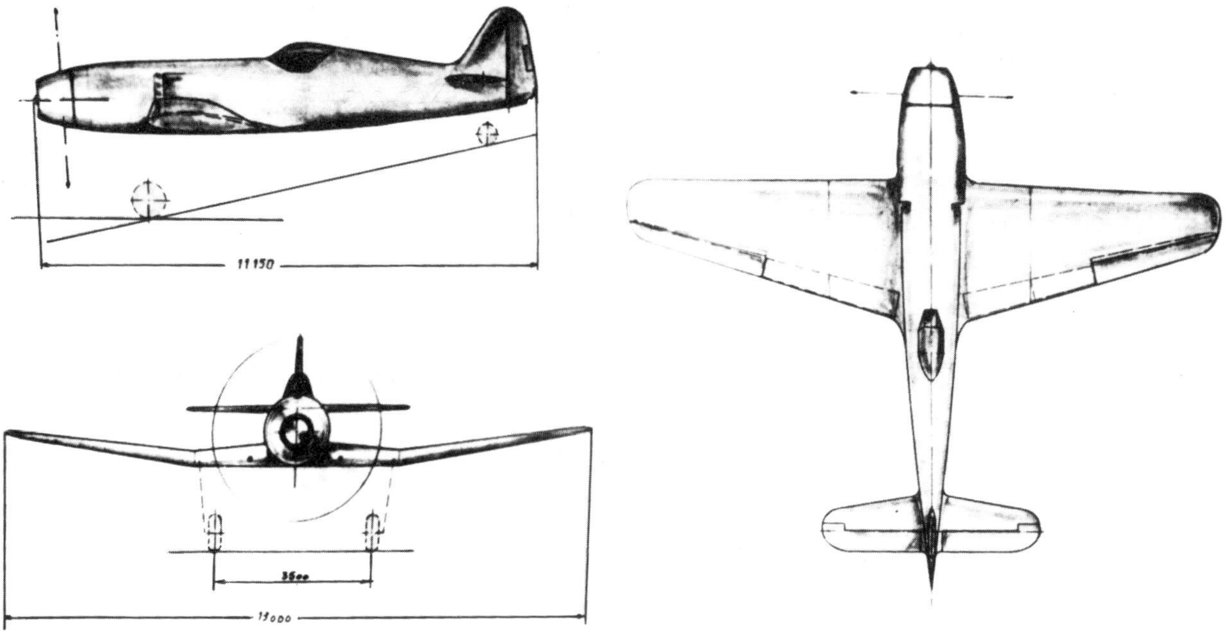

79. Focke-Wulf Fw 191 V 1

57. Focke-Wulf Fw 191 mit Jumo 222

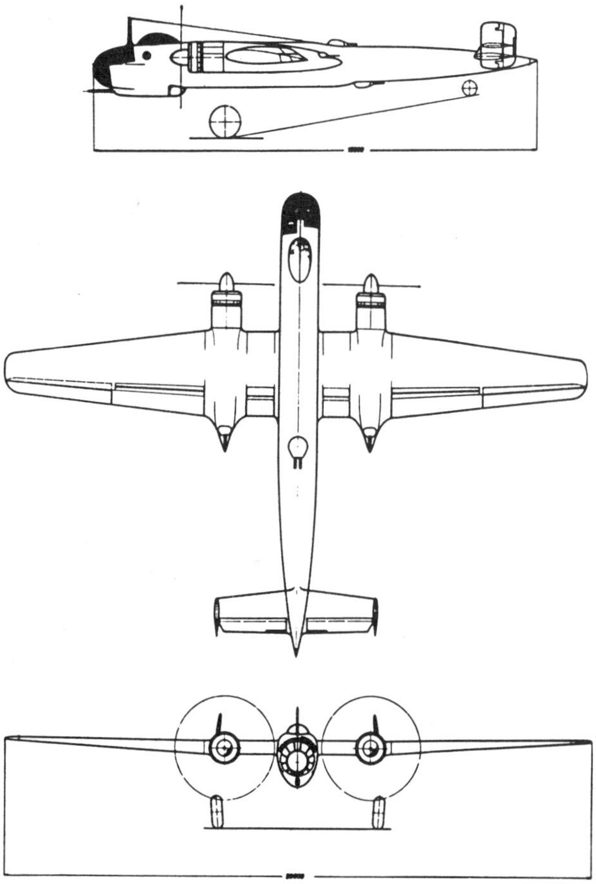

die vorgesehenen Jumo 222-Triebwerke nicht fertiggestellt worden waren, mußten als Ausweichlösung 2 × 1600 PS BMW 801 eingebaut werden. Bei der Flugerprobung unter Dipl.-Ing. Mehlhorn zeigte sich, daß die Maschine mit den Ersatzmotoren viel zu leistungsschwach war. Gleichzeitig traten die erwarteten Schwierigkeiten mit den zahlreichen elektrischen Betätigungen ein, so daß im Laufe des Jahres 1942 nur insgesamt 10 Erprobungsflüge durchgeführt werden konnten. Die *Fw 191 V-2,* die kurze Zeit später eingeflogen wurde, zeigte keine besseren Ergebnisse, was zu einem Produktionsstopp der im Bau befindlichen *Fw 191 V-3, V-4* und *V-5* führte. Jetzt endlich verließ das RLM seine starre Haltung und gestattete Focke-Wulf, einen weiteren Prototyp zu bauen, der weitgehend auf hydraulische Kraftübertragung umgestellt wurde.

Fw 191 A

Dieser Prototyp, die *Fw 191 V-6,* konnte erstmals mit zwei Jumo 222-Motoren ausgerüstet werden. Zwar gaben die Triebwerke mit je 2200 PS noch nicht die zugesicherte Leistung, aber die Erprobungsflüge unter Leitung von Flugkapitän Sandner verliefen äußerst erfolgreich. Die V-6 sollte nach einem Überführungsflug von Delmenhorst nach Wenzendorf als Grundtype für die geplante A-Serie dienen. Dies wurde jedoch vom RLM abgestoppt, nachdem sich herausgestellt hatte, daß der Jumo 222 infolge Rohstoffmangels nie in Serie kommen würde. 1943 wurde die Fw 191 A noch auf zwei Doppeltriebwerke Daimler Benz DB 610 umkonstruiert. Diese Version wurde jedoch vom Technischen Amt abgelehnt, weil sich die Triebwerke als sehr störungsanfällig erwiesen hatten.

Typ: Zweimotoriger mittlerer Bomber.
Flügel: Freitragender Schulterdecker. Dreiteiliger Ganzmetallflügel mit rechteckigem Mittelstück. Klappen über die gesamte Hinterkante der Außenteile, außen als Querruder, innen als Landeklappe,

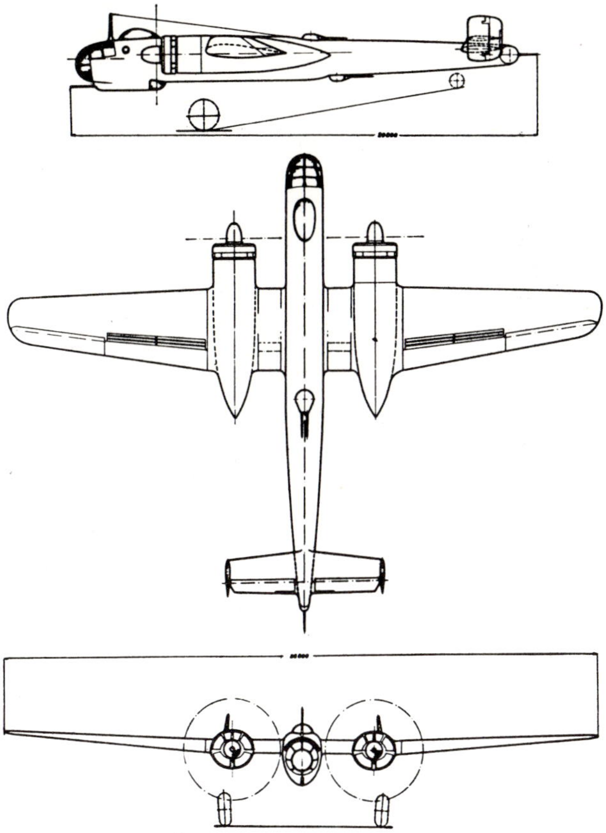

58. Focke-Wulf Fw 191 mit DB 610

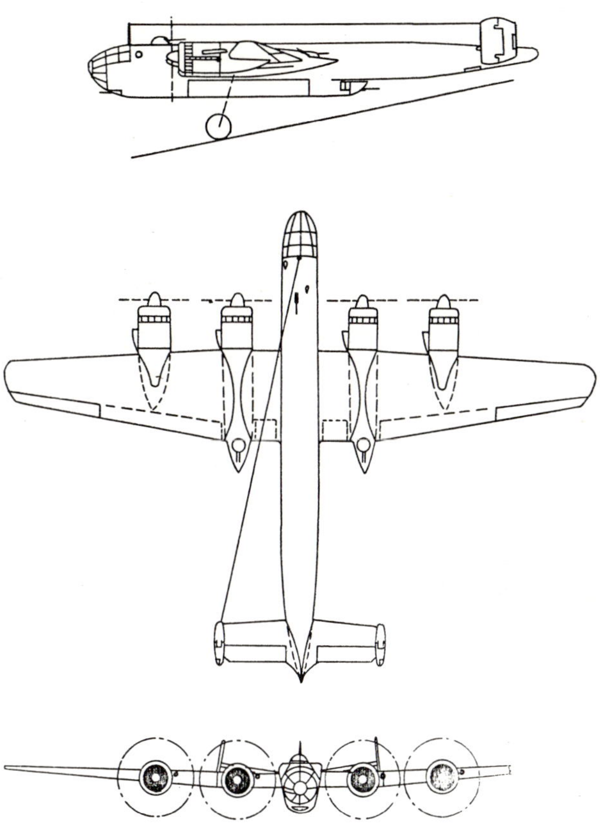

59. Focke-Wulf Fw 191 C

kombiniert mit in drei Stellungen ausfahrbarer Sturzflugbremse, der sogenannten Multhopp-Klappe. Kurze Landeklappen zusätzlich im Mittelteil, hydraulisch betätigt.
Rumpf: Ganzmetall-Schalenrumpf mit ovalem Querschnitt. Rumpfvorderteil als vollsichtverglaste Druckkabine ausgebildet.
Leitwerk: Freitragende, V-förmige Höhenflosse mit doppeltem Seitenleitwerk als Endscheiben. Trimmklappen in den Seitenrudern. Sämtliche Ruder ausgeglichen. Aufbau aus Ganzmetall.
Fahrwerk: Einziehbares Normalfahrwerk. Haupträder an freitragenden Ölfederbeinen bei gleichzeitiger Drehung der Räder um 90° nach hinten in die Motorengondeln. Spornrad nach hinten in den Rumpf einfahrbar. Die Betätigung geschieht elektrisch.
Triebwerk: Zwei Daimler-Benz DB 610 flüssigkeitsgekühlte Doppel-Λ-Motoren mit 2 × 2950 PS Startleistung. VDM-Vierblatt-Verstell-Luftschrauben mit 3,40 m Durchmesser. Kraftstoffkapazität 6000 Liter in fünf Rumpfbehältern von je 960 Liter über dem Bombenraum und zwei Flächentanks im Mittelteil mit je 600 Liter als mögliche Außenbehälter.
Besatzung: 4 Mann in geschlossener Druckkabine im Rumpfbug, bestehend aus Pilot, Bombenschütze, Funker und Bordmechaniker.
Militärische Ausrüstung: A-Stand als Kinnturm mit 1 × 15 mm MG 151, vom Bombenschützen bedient. B-Stand und zwei weitere Stände auf den Motorengondeln im Verbund vom Funker durch eine tropfenförmige Haube auf dem Rumpfbug ferngesteuert. Drehturm auf den Rumpfrücken mit MG 151 Z (2 × 15 mm), Gondelstände je mit 1 × MG 81 Z (je 2 × 7,9 mm). C-Stand unter dem Rumpf mit MG 151 Z (2 × 15 mm) vom Bordmechaniker ferngesteuert. Maximale Last im Bombenraum 4000 kg. Als Torpedobomber 2 × LT 950 im Bombenraum und 2 × LT 950 unter dem Mittelflügel.

Fw 191 B

Ausweichlösung mit 2 × 2700 PS Daimler-Benz DB, die sonst vollkommen der oben beschriebenen Fw 191 A entsprach, aber ebenfalls nicht gebaut wurde.

Fw 191 C

Nachdem das gesamte »Bomber-B«-Programm vom RLM infolge des Motorenengpasses aufgegeben wurde, konstruierte Focke-Wulf die Fw 191 mit vier Einzeltriebwerken und vereinfachter Ausrüstung als Fw 191 C um. Diese Version, die verfügbare Triebwerke der Muster Jumo 211 F, DB 601 E oder DB 605 A besitzen sollte, wurde ohne Druckkabine ausgelegt. Weitere Änderungen gegenüber der Fw 191 A war die Verlängerung der unteren Kabinenpartie bis hinter die

Flügelhinterkante, wo als Abschluß der C-Stand mit 1 × 15 mm MG 151 eingebaut wurde. Auf der Rumpfoberseite waren zwei Drehtürme mit je 1 × 15 mm MG 151 untergebracht, während die beiden Drehtürme auf den Motorengondeln beibehalten wurden. Das im Kinnturm untergebrachte bisherige MG 151 wurde durch ein 2 × 13 mm MG 131 Z ersetzt. Aber auch diese Pläne lehnte das RLM ab.

Focke-Wulf Fw 200 »Condor«

Im Winter 1935/36 reifte in Kurt Tank nach einer Unterredung mit Dr. Stüssel der Plan, ein viermotoriges Mittelstrecken-Verkehrsflugzeug mit großer Geschwindigkeit und großer Nutzlast zu entwickeln. Im Frühjahr 1936 beauftragte er Dipl.-Ing. Bansemir, die Planungsarbeiten auszuführen, während er sich selbst beim RLM um eine bevorzugte Nummer bewarb, die ihm mit der Zahl 200, die weit über den damaligen Verteilungszahlen lag, auch gewährt wurde. Im Juni 1936 wurden die fertigen Pläne der Fw 200 »Condor«, wie Tank seine Maschine nannte, dem Lufthansa-Direktor Freiherr von Gablenz und Dr. Stüssel vorgelegt, die sofort einen Bauauftrag vergaben. Genau ein Jahr und 11 Tage später, im Juli 1937, flog der Prototyp *Fw 200 V-1* (D-AERE) mit 4 × 760 PS Pratt & Whitney Hornet SIE-G luftgekühlten Neunzylinder-Sternmotoren und Zweiblatt-»Constant speed«-Luftschrauben. Die Probeflüge verliefen so überzeugend, daß die DLH die erste Serie in Auftrag gab. Um die Leistungsfähigkeit des »Condors« zu demonstrieren, ließ Tank eine Anzahl von Fernflügen vorbereiten, die zur Aufstellung folgender von der FAI anerkannter Flugwegrekorde führten: 10. bis 11. August 1938 von Berlin nach New York in 24 h 56 min 12 s gleich 255,499 km/h; 13. bis 14. August 1938 von New York nach Berlin in 19 h 55 min 1 s gleich 320,919 km/h; 28. bis 30. November 1938 von Berlin nach Hanoi in 34 h 17 min 27 s gleich 243,011 km/h und vom 28. bis 30. November 1938 von Berlin nach Tokio in 46 h 18 min 19 s gleich 192,308 km/h. Für diese Zwecke war D-AERE umgebaut worden (Zusatztanks), erhielt die neue Kennung D-ACON und wurde nun als Fw 200 S-1 bezeichnet. Diese Leistungen ließen das Interesse des Auslandes an der Maschine wach werden. Der erste Exportauftrag war bereits aus Dänemark eingetroffen, deren Det Danske Luftfartselskab im Juli 1938 die »Dania« und im November des Jahres die »Jutlandia« übergeben werden konnte. Weitere Bestellungen liefen vom »Condor-Syndikat« aus Südamerika, von der Japanisch-Mandschurischen Luftfahrtgesellschaft Dai Nippon Kabushiki Kaisha und von der Finnischen Luftverkehrsgesellschaft ein. Während die Maschinen des »Condor-Syndikats« noch ausgeliefert werden konnten, brach vor der Fertigstellung der anderen Maschinen der Krieg aus.

1940 wurde versucht, die bisher gebauten Maschinen des Musters Fw 200 für eine militärische Verwendung umzubauen, so als Truppentransporter, als Ballonsperren-Zerstörer, als Seeflugzeug und als Bomber für die japanische Armee-Luftwaffe. Die Versuche zeigten jedoch keine befriedigenden Ergebnisse, weil die Muster für diesen Verwendungszweck zu leistungsschwach waren. Zwei Spezialversionen der Fw 200 wurden für den persönlichen Gebrauch Hitlers und seines Stabes noch gebaut, zu der sich später eine weitere Maschine für den persönlichen Gebrauch Görings gesellte.

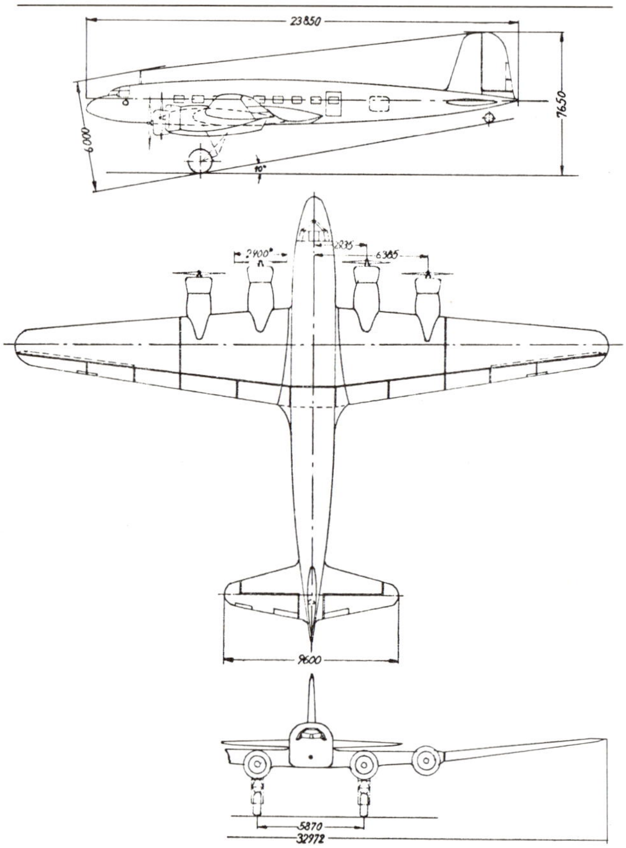

60. Focke-Wulf Fw 200 V 1 »Condor«

Das Fehlen geeigneter Fernbomber zwang das RLM Mitte 1940, die Fw 200 als Fw 200 C in Auftrag zu geben. Diese Version, die bei der unveränderten Zelle der Zivilausführung als Langstrecken-Aufklärungsbomber mit Waffenanbauten und hoher Zuladung sowohl leistungs- als auch festigkeitsmäßig nicht den Anforderungen an einen Fernbomber entsprach, konnte ab 1940 bis Mitte 1944 doch noch manchen Erfolg bei der U-Boot-Unterstützung und Geleitzugbekämpfung buchen. Insgesamt wurden zwischen 1940 und 1944 262 Fw 200 C gebaut. Auf die einzelnen Jahre verteilt verhalten sich die Produktionsziffern wie folgt: 1940 36 Stück, 1941 58 Stück, 1942 84 Stück, 1943 76 Stück und 1944 8 Stück.

80. Focke-Wulf Fw 200 V 1 △

81. Focke-Wulf Fw 200 Ka-1 (vorn) und Fw 200 V 4 ▽

Focke-Wulf Fw 200 A-Reihe

Erste Serienausführung als Verkehrsflugzeug für 4 Mann Besatzung und 26 Passagiere. Der Antrieb bestand aus BMW 132 luftgekühlten Neunzylinder-Sternmotoren mit 4 × 720 PS sowie aus direkt angetriebenen Hamilton-Zweiblatt-Metall-Einstell-Luftschrauben mit 2,95 m Durchmesser.

Es wurden zehn Maschinen dieses Typs gebaut:

S 1	D-ADHR	Werknr. 2893	Saarland: wurde OY-DEM Jutlandia
S 2	OY-DAM	Werknr. 2894	Dania
S 3	D-AMHC	Werknr. 2895	Nordmark
S 4	ex S 1		OY-DEM
S 5	D-ARHW	Werknr. 2994	Friesland
S 6	D-ASBK	Werknr. 2995	Holstein, wurde PP-CBJ (Condor)
S 7	D-AXFO	Werknr. 2996	Pommern, wurde PP-CBY (Condor)
S 8	D-ACVH	Werknr. 3098	Grenzmark (Führer-Begleitflugzeug)
S 9	D-2600	Werknr. 2891	Fw 200 V 3 (Hitlers Reiseflugzeug)
S 10	D-ABOD	Werknr. 3324	Kurmark

Focke-Wulf Fw 200 B-Reihe

Verbesserte Ausführung der Fw 200 A mit vier BMW 132 Dc luftgekühlten Neunzylinder-Sternmotoren mit 4 × 845 PS und untersetzt angetriebenen »Constant speed«-Dreiblatt-Metall-Verstell-Luftschrauben mit 3,35 m Durchmesser.

Focke-Wulf Fw 200 B-1

Statt BMW 132 G 720 PS mit BMW 132 Dc 850 PS ausgerüstet.

Focke-Wulf Fw 200 B-2

Triebwerk: BMW 132 H 830 PS. Alle Fw 200 B wurden von der Luftwaffe 1939 beschlagnahmt.

Focke-Wulf Fw 200 C-Reihe

1939 bestellte Japan fünf Fw 200 B und fragte an, ob man dieses Flugzeug nicht als Langstreckenbomber liefern könne. Auf Grund dieser Anregung erteilte das RLM Anfang 1940 zur Entwicklung der Fw 200 C.

Focke-Wulf Fw 200 C-Reihe

Umkonstruktion als militärisches Fernkampfflugzeug. Den Hauptanteil der Produktion machten Muster der Version Fw 200 C-3 aus.

Fw 200 C-1/C-2

Erste Einsatzversion mit 4 × 830 PS BMW 132 H luftgekühlten Neunzylinder-Sternmotoren. Die beiden Varianten unterschieden sich nur geringfügig.

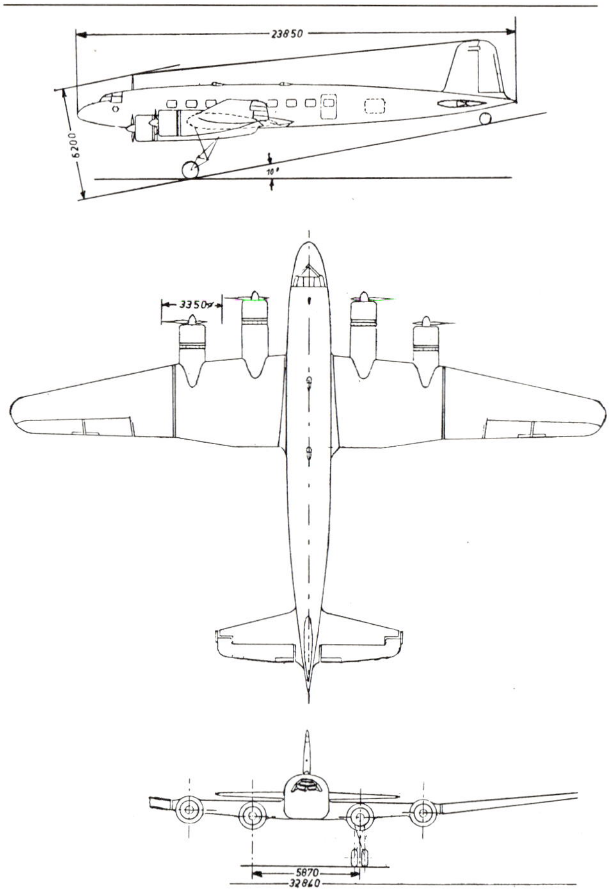

61. Focke-Wulf Fw 200 B »Condor«

Fw 200 C-3

Hauptserienversion mit stärkeren BMW-Bramo 323 R-2 Motoren von je 1000 PS.

Typ: Viermotoriges Fernkampfflugzeug und Fernaufklärer.
Flügel: Freitragender Tiefdecker. Dreiteiliger Metallflügel in zweiholmiger Bauweise, bis zum Hinterholm blechbeplankt, dahinter stoffbespannt. Zweiteilige Querruder in den Außenflügeln. Dreiteilige Spreizklappen zwischen Querruder und Rumpf. Spreizklappen zweiholmig.
Rumpf: Ganzmetall-Halbschalenbauweise. Bombenraum unter dem Rumpfgerüst angebaut und leicht nach rechts versetzt.
Leitwerk: Normal, freitragend. Zweiholmige Ganzmetall-Höhenflosse, am Boden verstellbar. Zweiteiliges Höhenruder aus Metall mit verdrehsteifer Blechnase, sonst stoffbespannt. Metall Seitenleitwerk einholmig, Flosse blechbeplankt, Ruder stoffbespannt. Sämtliche Ruder mit Trimmklappen.
Fahrwerk: Einziehbares Normalfahrwerk. Doppelbereiftes Hauptfahrgestell hydraulisch nach vorne in die inneren Motorengondeln hochfahrbar, Notauslösung elektrisch. Einziehbares Spornrad.

82. Focke-Wulf Fw 200 B-1 △

83. Focke-Wulf Fw 200 C-1 ▽

84. Focke-Wulf Fw 200 C-4 ▽

85. Focke-Wulf Fw 200 C-8 mit Rostock-Gerät △

86. Focke-Wulf Fw 200 C-8/U 10 mit zwei Hs 293 ▽

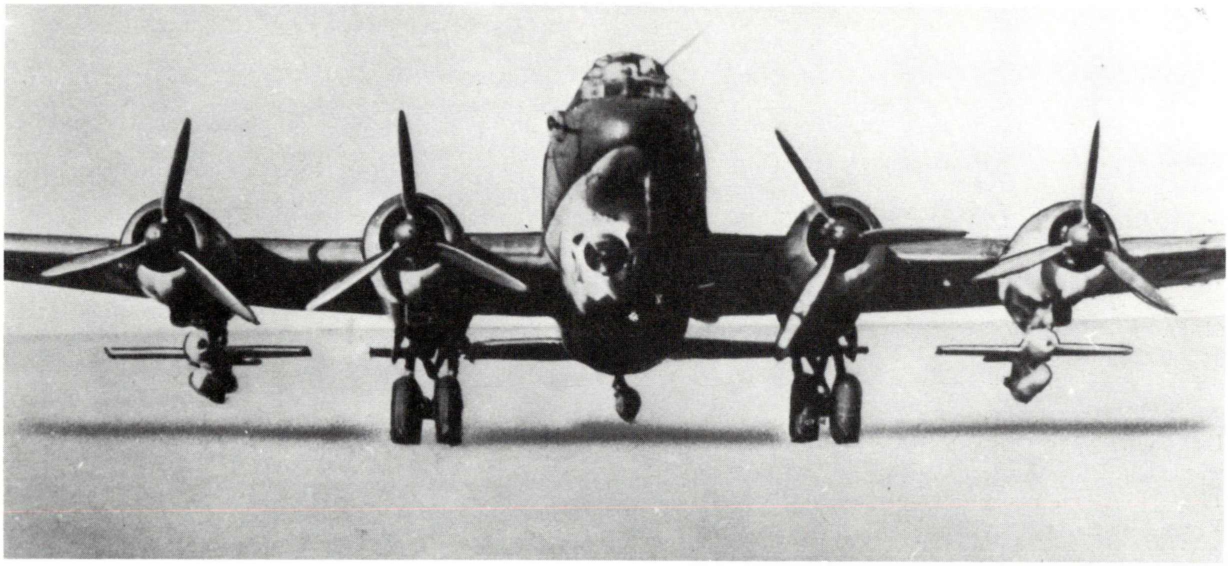

Triebwerk: Vier BMW-Bramo 323 R-2 luftgekühlte Neunzylinder-Sternmotoren mit 4 × 1000 PS Startleistung. Dreiblatt-VDM-Verstell-Luftschrauben aus Metall. Normalkraftstoffkapazität 8060 Liter, davon 5 × 1100 Liter im Rumpf und 4 × 390 Liter und 4 × 250 Liter im Mittelflügel. Bei Ferneinsätzen können zusätzlich im Bombenraum zwei Tanks mit je 625 Liter (Fw 200 C-3/U 4) mitgeführt werden.
Besatzung: Normal 8, bestehend aus 2 Piloten, Funker, Orter und 4 Schützen.
Militärische Ausrüstung: 1 × 20 mm MG 151/20 in elektrisch betätigtem Drehturm über dem Führersitz, 1 × 20 mm MG 151/20 in der Nase des Bombenschachtes, 1 × 7,9 mm MG 15 auf dem hinteren Ende des Bombenschachtes, 1 × 7,9 mm MG 15 auf dem hinteren Rumpfstand und je 1 × 7,9 mm MG 15 an den Seitenfenstern des Rumpfes. Innenzuladung im Bombenraum maximal 1000 kg, in den beiden äußeren Motorengondeln je 1400 kg. Zusätzlich können als Außenlast bis maximal 1800 kg außerhalb der äußeren Motorengondeln untergebracht werden.

Ein Teil der Maschinen wurde zur *Fw 200 C-3/U 4* mit stärkerer Bewaffnung und größerer Tankanlage umgerüstet. Außer den bereits erwähnten Zusatzbehältern besaß diese Version eine Bewaffnung von 2 × 20 mm MG 151/20, 1 × 13 mm MG 131, 2 × 7,9 mm MG 81 Z und 2 × 7,9 mm MG 15.

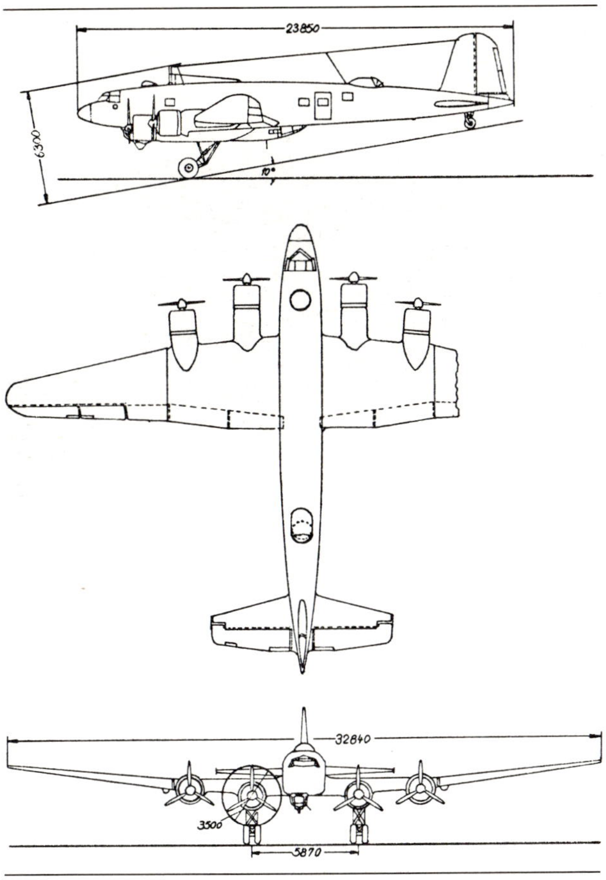

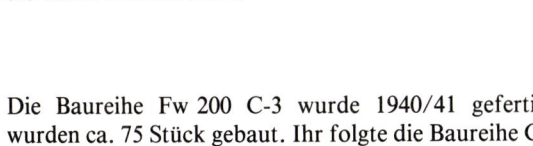

62. Focke-Wulf Fw 200 C

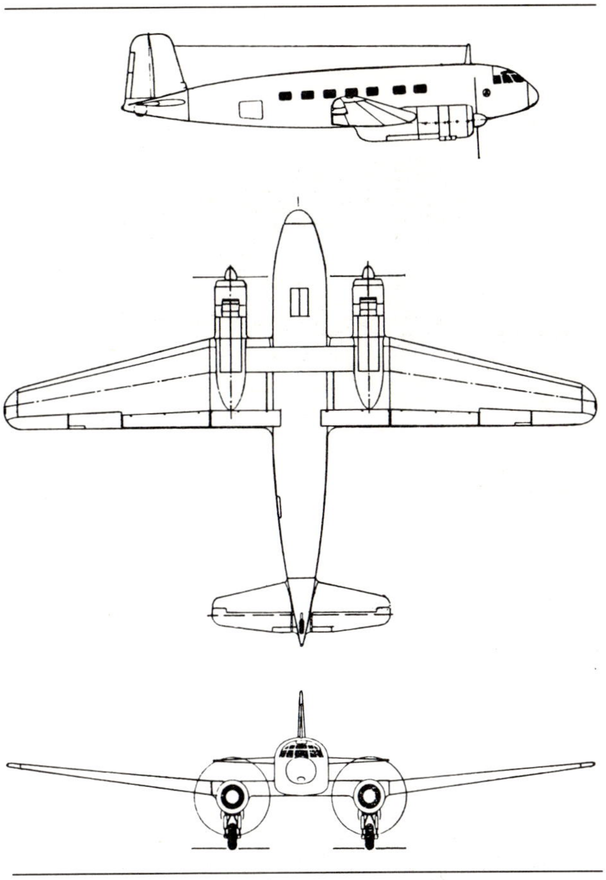

63. Focke-Wulf Fw 206

Die Baureihe Fw 200 C-3 wurde 1940/41 gefertigt. Es wurden ca. 75 Stück gebaut. Ihr folgte die Baureihe C-4, die 1941–43 lief und mit ca. 90 Stück die am meisten gebaute Version war. Es folgten 1942 noch eine C-5, 1943 7 C-6. 1943/44 entstand dann noch die Serie C-8. Die Maschinen unterschieden sich nur in der Bewaffnung und Ausrüstung.

Focke-Wulf Fw 200 F-Reihe

April/Mai entstand der Entwurf einer Fw 200 F, von der sieben verschiedene Ausführungen vorgesehen waren, davon vier mit der bei der C-Reihe üblichen Bodenwanne und drei ohne. Alle sieben hatten im A-Stand MG 151/20 und im B-Stand MG 131. Nur F-1 und F-6 hatten im C-Stand (hinten unten) MG 131. Im D-Stand (vorn unten) hatten alle MG 131, dazu kamen Fensterstände mit MG 131. Die Ausführungen mit Bodenwanne hatten 7 Mann Besatzung, die restlichen drei 6. Die Behälteranlage war bei allen verschieden. Dementsprechend variierte auch die Reichweite: F-1: 8600 l = 4900 km, F-2: 10240 l = 5600 km, F-3: 9160 l = 5200 km, F-4: 11540 l = 6400 km, F-5: 10460 l = 6000 km, F-6: 11900 l = 6600 km und F-7: 11360 l = 6250 km. Die Abfluggewichte betrugen bei F-1 22830 kg, F-2 23750 kg, F-3 22290 kg, F-4 25220 kg, F-5 23760 kg, F-6 25260 kg und F-7 24590 kg.
Zum Bau dieser Ausführungen kam es nicht mehr.

Focke-Wulf Fw 206

Entwurf eines zweimotorigen Kurz- und Mittelstrecken-Verkehrsflugzeuges mit BMW-Bramo 323 luftgekühlten Neunzylinder-Sternmotoren und 2 × 1000 PS Startleistung. Der freitragende Tiefdecker besaß einen dreiteiligen Ganzmetall-Trapezflügel mit zweiteiligen Querrudern und zweiteiligen Spreizklappen. Von durchweg rechteckigem Querschnitt war der geräumige Rumpf, während das Leitwerk

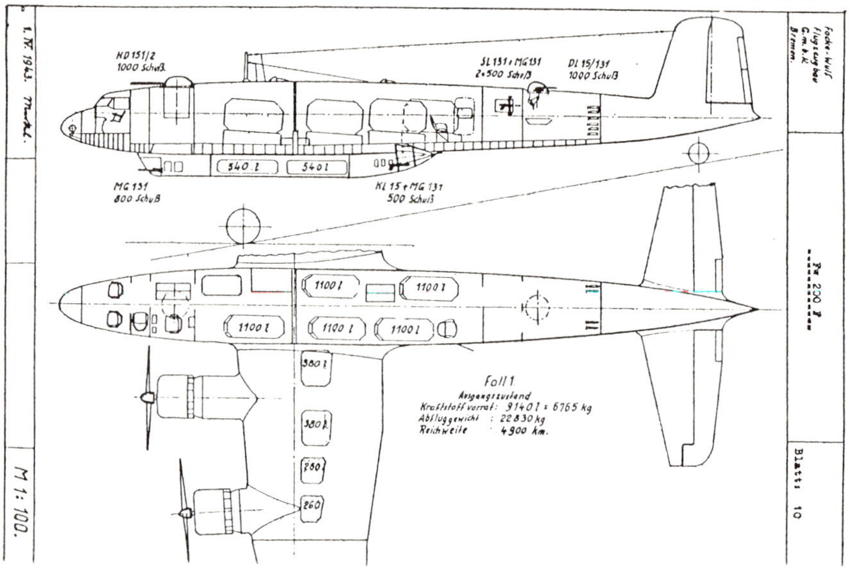

64. Schnittzeichnung Fw 200 F-1

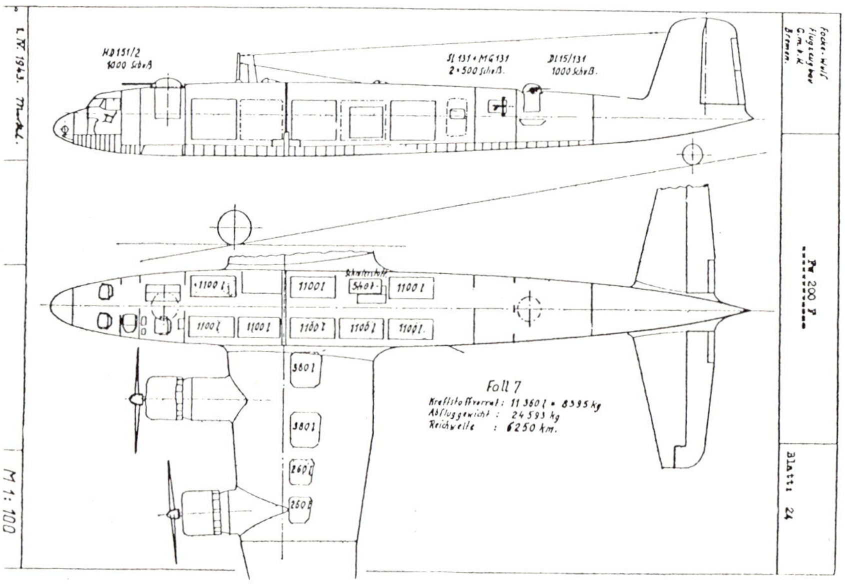

65. Schnittzeichnung Fw 200 F-7

normal und freitragend ausgeführt war. Ein einziehbares Normalfahrgestell wurde vorgesehen. Das Muster wurde nach dem Abschluß der Berechnungen und der Windkanalversuche zum Bau freigegeben. Als die Einzelteilfertigung gerade angelaufen war, mußte es aber infolge wichtiger Kriegsaufträge wieder eingestellt werden.

Focke-Wulf Fw 238 H

Langstreckenbomber mit vier BMW 803, Startleistung je 3900 PS. Vierblättrige, gegenläufige Luftschrauben. Besatzung 5 Mann. Spannweite 52 m, Länge 35,30 m, Höhe 8,70 m, Flächeninhalt 290 qm. Rüstgewicht 55 620 kg, Fluggewicht 114 530 kg. Errechnete Leistungen: Höchstgeschwindigkeit in 8000 m Höhe 670 km/h, Reisegeschwindigkeit 500 km/h, Reichweite 14 100 km. Die Maschine, eine Ganzholz-Konstruktion, sollte beim Start nach 1000 m abheben und eine Landegeschwindigkeit von 130 km/h haben. Der Entwurf entstand im Jahre 1941, kam aber über das Zeichenbrettstadium nicht hinaus.

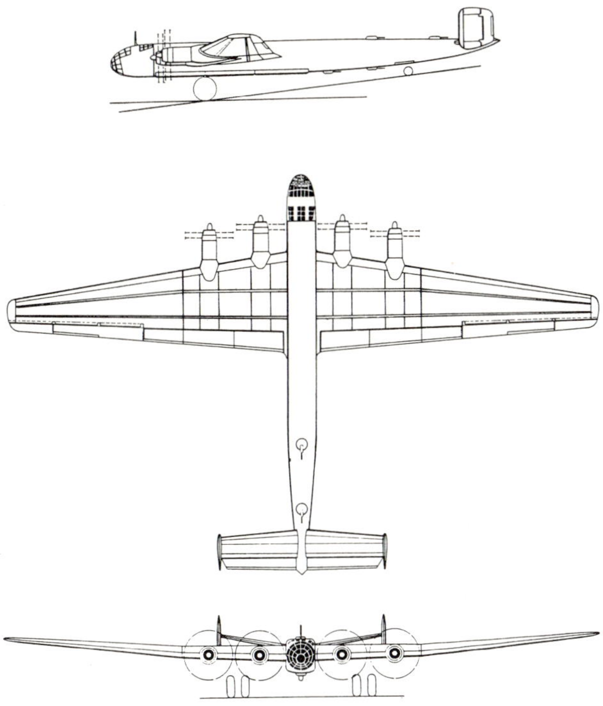

66. Focke-Wulf Fw 238 H

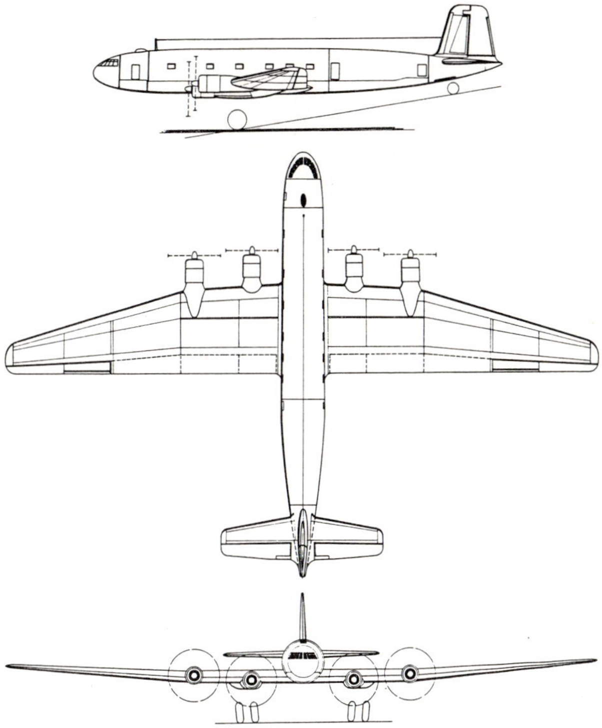

67. Focke-Wulf Fw 300

Focke-Wulf Fw 300

Nach den Erfolgen mit der Fw 200, besonders nach dem Langstrecken-Rekordflug nach New York und zurück, nahm Tank sofort die Verbindung mit der Lufthansa auf, um den Entwicklungsauftrag für eine vergrößerte Version der Fw 200 als Transozeanflugzeug zu erhalten. So lagen bereits 1939 die Entwurfsgrößen für die »organische« Steigerung der Fw 200 vor. Das neue Landflugzeug erhielt die Bezeichnung Fw 300. Eine Rumpfattrappe in natürlicher Größe wurde vor Kriegsausbruch noch in dem weiträumigen Attrappenraum des Bremer Werkes erstellt. Die gesamte Inneneinrichtung mit Einzelschlafkabinen, Küche und Waschraum wurde zusammen mit den Spezialisten der Deutschen Lufthansa eingebaut. Neuartig war die komplette Druckbelüftung der Kabine und der Kanzel, um die Geschwindigkeits- und Wettervorteile großer Höhen voll ausnützen zu können. Bei Kriegsbeginn mußten die Entwurfsarbeiten eingestellt werden. Nach der Besetzung Frankreichs, als die französische Luftfahrtindustrie der deutschen Kapazität eingegliedert wurde, setzte Tank beim RLM durch, daß französische Fachleute an dem Projekt weiterarbeiten durften. Unter der konstruktiven Oberleitung Dipl.-Ing. Bansemirs, der auch für die Fw 200 verantwortlich zeichnete, übernahm der ganze Stab mit hochwertigen Fachkräften des Pariser Konstruktionsbüros der SNCASO die konstruktive Ausarbeitung der Fw 300. Nach zweijähriger Kleinarbeit war die Fw 300 baureif, jedoch darf sie erst nach dem Kriege gebaut werden. So wurde sie nie gebaut. Die Fw 300 war, das kann abschließend gesagt werden, von einer so fortschrittlichen Konzeption, daß sie noch zehn Jahre nach ihrem Projektbeginn mit den seinerzeitigen Konstruktionen des Nachkriegsluftverkehrs Schritt halten konnte.

Typ: Viermotoriges Verkehrsflugzeug.
Flügel: Freitragender Tiefdecker. Vierteiliger Ganzmetallflügel. Außenteile mit zweiteiligem Querruder und einteiliger Spreizklappe. Innenteile mit zweiteiligen Spreizklappen.
Rumpf: Ganzmetall-Schalenrumpf mit kreisrundem Querschnitt.
Leitwerk: Normal, freitragend. Aufbau aus Ganzmetall. Sämtliche Ruder ausgeglichen und mit Trimmklappen versehen.
Fahrwerk: Einziehbares Normalfahrwerk. Vier Haupträder an vier Einzelstreben im Bereich der Innenmotoren. Innere Räder nach innen unter den Rumpf, äußere Räder nach hinten in den Flügel einfahrbar. Spornrad in den Rumpf hochziehbar.
Triebwerk: Vier Daimler-Benz DB 603 flüssigkeitsgekühlte Zwölfzylinder V-Motoren mit 4 × 1950 PS Startleistung. Dreiflügelige Verstell-Luftschrauben aus Holz mit 4,30 m Durchmesser. Kraftstoffkapazität 19600 Liter.

Besatzung: 5 + 40 Passagiere in Druckkabine. Verfügbarer Innenraum 21 m lang, davon 16 m druckbelüftet mit einem Rauminhalt von 83 m³. Unterbringung der Passagiere in Einzelkabinen.

Focke-Wulf Ta 153 + Ta 152	Erster Entwurf. Aufgegeben zugunsten Ta 152. Wurde Fw 190 D.
Fw 190 V 33/U 1	W.Nr. 0058, GH + KW, Jumo 213 E-1, unbewaffnet, Musterflugzeug Ta 152 H-0, Totalbruch 13. Juli 1944.
V 30/U 1	W.Nr. 0055, GH + KT, Jumo 213 E-1 unbewaffnet, Musterflugzeug Ta 152 H-0, Totalbruch 13. August 1944.
V 29/U 1	W.Nr. 0054, GH + KS, Jumo 213 E-1, Erstflug 23. September 1944. Musterflugzeug Ta 152 H-O, 1 MK 108 + 2 MG 151.
V 32/U 1	W.Nr. 0057, GH + KV, Jumo 213 E-1, Erprobung noch 17. Dezember 1944, Musterflugzeug Ta 152 H-0.
Ta 152 H-0	Höhenjäger, Jumo 213 E-1, Sp. 14,44 m, L. 10,71 m, Fl: 23,5 qm; 1 MK 108 + 2 MG 151/20, ETC 503 B-1, ab November 1944 20 Stück gebaut.
Fw 190 V 18/U 1	W.Nr. 0040, ähnlich Ta 152 H-0, aber GM 1 + MW 50.
Ta 152 V 25	W.Nr. 110025, ähnlich Fw 190 V 18/U 1, beide Musterflugzeuge für Ta 152 H-1.
Ta 152 H-1	ähnlich Ta 152 H-0, FuG 16 ZY + FuG 125.
Ta 152 H-2	ähnlich Ta 152 H-1, aber FuG 15 statt FuG 16 ZY und Triebwerk Jumo 213 F, blieb Projekt.
Ta 152 H-1/ R 11	Schlechtwetterjäger ähnlich Ta 152 H-1, aber zusätzlich LGW K 23, nur wenige Maschinen gebaut.
Fw 190 V 20/U 1	W.Nr. 0043, GH + KQ, DB 603 L; MK 108 + 4 MG 151/20. Erstflug Oktober 1944, Musterflugzeug für Ta 152 B.
Ta 152 V 19	W.Nr. 110019, Sp: 11,00 m, 3 MK 103, Erstflug März 1945, Musterflugzeug für Ta 152 B.
B-5/R 11	ähnlich Ta 152 V 19, FuG 16 ZY + FuG 125, Serienbau fraglich.

68. Focke-Wulf Ta 152 A

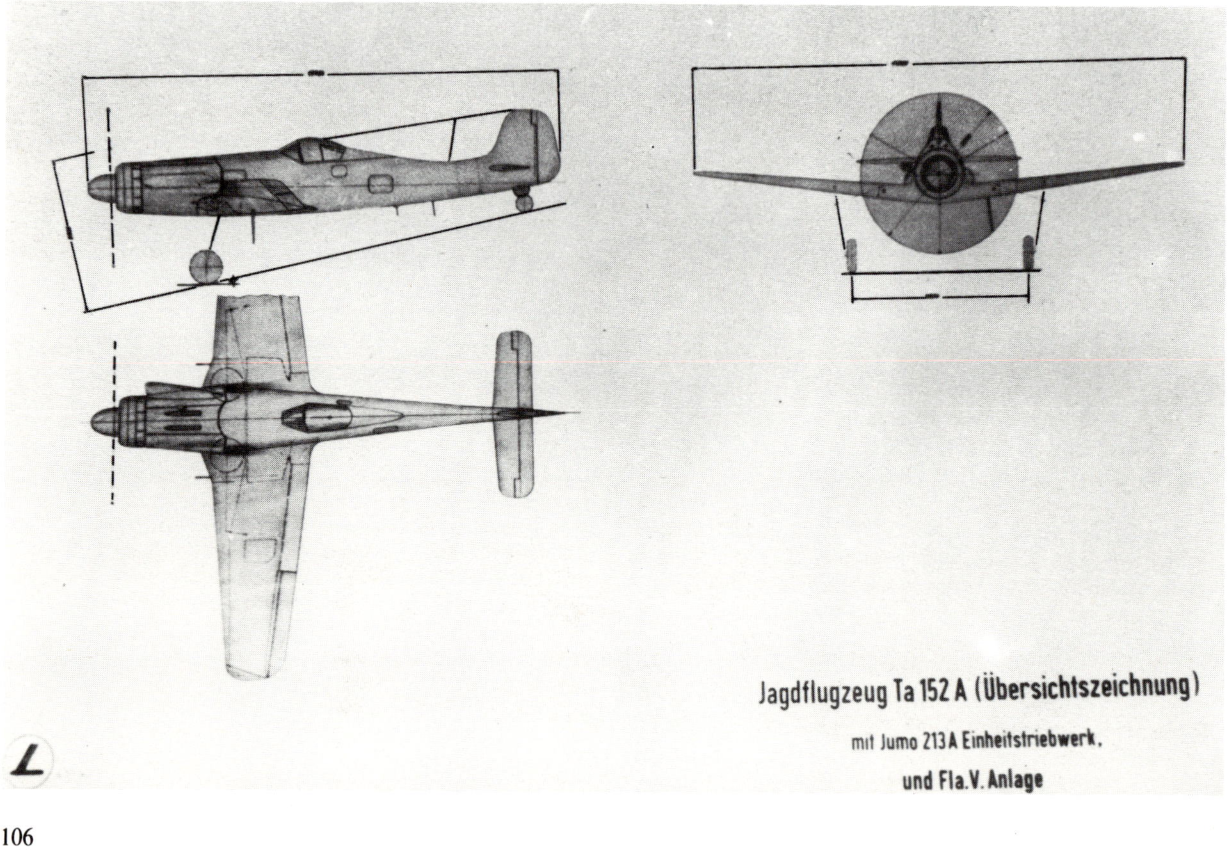

Jagdflugzeug Ta 152 A (Übersichtszeichnung)
mit Jumo 213A Einheitstriebwerk,
und Fla.V. Anlage

87. Focke-Wulf Fw 190 V 30/U 1 (Ta 152 H-0) △

88. Focke-Wulf Ta 152 H-0 des Stabes JG 301 ▽

89. Focke-Wulf Ta 152 V 7 (C-0/R 11) ▽

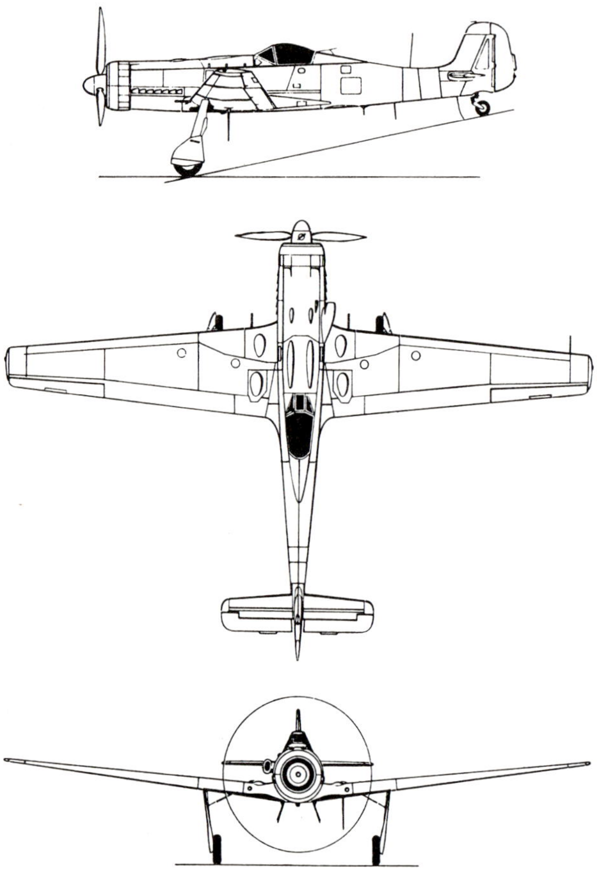

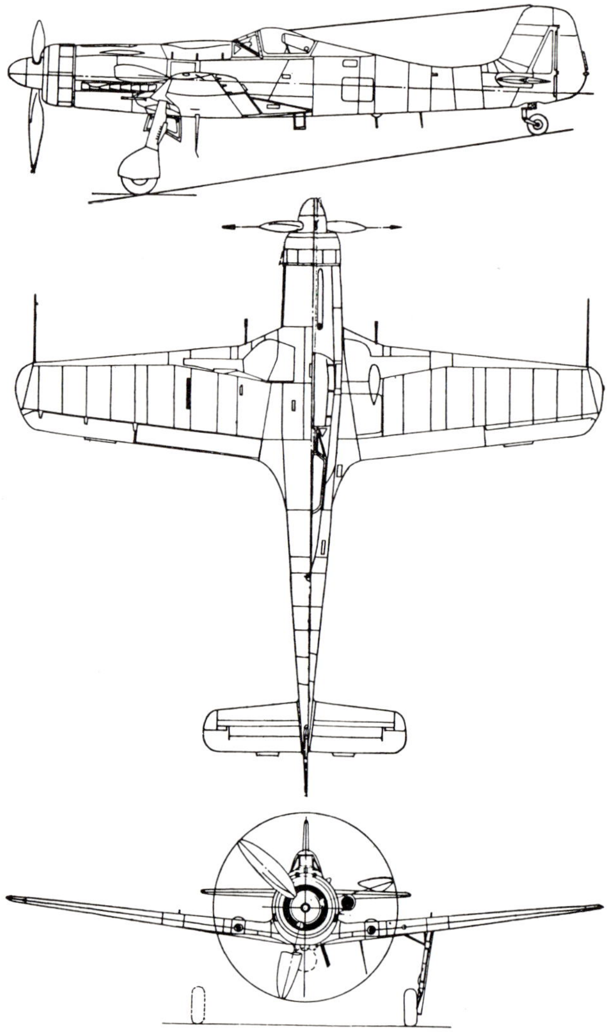

69. Focke-Wulf Ta 152 H △

70. Focke-Wulf Ta 152 C ▷

Fw 190 V 21/U 1	W.Nr. 0044, GH + KR, DB 603 L, 1 MK 108 + 4 MG 151/20. Erstflug November 1944, Musterflugzeug für Ta 152 C.
Ta 152 V 6	W.Nr. 110006, 2. Dezember 1944 fertig, Erstflug 28. Februar 1945, Musterflugzeug für Ta 152 C-0/C-1, DB 603 L.
V 7	W.Nr. 110007, CI + XM, Erstflug Dezember 1944, Musterflugzeug für Ta 152 C-0/R 11, DB 603 L.
V 8	W.Nr. 110008, CI + XN, Musterflugzeuge Ta 152 C-0/C-1/EZ.
V 9 bis V 12	gestrichen.
V 13	W.Nr. 110013, Musterflugzeug Ta 152 C-1, flugklar Dezember 1944.
V 14	gestrichen.
V 15	W.Nr. 110015, Musterflugzeuge Ta 152 C-1, flugklar Februar 1945.
C-1	Kleine Serie bei Mitteldeutschen Metallwerken als C-1/R 11 mit FuG 125 und LGW K 23, DB 603 L.
C-2	zugunsten C-1-Serie aufgegeben.
V 16	W.Nr. 110016 Musterflugzeug C-3/R 11, FuG 15, FuG 125, Fl: 19,6 qm.
V 17	W.Nr. 110017 ähnlich V 16, Musterflugzeug C-3/R 11, DB 603 L.

V 18	W.Nr. 110018 ähnlich V 16, Auslieferung fraglich.
V 19 bis V 25	Musterflugzeuge für C-3 und C-4, Bau fraglich.
Ta 152 V 26	Bruchzelle, nicht gebaut.
V 27	W.Nr. 150027 Musterflugzeug für C-3/R 11, 1 MK 103 + 4 MG 151.
V 28	W.Nr. 150030 Musterflugzeug für C-3/R 11, ähnlich V 27.
C-3/R 11	entsprechend V 27/V 28, nur Musterflugzeuge.
C-4	nur Musterflugzeuge V 22, 23 und 24, Bau fraglich.
V 9	Aufklärer ähnlich Ta 152 C-1, Musterflugzeug für Ta 152 E-1.
V 14	Aufklärer mit Kamera-Schrägeinbau, Musterflugzeug für Ta 152 E-1/R 1.
E-1	Aufklärer mit Rb 17/30, Jumo 213 E-1, 1 MK 108 + 2 MG 151 nicht gebaut, dafür Umbau einiger Ta 152 H-1.
S-1	Zweisitziger Schul-Jäger, nicht mehr gebaut.

Focke-Wulf Ta 154

Anlaß für den Entwurf dieses Flugzeugs war der Wunsch ein Flugzeug zu schaffen, daß dem englischen »Mosquito« mindestens gleichwertig, wenn nicht überlegen war. Kurt Tank schwebte ein Schnellbomber vor, aber die Luftwaffe wünschte ein Flugzeug, das den »Mosquito« jagen konnte. Generalfeldmarschall Milch gab Tank persönlich den Auftrag, einen deutschen »Mosquito« zu entwickeln. Da die Maschine leicht werden mußte, kam nur Holz als Baustoff in Frage. Die Entwicklung lief zuerst unter der Bezeichnung Ta 211, da der Jumo 211 R als Triebwerk vorgesehen war. Dies wurde aber bald in Ta 154 geändert.

Die konstruktive Betreuung des Projekts Ta 154 übertrug Tank Obering. Ernst Nipp, der in kurzer Zeit vier Entwürfe ausarbeitete, die dem RLM vorgelegt wurden:

Ta 154 A-1 Zweisitziger Tagjäger,
Ta 154 A-2 Einsitziger Tagjäger
Ta 154 A-3 Zweisitziger Tagjäger und
Ta 154 A-4 Zweisitziger Nachtjäger.

Das RLM entschied sich für die letzte Ausführung, die als A-1 mit Nachtjagdausrüstung für einen voraussichtlichen Serienauftrag in Aussicht genommen wurde. Gleichzeitig damit war die Bedingung verknüpft, daß das Muster der bereits bestehenden Materialengpässe wegen in Ganzholzbauweise erstellt werden müsse. Um genaue Unterlagen über die Festigkeitseigenschaften und -grenzen des Baustoffes Holz zu bekommen, wurden im Frühjahr 1943 auf dem Alatsee bei Füssen Unterwasser-Versuche unternommen.

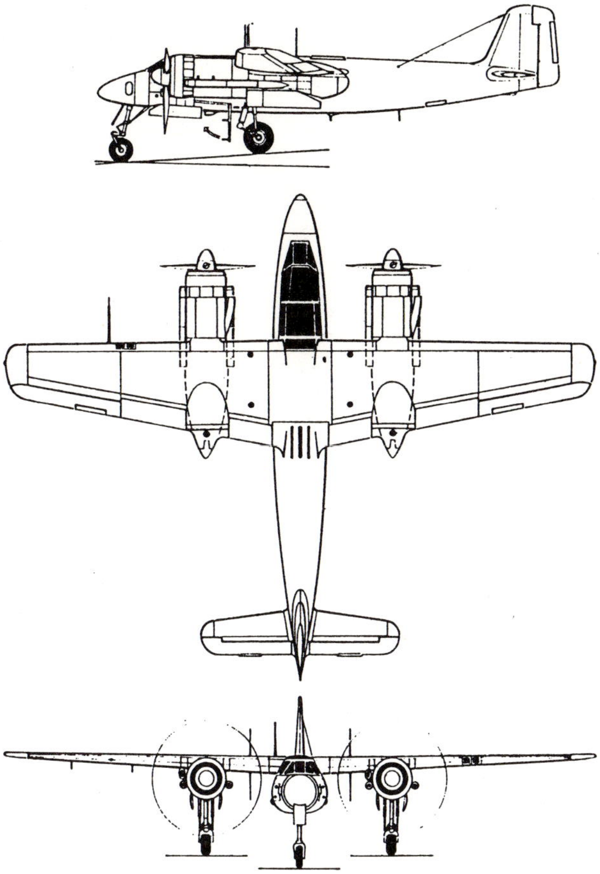

71. Focke-Wulf Ta 211

Nach einer von der Luftfahrtforschungsanstalt »Graf Zeppelin« entwickelten Methode wurde durch eine Spezialschleppvorrichtung das komplette Rumpfvorderteil durch den Bergsee gezogen und dabei die Belastung durch die verschieden starken Strömungsdrücke studiert. Nach erfolgreichem Abschluß der Versuche wurde der Bau des Prototyps

72. Focke-Wulf Ta 154 A

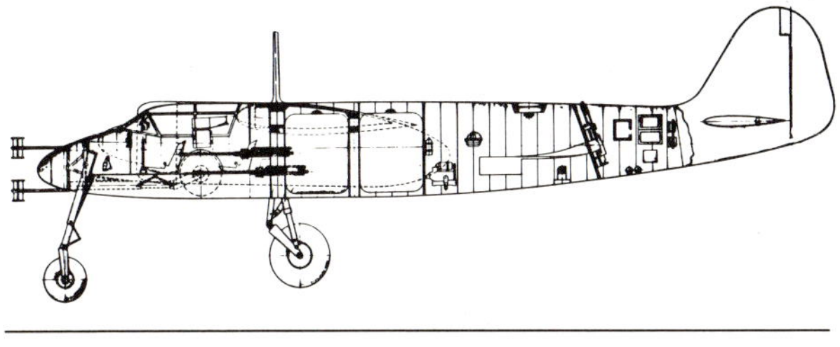

90. Focke-Wulf Ta 154 V 1 △

91. Focke-Wulf Ta 154 V 7 ▽

in Angriff genommen, der als *Ta 154 V-1* am 7. Juli 1943 unter Flugkapitän Sander, 11 Monate nach der Auftragserteilung, bereits zum Erstflug startete. Die Mustererprobung fand in Hannover-Langenhagen statt, dann ging die Maschine nach Rechlin zum Vergleichsfliegen mit He 219 und Ju 388. Da sie mit den verwendeten Jumo 211-Triebwerken fast 700 km/h erreichte, war sie schneller als ihre allerdings voll bewaffneten und mit Nachtjagdausrüstung versehenen Konkurrenten. Zwei weitere Mustermaschinen, die *Ta 154 V-2* und die *Ta 154 V-3,* wurden gebaut. Die V-2, ebenfalls noch mit Jumo 211 ausgerüstet, diente als Mustermaschine für den Waffeneinbau, durch den die Geschwindigkeit um etwa 10 % abfiel. Weitere Schwierigkeiten traten auf, als sich bei den Schießübungen die seitlichen Verkleidungsbleche lösten und sie wesentlich verstärkt werden mußten. Zu diesem Zeitpunkt gab das RLM den Serienauftrag für 250

Maschinen heraus. Die Ta 154 V-3 wurde daraufhin mit dem Jumo 211 R, der für die Serie vorgesehen war, ausgestattet und diente als Mustermaschine für die A-0-Reihe.

Ta 154 V-1, TE + FE, Jumo 211 R.
V-2, TE + FF, Jumo 211 R.
V-3, TE + FG, Erstflug 25. 11. 1943, erste bewaffnete Ausführung: 2 MK 108 und 2 MG 151/20, Jumo 213 Lichtenstein C.1.
V-4 bis V-7 Versuchsträger für Waffeneinbau und Ortungsgeräte, Anfang 1944.

Focke-Wulf Ta 154 A-Reihe

Der Serienbau der A-Reihe sollte dezentralisiert erfolgen. Für die Fertigung kompletter Teile standen Werke in Hannover-Langenhagen, Erfurt-Nord und Posen zur Verfügung, während Focke-Wulf die Endmontage zu übernehmen hatte.

V-8 bis V-15 = Ta 154 A-0 Vorserie, sämtlich mit Lichtenstein SN 2. V-15 = TQ + XE.

Als Schwachpunkt der Konstruktion erwies sich das Fahrwerk. Durch Fahrwerksschäden gingen zu Bruch: Ta 154 V 1 am 31. Juli 1943, V 4 am 18. Februar 1944, V 3 am 28. Februar 1944, V 5 am 7. April 1944, V 9 am 18. April 1944 und am gleichen Tage auch V 12.

Ta 154 A-0

Die Produktion des Vorserienmusters Ta 154 A-0 begann im Spätherbst 1943 in Erfurt. 8 Maschinen wurden gebaut und einer technischen Versuchseinheit übergeben, die die schlechte Sicht in der tiefliegenden Kanzel kritisierte. In die Rumpfspitze der Ta 154 V-3 wurden im Rahmen dieses Versuchsprogramms erstmals die Antennen des FuG Lichtenstein C-1 Nachtsuchgerätes eingebaut. Nach diesem Umbau erhielt die Maschine die Bezeichnung *Ta 154 A-0/U 1*. Mit diesem Gerät, den für die Serie vorgesehenen Triebwerken und voll bewaffnet erreichte die A-0/U 1, die am 25. November 1943 ihren Erststart durchführte, eine Geschwindigkeit von 620 km/h.

Ta 154 A-1

Kurz nachdem im Erfurter Werk die Serienproduktion der Flügel angelaufen ist, stoppt Tank die Fertigung, als sich herausstellte, daß der verwendete Kaltleim neben den Klebestellen das Holz zerfraß. Erst nach ausgiebigen Versuchen konnte die Ta 154 A-1, die die geforderte neue Haube besaß, wieder in Produktion genommen werden. Aber nur 10 Maschinen wurden insgesamt fertiggestellt, von denen zwei bei den ersten Flügen zu Bruch gingen, dann wurde die Fertigung 9 Monate nach der Erteilung des Serienauftrages auf Anordnung des RLM wieder eingestellt. Die 8 verbliebenen Maschinen der A-1-Reihe wurden ohne das geplante Lichtenstein SN-2-Nachtsuchgerät an die Truppe abgeliefert.

73. Focke-Wulf Ta 154 A Rumpfschnitt

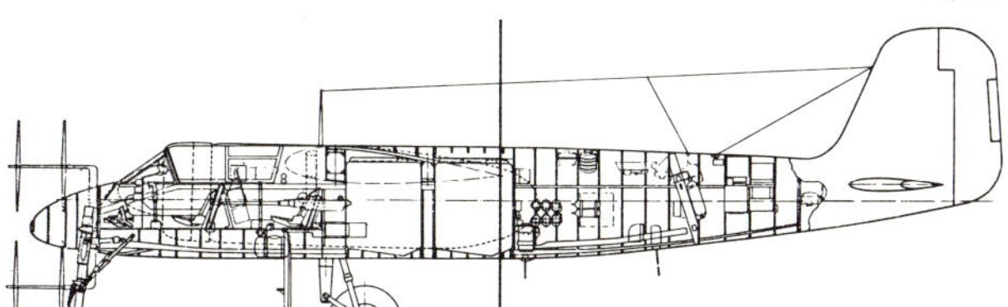

Typ: Zweimotoriger Nachtjäger.
Flügel: Freitragender Schulterdecker. Einteiliger Trapezflügel mit gerader Vorderkante als Ganzholzschale. Gesamte Hinterkante als Klappen ausgebildet, außen als Querruder, innen als zweiteilige Schlitz-Landeklappen. Motorengondeln aus Leichtmetall.
Rumpf: Einteilige Ganzholzschale mit ovalem Querschnitt und fest mit dem Rumpf verbundener Seitenflosse.
Leitwerk: Normal, freitragend. Seitenflosse aus Holz starr mit dem Rumpf verbunden, aerodynamisch ausgeglichenes Seitenruder als Metallgerüst mit Stoffbespannung. Höhenleitwerk aus Metall. Verstellbare Höhenflosse mit Blechbeplankung, aerodynamisch und gewichtlich ausgeglichenes Höhenruder stoffbespannt. Sämtliche Ruder mit Trimmruder.
Fahrwerk: Einziehbares Dreiradfahrwerk. Alle Räder hydraulisch nach hinten einfahrbar, dabei Drehung des Bugrades um 90°.
Triebwerk: Zwei Junkers Jumo 211 R flüssigkeitsgekühlte Zwölfzylinder-Λ-Motoren mit 2 × 1500 PS Startleistung. Ringkühler und zylindrische Abdeckung. Dreiblatt-Verstell-Luftschrauben. Zwei Kraftstoffbehälter im Rumpf hinter der Kabine mit einer Kapazität von 1500 Liter, Schmierstoff 230 Liter.
Besatzung: 2 Mann, bestehend aus Pilot und Funker, hintereinander in geschlossener und gepanzerter Kabine vor dem Flügel. Panzerung im Bug 12 mm, an den Seiten 8 mm. Frontscheibe der Kabine 50 mm Panzerglas, Seitenscheiben 30 mm.
Militärische Ausrüstung: 2 × 30 mm MK 108 (110 Schuß je Kanone) und 2 × 20 mm MG 151/20 (200 Schuß je Kanone) in den Rumpfseitenwänden, starr nach vorne schießend. 2 × 30 mm MK 108 als »Schräge Musik« auf dem Rumpf schräg nach oben schießend vorgesehen.

A-1 250 Maschinen bestellt. Zweite Serienmaschine Totalbruch 28. Juni 1944. Erste Maschine einige Tage später. Nur noch sieben A-1 gebaut.

Focke-Wulf Ta 154 C-Reihe

Die Ta 154 C war eine leistungsstärkere Abwandlung der Ta 154 A mit 2 × 1750 PS Junkers Jumo 213 A-Triebwerken. Weitere Unterschiede gegenüber der A-Reihe bestanden in der Verwendung eines Rumpfbugs aus Metall und einer vollkommen neuen Abdeckhaube, die auf dem Führersitz aufgesetzt war. Es wurden zwei Versionen projektiert, die Ta 154 C-1 als Nachtjäger und die Ta 154 C-2 als Tagjäger, die aber nach dem Produktionsstopp der A-Reihe auch nicht mehr weiterverfolgt wurden.

Ta 154 C-1

Nachtjäger mit Schleudersitz für den Piloten. Die Bewaff-

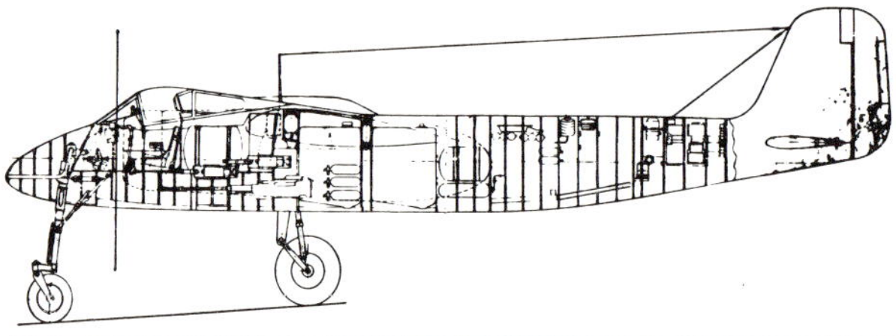

74. Focke-Wulf Ta 254 A-2 Rumpfschnitt

nung sollte aus 4 × 30 mm MK 108 im Rumpfbug und 2 × 30 mm MK 180 auf dem Rumpf als »Schräge Musik« bestehen. Der Flügel war zur Aufnahme von zwei weiteren Kraftstoffbehältern von je 220 Liter Inhalt umkonstruiert worden.

Ta 154 C-2
Tagjagdausführung mit einer Bewaffnung von 6 × 30 mm MK 108 im Bug.

Focke-Wulf Ta 254

Weiterentwicklung der Ta 154 C als Mehrzweckflugzeug mit vergrößerter Spannweite. Auch diese Ausführung blieb ein Projekt.

Focke-Wulf Ta 154 im »Mistel«-Programm

Im Sommer 1944 wurde eine der ersten Ta 154 A-0 der Entwicklungsstelle Nordhausen überwiesen mit der Maßgabe, die Verwendungsmöglichkeit dieses Baumusters im Rahmen des Mistel-Programms zu prüfen. Obwohl sich Nordhausen gegen die Verwendung einer Kombination aus Fw 190 und Ta 154 aussprach, wurden sechs der im Focke-Wulf-Werk Posen im Bau befindlichen Ta 154 A-0 für die Verwendung als Pulkzerstörer nach dem Mistel-Prinzip vorgesehen. Das heißt: hier sollte der untere Teil des Mistel-Gerätes nicht auf Bodenziele zum Ansatz gebracht werden, sondern mit eingestellter Zeitzündung innerhalb eines feindlichen Bomberverbandes zur Explosion gebracht werden.
Der Vorschlag für die Verwendung der Ta 154 im Mistel-Programm war bereits Mitte Juli 1944 von der Gruppe Schöffel bei Focke-Wulf gemacht worden, und auch dort konstruktiv durchgearbeitet worden. Der Entwurf sah die Kombination Fw 190 A-8 mit Ta 154 vor. Die letztere sollte ohne Bewaffnung für diesen Zweck eingesetzt werden. Insgesamt wurden drei Ausführungen des Gerätes vorgeschlagen:

Ta 154 incl. Ladung	9930 kg	10430 kg	11030 kg
davon Sprengladung	2500 kg	3000 kg	3500 kg
Fw 190 a-8 ohne Waffen	4100 kg	4100 kg	4100 kg
Gesamtfluggewicht des Gerätes	14030 kg	14630 kg	15130 kg

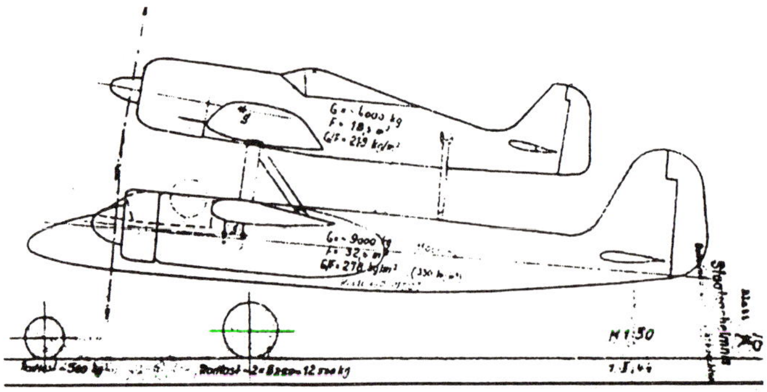

75. Focke-Wulf Ta 154/Fw 190 A »Mistel«

Nach Angaben des Leiters der Mistel-Entwicklungsstelle Nordhausen, Flugkapitän Lux, sind dort außer der einen oben erwähnten Maschine keine weiteren Ta 154 eingetroffen, so daß anzunehmen ist, daß eine derartige Kombination weder gebaut noch erprobt worden ist.

Focke-Wulf Ta 183

Nachdem Prof. Tank das RLM 1942 von der Zweckmäßigkeit eines einmotorigen Strahljägers überzeugen konnte, wurden ihm für sein Entwicklungsbüro die Unterlagen der damaligen Strahltriebwerke BMW 003, Jumo 004 und He S 011 zur Verfügung gestellt. Noch im gleichen Jahr begann das Entwurfsbüro unter der Leitung von Chefingenieur L. Mittelhuber mit den Projektarbeiten an einmotorigen Strahljägern.
Diese werden gesondert beschrieben. Ausgangsentwurf für die Ta 183 war das Strahljäger-Projekt VI.

Focke-Wulf Ta 400

Als das Verkehrsflugzeug-Projekt Fw 300 abgesetzt werden mußte, wurde der gleichen Entwicklungsgruppe die Aufgabe übertragen, einen Langstreckenbomber zu entwerfen, der 10000 kg Bombenlast über eine Strecke von 4800 km befördern konnte. Die Entwicklungsarbeiten wurden von der von Focke-Wulf kontrollierten Gruppe Technique de Chatillon, einer Konstruktionsgemeinschaft von über 300 französischen Technikern, durchgeführt, die in Chatillon-sur-Bagneux, einem südöstlichen Vorort von Paris, untergebracht waren.
Die Ta 400, die über das Projektstadium nicht hinauskam, war als freitragender Schulterdecker mit einem vierteiligen Ganzmetallflügel ausgelegt. Die rechteckigen Mittelteile nahmen vier der insgesamt sechs BMW 801 D-Doppelsternmotoren mit 6 × 1700 PS auf. Unter den beiden äußeren Triebwerken wurde im späteren Entwicklungsstadium je eine Jumo 004 Luftstrahl-Turbine mit 2 × 890 kp Schub untergebracht, wodurch die errechnete Höchstgeschwindigkeit von

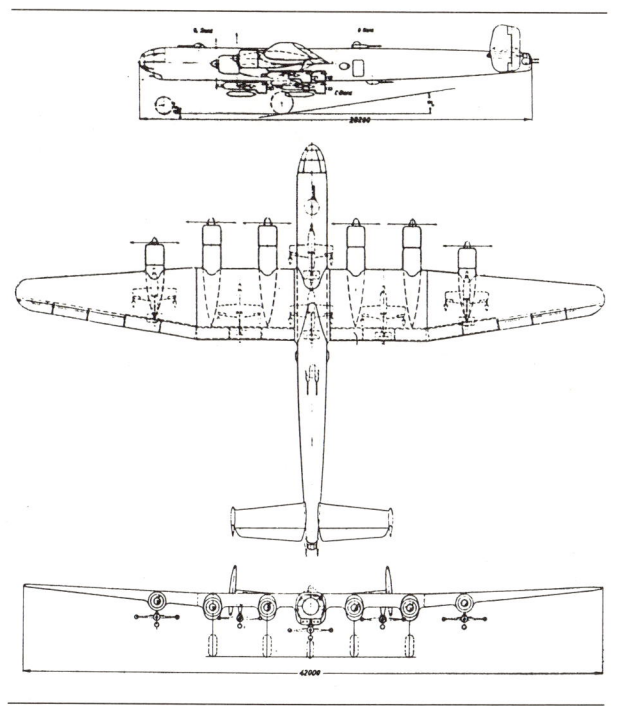

535 km/h auf über 720 km/h stieg. Der langgestreckte Rumpf besaß zwei Druckräume, einen im Bug als Besatzungsraum mit sphärisch gewölbter Vollsichtkanzel und einen hinter dem Bombenraum für die Bedienung der rückwärtigen Drehtürme mit zwei Sichtkuppeln an den Rumpfseiten. Das Seitenleitwerk war doppelt und saß als Endscheiben an der leicht V-förmigen Höhenflosse. Das einziehbare Fahrgestell bestand aus vier einzelnen Haupträdern, jedes unter einer der mittleren Motorengondeln, in welches es nach vorne eingefahren werden konnte. Das Bugrad war einfach bereift und sollte nach hinten in den Rumpf hochziehbar sein. Die Abwehrbewaffnung bestand aus ferngesteuerten Waffenständen, von denen auf der Rumpfober- und -unterseite je zwei Drehtürme mit jeweils 2 × 20 mm MG 151/20 und der Drehturm im Heck mit 4 × 20 mm MG 151/20 bestückt waren. Die Besatzung bestand aus 9 Mann.

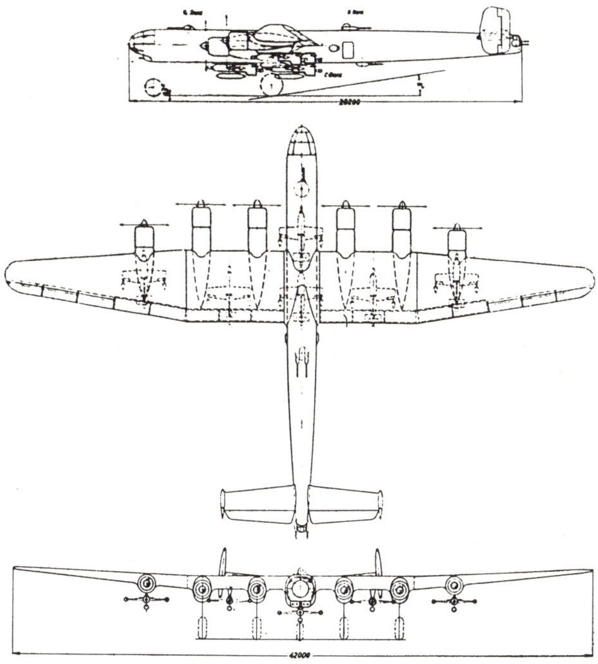

76. Focke-Wulf Ta 400 ◁

92. Focke-Wulf Ta 400 (Modell im Windkanal) ▽

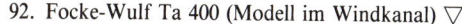

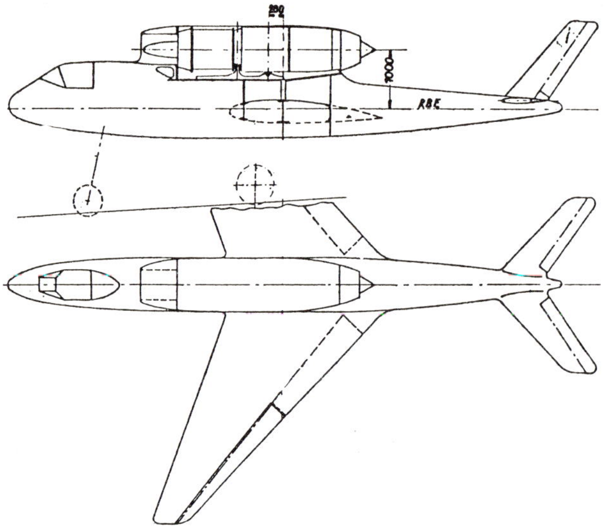

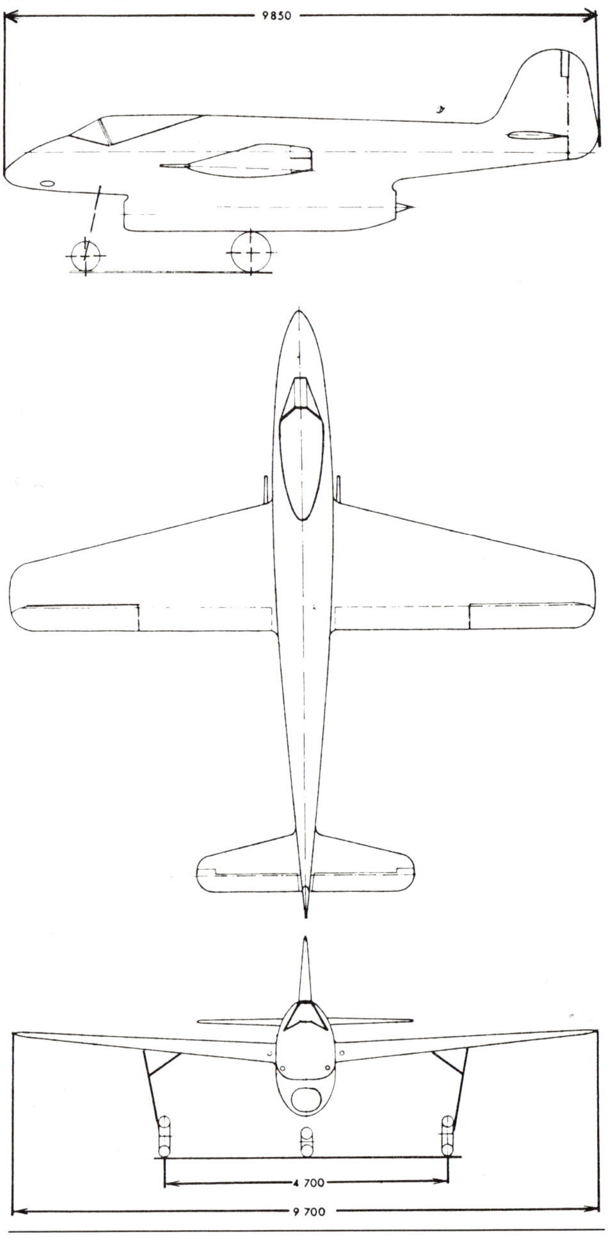

77. Focke-Wulf Fw Strahljäger-Projekt I △

78. Focke-Wulf Fw Strahljäger-Projekt II ▷

Focke-Wulf-Projekte

Fw-Jäger-Projekt I

Konzeption ähnlich Heinkel He 162, aber negativ gepfeilter Mitteldeckerflügel und positiv gepfeiltes V-Leitwerk. Dreibeinfahrwerk. Als Triebwerk vorgesehen BMW P 3302 (Vorläufer BMW 003). Bewaffnung 2 MG 151 + 2 MK 108. Spannweite 8,2 m, Länge 10,50 m. Flächeninhalt 14 m^2, Startgewicht 3350 kg. Einbau Jumo 004 möglich. Zwar 635 kg Schub mehr, aber Gewicht 350 kg höher. Höchstgeschwindigkeit in 10000 m Höhe ca. 800 km/h.

Fw-Jäger-Projekt II

Rumpfkonstruktion ähnlich Fw 190. Freitragender Tiefdekker, einsitzig. Triebwerk Jumo 109 – 004 B oder C. Bewaffnung: 2 MK 108 seitlich hinter dem Führersitz im Rumpf und 2 MG 151/20 in den Flügelwurzeln. Spannweite 9,70 m Länge 9,85 m, Flächeninhalt 15 m^2, Rüstgewicht 2410 kg, Fluggewicht 3350 kg. Errechnete Leistungen: Höchstgeschwindigkeit in Bodennähe 800 km/h, in 6000 m Höhe 825 km/h, Steigzeit auf 10000 m Höhe 15,6 Minuten.

Fw-Jäger-Projekt III

Im November 1943 entstand ein Projekt, bei dem, wie bei Projekt I das Triebwerk Jumo 004 C in den Rumpf einbezogen wurde. Die Lufteintrittsöffnungen lagen seitlich am Rumpf in Höhe des Führersitzes. Die Bewaffnung bestand aus 2 MK 108 im Rumpfbug und 2 MK 103 unter dem Führersitz. Um Störungen durch den Abgasstrahl zu vermeiden, erhielt die Maschine ein doppeltes Leitwerk.

Fw-Jäger-Projekt IV

Dieses Projekt ähnelte dem vorhergehenden, wurde aber als Abfangjäger mit zwei zusätzlichen Raketentriebwerken ausgerüstet, die direkt unter der Düse des Strahltriebwerks eingebaut waren. Das Leitwerk wurde durch zwei Leitwerksträger gehalten, das Höhenleitwerk auf die Seitenleitwerke aufgesetzt.

Fw-Jäger-Projekt VI

Dieser Entwurf war wahrscheinlich das Ausgangsmuster für den Strahljäger Ta 183, unterschied sich von diesem aber

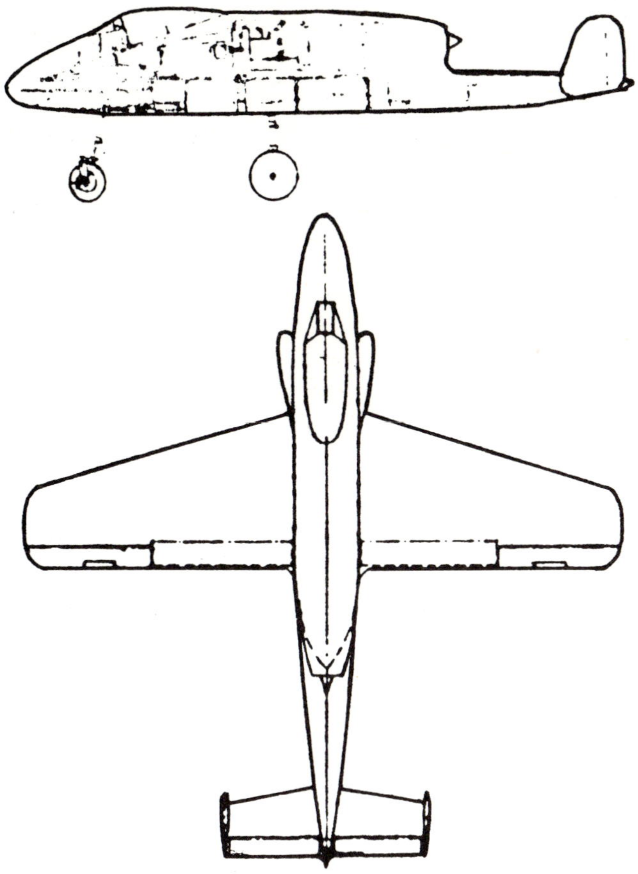

79. Focke-Wulf Fw Strahljäger-Projekt III

durch größere Tragflächentiefe und schmäleres Seitenleitwerk. Die Bewaffnung bestand aus 2 MG 151/20 und 2 MK 103, die unter dem Führersitz eingebaut waren. Als Triebwerk waren eine Strahlturbine He S 011 und ein Raketentriebwerk vorgesehen. Das Letztere war über dem Strahltriebwerk eingebaut.

Focke-Wulf Ta 183

Dipl.-Ing. Hans Multhopp, der das Jäger-Projekt VI entworfen hatte, hat diesen Entwurf mehrmals überarbeitet, bis als Endlösung die Ta 183 entstand, ein schlankerer Entwurf, ohne auf die grundsätzlichen Konstruktionsmerkmale des Vorgängers zu verzichten. Um die äußeren und inneren Widerstände eines langen Schubrohres zu vermeiden, endete auch hier der Rumpf am Ende des Strahltriebwerkes. Er wurde an der Oberseite als Leitwerksträger fortgesetzt, wo ein gepfeiltes Seitenleitwerk normaler Streckung aufgesetzt

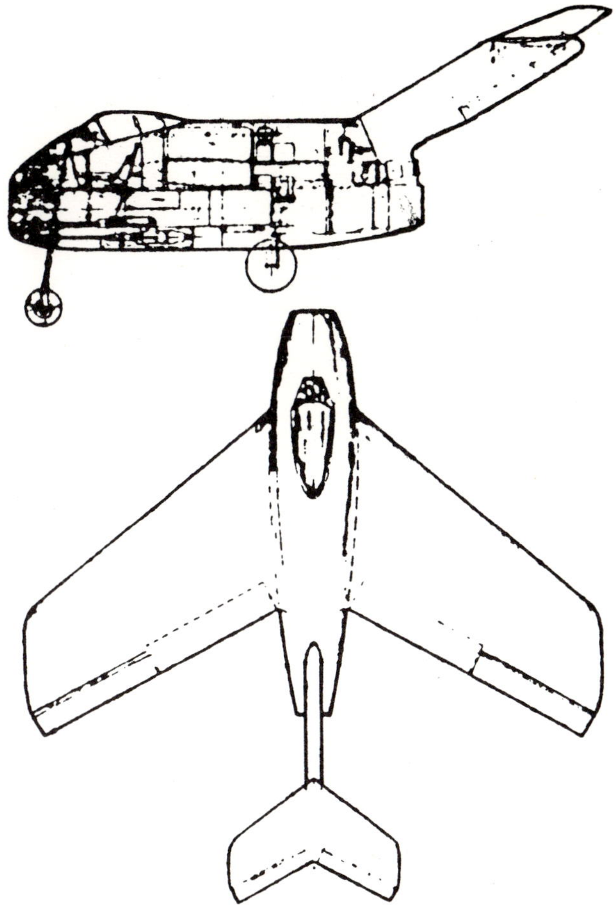

80. Focke-Wulf Fw Strahljäger-Projekt VI

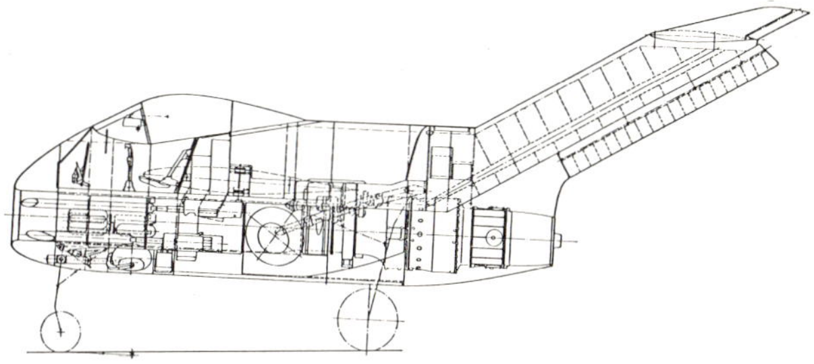

81. Focke-Wulf Fw Strahljäger-Projekt VI (Rumpfschnitt)

wurde. Nachdem auch Focke-Wulf Mitte 1944 an einem vom Oberkommando der Luftwaffe ausgeschriebenen Entwicklungsauftrag für einen Jagdeinsitzer mit einer He S 011-Turbine, 2 – 4 × MK 108 und ungefähr 1000 km/h Höchst-

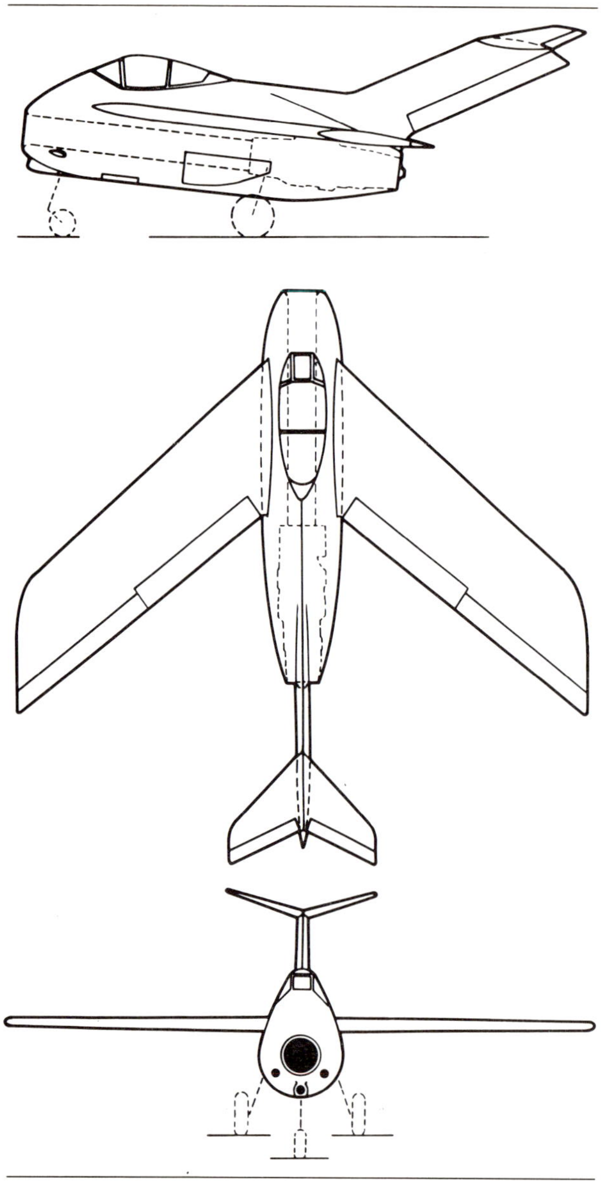

82. Focke-Wulf Ta 183 Erste Ausführung

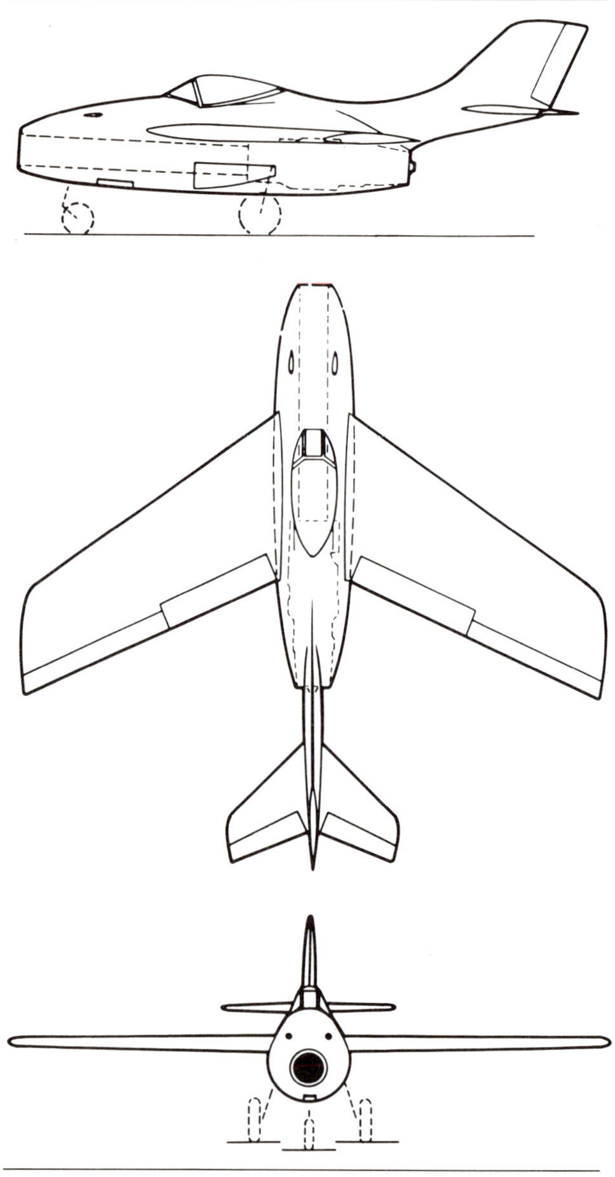

83. Focke-Wulf Ta 183 Endlösung

geschwindigkeit in 7000 m Höhe beteiligt worden war, wurde dieser Entwurf bei den Vergleichsbesprechungen, die am 19. Dezember 1944 in der DVL begannen, vorgelegt. Da die Vorarbeiten für dieses Muster bereits weit gediehen waren, erhielt Focke-Wulf für dieses Projekt unter der Bezeichnung Ta 183 einen Bauauftrag. Aber bereits kurz nach den Anfangsarbeiten — das Konstruktionsbüro hatte gerade mit den Einzelteilkonstruktionen begonnen — kam das Kriegsende.

Typ: Jagdeinsitzer mit einer Luftstrahl-Turbine.
Flügel: Freitragender Mitteldecker. Zweiteiliger, einholmiger Holzflügel mit 32° Pfeilform in ¼ Tiefe. Landeklappen zwischen Querruder und Rumpf.
Rumpf: Ganzmetall-Schalenrumpf mit hochgezogenem Leitwerksträger, in die Seitenflosse übergehend.
Leitwerk: Freitragendes Normalleitwerk. Höhenleitwerk mit leichter V-Form auf der Seitenflosse aufliegend. Pfeilungswinkel der Leitwerksflächen in ¼ der Tiefe: Höhenleitwerk 40°. Aufbau der Flächen aus Ganzmetall.

Fahrwerk: Einziehbares Dreiradfahrgestell. Bugrad nach hinten in Rumpfbug, Haupträder nach vorne in die Rumpfseitenwände einfahrbar.
Triebwerk: Eine Heinkel He S 011-Luftstrahl-Turbine mit 1 × 1300 kp Standschub. Zentraler Lufteinlauf im Rumpfbug mit gerader Zuführung.
Besatzung: 1 Pilot in Druckkabine.
Militärische Ausrüstung: 2 × 30 mm MK 108 im Rumpfbug oberhalb des Lufteinlaufes.

Obwohl ursprünglich für die Heinkel-Turbine entworfen, sollte die erste Serienausführung Jumo 004 Triebwerke mit 1 × 890 kp erhalten, weil die He S 011 noch nicht in ausreichender Menge zur Verfügung stand. Eine weitere projektierte Version der Ta 183 besaß zusätzlich im Rumpfheck eine Rakete.

Fw-Jäger-Projekt VII
Multhopp war auch der geistige Vater des »Flitzer«-Projekts, dessen erste Form das Projekt VII war. Bis zum März 1944 war das Projekt fertig durchgerechnet. Als Triebwerk war für den Prototyp eine der ersten Versuchsausführungen des Heinkel-Strahltriebwerks He S 011 vorgesehen. Die Bewaffnung sollte aus 2 MK 103 und 2 MG 151 bestehen. Die Spannweite betrug 8,00 m, der Flächeninhalt 17 m². Außer der HeS 011 sollte zusätzlich ein Raketentriebwerk eingebaut werden. Bei einem Rüstgewicht von 3035 kg rechnete man mit einem Abfluggewicht von 5000 kg. Es wurden drei verschiedene Einsatzfälle durchgerechnet. Bei einem Rüstgewicht von 2991 kg sollte das Fluggewicht nur 4350 kg betragen. Dies richtete sich nach dem Waffeneinbau, der austauschfähig war. Die Entwicklung wurde im Dezember 1944 zugunsten der Ta 183 abgebrochen.

Fw-Jäger-Projekt VIII (Fw 281)
Die Flugzelle dieses Projekts entspricht weitgehend Projekt VII, jedoch erfolgt der Antrieb durch eine Propellerturbine Heinkel He S 021, wobei die Luftschraube mit Getriebe getrennt vom eigentlichen Triebwerk und über eine schnelllaufende Zwischenwelle angetrieben wird. Flächeninhalt

84. Focke-Wulf Fw Strahljäger-Projekt VII

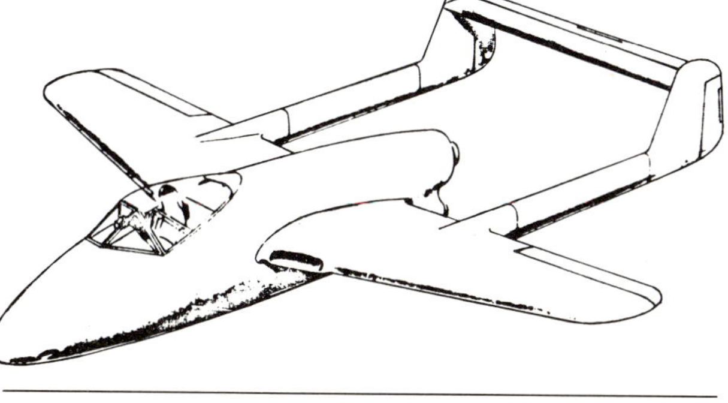

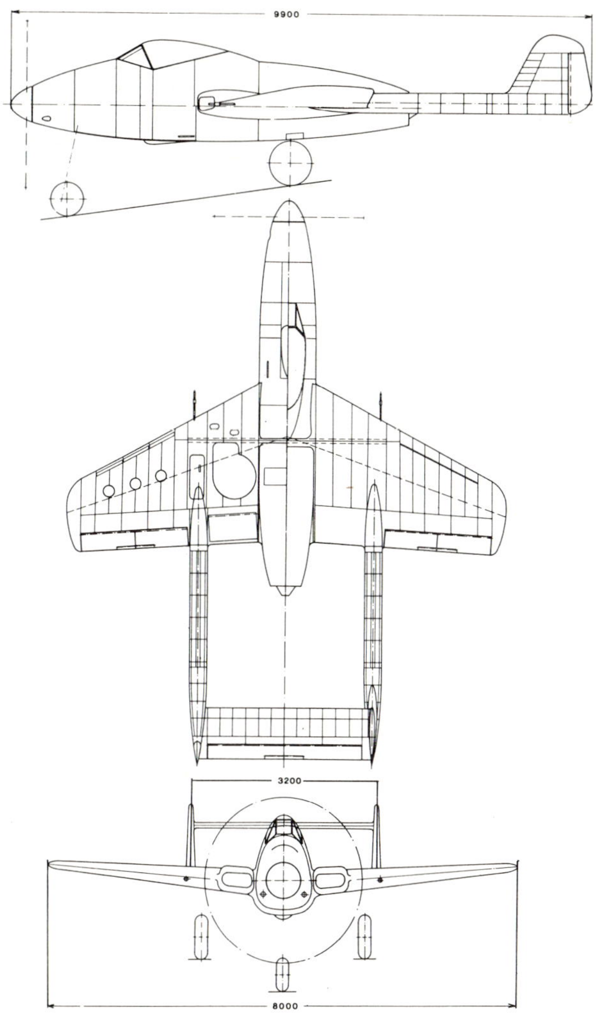

85. Focke-Wulf Fw Strahljäger-Projekt VIII

17 m², Spannweite 8 m, Länge 9,9 m, Höhe 2,65 m, Leergewicht 1300 kg.

Fw-Jäger-Projekt »Super-TL«
Bei diesem Abfangjäger, dessen Konstrukteur Dipl.-Ing. von Halem war, handelt es sich um einen Objektschutzjäger mit kleinem Aktionsradius. Triebwerk: Jumo 004 C, Bewaffnung 2 MK 108, Spannweite 11,00 m, Länge 10,00 m. Weitere Daten unbekannt.

Fw-Jägerprojekt mit Strahlrohrantrieb (Ta 283)
Der Entwurf dieses Flugzeugs wurde am 4. August 1944 fertiggestellt. Es handelt sich um einen Tiefdecker mit Bugradfahrwerk und zwei Strahlrohren am Höhenleitwerk. Diese Strahlrohre haben einen Durchmesser von 1,35 m und

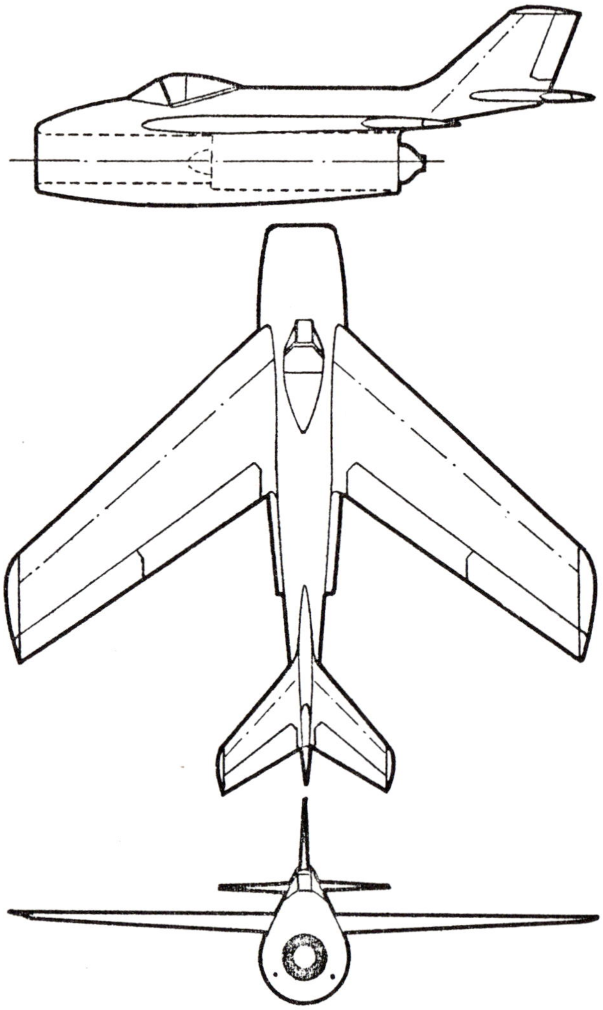

86. Focke-Wulf Fw Strahljäger-Projekt »Super-TL«

87. Focke-Wulf Fw Ta 283

eine Länge von 2,69 m. Die Spannweite des Flugzeugs beträgt 8,00 m, die Länge 11,85 m, die Höhe 2,90 m, der Flächeninhalt 19,00 m². Die Flügelpfeilung beträgt 45°. Die Triebwerke sollten am Boden 2 × 11 000 PS und in 11 000 m Höhe noch 2300 PS leisten. Zum Start wurde ein Walter-Raketenmotor von 3000 kg Schub benötigt. Das Rüstgewicht lag bei 2680 kg, das mittlere Fluggewicht bei 4000 kg. Nach einer Rollstrecke von 500 m sollte die Maschine abheben und in zwei Minuten zum eigentlichen Beginn des Steigfluges in 1000 m Höhe aufsteigen. Hier sollte die Steiggeschwindigkeit bei 160 m/s liegen. Von 1000 auf 11 000 m Höhe sollte die Maschine in 2,3 Minuten steigen. Dort sollte die Maschine ihre Höchstgeschwindigkeit mit 1100 km/h erreichen. Die gesamte Reichweite von 790 km sollte in 13 Minuten durchflogen werden. Dieses Projekt erreichte nicht einmal das Windkanalstadium.

Fw-Jäger-Projekt »Super-Lorin«
Auch dieses Projekt, von dem nur die Abmessungen (Spannweite 7,60 m, Länge 11,60 m) bekannt sind, wird ebenfalls dem Konstrukteur von Halem zugeschrieben.

Focke-Wulf-Triebflügel

Kurze Start- und Landestrecken bei relativ hoher Horizontalgeschwindigkeit, das Merkmal von Vögeln und Insekten, regte schon seit jeher die Konstrukteure zum Schwingenflugzeug an. Da aber jedes Flugzeug mit schlagendem Schwingenpaar beim Flügelaufschlag eine starke Auftriebsvermin-

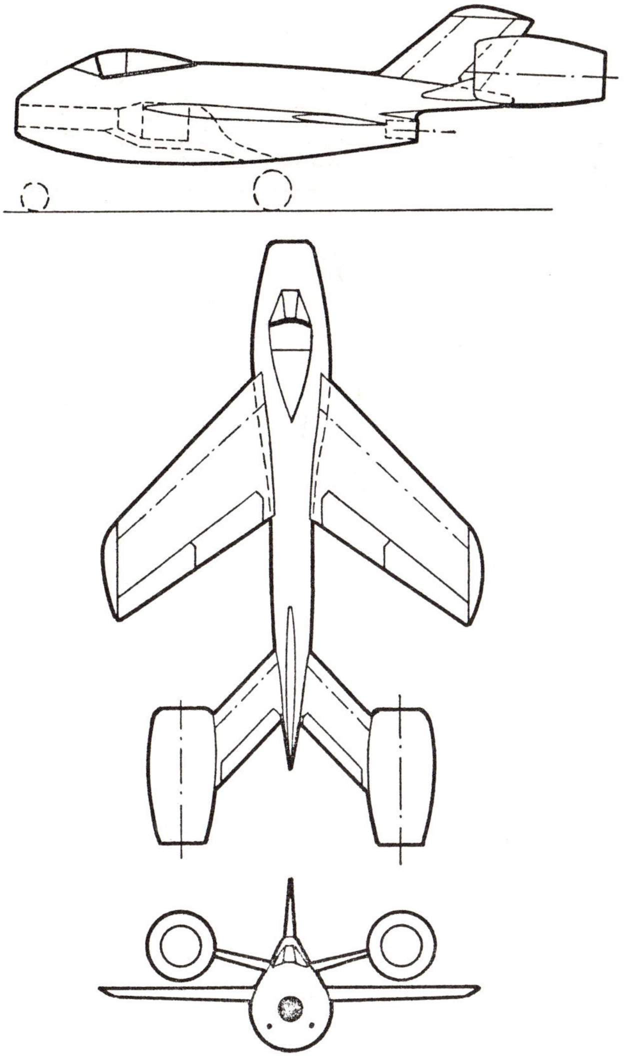

88. Focke-Wulf Fw Strahljäger-Projekt »Super-Lorin«

derung oder einen Rücktrieb erleidet, schien es jahrzehntelang zu keiner befriedigenden Lösung zu kommen. Da gelang im Jahre 1940 dem Naturwissenschaftler Prof. Dr. von Holst ein entscheidender Schritt vorwärts. Im gleichen Jahr führte er beim Breslauer Saalflugwettbewerb ein Schwingenmodell vor, welches im Gegensatz zu den Vögeln nachempfundenen Konstruktionen nicht zwei, sondern vier Flügel aufwies, die paarweise und gegensinnig bewegt wurden. Im Laufe der Weiterentwicklung wurden die mittleren Gelenke eingespart und die nun durchgehenden Flügel entgegengesetzt gekippt, was zu einem ruhigen Flug ohne Nickschwingungen führte. Die nächste Entwicklungsstufe bestand darin, die Flügelpaare zur Rumpfspitze zu rücken, wodurch ein sicherer Flug auf der Stelle erreicht wurde. Von Holst war sich im klaren darüber, daß sich das so gefundene Flugverfahren nicht ins Große übersetzen ließe, denn die Bewegung großer Flächen technisch zu beherrschen, ist äußerst schwierig. Nun hat die Technik der Natur eine einfache Bewegung voraus, die Rotation um eine freie Achse. Das war der Weg, den von Holst einschlug, um die Vorteile des Schwingenprinzips zu retten. Statt der am Rumpf schwingenden Flächen ließ er sie um den Rumpf gegenläufig rotieren. Jede dieser Luftschrauben war dreiflügelig, damit in allen Lagen die tragende Kraft gleichblieb. Eine ganze Anzahl solcher Triebflügel-Modelle wurden gebaut, und es zeigte sich, daß das Triebflügel-Prinzip sämtliche Vorteile des Insektenfluges aufwies. Die Modelle flogen von Null bis zur Maximalgeschwindigkeit und mit jeder Steigung. Anfang 1944 führte von Holst die Modelle dem Konstruktions-Team von Focke-Wulf in dem verlagerten Entwicklungsbüro in Bad Eilsen vor. Multhopp, Dr. Pabst und Flugzeugbaumeister von Halem beschäftigten sich eingehend mit dem Problem und projektierten einen Jagdflugzeugentwurf, der an Stelle der beiden gegenläufigen Schrauben einen einzigen Triebflügel mit 3 × 840 kp Lorin-Staustrahlrohren an den drei Flügelenden besitzen sollte. Diese Lösung war möglich, weil bei einem Antrieb von außen auf den Rumpf kein rückdrehendes Moment entsteht. Der Triebflügel sollte in der Nähe des Schwerpunktes in Wälzlagern auf einer Röhre innerhalb des spindelförmigen Ganzmetall-Schalenrumpfes mit kreisrundem Querschnitt laufen. Zusätzlich waren noch Walter-Raketenmotoren vorgesehen, die den Triebflügel beim Start in Rotation versetzen sollten.

89. Focke-Wulf Fw Triebflügel-Projekt

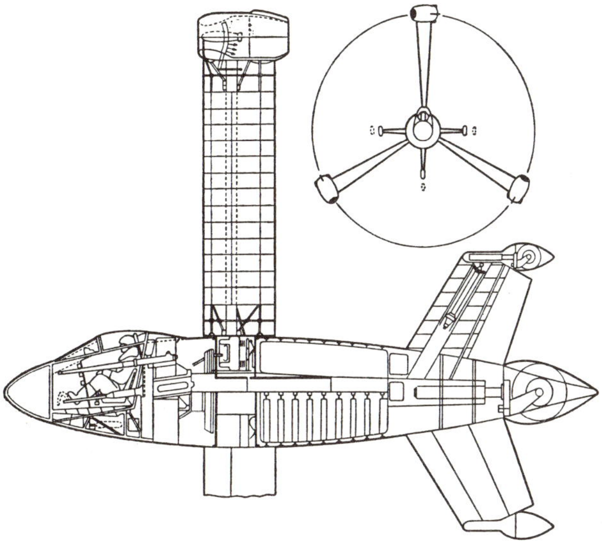

Das Leitwerk besaß vier Flossen in Kreuzform, an deren Enden jeweils ein einziehbares Federbein mit einem Laufrad untergebracht waren. Im Rumpfheck befand sich darüber hinaus noch ein zentrales Landerad mit einem langen Federbein, welches den Hauptlandestoß aufzunehmen hatte. Der Start und die Landung der Maschine sollten mit senkrechter Rumpflängsachse erfolgen, während für den Horizontalflug der Rumpf waagerecht gelegt wurde. Die Bewaffnung dieses interessanten Wandelflugzeuges, welches wegen der Kriegsereignisse über das Entwicklungsstadium nicht hinauskam, sollte aus 2 × 30 mm MK 108 und 2 × 20 mm MG 151/20 starr im Rumpf bestehen. Der Sitz für den Piloten konnte drehbar gelagert werden. Um Vergleichswerte dieser Konstruktion mit Flugzeugen herkömmlicher Art zu erhalten, entwarf Flugbaumeister von Halem noch zwei Alternativmuster, einmal die *Focke-Wulf Super-TL,* ein Pfeilflügel-Jäger mit einer Luftstrahl-Turbine, und die *Focke-Wulf Super-Lorin,* eine entsprechende Abwandlung der Ta 283 mit zwei Lorin-Triebwerken an den Höhenleitwerksenden, einer Walter-Rakete im Rumpfheck und einem zusätzlichen Schweröl-Verdampfer im Rumpf. Bei gleichem Fluggewicht ergab der Vergleich, daß rechnerisch nur die Steiggeschwindigkeit bei allen Entwürfen gleich blieb, während in allen anderen Leistungen der Triebflügel-Entwurf den beiden Alternativlösungen überlegen war, besonders aber in der Reichweite und in den Start- und Landeeigenschaften.

Focke-Wulf-Kampfjäger-Projekt mit Propellerturbine P. 0310226-127

Bei diesem Entwurf handelt es sich um einen einmotorigen Mitteldecker, bei dem unter Zwischenschaltung einer schnellaufenden Welle das Getriebe mit Luftschraube vom Strahltriebwerk getrennt und in den Rumpfbug eingebaut ist. Die Luftzufuhr sollte durch zwei Kanäle mit den Einlauföffnungen rechts und links neben dem Rumpf unter dem Flügel, die sich vor dem Triebwerk zu einem Kanal vereinigten, erfolgen. Als Triebwerk war eine He S 021-Propellerturbine vorgesehen. Die Bewaffnung sollte aus einer MK 103 und 2 MG 213 bestehen. Spannweite 8,2 m, Länge 10,8 m, Flächeninhalt 17,5 m². Rüstgewicht 3396 kg, Fluggewicht 4900 kg. Errechnete Leistungen: Höchstgeschwindigkeit in Bodennähe 835 km/h, in 9000 m Höhe 900 km/h. Steiggeschwindigkeit in Bodennähe 39 m/s, Dienstgipfelhöhe 13 800 m. Reichweite maximal 1020 km.

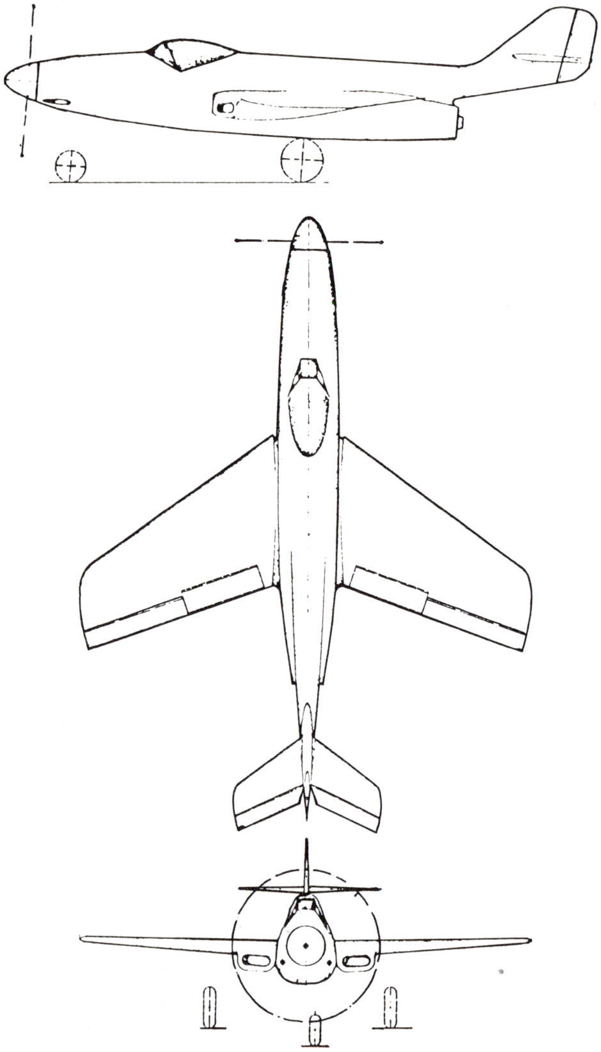

90. Focke-Wulf Fw P. 0310226-127

Focke-Wulf-Nachtjäger-Projekt 0310251-51

Freitragender Tiefdecker mit Bugradfahrwerk und zwei Heinkel He S 011 im Rumpf mit zentralem Luftführungskanal und Druckkabine. Bewaffnung: Zustand I: 2 MK 108 starr in Flugrichtung, 2 MK 108 mit 80° schräg nach oben feuernd. Zustand II: 4 MK 108 starr in Flugrichtung. Funkausrüstung: FuG 15 (24), FuG 244 (Bremen 0), FuG 130, FuG 101 a, FuG 25 a (226), FuG 139, FuG 280 (Kiel), FuG 350 (Naxos), Fu Bl 3F, Peil G 6 Spannweite 17,3 m, Flächeninhalt 50 m², Abfluggewicht 11 000 kg.

Focke-Wulf-Nachtjäger-Projekt J. P. 011-45

Entwurf für einen zweistrahligen Nachtjäger mit 2 × 1300 kp Schub durch Heinkel He S 011-Luftstrahl-Turbinen, die nebeneinander unter den Rumpf geschlungen waren und einen zentralen Lufteinlauf besaßen. Oberhalb des Lufteinlaufes war ein Radargerät vorgesehen. Die drei Besatzungsmitglieder wurden durch eine aufgesetzte Haube

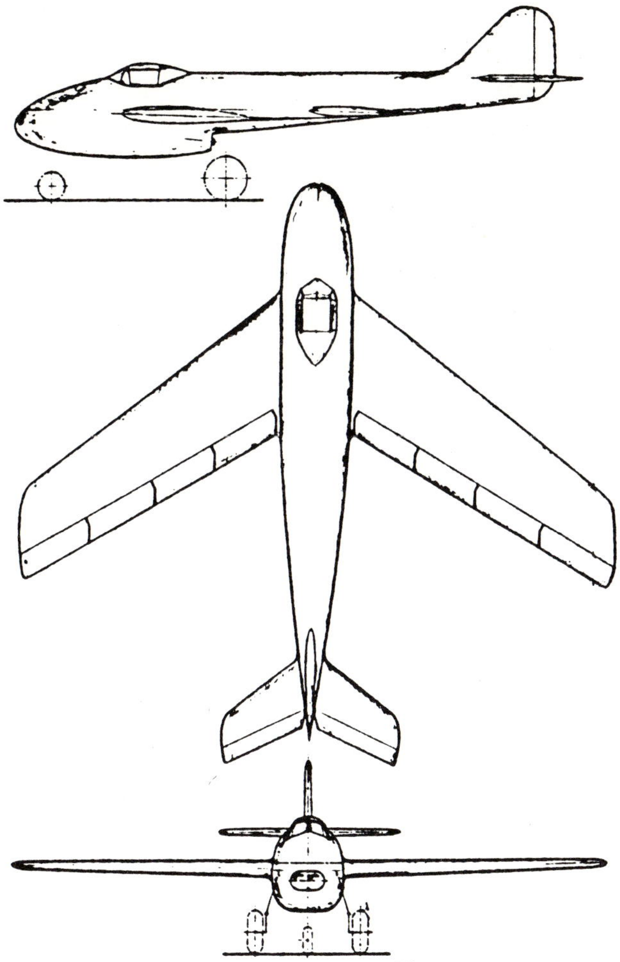

91. Focke-Wulf Fw P. 0310251-51

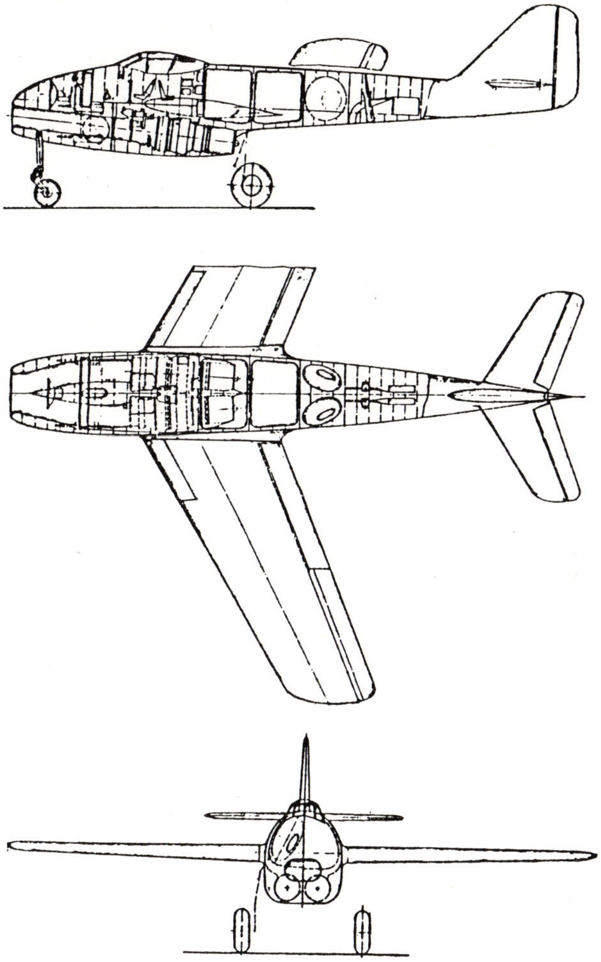

92. Focke-Wulf Fw J. P. 011-045

abgedeckt. Der freitragende Mitteldeckerflügel war gepfeilt, ebenso das normale Leitwerk. Die Haupträder des einziehbaren Dreiradfahrgestells wurden nach hinten in den Rumpf hochgezogen. Davor saßen zwei Kraftstoffbehälter.

Bewaffnung 4 MK 108 starr in Flugrichtung feuernd und 2 MK 108 schräg mit 80° aufwärts feuernd. Spannweite 15,74 m, Leergewicht 7691 kg, Fluggewicht 12685 kg, Höchstgeschwindigkeit in Bodennähe 827 km/h, in 7000 m Höhe 904 km/h. Maximale Flugdauer 2 Std. 45 Min., Gipfelhöhe 12780 m.

Focke-Wulf-Nachtjäger-Projekt J. P. 011-46

Weiterentwicklung des vorhergehenden Projekts mit gepfeiltem Seitenleitwerk und zusätzlicher He S 011 im Heck. Leistungen unbekannt. Spannweite wie -45.

Focke-Wulf-Nachtjäger-Projekt J. P. 011-47

Weiterentwicklung des vorhergehenden Entwurfs mit nur einem Triebwerk unter dem Führersitz und zwei weiteren unter den Tragflügeln. Leitwerk wie -45, Spannweite unverändert.

Focke-Wulf-Jäger-Projekt J. P. 000-222-018

Hochleistungsjagdeinsitzer mit Jumo 222 E/F, Startleistung mit MW 50-Einspritzung 2900 PS. Höchstgeschwindigkeit 815 km/h in 9000 m Höhe.

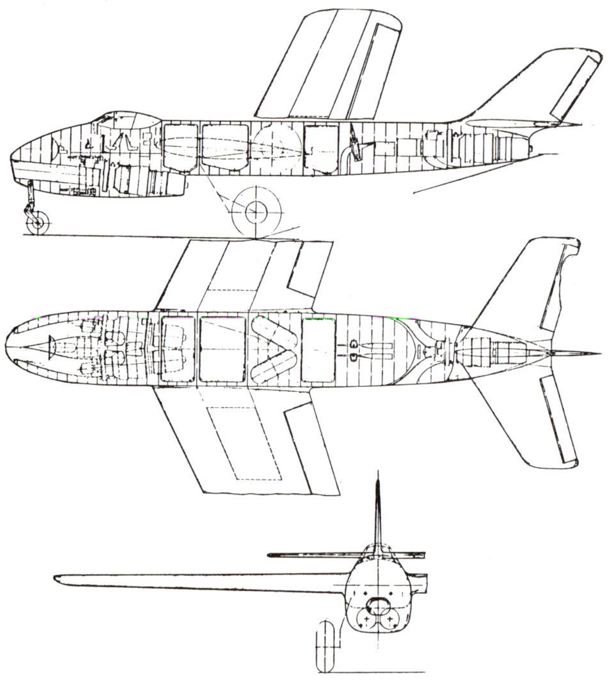

93. Focke-Wulf Fw J. P. 011-046

94. Focke-Wulf Fw J. P. 011-047

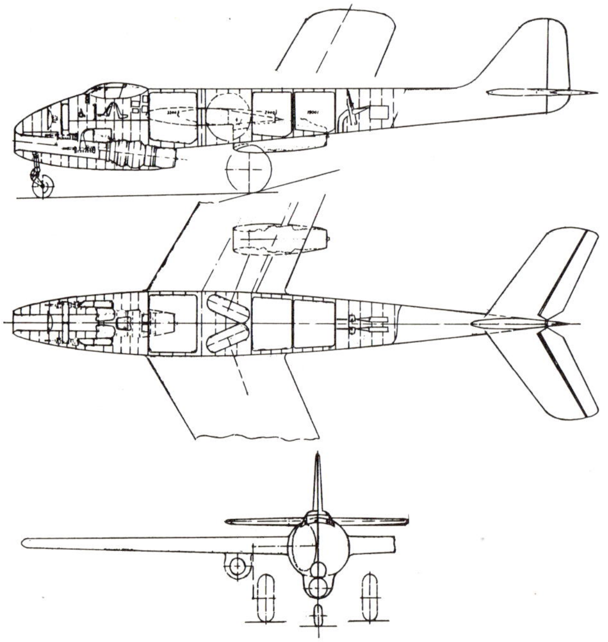

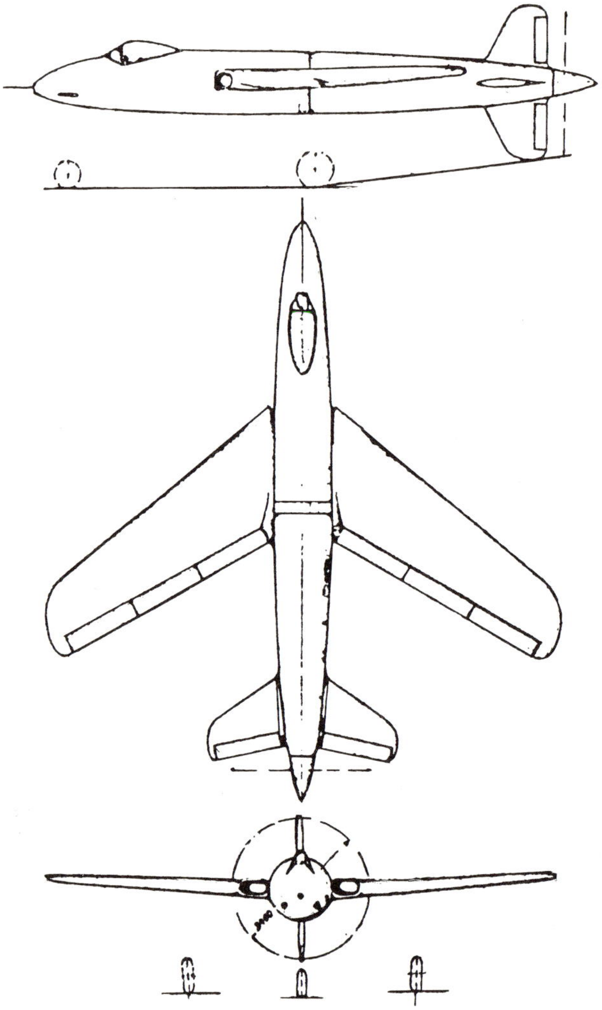

95. Focke-Wulf Fw J. P. 000-222-018

Focke-Wulf-Projekt 0310251-13

Dieser Entwurf eines Nacht- und Schlechtwetterjägers entstand im Herbst 1944. Auffällig ist die Ähnlichkeit der allgemeinen Form mit den Dornier-Projekten P. 247 und P. 252. Während es sich bei diesen aber um reine Kolbenmotoren-Jäger handelte, ist der Fw-Entwurf außer einem Jumo 222 von 2500 PS, der eine Druckschraube am Rumpfheck antreibt, mit zwei Strahltriebwerken BMW 003 A-1 von je 800 kp Schub ausgerüstet. Der Kühler des im hinteren Rumpfteil liegenden Jumo 222 lag direkt hinter dem für eine dreiköpfige Besatzung vorgesehenen Führerraum. Die Kühlluftzuführung erfolgte durch zwei kreisförmige Lufteintrittsöffnungen am Übergang von der gepfeilten Tragfläche zum

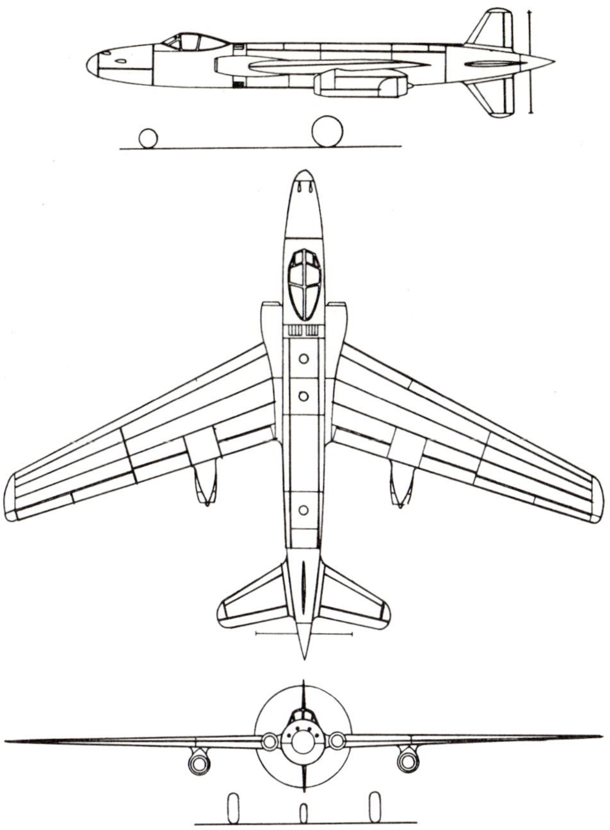

96. Focke-Wulf Fw P. 0310251-13 (Entwurf B)

Rumpf beiderseits des Führerraums. Zwischen Kühler und Motor befanden sich die Haupttreibstoffbehälter. Die Maschine sollte über ein Bugradfahrwerk verfügen, bei dem das Bugrad in die Rumpfnase, die Haupträder in die Tragfläche eingezogen werden sollten. Die Bewaffnung bestand aus vier starren MK 108 in der Rumpfnase hinter dem ganz vorn eingebauten Ortungsgerät.

Abmessungen:	Spannweite	21,00 m
	Länge	16,55 m
	Höhe	4,66 m

Es wurden drei Versionen projektiert, die sich äußerlich nur geringfügig unterschieden. Bewaffnung und Funkausrüstung waren gleich: 4 MK 108 in Flugrichtung, 2 weitere schräg aufwärts mit 80° feuernd. FuG 24, Fu Bl 3F, FuG 130, FuG 101 a, Peil G 6, Gerät »Bremen«, FuG 226, FuG 139, Gerät »Kiel«. Version I: Spannweite 20,4 m, II 21,0 m, III 22,8 m, Flächeninhalt I 52 m², II 55 m², III 65 m². Fluggewicht I 11500 kg, II 12000 kg, III 15000 kg.

Triebwerke: Version I DB 603 N, Version II Jumo 222 C/D, Version III As 413

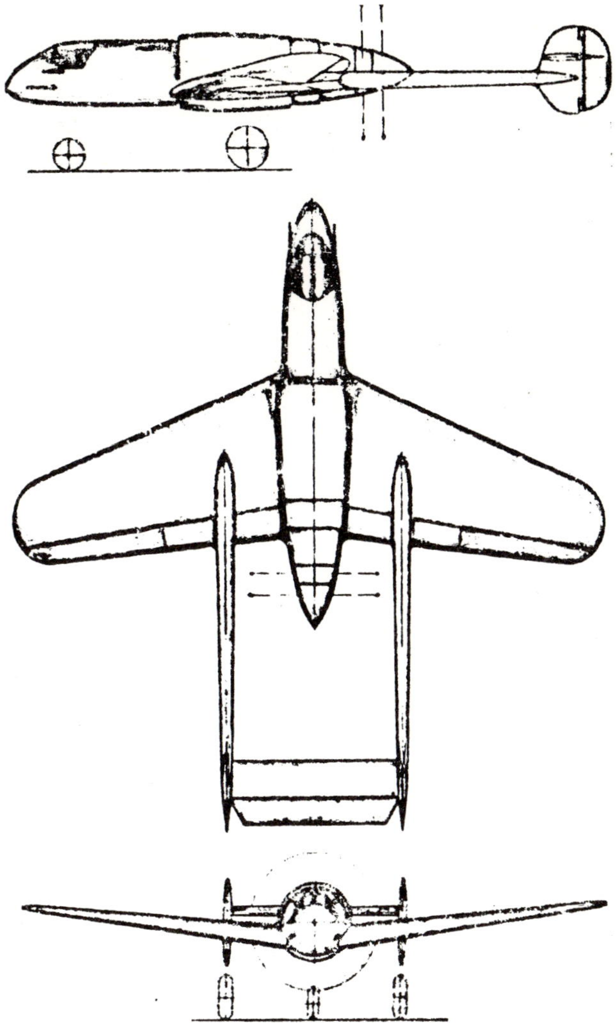

97. Focke-Wulf Fw Jäger-Projekt mit BMW 803

Focke-Wulf-Jäger-Projekt mit BMW 803

Bei diesem Entwurf handelt es sich wahrscheinlich um eine Parallelentwicklung zum Fw-Strahljäger-Projekt VII. Auch hier wurde das Projekt als Pfeilflügel mit doppelten Leitwerksträgern ausgelegt. Als Triebwerk war der BMW 803 von 3900 PS mit gegenläufigen Luftschrauben vorgesehen. Die Kühlluftzuführung erfolgte durch einen sich ringförmig um den Rumpf ziehenden Schacht. Das Fahrwerk war ein normales Bugradfahrwerk, bei dem die Haupträder nach innen in die Tragfläche eingezogen wurden. Als Bewaffnung waren 2 MK 103 und 2 MG 151/20 vorgesehen. Die Spannweite betrug 13,2 m, die Länge 13,8 m. Weitere Daten konnten nicht ermittelt werden.

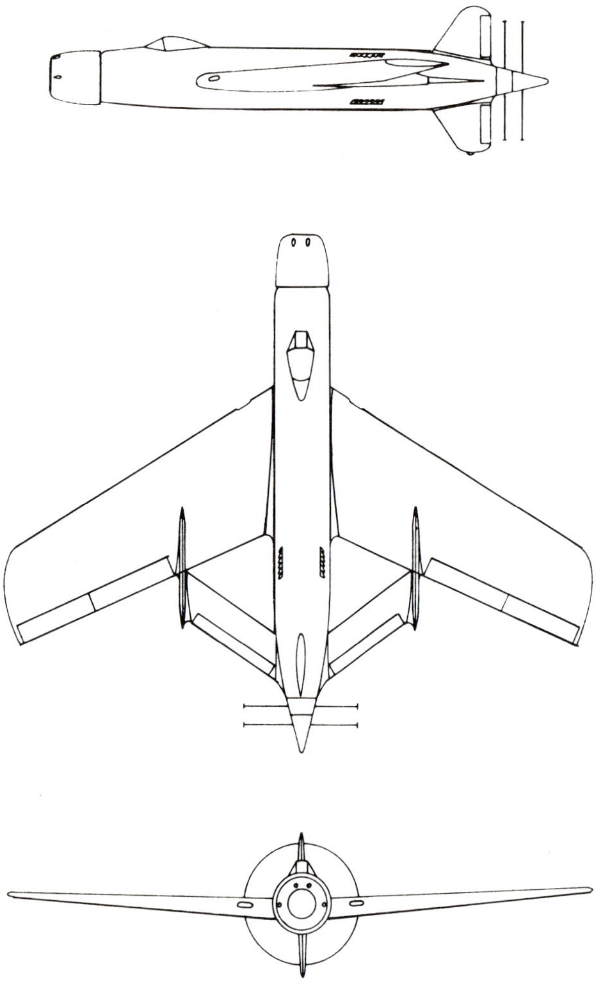

98. Focke-Wulf Fw P. 0310.025-1006

Focke-Wulf-Projekt 0310-025-1006

Aufgrund einer Ausschreibung des RLM vom 21. Juli 1944 wurde von der Firma Focke-Wulf im Oktober 1944 der obengenannte Entwurf eines Jagdflugzeugs ausgearbeitet. Die Maschine war für den Einsatz als Schlechtwetterjäger oder Höhenjäger vorgesehen. Ursprünglich als Einsitzer entworfen, war die Umrüstung auf zweisitzige Bauart bereits im Entwurf vorgesehen. Die Maschine war als freitragender Mitteldecker mit Bugradfahrwerk und Druckschraube am Rumpfende ausgelegt. Als Triebwerk sollte ein Argus As 413 von 4000 PS mit gegenläufiger Luftschraube dienen.

Abmessungen:	Spannweite	16,4 m
	Länge	14,2 m
	Höhe	4,7 m
	Flächeninhalt	55,0 qm
Gewicht:	Normalfluggewicht	9800 kg
Bewaffnung:	2 × MK 103 mit je 46 Schuß	
	2 × MG 213 mit je 125 Schuß	
Funkausrüstung:	Fu G 16 ZY	
	Fu G 25a	
	Fu G 125 (Hermine)	
Treibstoffvorrat:	1 geschützter Rumpfbehälter von 1300 l	
	2 ungeschützte Flächenbehälter von je 300 l	
	insgesamt 1900 l	
	1 geschützter Schmierstoffbehälter im Rumpf	130 l
Leistung:	Flugdauer bei höchstzulässiger Dauerleistung in 10 km Höhe	2 Stunden

Focke-Wulf Jäger mit 2 × BMW 801 F

Dieser zweimotorige Jagdeinsitzer sollte mit einer Bewaffnung von 3 × MK 103 und 2 × MG 151 (starr) eine Höchstgeschwindigkeit von 695 km/h in 6900 m Höhe erreichen.

Focke-Wulf J. P. 603s-001

Bei diesem Entwurf handelt es sich um einen Jagdeinsitzer mit Druckschraube (Doppelrumpf?), der mit einer Bewaffnung von 1 × MK 103 und 2 MG 213 793 km/h in 11400 m Höhe erreichen sollte.

Focke-Wulf-Projekt 82114

Für den im Jahre 1936 ausgeschriebenen Wettbewerb für die Entwicklung eines Sturzbombers, aus dem die Junkers Ju 87 als Sieger gegen He 118, Ha 137 und Ar 81 hervorging, hatte die Firma Focke-Wulf den obengenannten Entwurf eingereicht, der aber von vornherein der Ablehnung verfiel.
In der äußeren Erscheinung ähnelte die Maschine dem Aufklärer Henschel Hs 126 V-1. Die Maschine war als abgestrebter Hochdecker mit festem Einbeinfahrgestell ausgelegt.
Als Triebwerk war der Daimler-Benz DB 600 von 950 PS vorgesehen. Die leicht gepfeilte Tragfläche war zum Rumpf mit je zwei Streben abgefangen. Die Besatzung bestand aus zwei Mann. Als Bewaffnung waren zwei MG 17 starr nach vorn feuernd und ein MG 15 für den Beobachter vorgesehen. Die Bombenlast sollte 500 kg betragen.

Abmessungen:	Spannweite	17,00 m
	Länge	13,10 m
	Höhe	4,15 m
	Flächeninhalt	37,50 qm
Errechnete Leistungen:	Höchstgeschwindigkeit	360 km/h in 4000 m Höhe
	Reisegeschwindigkeit	334 km/h in 3250 m Höhe

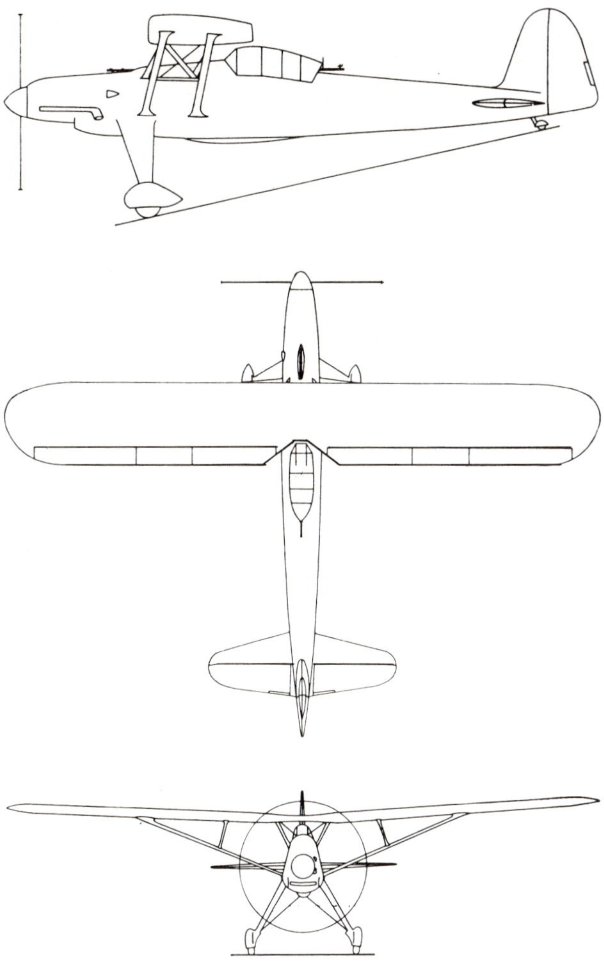

99. Focke-Wulf Fw P. 82114

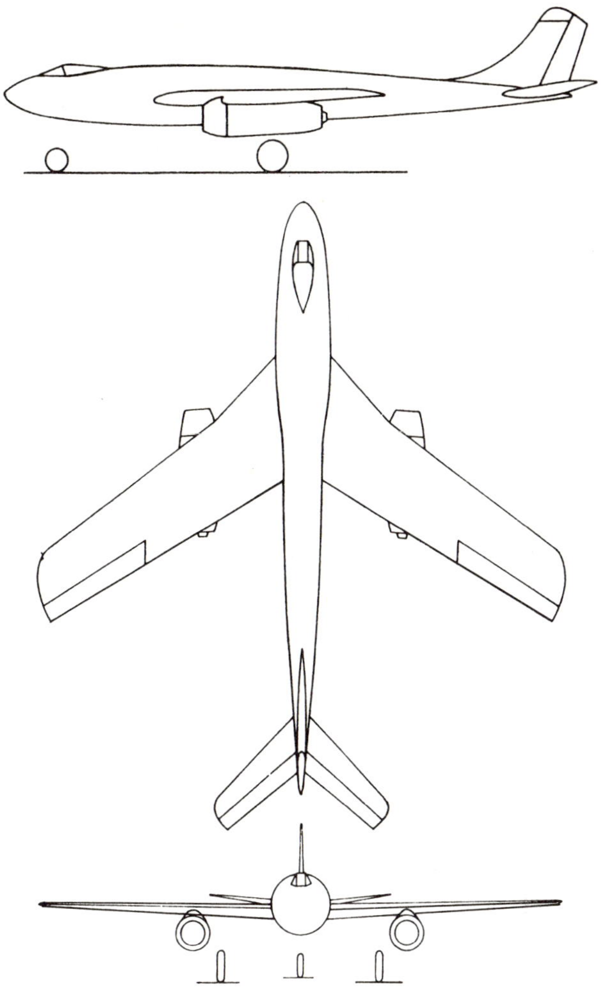

100. Focke-Wulf Fw 1000 × 1000 × 1000 Bomber-Projekt A

Landegeschwindigkeit	98 km
Steigzeit auf 6000 m	13,9 min
Dienstgipfelhöhe	10000 m
Reichweite	800 km

Focke-Wulf 1000 × 1000 × 1000-Bomber-Projekt

Aufgrund des Lippisch-Entwurfes für einen Bomber, der mit einer SB 1000-Bombe und einer Eindringtiefe von 1000 km eine Höchstgeschwindigkeit von 1000 km/h erreichen sollte, wurden bei Focke-Wulf von einem Team unter Leitung des Dipl.-Ing. von Halem die Möglichkeiten eines solchen Entwurfs untersucht. Hierbei legte man das Projekt einmal als Pfeilflügler, zum anderen als schwanzloses Delta aus.

Entwurf A: Freitragender Mitteldecker

Für den Flügel wurde eine Pfeilung von 35 Grad vorgesehen. Die einsitzige Maschine sollte 2 Strahltriebwerke des Musters He S 109-011 erhalten. Bei einem Flächeninhalt von 27 qm ergab sich eine maximale Flächenbelastung von 300 kg/m². Außer einer leichten Panzerung für den Flugzeugführer gegen Beschuß von vorn war keine weitere Panzerung vorgesehen. Man glaubte aufgrund der zu erreichenden Geschwindigkeit auf jede Bewaffnung verzichten zu können. Als Funkausrüstung waren FuG 16ZY und FuG 25 vorgesehen. Das Bugradfahrgestell sollte flach in die Flächen bzw. in den Rumpf eingezogen werden.

Abmessungen:	Spannweite	12,65 m
	Länge	14,20 m

	Höhe	3,75 m
Gewichte:	Rüstgewicht	4225 kg
	Fluggewicht	8100 kg
Leistungen:	Rechnerisch sollten die Leistungen den gestellten Forderungen entsprechen.	

Entwurf B: Schwanzloser Delta-Bomber

Bei diesem als Fast-Nurflügelflugzeug ausgelegten Entwurf waren Kabine und Triebwerke, bei denen die gleichen wie beim Entwurf A vorgesehen waren, im Flügel untergebracht. Bei einem Flächeninhalt von 55 qm trat hier nur eine Flächenbelastung von 147,5 kg/m² auf. Die sonstige Ausrüstung dieses einsitzigen Flugzeugs entsprach der des Entwurfs A.

Abmessungen:	Spannweite	14,00 m
	Länge	5,80 m
	Höhe	2,75 m
Gewichte:	Rüstgewicht	4200 kg
	Fluggewicht	8100 kg

Nach Abschluß der vergleichenden Untersuchungen im Jahre 1944 kam man zu der Auffassung, daß mit dem Nurflügel-Entwurf zwar die 1000 km/h sicherer zu erreichen wären, daß aber der Pfeilflügel-Entwurf wegen seiner besseren fliegerischen Eigenschaften und der einfacheren Wartungsmöglichkeiten für die komplizierten Triebwerke doch vorzuziehen sei.

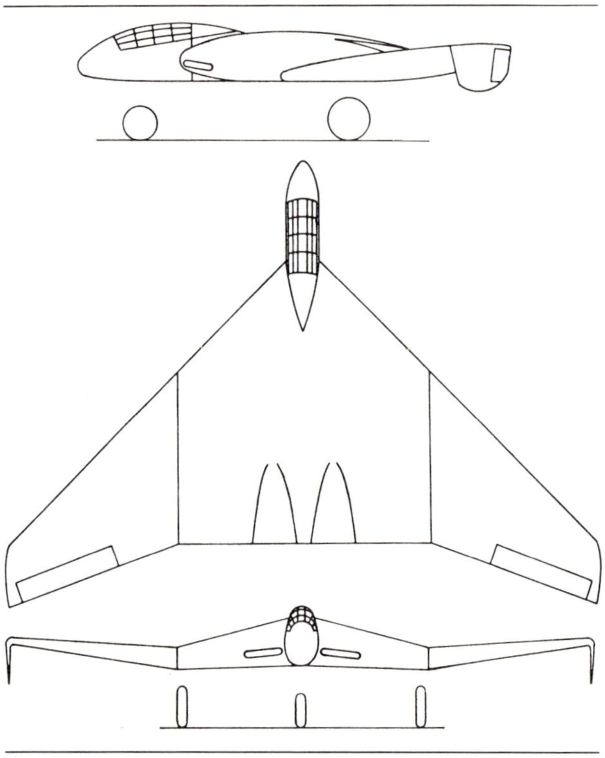

101. Focke-Wulf Fw 1000 × 1000 × 1000 Bomber-Projekt B

93. Focke-Wulf 1000 × 1000 × 1000 Bomber B (Modell)

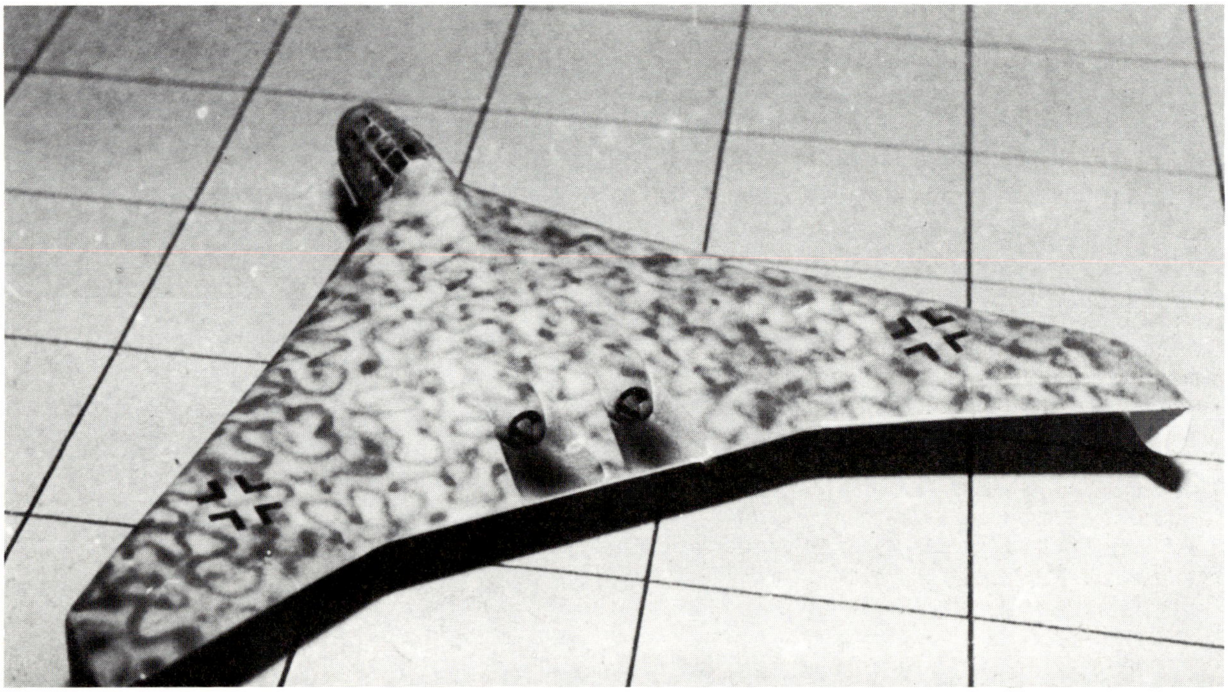

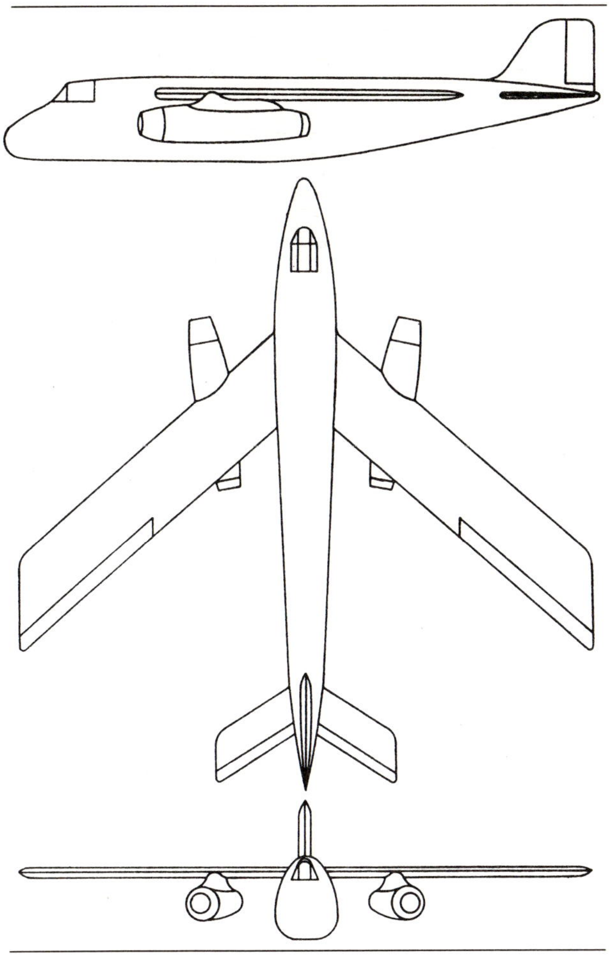

102. Focke-Wulf Fw 1000 × 1000 × 1000 Bomber-Projekt C

Entwurf C

Der 3. Entwurf für das 1000 × 1000 × 1000-Bomber-Projekt entstand Herbst 1944. Dieser Bomber war als freitragender Mitteldecker mit Pfeilflügel ausgelegt. Hierbei war die Gestaltung des Flügels als langgestrecktes Parallelogramm bemerkenswert, denn dieser Flügel wurde später bei dem sowjetrussischen Jagd-Zweisitzer Jakowlew Jak 25 wiederverwendet.

Die Besatzung sollte nur aus einem Mann bestehen. Als Triebwerke waren zwei Heinkel He S 011-Strahlturbinen vorgesehen.

Außer einer SB 1000-Bombe trug die Maschine keinerlei Bewaffnung.

Die Funkausrüstung sollte aus einem FuG 16ZY und einem FuG 25 bestehen.

Der Treibstoffvorrat sollte in mehreren ungeschützten Rumpf- und Flächenbehältern untergebracht werden.

Abmessungen:	Spannweite	12,65 m
	Länge	14,20 m
	Höhe	3,75 m
	Flächeninhalt	27,00 qm
Gewichte:	Rüstgewicht	4225 kg
	Fluggewicht	8100 kg
Errechnete Leistungen:	Höchstgeschwindigkeit mit Last	1005 km/h
	Höchstgeschwindigkeit ohne Last	1015 km/h
	Reisegeschwindigkeit	960 km/h
	Landegeschwindigkeit	175 – 240 km/h
	Reichweite maximal in 13,6 km Höhe	2500 km
	Startstrecke	960 m
	Steiggeschwindigkeit am Boden	21,2 m/sec.

Focke-Wulf-Projekt 195 (Fw 249)

Zu den vielen Flugzeugprojekten, die von den deutschen Herstellern für den Jumo 222 von 2240 PS entwickelt und zu den Akten gelegt wurden, als dieser Motor nicht in Serie gebaut wurde, gehört auch dieser Entwurf eines achtmotorigen Großraumtransporters. Mit einer Besatzung von sieben Mann sollte dieser Transporter eine Nutzlast von 52 t tragen, was etwa 400 Mann entsprach. Als Triebwerk waren, wie bereits gesagt, acht Jumo 222 von je 2240 PS vorgesehen. Die Spannweite betrug 58 m, die Länge 47 m, die Höhe 11,8 m. Mit voller Nutzlast wurde ein Fluggewicht von 112 t errechnet. Die Maschine sollte in 7000 m Höhe eine Höchstgeschwindigkeit von 490 km/h erreichen. Die Reichweite betrug 1500 km. Die Größe und Schwere der Maschine verlangte eine Startstrecke von 1400 m.

Focke-Wulf-Projekt 0310224-20-/21

Fernbomber mit vier BMW 801 E. Mit einer Bombenlast von 3000 kg sollte eine Reichweite von 8400 km erreicht werden.

103. Focke-Wulf Fw 249 (Transporter-Projekt 195)

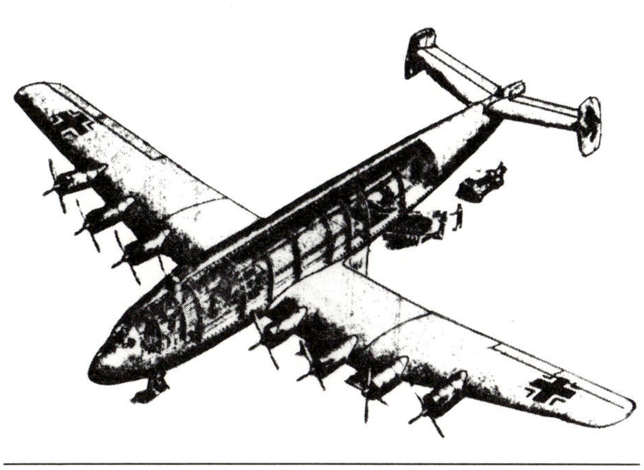

Eine starke Abwehrbewaffnung war vorgesehen: A-Stand: 4 × MK 108, B 1 und B-Stand: HD 151/2 und HD 151 Z, C-Stand: FDL 131 Z, im Heck: 4 × MG 131.

Beanspruch.-gruppe:	H_3 bei einem Abfluggewicht von 53,4 t		
Abmessungen:	Flügelfläche	F = 187 m²	
	Spannweite	b = 40 m	
	Länge	L = 27 m	
	Höhe	H = 6 m	
Besatzung:	7 Mann		
Fluggewicht:	53400 kg einschließlich 3000 kg Abwurflast		
Fahrwerk:	Bugrad (1220 × 445) und 4 Fahrwerke mit Einzelrädern (1550 × 575) hydraulisch einziehbar		
Lande- und Starthilfe:	Wölbungsklappen mit Spaltabdeckung im Innen- und Außenflügel hydraulisch betätigt		
Steuerung:	Doppelsteuerung und vollautomatische Steuerung für alle drei Achsen		
Triebwerk:	4 × BMW 801 E (Einheitstriebwerk)		
Kraftstoff-anlage:	Rumpf	10 geschützte SG-Behälter	7500 l
	Innenflügel	8 geschützte SG-Behälter	8000 l
	Außenflügel	8 geschützte SG-Behälter	6200 l
	Außenflügel	4 ungeschützte Behälter	2400 l
	Gesamtinhalt		24100 l
Schnellablaß:	Für halbe Kraftstoffmenge		
Schmierstoff-anlage:	4 geschützte Behälter, Gesamtinhalt		1600 l
Gipfelhöhe:	Bei G_m = 53000 kg 6,3 km		
	Bei G_A = 42000 kg 8,2 km		
Bewaffnung:	A-Stand		
	2 × 2 MK 108	mit je	250 Schuß Munition
	B_1-Stand		
	HD 151/2	mit	600 Schuß Munition
	B-Stand		
	HD 151 Z	mit je	450 Schuß Munition
	C-Stand		
	FDL 151 Z	mit je	500 Schuß Munition
	Bemannter Heckstand		
	4 × MG 131	mit je	1000 Schuß Munition
Abwurflast:	Maximale Abwurflast		10000 kg
	im Rumpf		
	4 × SC 2500	=	10000 kg oder
	4 × SC 1800	=	7200 kg oder
	4 × SC 1000	=	4000 kg oder
	9 × SD 1000	=	9000 kg oder
	9 × SC 500	=	4500 kg
Bomben-zielgerät:	Lotfe C/7 Ak 9		
	am Flügel können zusätzliche Abwurflasten untergebracht werden.		
FT-Ausrüstung:	Fu G X P (Fu G XVI)		
	Fu BL 2 F		
	Fu G 101		
	Fu G 25		
	Peil G VI × APZ 6		
	Fu G XVII		
Enteisung:	Luftschrauben elektrisch		
	Außenflügel mit Heizgeräten		

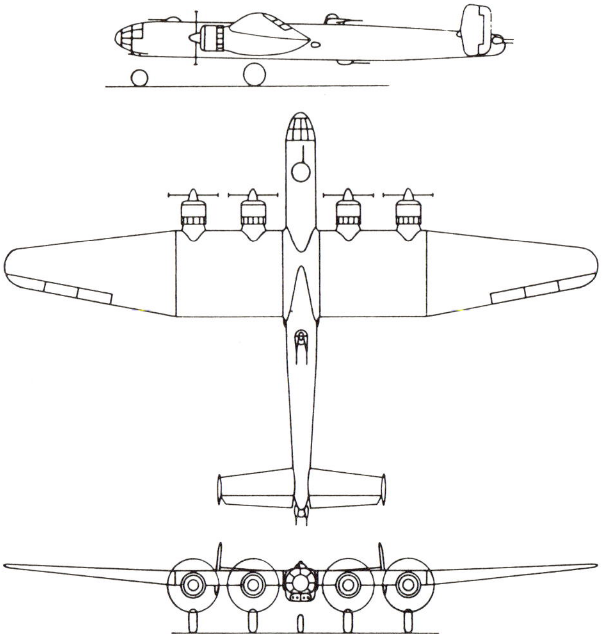

104. Focke-Wulf Fw P. 0310224-20/21

Panzerung:	Gesamtgewicht		700,0 kg
	Führer und Begleiter: Panzersitze		180,0 kg
	B-Stand	1 Panzerschild	60,0 kg
	B_1-Stand	1 Panzerschild	60,0 kg
	C-Stand	2 Panzerschilde	176,0 kg
	Heckstand	Panzerscheibe	30,0 kg
		Panzerung	84,0 kg
	Gerätepanzerung		100,0 kg
Geschwindigkeit:	V_{max} in 0 km Höhe 442 km/h		
	V_{max} in 2,7 km Höhe 496 km/h		
	V_{max} in 4,3 km Höhe 479 km/h		
	V_{max} in 6,3 km Höhe 512 km/h		
	V_{reise} = 320 km/h bei 8400 km Reichweite		

Focke-Wulf-Projekt 0310225 (Fw 261)

Dieser Entwurf stellt einen weiteren Versuch zur Entwicklung eines wirkungsvollen Fernbombers dar, der in seiner ganzen Anlage an die von Blume projektierte Arado Ar 340 erinnert. Auch hier wurde die Doppelrumpfbauart mit einem großen, kurzen Mittelrumpf gewählt. Die Höhenleitwerke befinden sich an der Außenseite der Leitwerksträger, um dem Heckschützen des Rumpfes ein freies Schußfeld zu geben. Das Fahrwerk besteht aus zwei Doppelrad-Fahrwerken, die nach hinten in die Leitwerksträger eingezogen werden. Die Triebwerksanlage besteht aus vier BMW 801 D-Motoren von je 1600 PS, die dreiflügelige Luftschrauben

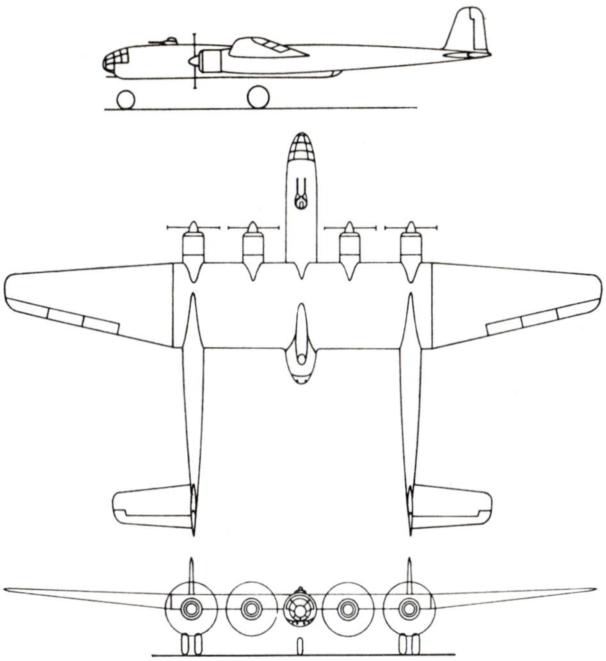

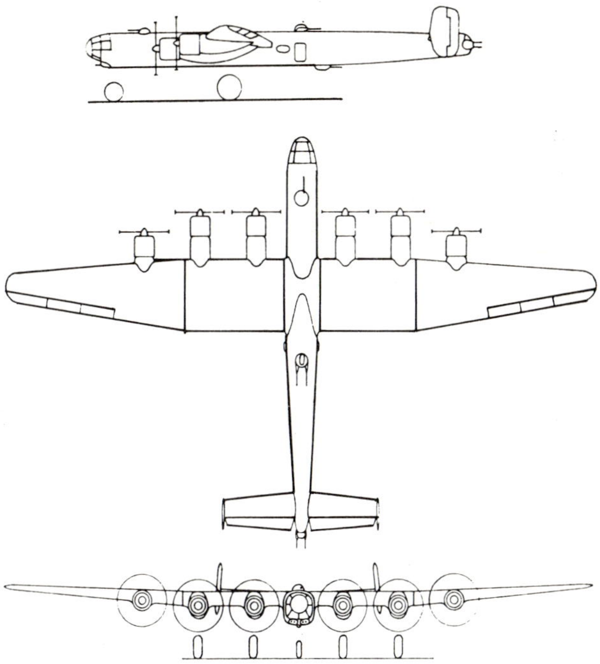

105. Focke-Wulf Fw 261 (P. 0310225)

106. Focke-Wulf Fw P. 0310224.30

94. Focke-Wulf Projekt 0310225 (Fw 261) Modell

von 3,5 m Durchmesser antreiben sollten. Die Bewaffnung war der des Projektes 0310224.30 ähnlich. Auch die Bombenlast betrug 3000 kg. Als Besatzung waren sieben bis neun Mann vorgesehen.

Abmessung:	Spannweite		40,00 m
	Länge		26,78 m
	Höhe		6,35 m
	Flächeninhalt		185,00 qm
Gewichte:	Rüstgewicht		26760 kg
	Besatzung		600 kg
	Munition		830 kg
	Kraftstoff		17600 kg
	Schmierstoff		1100 kg
	Bomben		3000 kg
	Fluggewicht		50000 kg
Errechnete Leistungen:	Höchstgeschwindigkeit in	2800 m Höhe	521 km/h
		7200 m Höhe	560 km/h
		9000 m Höhe	519 km/h
	Absolute Gipfelhöhe		9600 m
	Steigzeiten ohne Bomben	2000 m	5,0 min
		6000 m	11,2 min
		8000 m	15,5 min
	Startstrecke		1670 m
	Landegeschwindigkeit		144 km/h
	Reichweite bei 380 km/h Marschgeschwindigkeit		9000 km

Focke-Wulf-Projekt 0310224.30

Dieser Entwurf stellt eine weitere Stufe in der Entwicklung mehrmotoriger Fernbomber dar, die dann in der Ta 400 ihre vorläufige Endlösung fand. Das vorliegende Projekt wurde als sechsmotoriger Schulterdecker mit Doppel-Seitenleitwerk und Bugradanordnung ausgelegt. Es sollte als Fernkampfflugzeug, -zerstörer und -erkunder eingesetzt werden. Eine sieben- bis neunköpfige Besatzung war vorgesehen. Die Bewaffnung sollte aus vier MK 108, ein MG 151/20, vier MG 151 und vier MG 131 bestehen. Ferner konnte eine Bombenlast von 3000 kg mitgenommen werden. Für kürzere Strecken war die Mitnahme weiterer Bomben an Flügel-ETC's möglich. Die Triebwerksanlage umfaßte sechs BMW 801 E-Motoren von je 1700 PS, die als Schnellwechseltriebwerke ausgebildet waren. Der gesamte Treibstoff von 27000 l war in acht Rumpfbehältern mit insgesamt 7580 l, sowie zwölf Innenflächenbehältern mit 12300 l und sechs Außenflächenbehältern mit 7120 l Fassungsvermögen untergebracht. Die Hälfte der gesamten Treibstoffmenge konnte durch Schnellablaß entleert werden. Für die Schmierstoffanlage standen sechs geschützte Behälter mit insgesamt 2000 l Schmierstoff zur Verfügung.

Abmessungen:	Spannweite	42,00 m
	Länge	28,20 m
	Höhe	6,00 m
	Flächeninhalt	170,00 qm
Gewicht:	Fluggewicht mit 3000 kg Bombenlast	60500 kg

Gerner

Adlerwerke, Abt. Flugzeugbau, Frankfurt/Main

Am 1. Januar 1934 gliederten die Adlerwerke den Flugzeugbau Gerner ein. Unter den Direktoren Röhr und Jacobs wurde eine kleine Serie des *Gerner Ganzstahlflugzeuges G II R* gebaut.

Typ: Einmotoriges Sport- und Schulflugzeug.
Flügel: Einstieliger verspannter Doppeldecker. Ober- und Unterflügel je zweiteilig. Baldachin des Oberflügels als Kraftstofftank ausgebildet. N-Stiele. Querruder nur im Unterflügel. Aufbau aller Flächen in zweiholmiger Ganzstahlbauweise mit Stoffbespannung.
Rumpf: Geschweißtes Stahlrohrgerüst mit Stoffbespannung.
Leitwerk: Verspanntes Normalleitwerk. Aufbau aus Stahlrohren mit Stoffbespannung. Flossen untereinander verspannt. Verstellbare Höhenflosse, gedämpfte Ruder.
Fahrwerk: Starres Normalfahrgestell. Jedes Hauptrad mit langem Zuggummi-Federbein bis zum oberen Rumpfgurt und zwei Stützstreben zum unteren Rumpfgurt. Schleifsporn.
Triebwerk: Ein Hirth HM 60 R luftgekühlter hängender Vierzylinder-Reihenmotor mit 1 × 80 PS Startleistung. Starre Zweiblatt-Luftschraube aus Holz. Kraftstoffkapazität 60 Liter in einem Baldachin-Falltank, Schmierstoff sieben Liter.
Besatzung: Zwei Mann hintereinander in offenen Sitzen, wahlweise mit Doppelsteuer. Kabinenaufbau möglich.

Gerner selbst wurde Teillieferant und Reparaturwerk für die Me 109 bis zur totalen Zerstörung des Werkes durch Feindeinwirkung.

Gotha

Gothaer Waggonfabrik A. G., Gotha

Werke Gotha
Nachdem 1913 die Bedürfnisse des deutschen Heeres an Flugzeugen wuchsen, gliederte die seit 1898 im Waggonbau tätige Gothaer Waggonfabrik ihren Werken eine Flugzeugbauabteilung ein. Als erstes Produkt erschien ein Nachbau der Taube von K. Caspar unter der Bezeichnung LE 1. Noch im gleichen Jahr wurde als Konstruktion von Böhnisch-Bartl die LE 2 herausgebracht, die unter dem Namen »Gotha-Taube« zu einer erfolgreichen Spezialität der damaligen Firma werden sollte. In den ersten Jahren des Ersten Weltkrieges folgten nun einige Land- und Wasser-Ein- und Doppeldecker der für die Gothaer Waggonfabrik tätigen Konstrukteure Burkhard, Grulich, Rösner und Schmieder, bis dann im Frühjahr 1915 die Entscheidung fiel, sich fortan mit dem Bau von Landgroßflugzeugen zu beschäftigen. Der Grund hierfür war das Ersuchen der Inspektion der Fliegertruppe, das Großflugzeug Go G I, welches von dem späteren »Röhnvater« Oskar Ursinus konstruiert worden war, in Serie

95. Gerner G II R △

96. Gotha Go 145 A ▽

zu bauen. Die folgenden, von Burkhardt konstruierten Großflugzeuge Go G II bis Go G V erlangten dann durch ihre Einsätze gegen England Weltberühmtheit. Sie sind als die ersten leistungsfähigen Großflugzeuge überhaupt anzusprechen und beeinflußten die gesamte G-Flugzeug-Entwicklung. Ihr Serienbau lief nicht nur in der Waggonfabrik selbst, sondern unter Lizenz auch bei der Luftverkehrs-Gesellschaft mbH und bei den Siemens-Schuckert-Werken. Leistungsfähigere Weiterentwicklungen des Konstrukteurs Rösner, die Go G VII und Go G VIII, erreichten bis zum Kriegsende noch eine Produktionsziffer von 355 Stück. Die mit den Großflugzeugen der Gothaer Waggonfabrik, von den damaligen Gegnern nur kurz »Gothas« genannt, erzielten Erfolge waren so überzeugend, daß im Friedensvertrag von 1919 die Vernichtung des Werkes eigens festgelegt worden war. Daneben hatte Rösner noch eine Reihe äußerst leistungsfähiger Seeflugzeuge für Fernaufklärung, Bomben- und Torpedowurf konstruiert, deren konstruktiver Höhepunkt das Riesenflugzeug WD 27 war. Erst 1933 konnte nach Plänen von Dipl.-Ing. Kalkert erneut der Flugzeugbau aufgenommen werden. Außer zahlreichen Lizenzbauten für die neue deutsche Luftwaffe wurden eine Reihe von Eigenkonstruktionen entwickelt.

Gotha Go 145

Das erste Produkt der neuen Flugzeugbauabteilung der Gothaer Waggonfabrik war der 1933 von Dipl.-Ing. Kalkert konstruierte Schuldoppeldecker Go 145, der für die Ausbildung bei der neuen deutschen Luftwaffe in größerer Stückzahl akzeptiert wurde. Außer der reinen Schulausführung existierten noch Versionen als Waffenflugzeug und Kabinenreisemaschine.

Go 145 A

Standardausführung als Schulflugzeug mit Doppelsteuer und offenen Sitzen.

Typ: Einmotoriges Schul- und Übungsflugzeug.
Flügel: Einstieliger verspannter Doppeldecker mit Staffelung. Oberflügel drei-, Unterflügel zweiteilig. Aufbau in zweiholmiger Holzbauweise mit sperrholzbeplankter Flügelnase bis Hinterholm, sonst stoffbespannt. Oberflügelmittelteil fest über dem Rumpf, Oberteile mit 11,5° Pfeilung angelenkt, Unterflügel ungepfeilt. N-Stiele und Drahtauskreuzung zwischen den beiden Tragwerken. Querruder in Ober- und Unterflügel, aus Leichtmetall mit Stoffbespannung.
Rumpf: Aufbau als geschweißtes Stahlrohrgerüst mit Stoffbespannung.
Leitwerk: Normal, verspannt. Aufbau als Leichtmetallgerüst mit Stoffbespannung. Höhenflosse zur Seitenflosse und zum Rumpf hin verspannt. Sämtliche Ruder mit Trimmkanten.
Fahrwerk: Starres Normalfahrgestell. Hydraulisch bremsbare Haupträder an geteilter Achse. Schleifsporn.
Triebwerk: Ein Argus As 10 C luftgekühlter Achtzylinder-Λ-Motor mit 1 × 240 PS Startleistung. Starre Zweiblatt-Holz-Luftschraube von 2,50 m Durchmesser. Kraftstoffkapazität 180 Liter, Schmierstoff 25 Liter.

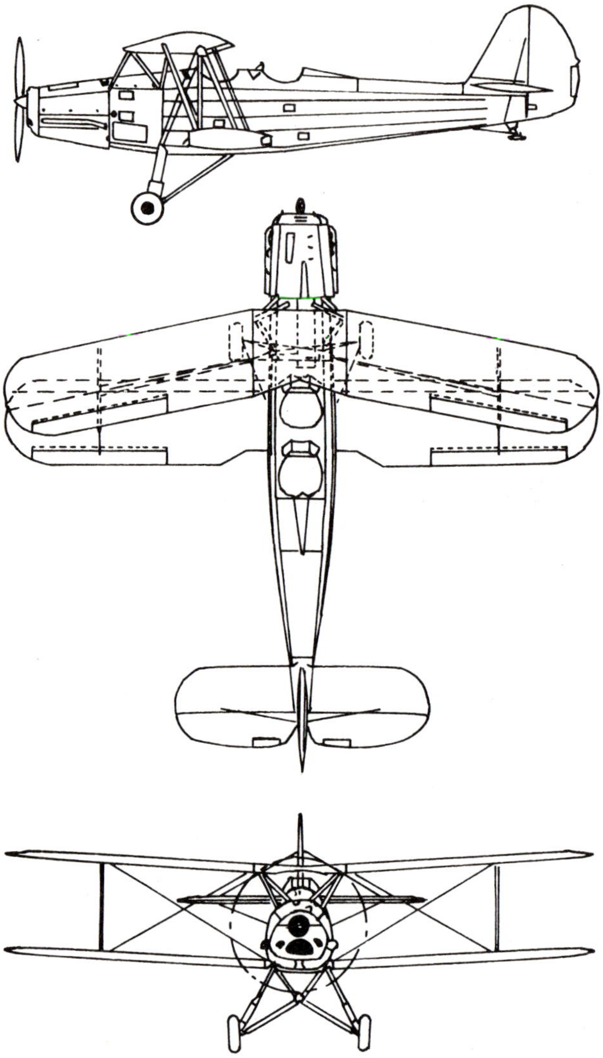

107. Gotha Go 145

Besatzung: Zwei Mann in hintereinanderliegenden offenen Sitzen mit Doppelsteuer.

Go 145 B

Sonderausführung mit Kabinenaufsatz und Radverkleidung als Reiseflugzeug. Sonstiger Aufbau analog Go 145 A.

Go 145 C

Version als Waffenflugzeug für die Grundausbildung von Bordschützen. Für diesen Zweck war auf dem hinteren Sitz ein Drehkranz mit einem 7,9 mm MG 15 montiert.

97. Gotha Go 145 B △

98. Gotha Go 145 C ▽

Gotha Go 146

1935 wurde, ebenfalls von Dipl.-Ing. Kalkert konstruiert, das zweimotorige Reise- und Kurierflugzeug Go 146 herausgebracht. Der Prototyp erhielt zwei Argus As 10 C mit 2 × 240 PS Startleistung und ein Gabelbeinfahrwerk. Die Serienausführung dagegen, die in geringer Stückzahl gebaut wurde, ging mit Hirth-Motoren und Einbein-Fahrwerken in die Fertigung. Ausgelegt war die Konstruktion für Motoren in der Leistungsklasse zwischen 180 und 280 PS.

Typ: Zweimotoriges Kleinverkehrs-, Reise- und Kurierflugzeug.
Flügel: Freitragender Tiefdecker. Aufbau in einholmiger Holzbauweise mit Sperrholzbeplankung. Landeklappen zwischen Querruder und Rumpf.
Rumpf: Aufbau als Ganzmetallschale mit ovalem Querschnitt.
Leitwerk: Normal, freitragend. Aufbau in Holzbauweise. Sämtliche Ruder gewichtlich und aerodynamisch ausgeglichen und mit Trimmklappen versehen.
Fahrwerk: Einziehbares Normalfahrgestell. Haupträder an freitragenden Einbeinen, nach hinten in die Motorengondeln einziehbar. Starres, verkleidetes Spornrad.

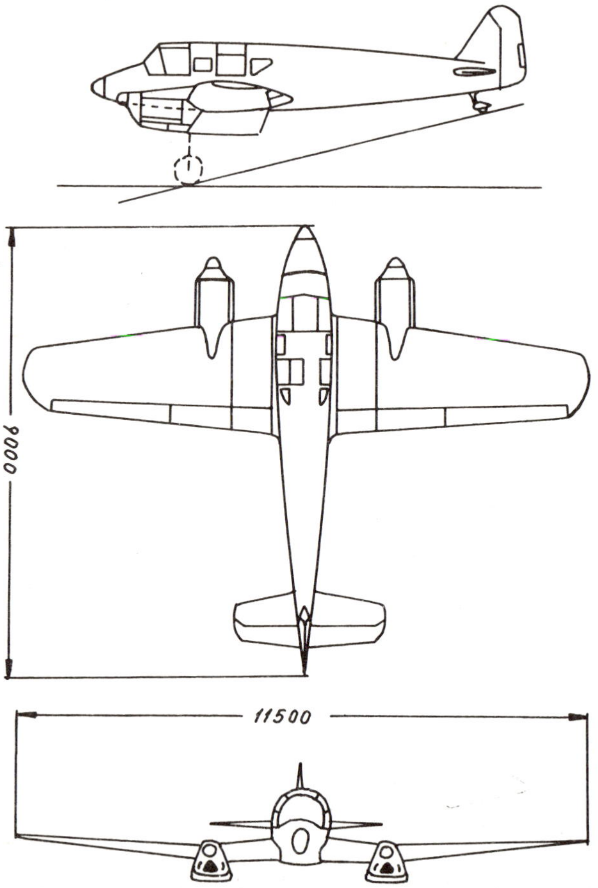

108. Gotha Go 146

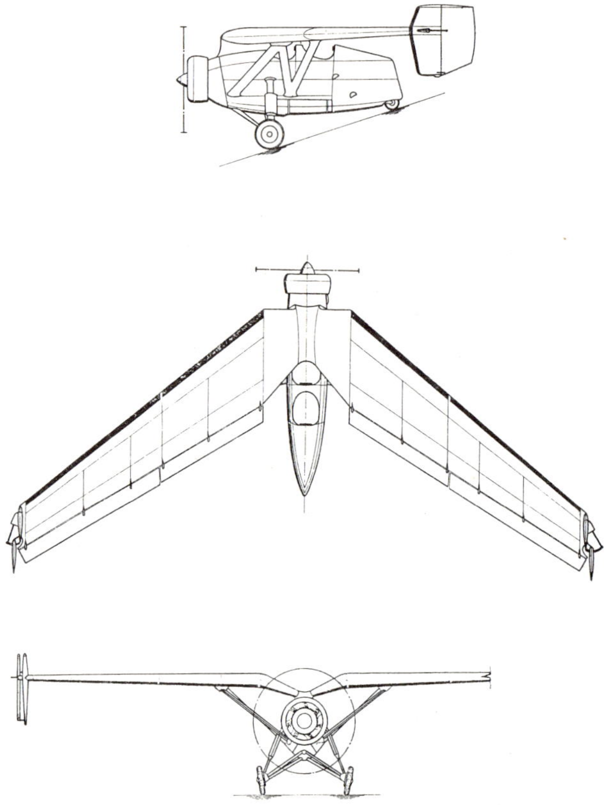

109. Gotha Go 147

Triebwerk: Zwei Hirth HM 508 E luftgekühlte Achtzylinder-Λ-Motoren mit 2 × 240 PS Startleistung. Zweiblatt-Einstell-Luftschrauben aus Holz mit 2,30 m Durchmesser. Kraftstoffkapazität 360 Liter, Schmierstoff 26 Liter.
Besatzung: Zwei Mann, bestehend aus Pilot und Funker, nebeneinander in geschlossenem Cockpit. Anschließende Kabine für zwei Passagiere mit Fallschirm und je 12,5 kg Gepäck oder drei Passagiere ohne Fallschirm.

Gotha Go 147

1936 schloß sich auch die Gothaer Waggonfabrik den seinerzeit zahlreichen Versuchen an, durch eine schwanzlose Konstruktion zu überragenden Flugleistungen zu kommen. Für die Entwicklung des schwanzlosen Versuchsflugzeuges Go 147 wurde Dr. A. Kupper gewonnen, der sich durch seine konstruktive Tätigkeit bei der Akaflieg München und durch die Konstruktion der »Austria« als größtem Segelflugzeug der Welt einen Namen gemacht hatte. Das Muster wurde in einem Exemplar erstellt, dann jedoch infolge der schlechten Flugeigenschaften wieder aufgegeben.

Go 147 A

Mustermaschine, die in einem Exemplar gebaut wurde (D-IQVI) und als Studie für das Waffenflugzeug Go 147 B dienen sollte.

Typ: Einmotoriges Versuchsflugzeug in schwanzloser Auslegung.
Flügel: Abgestrebter Knickflügel-Schulterdecker. Dreiteiliger, zweiholmiger Holzflügel mit Sperrholzbeplankung und Stoffbespannung. Ungepfeiltes, kurzes Mittelstück mit starker V-Form fest am Rumpf. Außenteile mit 40° Pfeilform angelenkt und durch N-Stiele zum Rumpf hin verstrebt. Über jedes Flügelaußenteil durchlaufende zweiteilige Klappe, als Doppelflügel ausgebildet und innen als Höhen-, außen als Querruder wirkend.
Rumpf: Kurzes Rumpfboot mit im Bug gelagertem Motor, nach hinten in eine senkrechte Schneide auslaufend. Aufbau aus geschweißten Stahlrohren als Kasten, mit Formgebungsleisten versehen und mit Stoff bespannt.

99. Gotha Go 146 △ 100. Gotha Go 147 V 1 ▽

Leitwerk: Doppeltes Seitenleitwerk als Flügelendscheiben.
Fahrwerk: Starres Normalfahrgestell, Hauptträder an Dreibeinen, großes Spornrad in Gabel im eingezogenen Rumpfheck.
Triebwerk: Ein Argus As 10 C luftgekühlter Achtzylinder-Λ-Motor mit 1 × 240 PS Startleistung. Starre Zweiblatt-Holz-Luftschraube von 2,30 m Durchmesser.
Besatzung: Zwei Mann in hintereinanderliegenden offenen Sitzen.

Go 147 B

Geplante Serienmaschine, aus der Go 147 A entwickelt und ihr aufbaumäßig stark angeglichen. Für den vorgesehenen Zweck als Waffentrainer mit dem durch die schwanzlose Konstruktion erreichten unbeschränkten Schußfeld nach hinten war der Rumpf leicht abgewandelt, indem er nach hinten in eine Gondel auslief und der hintere Sitz mit einem Drehkranz für das 7,9 mm MG 15 ausgestattet war. Ebenfalls sollte der Rumpf am Heck nicht mehr eingezogen werden, weil der neue Entwurf die Verwendung eines normal dimensionierten, aber verkleideten Spornrades vorsah. Weitere Änderungen betrafen die Verringerung der Streckung durch eine Verkürzung der Spannweite und eine Verkleinerung der Seitenleitwerke, die nicht mehr über die Flügeloberkante herausgezogen werden sollten. Sonstiger Aufbau, auch triebwerkseitig, wie Go 147 A. Zu einer Bauausführung kam es nicht.

Gotha Go 148

Die der Gothaer Waggonfabrik vom RLM zugewiesene Nummer 148 wurde nicht benutzt, weil die Quersumme die Unglückszahl 13 ergab.

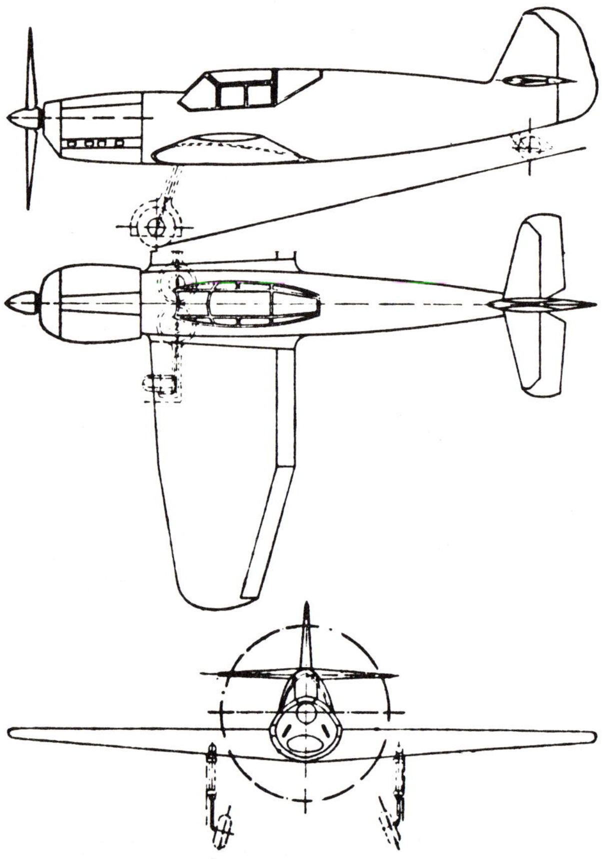

110. Gotha Go 149

111. Gotha Go 149 Übungsjagdbomber

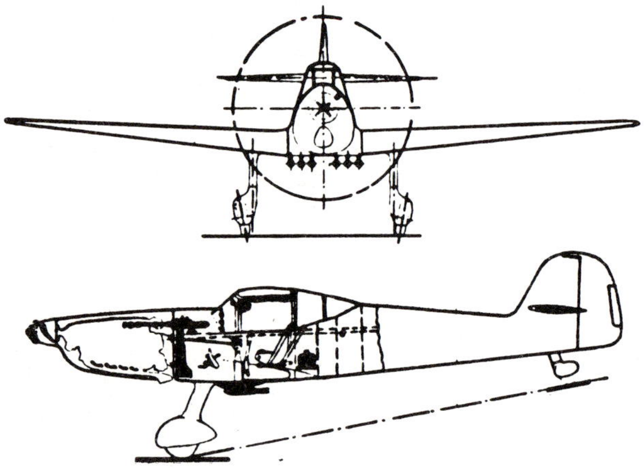

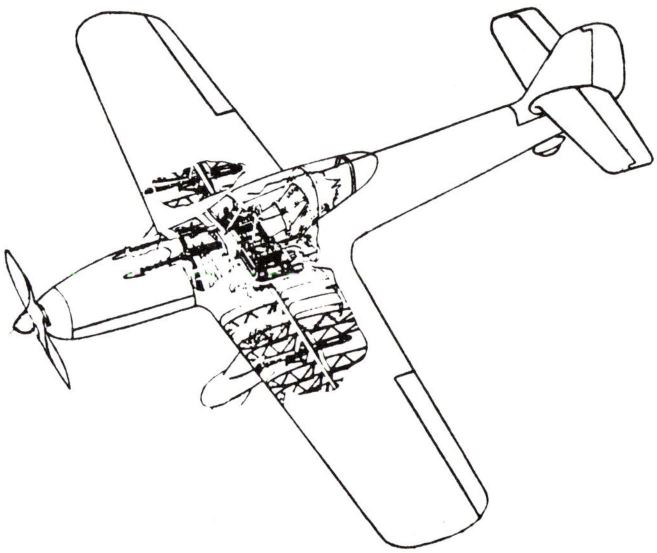

112. Gotha Go 149 L Heimatschutz-Jagdeinsitzer

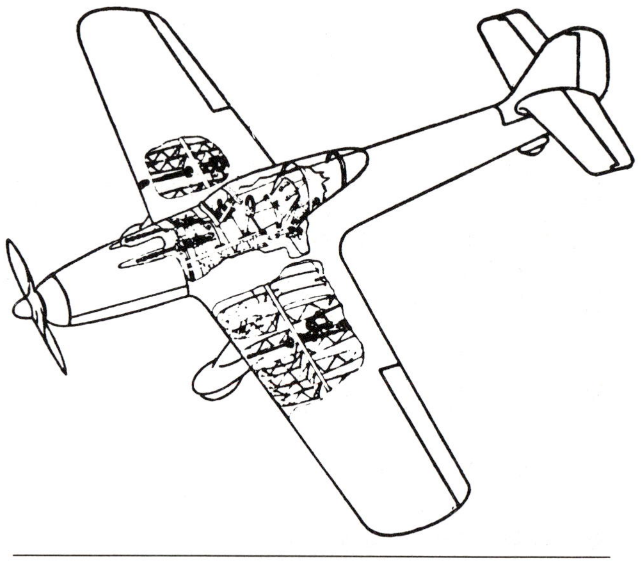

113. Gotha Go 149 L Leichtes Schlachtflugzeug

Gotha Go 149

1936 entstand in der Go 149 ein schnittiger Kabineneinsitzer, der hauptsächlich für die Jagdfliegerschulung gedacht war, mit entsprechender Bewaffnung jedoch auch als Schlachtflugzeug und Heimatschutzjäger eingesetzt werden sollte. Zu

101. Gotha Go 149 △

102. Gotha Go 150 ▽

einem Serienbau kam es allerdings nicht, und es wurden nur einige Mustermaschinen erstellt.

Typ: Einmotoriges Übungsflugzeug.
Flügel: Freitragender Tiefdecker. Zweiteiliger, einholmiger Holzflügel mit Sperrholzbeplankung. Mechanisch betätigte Landeklappen zwischen Querruder und Rumpf.
Rumpf: Aufbau als Leichtmetall-Schale mit ovalem Querschnitt.
Leitwerk: Freitragendes Normalleitwerk. Seitenflosse aus Ganzmetall fest am Rumpf, alle sonstigen Flächen in Holzbauweise, Höhenflosse sperrholzbeplankt, Ruder stoffbespannt. Sämtliche Ruder aerodynamisch ausgeglichen.
Fahrwerk: Einziehbares Normalfahrgestell. Hydraulisch bremsbare Haupträder an Einbeinen mechanisch nach innen in die Flügel einfahrbar. Starres, verkleidetes Spornrad.
Triebwerk: Ein Argus As 10 C luftgekühlter Achtzylinder-Λ-Motor mit 1 × 240 PS Startleistung. Zweiblatt-Einstell-Luftschraube aus Holz von 2,20 m Durchmesser. Kraftstoffkapazität 185 Liter, Schmierstoff 14 Liter.
Besatzung: Ein Pilot in geschlossener Kabine mit abwerfbarem Kabinenaufbau.

Gotha Go 150

Der Gedanke der Zweimotorensicherheit auch für kleine Sport- und Reiseflugzeuge stand bei der Konstruktion der Go 150 aus dem Jahre 1937/38 Pate. Der überaus leichte Zweisitzer wurde durch zahlreiche Siege und Rekorde in Flugwettbewerben bekannt, unter anderem durch die Aufstellung eines von der FAI anerkannten Höhenrekordes mit 8048 m (einsitzig) im Juli 1939.

Typ: Zweimotoriges Sport- und Reiseflugzeug.
Flügel: Freitragender Tiefdecker. Dreiteiliger, einholmiger Holzflügel mit verdrehsteifer Sperrholznase, sonst stoffbespannt. Querruder in den Außenteilen mit großen Trimmkanten.
Rumpf: Aufbau als Holzgerüst mit angenähert rechteckigem Querschnitt, komplett sperrholzbeplankt.
Leitwerk: Normal, freitragend. Aufbau aus Holz, Flossen sperrholzbeplankt, Ruder stoffbespannt. Trimmkanten im Höhenruder.
Fahrwerk: Starres Normalfahrgestell. Mechanisch bremsbare Haupträder an freitragenden Einbeinen, verkleidet. Spornrad.
Triebwerk: Zwei Zündapp Z 9-092 luftgekühlte hängende Vierzylinder-Reihenmotoren mit 2 × 50 PS Startleistung. Starre Zweiblatt-Holz-Luftschrauben mit 2,55 m Durchmesser. Kraftstoffkapazität 115 Liter, Schmierstoff sieben Liter.
Besatzung: Zwei Mann nebeneinander in geschlossener Kabine mit Doppelsteuer. Großer Gepäckraum hinter den Sitzen.

Gotha Go 241

Noch 1940 wurde als Weiterverfolgung des zweimotorigen Reiseflugzeuges Go 150 ein schnelleres und leistungsfähigeres Muster als Viersitzer unter der Bezeichnung Go 241 herausgebracht. Außer einer weitaus großzügigeren Dimensionierung wurde besonders auf eine bessere aerodynamische Durchbildung Wert gelegt. Bei angeglichenem Aufbau und ähnlicher Bauweise wie bei der Go 150 zeichnete sich die Go 241 zusätzlich durch das Einziehfahrwerk und durch die

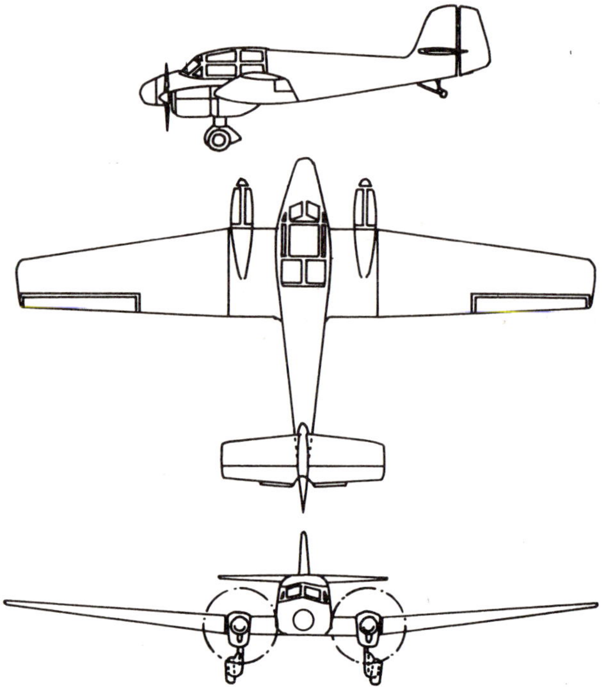

114. Gotha Go 150

Verwendung von Spreizklappen aus. Die Spreizklappen konnten allerdings nicht für die Starterleichterung herangezogen werden, sondern dienten ausschließlich als Landehilfen. Beim Entwurf der Go 241 sollten zwei BMW-Bramo Sh 14 A-Sternmotoren zum Einbau gelangen. Der Prototyp erhielt dann die auch für die Serie vorgesehenen Hirth-Motoren. Zu einem Serienbau kam es infolge der Kriegsereignisse nicht mehr. Die in einem Exemplar gebaute Mustermaschine (D-IRMM) wurde 1944 bei einem Angriff auf das Gothaer Werksgelände zerstört.

Typ: Zweimotoriges Reise- und Kurierflugzeug.
Flügel: Freitragender Tiefdecker. Zweiteiliger, einholmiger Holzflügel mit verdrehsteifer Sperrholznase, sonst stoffbespannt. Spaltquerruder ebenfalls in Holzbauweise mit Stoffbespannung. Spreiz-Landeklappen zwischen Querruder und Rumpf, mechanisch betätigt, als Leichtmetallgerüst mit Blechbeplankung.
Rumpf: Auf vier Längsholme als Schale aufgebaut, komplett aus Holz bestehend und durchgehend sperrholzbeplankt.
Leitwerk: Zur Rumpfunterseite hin abgestrebtes Höhenleitwerk sowie als Endscheiben ausgebildetes doppeltes Seitenleitwerk. Aufbau aller Flächen in Holzbauweise, Flossen sperrholzbeplankt, Ruder stoffbespannt. Höhenruder ohne, Seitenruder mit aerodynamischen Ausgleich.
Fahrwerk: Einziehbares Normalfahrgestell. Bremsbare Haupträder an freitragenden Einbeinen mechanisch nach hinten halb in die

103. Gotha Go 241 V 1 △

104. Gotha Go 242 A ▽

Motorengondeln einziehbar. Nicht einziehbares, voll drehbares, verkleidetes Spornrad.
Triebwerk: Zwei Hirth HM 506 A luftgekühlte hängende Sechszylinder-Reihenmotoren mit 2 × 160 PS Startleistung. Starre Zweiblatt-Holz-Luftschrauben von 2,10 m Durchmesser.
Besatzung: Vier Mann in geschlossener Kabine, je zwei nebeneinander auf hintereinanderliegenden Sitzbänken, vorne mit Doppelsteuer.

Gotha Go 242

Nach Kriegsbeginn wurde an die Gothaer Waggonfabrik die Aufgabe herangetragen, außer den Lizenzbauten für die Luftwaffe vorwiegend Lastensegler zu entwickeln und zu fertigen. Als Erstprodukt kam 1942 in größerer Stückzahl die Go 242 in den Einsatz, die als Gegenstück zur DFS 230 mit einer wesentlich vergrößerten Kapazität in Auftrag gegeben war. Die Konstruktion stammte von Dipl.-Ing. Kalkert und war mit den beiden Leitwerksträgern gleich so ausgelegt, daß sie auch motorisiert werden konnte. Als Schleppmaschinen dienten vorwiegend Ju 52 oder He 111. Zugelassen war die Go 242 sowohl für Seil- als auch für Starrschlepp. Drei Baureihen standen in der Fertigung, die sich hauptsächlich im Fahrwerk unterschieden.

Gotha Go 242 A-Reihe
Erste Version mit Landekufen und abwerfbarem Fahrgestell, von der zwei verschiedene Varianten existierten.

Go 242 A-1
Standardausführung der A-Reihe, als Truppen- oder Fracht-Lastensegler einsetzbar.

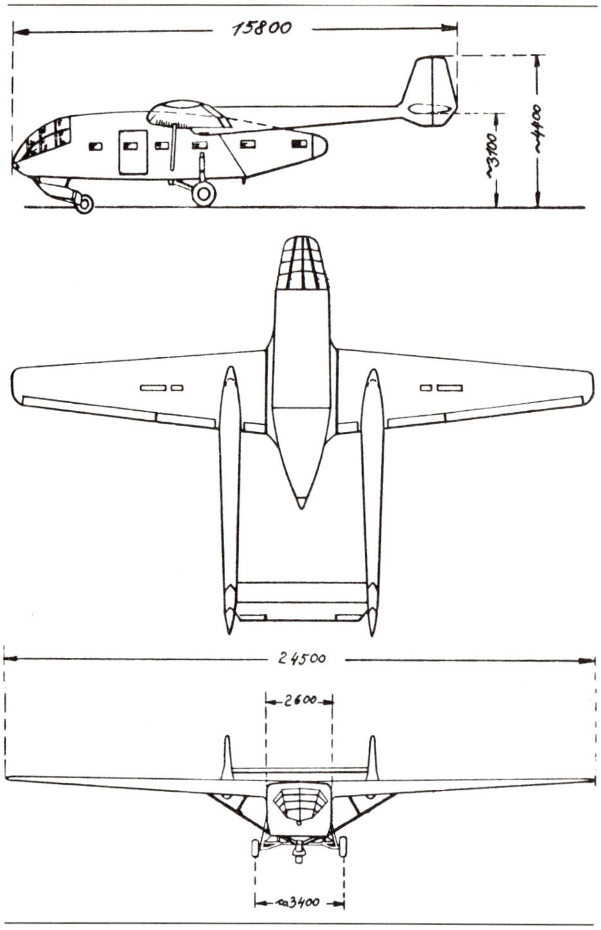

Typ: Militärischer Lastensegler ohne Antrieb.
Flügel: Abgestrebter Schulterdecker. Zweiteiliger, zweiholmiger Holzflügel mit sperrholzbeplankter Torsionsnase, sonst, einschließlich der Ruder, stoffbespannt. Querruder mit Trimmklappen, Landeklappen zweiteilig zwischen Querruder und Leitwerksträger sowie Leitwerksträger und Rumpf. Störklappen auf der Flügeloberseite außerhalb der Leitwerksträger. Jede Flügelhälfte durch einen I-Stiel zur Rumpfunterkante hin abgefangen.
Rumpf: Rumpfgondel (11,30 m lang) als geschweißtes Stahlrohrgerüst mit Stoffbespannung, Heck als Ladetor hochklappbar. Zwei Ganzholz-Leitwerksträger als Schalen.
Leitwerk: Freitragendes Höhenleitwerk zwischen den beiden Leitwerksträgern. Doppeltes Seitenleitwerk im Auslauf der Leitwerksträger. Seitenflossen aus Holz fest an den Trägern und, wie auch die Höhenflosse, mit Sperrholz beplankt. Stoffbespannte Ruder mit Trimmklappen.
Fahrwerk: Start auf abwerfbarem Zweiradfahrgestell, Landung auf drei Kufen, eine einziehbare im Bug und je eine starre unter den beiden Rumpfseitenwänden.
Besatzung: Zwei Mann und 23 voll ausgerüstete Soldaten oder eine entsprechende Fracht. Einsteigetür für Soldaten an der linken Rumpfseite vor der Strebe, für Fracht hochklappbares Heck.

Go 242 A-2
Version der Go 242 A-1 mit verbesserter Ausrüstung.

Gotha Go 242 B-Reihe
Die B-Reihe besaß gegenüber den Mustern der A-Reihe ein normales Dreiradfahrgestell anstelle der Kufen. Auch die bei dieser Reihe existierenden fünf Varianten unterschieden sich nur im Detail.

Go 242 B-1
Grundversion, analog A-1, jedoch mit Dreiradfahrgestell, von dem die Haupträder drehstabgefedert und mit durchgehender Achse ausgeführt wurden.

115. Gotha Go 242 B △

105. Gotha Go 242 B ▽

106. Gotha Go 242 mit einfachem Leitwerksträger △

107. Gotha Go 244 ▽

Go 242 B-2
Version der B-1 mit an den Rumpfseitenwänden angelenkten Federbeinen für die Haupträder.

Go 242 B-3
Wie B-1, jedoch mit einer zusätzlichen Doppeltür im hochklappbaren Rumpfheck.

Go 242 B-4
Wie B-2, jedoch ebenfalls mit zusätzlicher Doppeltür im hochklappbaren Rumpfheck.

Go 242 B-5
Weiterentwicklung der B-2 mit einer verbesserten Ausrüstung. Eine Versuchsausführung mit einfachem Leitwerksträger wurde der Vorläufer der Ka 430.

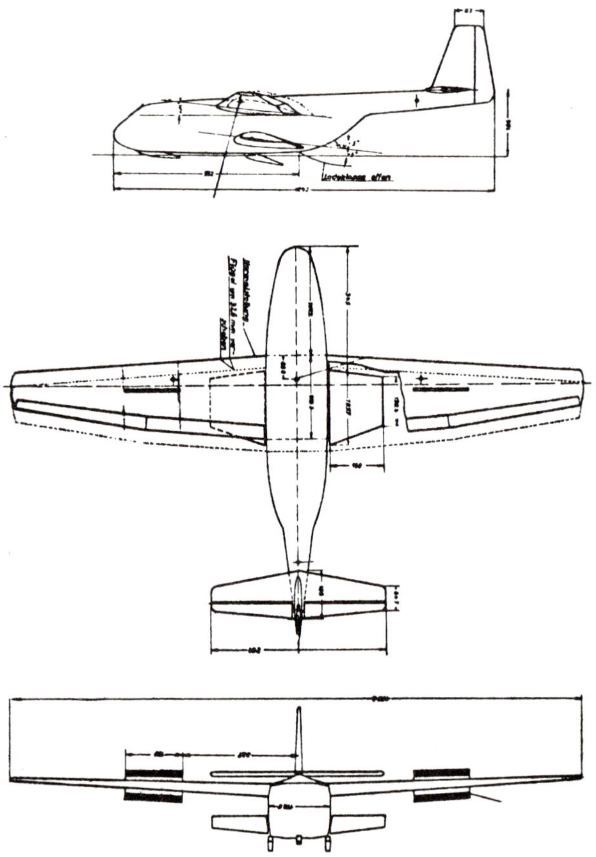

116. Gotha Go 242 mit Zentralrumpf

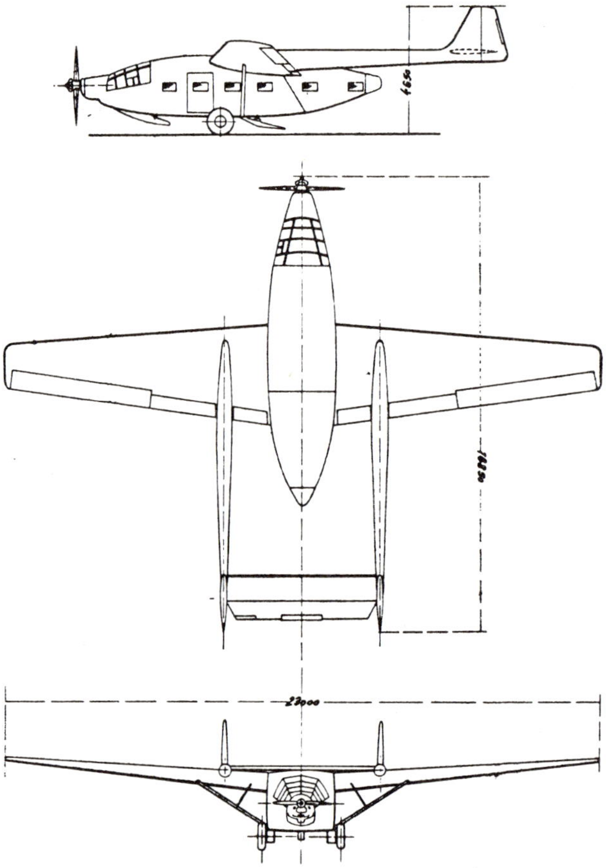

117. Gotha Go 242 mit Argus As 10c

Gotha Go 242 C-Reihe
Für Sondereinsätze wurde noch die C-Reihe konstruiert, die einen schwimmfähigen Fußboden und Stützschwimmer erhielt.

Go 242 C-1
Einzige in kleinerer Stückzahl gebaute Version der C-Reihe für Sondereinsätze. Mit diesen Maschinen sollten italienische Sturmboote während eines Nachteinsatzes bis an die englische Flotte in Scapa Flow herangebracht werden. Der Einsatz fand jedoch nicht statt.

Go 242 mit Argus As 10c
Um die Gleitflugstrecke der Go 242 verlängern zu können, wurde eine Version mit 240 PS Argus As 10c geplant. Dies wurde dann aber zugunsten der Go 244 aufgegeben.

Gotha Go 244

Wie schon erwähnt, wurde der Lastensegler Go 242 besonders im Hinblick auf eine mögliche Motorisierung ausgelegt, bei der zwei Triebwerke in der Verlängerung der Leitwerksträger vor der Flügelvorderkante untergebracht werden konnten. An Triebwerken stand eine größere Anzahl von Beutemotoren zur Verfügung, einmal der russische M 25-Sternmotor, der in der »Rata« Verwendung gefunden hatte, dann der französische Gnôme-Rhône 14 M-Doppelsternmotor aus der Potez 63. Für die Serienausführung entschied man sich für das französische Triebwerk. Insgesamt wurden 1942 42 Maschinen der Muster Go 244 A und B, die sich nur im Detail unterschieden, gebaut. Der Einsatz der Flugzeuge war nicht besonders erfolgreich, weil die aufgewandte Motorleistung sich als viel zu schwach erwies und das Muster einmotorig nicht in der Luft gehalten werden konnte.

Typ: Zweimotoriger motorisierter Lastensegler als militärischer Last- oder Truppentransporter.
Flügel: Abgestrebter Schulterdecker. Zweiteiliger, zweiholmiger Holzflügel mit sperrholzbeplankter Torsionsnase, sonst, einschließlich der Ruder, stoffbespannt. Querruder mit Trimmklappen, Landeklappen zweiteilig zwischen Querruder und Leitwerksträger sowie zwischen Leitwerksträger und Rumpf. Störklappen auf der

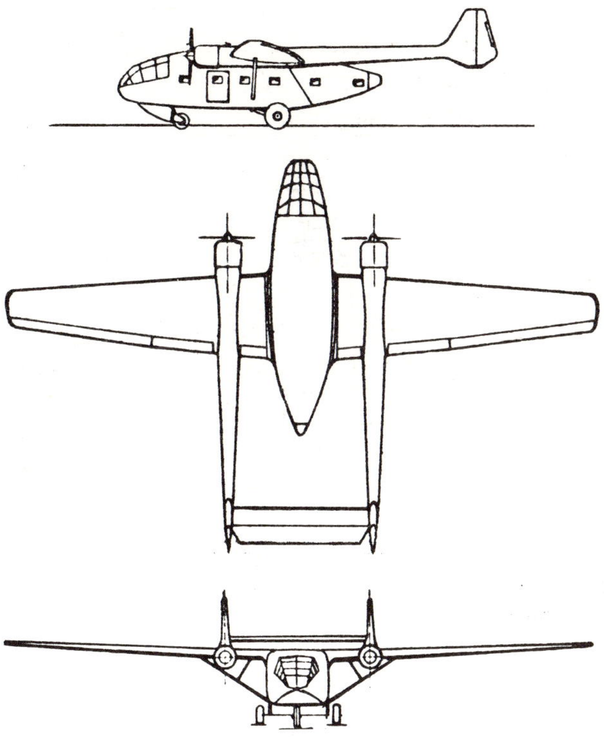

118. Gotha Go 244

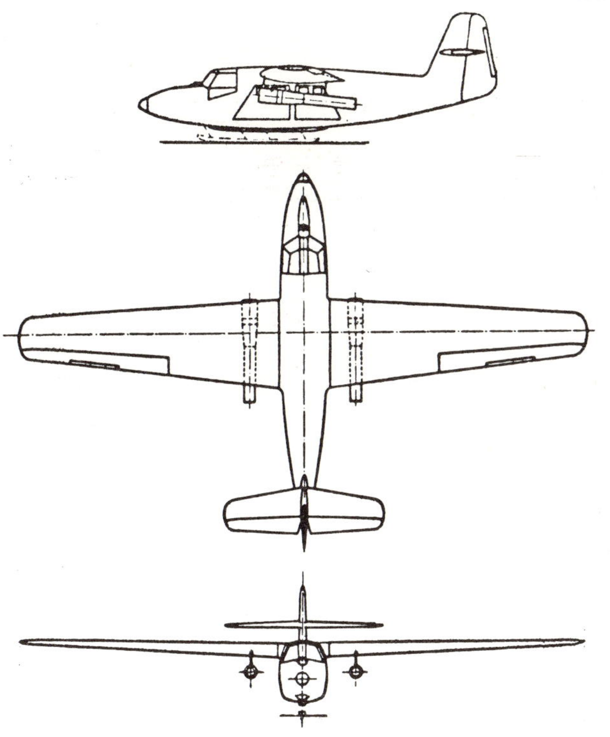

119. Gotha Go 345

Flügeloberseite außerhalb der Leitwerksträger. Jede Flügelhälfte durch einen I-Stiel zur Rumpfunterkante hin abgefangen.
Rumpf: Rumpfgondel als geschweißtes Stahlrohrgerüst mit Stoffbespannung, Heck als Ladetor hochklappbar. Zwei Leitwerksträger in Verlängerung der Motorengondeln als Ganzholzschalen.
Leitwerk: Freitragendes Höhenleitwerk zwischen den beiden Leitwerksträgern. Doppeltes Seitenleitwerk im Auslauf der Leitwerksträger. Seitenflossen aus Holz fest an den Trägern und, wie auch die Höhenflosse, mit Sperrholz beplankt. Stoffbespannte Ruder mit Trimmklappen.
Fahrwerk: Starres Dreiradfahrwerk. Haupträder drehstabgefedert und mit durchgehender Achse, Bugrad an kufenähnlichem Vorbau.
Triebwerk: Zwei Gnôme-Rhône 14 M luftgekühlte Vierzehnzylinder-Doppelsternmotoren mit 2×740 PS Startleistung. Dreiblatt-Verstell-Luftschrauben.
Besatzung: 2 Mann mit 23 voll ausgerüsteten Soldaten oder eine entsprechende Fracht. Einsteigetür für Soldaten an der linken Rumpfseite vor den Haupträdern, hochklappbares Heck für sperrige Fracht.

Gotha Go 345

1944 wurde als reiner Fracht-Lastensegler die Go 345 in Angriff genommen, wenig später der Entwurf jedoch in einen Kampfsegler mit Antrieb und Bremsrakete geändert.

Go 345 A

Erste Version als Fracht-Lastensegler mit Dreiradfahrwerk und hochklappbarem Bug.

Typ: Militärischer Lastensegler ohne Antrieb.
Flügel: Freitragender Schulterdecker. Zweiteiliger, einholmiger Holzflügel mit verdrehsteifer Sperrholznase. Querruder mit Trimmklappen.
Rumpf: Aufbau als geschweißtes Stahlrohrgerüst mit Formgebungsgurten und Stoffbespannung.
Leitwerk: Normal, freitragend. Höhenflosse an der Seitenflosse hoch angesetzt. Aufbau aus Holz, Flossen sperrholzbeplankt, Ruder stoffbespannt. Seitenruder mit Trimmklappe.
Fahrwerk: Starres Normalfahrgestell. Haupträder mit Federstreben an den Rumpfuntergurten angelenkt und mit durchgehender Achse versehen. Drehbares Bugrad.
Besatzung: 2 Mann nebeneinander in stumpfem, verglastem Rumpfbug. Für die Beladung ist der gesamte Bug aufklappbar. Innenraumabmessungen 4,06×1,33×1,56 m.

Go 345 B

Abwandlung der Go 345 A als Kampfsegler für zehn vollausgerüstete Soldaten. Als Hilfsantrieb sollten zwei Argus-Pulso-Schubrohre unter den Flügeln angebracht werden. Weiterhin war zwischen den Führersitzen im verlängerten Rumpfbug eine Bremsrakete eingebaut. Zu einer praktischen Erprobung dieses Punktlandeseglers kam es nicht mehr, denn beim Einmarsch der Allierten war erst eine Attrappe des Musters fertiggestellt.

Typ: Kampfsegler mit Hilfsantrieb.
Flügel: Freitragender Schulterdecker. Zweiteiliger, einholmiger Holzflügel mit Sperrholzbeplankung. Querruder mit Trimmklappen.
Rumpf: Aufbau als geschweißtes Stahlrohrgerüst mit Formgebungsgurten und Stoffbespannung.
Leitwerk: Normal, freitragend. Höhenflosse an der Seitenflosse hoch angesetzt. Aufbau aus Holz, Flossen sperrholzbeplankt, Ruder stoffbespannt. Seitenruder mit Trimmklappe.
Fahrwerk: Einziehbare Zentralkufe unter der Rumpfmitte, an vier Streben hängend und durch einen Stoßdämpfer gefedert.
Triebwerk: Zwei Argus As 014 Pulso-Schubrohre beiderseits des Rumpfes unter dem Flügel hängend. Zur Bremsung des Flugzeuges wenige Meter über dem Boden befand sich zwischen den beiden Pilotensitzen eine nach vorne wirkende Bremsrakete. Zusätzlich war ein Bremsfallschirm eingebaut.
Besatzung: 2 Mann nebeneinander. Die Kabine faßt 10 voll ausgerüstete Soldaten. Zugang durch große Klappen in den Rumpfseitenwänden.

Gotha Ka 430

Dipl.-Ing. Albert Kalkert entwickelte aus der Go 242 die folgenden Lastensegler mit einfachem Leitwerksträger. Als Vorversuch war die Go 242 mit den Kennzeichen VM + AV entsprechend umgebaut worden. Hieraus entstanden die Projekte P. 47 und P. 50 und als letzte Lösung die Ka 430. Die konstruktive Durcharbeitung des Entwurfs lag in den Händen von Dipl-Ing. Leiber unter Mitwirkung der Ingenieure Köhler und Rettig. Der Bau erfolgte bei den Mitteldeutschen Metallwerken, Erfurt (Reparaturwerk Erfurt). Das erste Musterflugzeug Ka 430 V 1, DV + MA, wurde im Februar 1944 fertiggestellt. Die Erprobung begann am 27. März 1944. Als Schleppflugzeug diente eine He 111 H-6, F7 + DK. Pilot des Schleppflugzeugs war Unteroffizier Göers. Außer zwei Attrappen sind neun Ka 430 gebaut worden, davon wurden aber die beiden letzten, V 6 und V 7, nicht mehr fertig. Die Erprobung von V 1 bis V 5 wurde bis zum 31. Januar 1945 weitergeführt, obwohl sie wiederholt durch Bombenangriffe unterbrochen wurde, wobei das Schleppflugzeug He 111 H-6, DJ + SI zerstört wurde. Ab Februar 1945 wurde eine Ju 88 als Schleppflugzeug verwendet. Meist erfolgten die Schleppflüge im Langschlepp, nur mit der DJ + SI im Starrschlepp. Die Ka 430 konnte so zerlegt werden, daß auch ein Transport auf Schiene oder Straße möglich war.

Typ: Militärischer Lastensegler ohne Antrieb.
Flügel: Freitragender Schulterdecker. Zweiteiliger, einholmiger Holzflügel mit verdrehsteifer Sperrholznase, sonst Stoffbespannung. Querruder mit Trimmklappen, Landeklappen zwischen Querruder und Rumpf. Störklappen auf der Flügeloberseite.
Rumpf: Aufbau als geschweißtes Stahlrohrgerüst mit Stoffbespannung.
Leitwerk: Freitragend, normal. Aufbau in Holzbauweise, Flossen

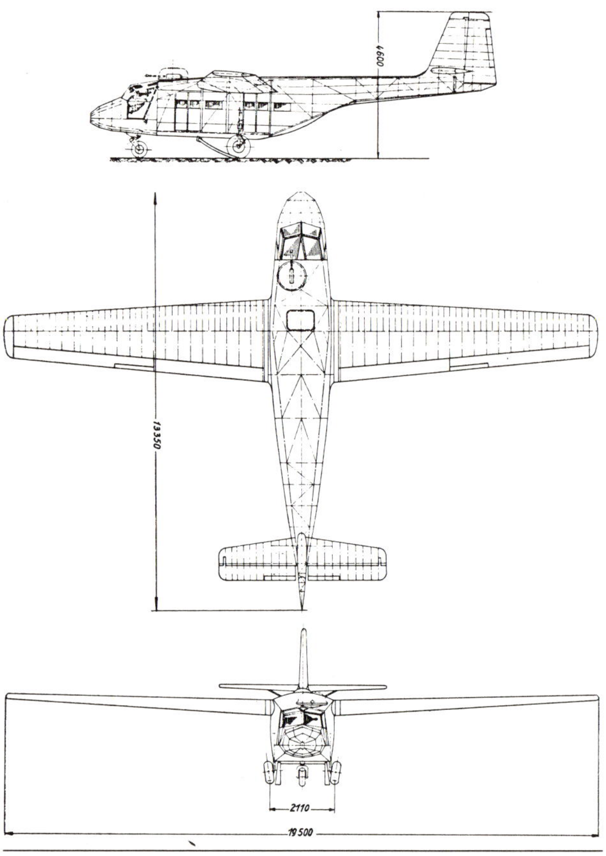

120. Gotha Ka 430

sperrholzbeplankt, Ruder stoffbespannt. Trimmklappen in allen Rudern.
Fahrwerk: Starres Dreiradfahrgestell. Haupträder abwerfbar. Landung im Bedarfsfalle auf zwei zusätzlichen Kufen unter den beiden Rumpfuntergurten in Höhe der Haupträder.
Besatzung: 2 Mann nebeneinander in geschlossener Kabine. Anschließender Laderaum mit den Abmessung 3,65 × 1,45 × 1,30 m für 12 voll ausgerüstete Soldaten oder entsprechende Fracht. Hochgezogenes Rumpfhinterteil als zweiteilige Beladeklappe ausgebildet, davon Unterteil als Rampe absenkbar.
Militärische Ausrüstung: Drehturm mit 1 × 13 mm MG 131 auf der linken Rumpfoberseite direkt hinter dem Pilotensitz.

Gotha Go 229

1943 hatten die Gebrüder Horten einen einsitzigen Nurflügel-Strahljäger unter der Bezeichnung Ho IX entwickelt und zwei Prototypen gebaut. Diese Muster erregten die Aufmerksamkeit des RLM. Es beauftragte 1944 die Gothaer Waggonfabrik, weitere Prototypen zu bauen, eine zweisitzige Version zu entwickeln und eine Serie von vorerst 20 Stück

108. Gotha-MMW Ka 430 V 1

vorzubereiten. Das Muster erhielt die offizielle Bezeichnung Go 229 und diente gleichzeitig als Studie für weitere Eigenentwicklungen (Go P. 60) der GWF. Die Go 229 ist ausführlich unter Horten als Ho IX (8-229) beschrieben.

Gotha-Projekte

Die Gothaer Waggon-Fabrik hatte neben ihren bekannten Motorflugzeugen und Lastenseglern eine ganze Reihe verschiedenartiger Flugzeuge projektiert, die zum Teil noch vor 1939 von Chefkonstrukteur Kalkert entworfen wurden, dann aber, da sie für den Zivilbedarf geplant waren, wegen des Kriegsausbruchs nicht verwirklicht werden konnten. Hierzu gehören die Sportflugzeugentwürfe P. 9001, P. 9007, P. 11001, P. 17002 und P. 21005 sowie die Reiseflugzeugentwürfe P. 10003 und P. 12001. Daneben verfielen die für die Zerstörer-Ausschreibung 1938, bei der die Me 110 sich durchsetzte, geplanten Zerstörer-Entwürfe P. 3001, 3002, 8001, 140002, 20001, 14012 und der leichte Jäger P. 16001 der Ablehnung, ähnlich wie die Ago 225. Die während des Zweiten Weltkriegs entstandenen Projekte zerfallen in zwei Gruppen: Die erste Gruppe umfaßt Transportflugzeuge und Lastensegler, die zweite Vorstufen und Weiterentwicklungen der Horten Ho IX bzw. der Gotha Go 229. Inzwischen wurde noch bekannt, daß in Zusammenarbeit zwischen den Brüdern Horten und der Gothaer Waggonfabrik als Zwischenlösungen zwischen Ho IX und Gotha Go 229 noch die Projekte P. 52 und 53 entstanden, die sich aber nur geringfügig von diesen beiden Entwürfen unterschieden.

Zu der ersten Gruppe gehörten die Projekte P. 35, P. 39, 40 B, 45, 46, 47, 50 I und 50 II, die nunmehr im Bild gezeigt werden können. Während P. 35 und P. 46 als Weiterentwicklungen der Go 242/244 angesprochen werden können, stellen P. 47 und P. 50 II Vorstufen der Ka 430 dar. Ausgesprochene Sonderkonstruktionen sind der unsymmetrische Transporter P. 40 B mit abnehmbarem Lastenbehälter und der Lastensegler P. 50 I in Entenbauform.

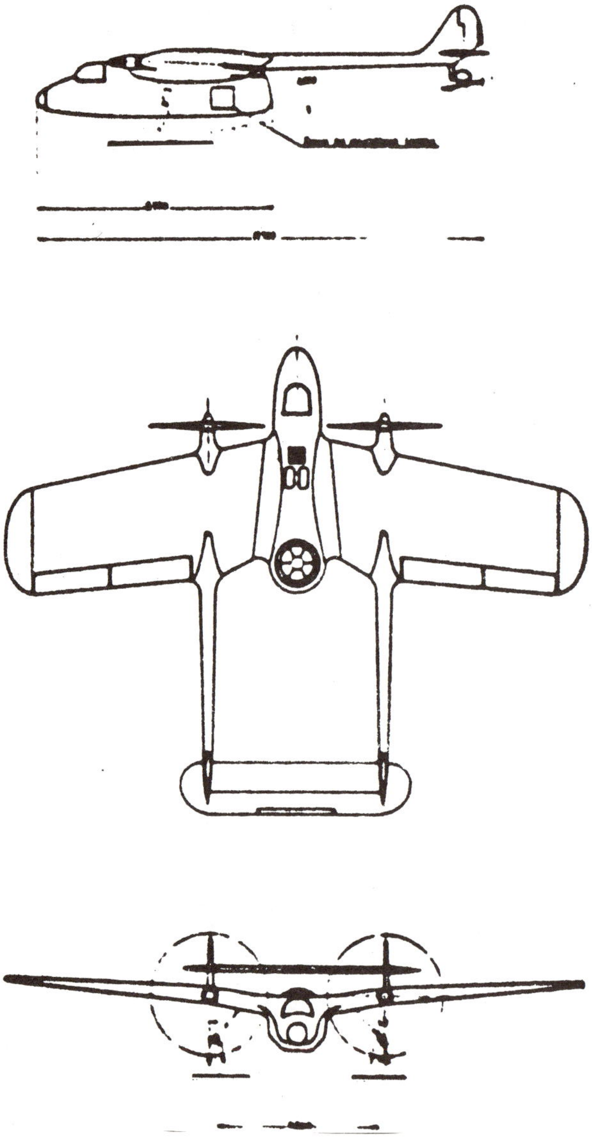

121. Gotha-Projekt P. 3001

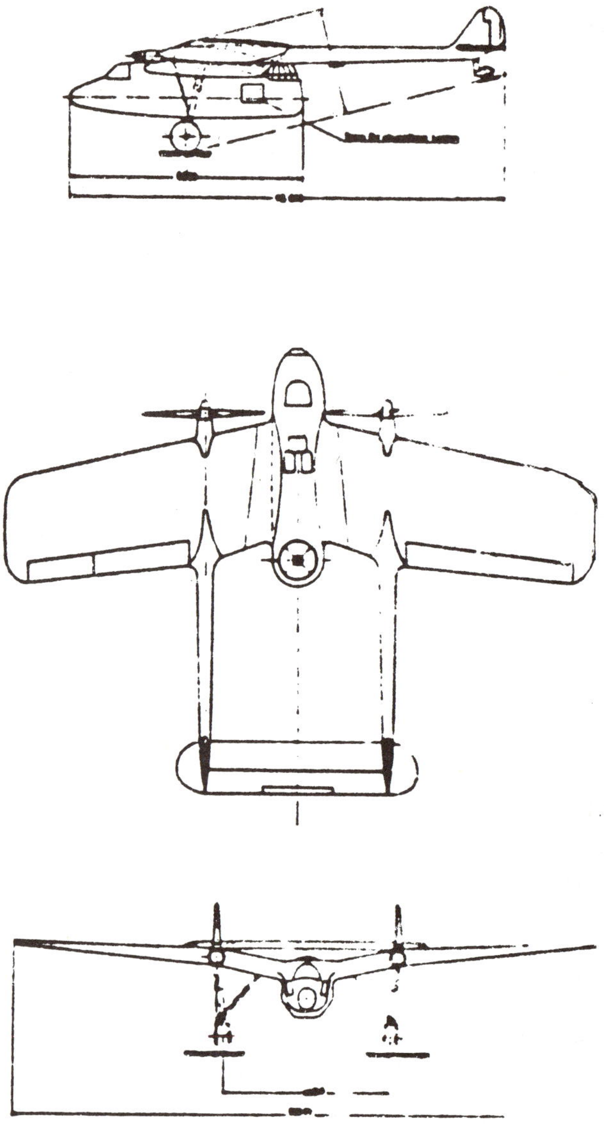

122. Gotha-Projekt P. 3002

Gotha-Projekt-Daten

Projekt Nr.	Verwendungszweck	B.	Triebwerk	PS	Spann-weite m	Länge m	Höhe m
3001	Zerstörer	2–3	DB 600	2 x 950	16,00	11,10	–,–
3002	Zerstörer	2–3	DB 600	2 x 950	17,00	12,8	–,–
8001	Zerstörer	2	As 10c	2 x 240	11,00	8,67	2,70
9001	Sportflugzeug	2	HM 60 R	80	8,80	8,00	2,10
9007	Sportflugzeug	2	BMW Xa	68	10,40	7,05	1,90
10003	Reiseflugzeug	2	As 10c	2 x 240	11,20	7,40	1,90
11001	Schulflugzeug	2	HM 504	100	10,40	6,46	1,76
12001	Reiseflugzeug	2	HM 504	2 x 100	12,00	6,40	1,80
14002	Zerstörer	2	As 410	2 x 465	12,36	8,96	2,80
14012	Schwimmerflugzeug	2	As 410	2 x 465	12,50	9,64	3,10
16001	Leichtjäger	1	As 410	465	8,50	7,96	2,20
17002	Übungsflugzeug	1	Zündapp	50	7,50	6,15	1,55
20001	Zerstörer	1	As 10c	2 x 240	–,–	–,–	–,–
21005	Übungsflugzeug	1	HM 504	100	15,30	9,80	2,10
35001	Transporter	2	BMW 132	2 x 880			
39	Transporter	3	Bramo 323	3 x 1000	36,30	24,00	7,70
40 B	Transporter	2	BMW 801	1600	24,99	16,37	5,13
4501	Transporter	2	Jumo 211	1100	23,77	–,–	–,–
46	Transporter	2	Jumo 211	1100	24,50	15,04	5,31
47	Lastensegler	2			26,82	19,04	6,97
50 I	Lastensegler	2			19,98	10,08	3,38
50 II	Lastensegler	2			22,40	14,25	5,54
52	Jäger	1	Jumo 004	2 x 890 kp	–,–	–,–	–,–
53	Jäger	1	Jumo 004	2 x 890 kp	–,–	–,–	–,–
58	Lastensegler	2			Tankerflugzeug		

Go P. 35

Weiterentwicklung Go 244 mit 2×880 PS BMW 132. Doppelrumpf mit Ladeklappe. Leistungen und Gewichte unbekannt.

123. Gotha P. 35

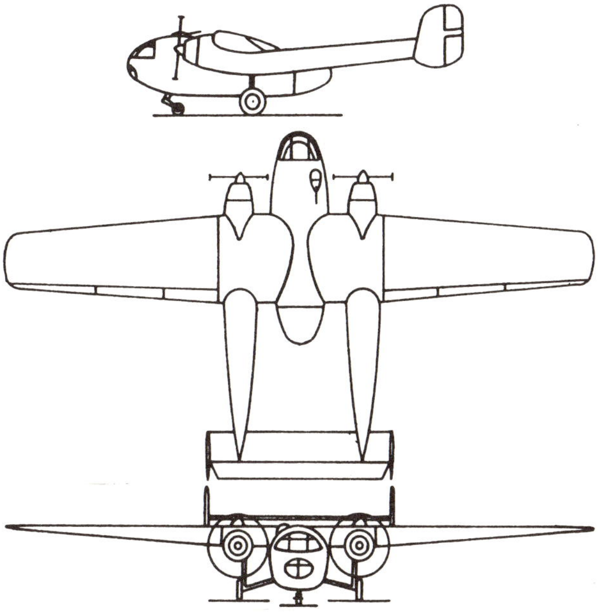

Gotha P. 39

Bei diesem Entwurf handelt es sich um einen dreimotorigen Kampf-Transporter, der auf Grund der mit der Go 242 und Go 244 gemachten Erfahrungen 1942 entwickelt wurde. Die Grundkonzeption des Schulterdeckers mit zwei Leitwerksträgern wurde beibehalten, jedoch die Nase des Zentralrumpfes mit einem dritten Motor ausgestattet. Im Vorderteil des Rumpfes befanden sich Führerraum und im Oberteil eine Plexi-Dreh-Lafette HDL 151/20. Dahinter befand sich der eigentliche Lastenraum von 2,2×2,5×6,5 m, der maximal eine Nutzlast von 3450 kg aufnehmen konnte. Die Gesamtnutzlast betrug 4000 kg. Unter anderem konnte z. B. eine komplette Bf 109 in zerlegtem Zustand transportiert werden. In dem hochklappbaren Heck war der Einbau eines MG 81 Z vorgesehen. Hier befand sich auch der für Landungen auf kleinen Plätzen vorgesehene Bremsfallschirm. Als Triebwerk dienten drei BMW-Bramo 323 P von je 1000 PS Startleistung. Als Luftschrauben waren dreiblättrige VDM-Schrau-

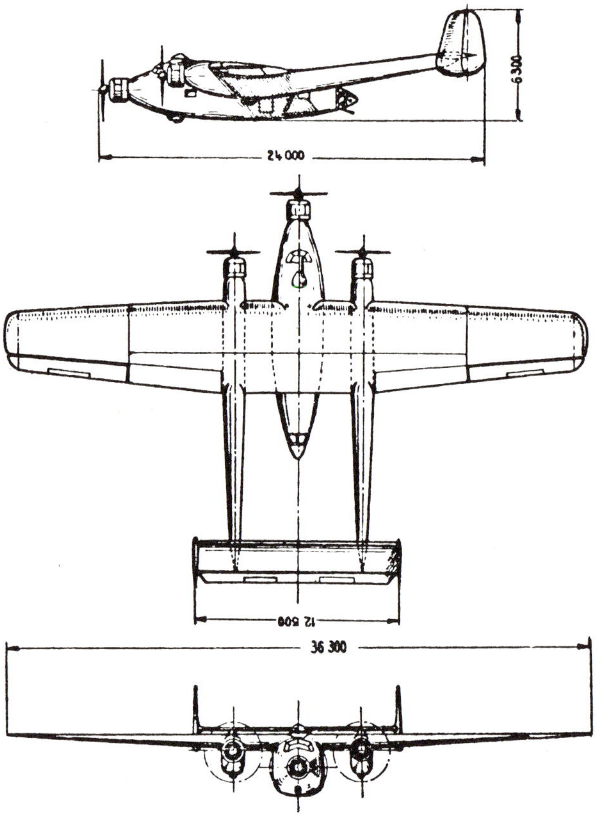

124. Gotha P. 39

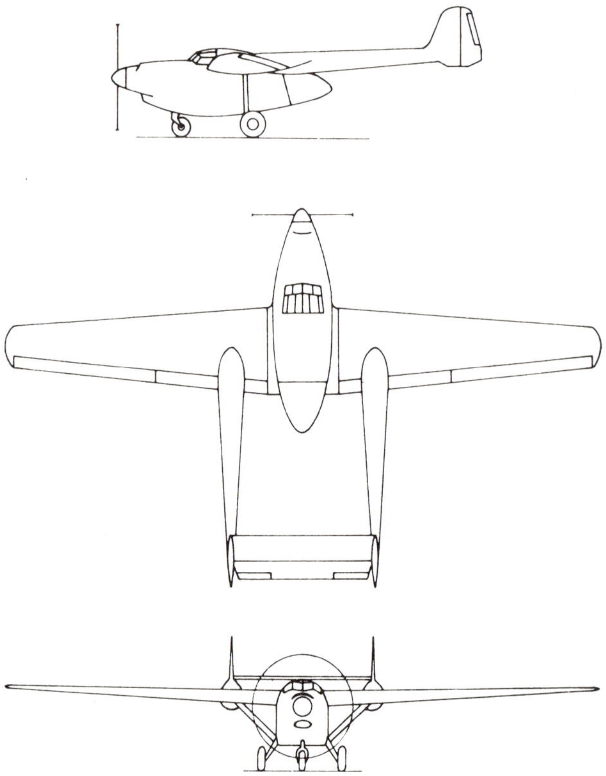

125. Gotha P. 46

ben von 3,7 m Durchmesser vorgesehen. Der gesamte Kraftstoffvorrat (2200 kg) war in den beiden Leitwerksträgern untergebracht. Die Besatzung sollte aus nur drei Mann bestehen.

Spannweite	36,30 m	
Länge	24,00 m	
Höhe	7,70 m	
Flächeninhalt	165,00 qm	
Radspur	8,10 m	
Gewichte	Normallast	Überlast
Leergewicht	8743 kg	8743 kg
Nutzlast	4000 kg	6000 kg
Gesamtlast	7401 kg	9401 kg
Fluggewicht	16144 kg	18144 kg
Höchstgeschwindigkeit	350 km/h	
Reisegeschwindigkeit	270 km/h	
Landegeschwindigkeit normal	109 km	
Desgl. mit Überlast	116 km/h	
Startstrecke normal	530 m bis 20 m Höhe	
Startstrecke mit Überlast	665 m bis 20 m Höhe	
Steigzeit auf 4000 m Höhe	17 Minuten	
Reichweite normal	1880 km	
Reichweite mit Überlast	4380 km	
Gipfelhöhe ohne Nutzlast	7900 m	

Go P. 40 B

Transportflugzeug mit abnehmbarem Lastenbehälter in unsymmetrischer Anordnung. Ähnlich wie bei der Blohm & Voß BV 141 befand sich links ein Rumpf, der vorne einen 1000 PS-BMW 132-Sternmotor und hinten ein freitragendes Leitwerk mit unsymmetrischem Höhenruder trug. Rechts dagegen war nur eine Stummelgondel, unter die auswechselbare Lastenbehälter gehängt werden konnten, um die Be- und Entladezeiten am Boden zu verkürzen. Im Gegensatz zu der Blohn & Voß-Konstruktion saß die zweiköpfige Besatzung bei der Go P. 40 B im linken Rumpf. Spannweite 24,99 m.

Go P. 45

Projekt eines Transportflugzeuges mit einfachstem Aufbau nach konventionellen Konstruktionsgesichtspunkten. Ein-

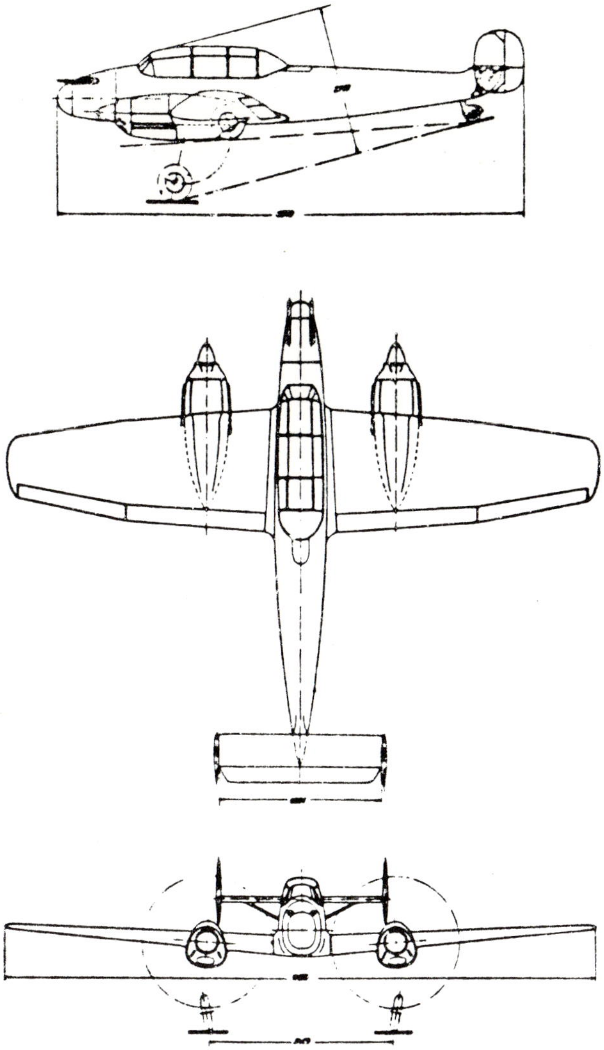

126. Gotha-Projekt P. 8001

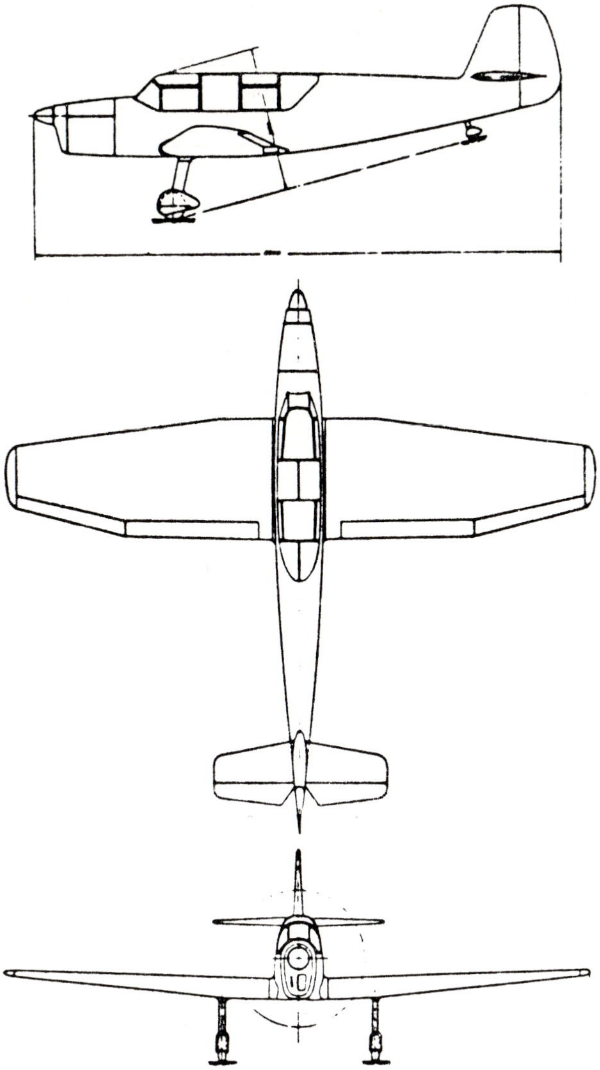

127. Gotha-Projekt P. 9001

motoriger, abgestrebter Schulterdecker. Geräumiger, kastenförmiger Walfischrumpf mit einem 1 × 1100 PS starken Jumo 211 in der Rumpfspitze und einem abgestrebten Normalleitwerk am Heck. Beladeklappe an der Rumpfseite. Aufgesetzter Führersitz für zwei Mann Besatzung. Starres Normalfahrwerk. Spannweite 23,77 m.

Go P. 46

Alternativentwurf zur Go 244 und zur Motorisierung des Go 242-Lastenseglers mit geändertem und verlängertem Bug der Zentralgondel für die Aufnahme eines 1 × 1100 PS starken Jumo 211 in der Rumpfspitze. Für die zweiköpfige Besatzung war ein aufgesetzter Führersitz vorgesehen. Sonstiger Aufbau analog der Go 242 B.

Go P. 47

Projekt eines Großraumlastenseglers mit 26,82 m Spannweite. Freitragender Schulterdeckerflügel und freitragendes Normalleitwerk. Zentraler Kastenrumpf am Heck hochgezogen und mit einer Ladeklappe versehen. Lange Zentralkufe unter dem Rumpfbug, für den Start abwerfbares Zweiradfahrgestell.

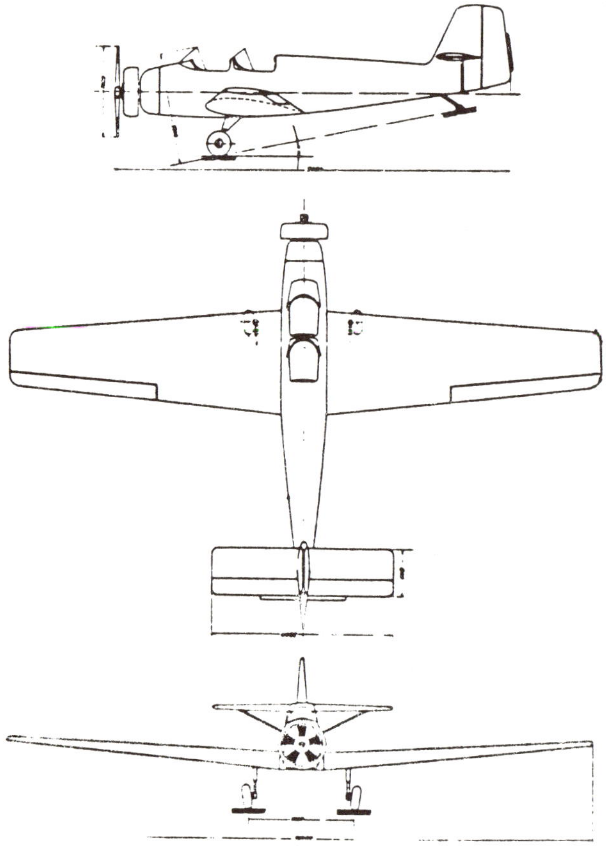

128. Gotha-Projekt P. 9007

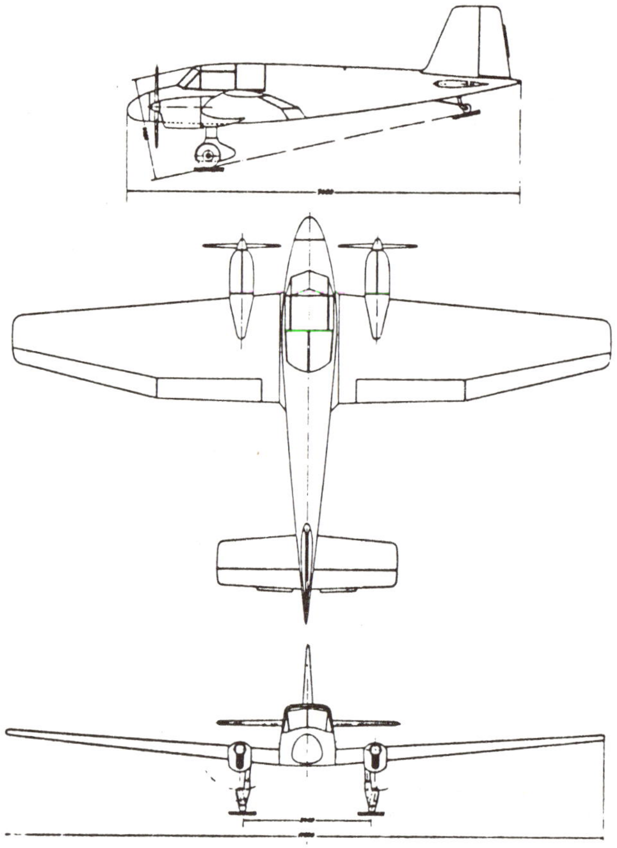

129. Gotha-Projekt P. 10003

130. Gotha-Projekt P. 11001

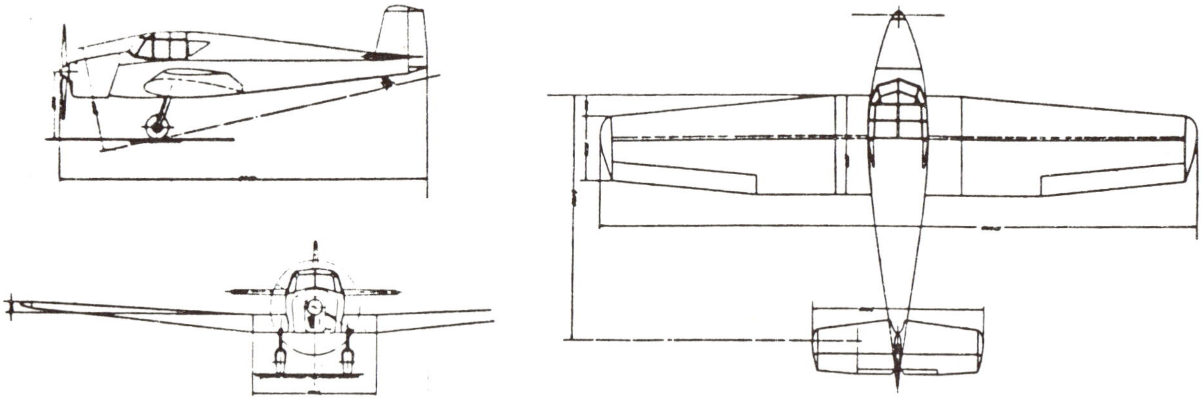

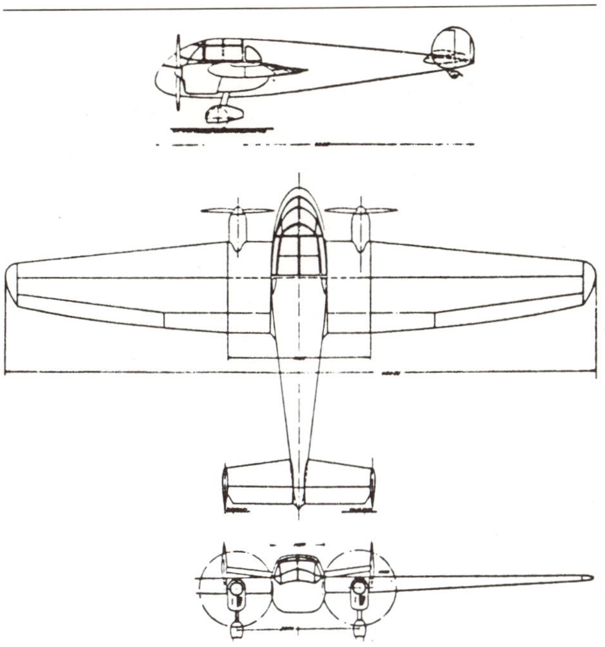

131. Gotha-Projekt P. 12001

Go P. 50

Nach einer Ausschreibung für einen Lastensegler, der zwölf Mann, einen Volkswagen oder ein Geschütz befördern konnte, entstanden zwei Alternativprojekte. Die *Go P. 50 I* wurde als Entenkonstruktion mit vorne liegendem Höhenruder ausgelegt. Freitragender Schulterdeckerflügel mit doppeltem Seitenleitwerk als Endscheiben. Besatzungsraum für zwei Mann dicht hinter dem Bug des relativ kurzen, plumpen

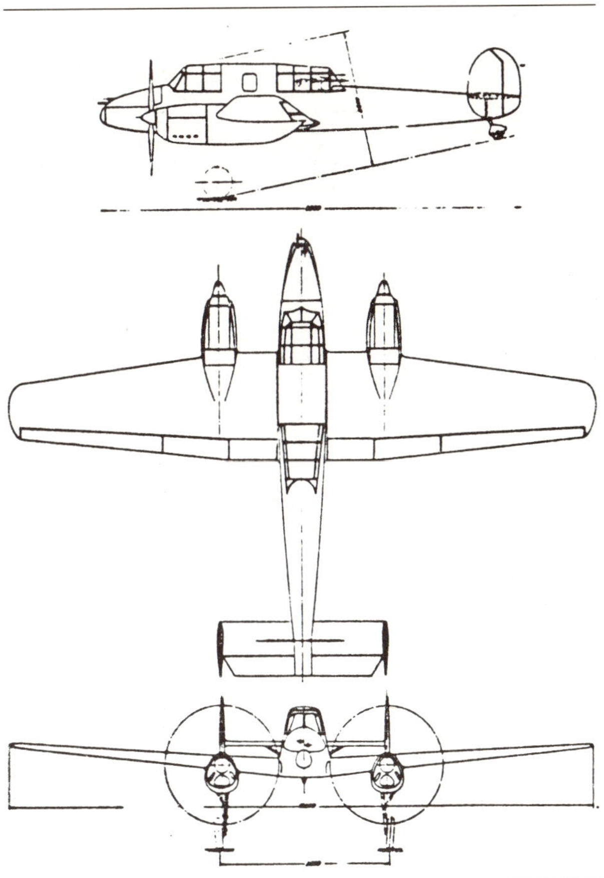

132. Gotha-Projekt P. 14002

133. Gotha-Projekt P. 14012

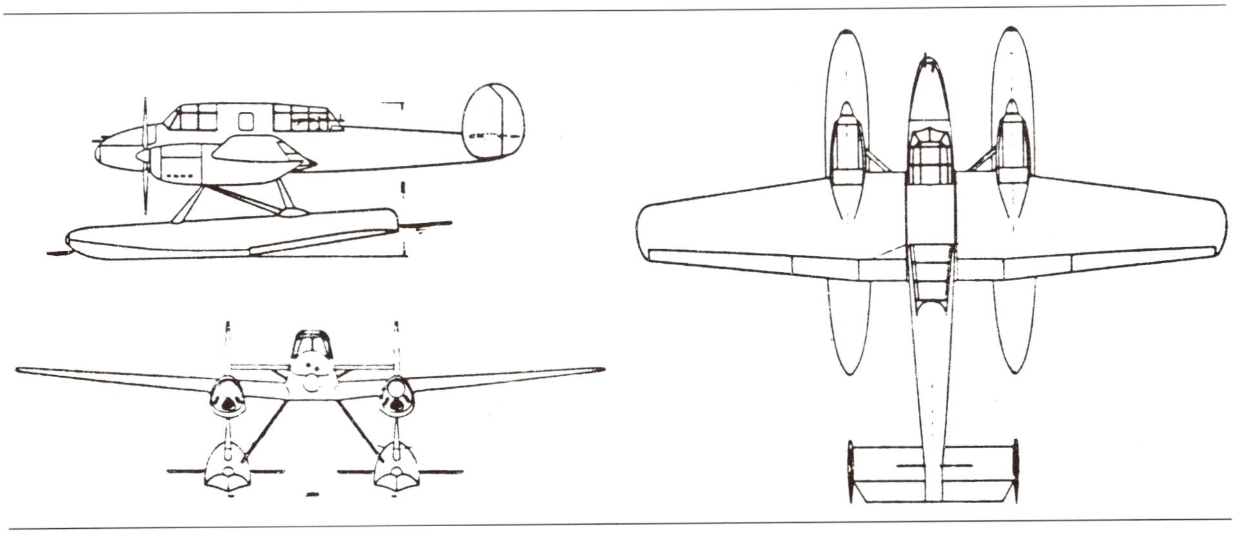

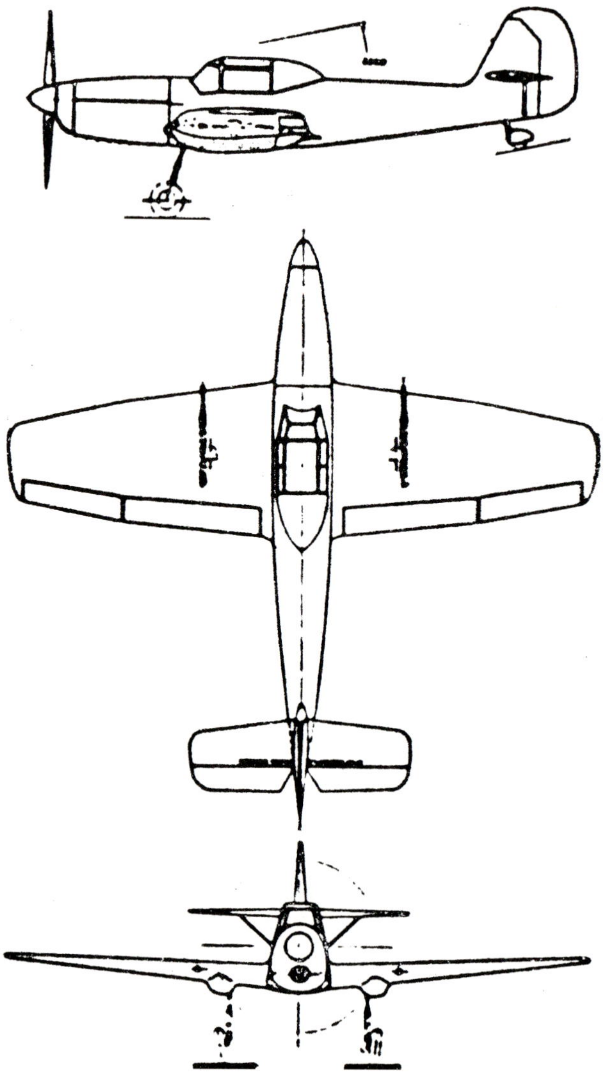

134. Gotha-Projekt P. 16001

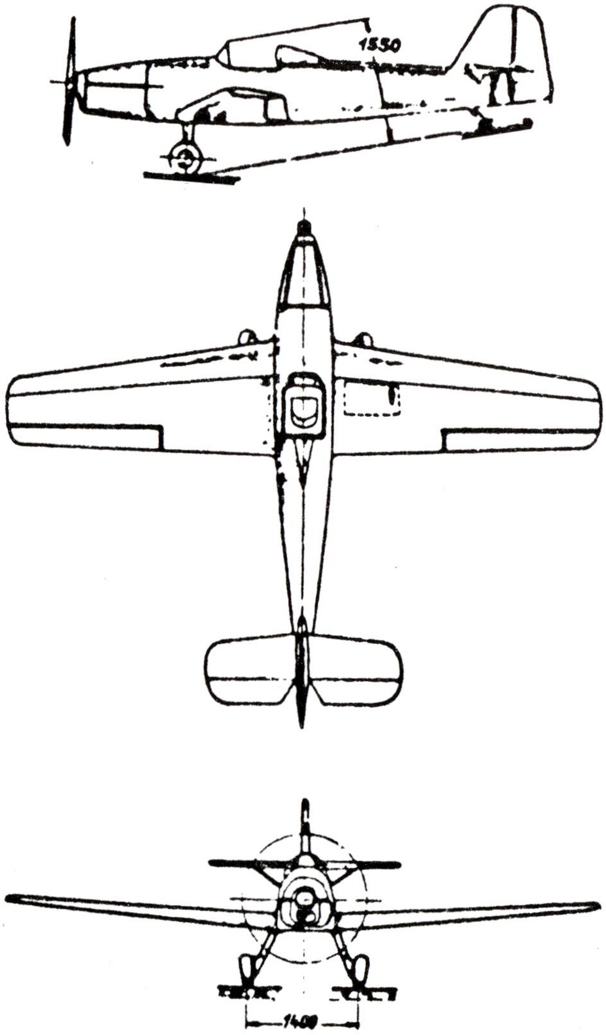

135. Gotha-Projekt P. 17002

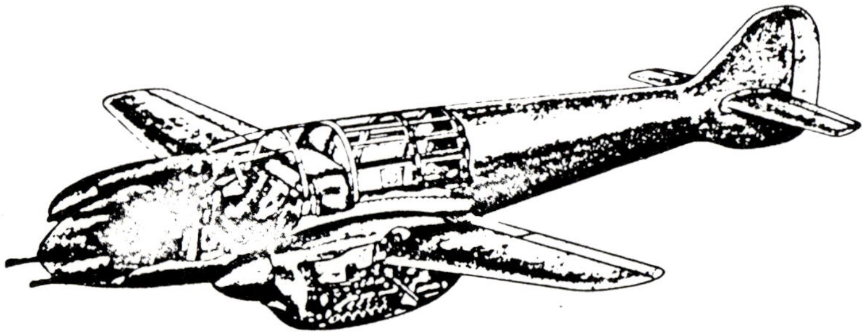

136. Gotha-Projekt P. 20005

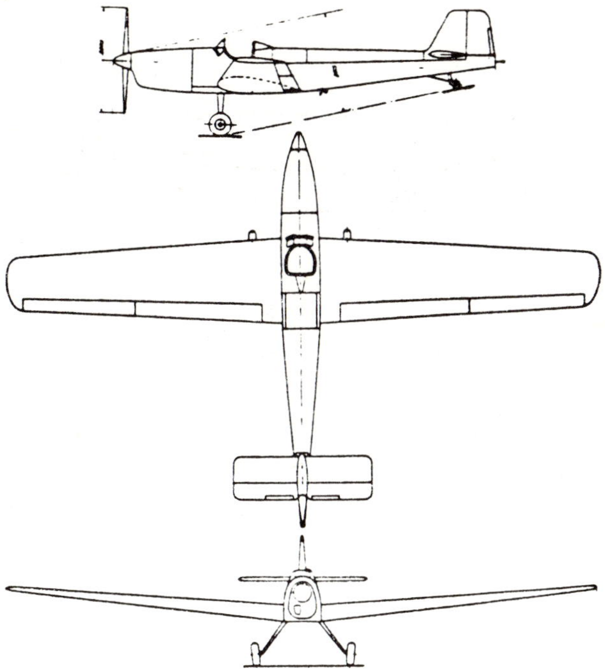

137. Gotha-Projekt P. 21005 △ 140. Gotha P. 50/II ▽

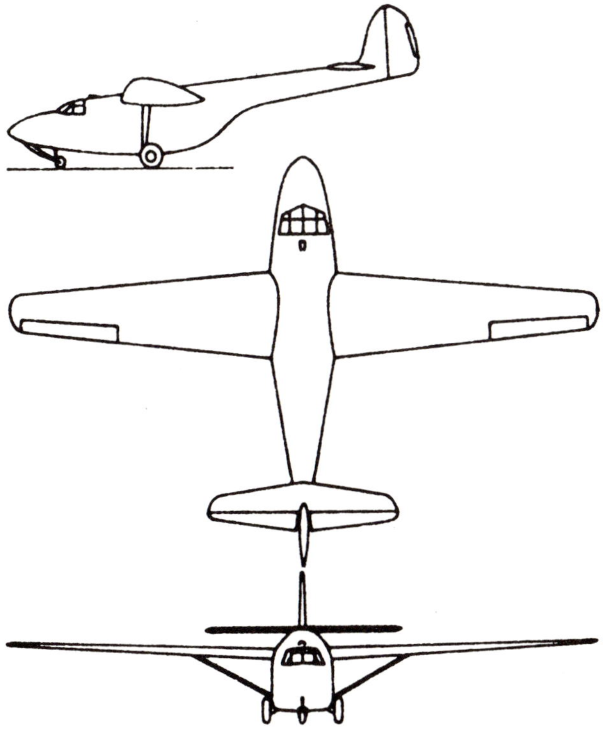

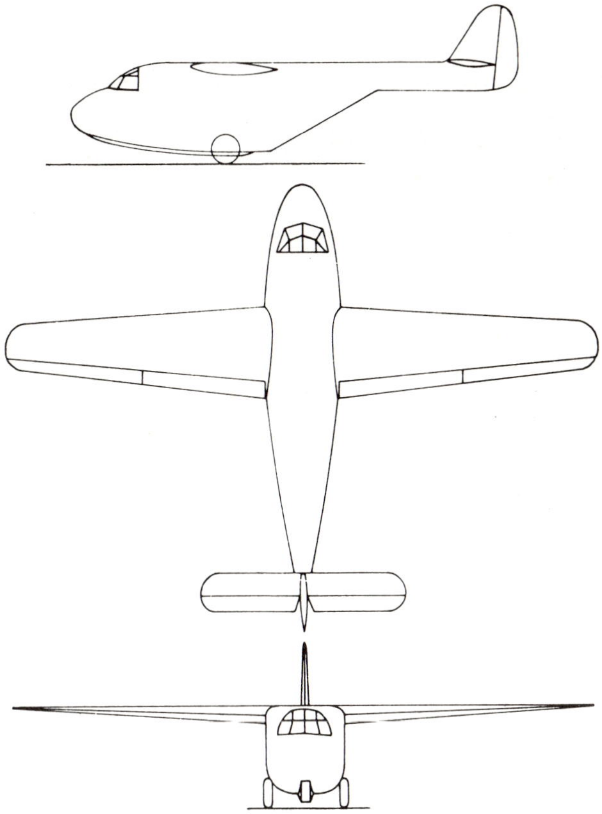

138. Gotha P. 47 △ 139. Gotha P. 50/I ▽

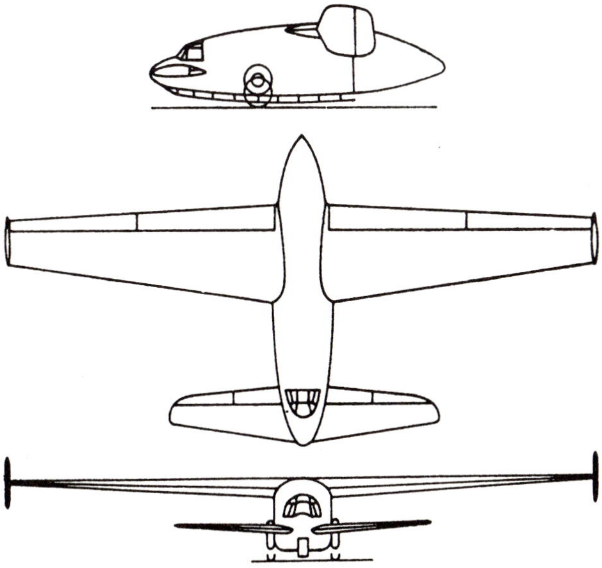

Rumpfes mit ovalem Querschnitt. Rumpfheck hinter der Flügelhinterkante für die Beladung komplett beiklappbar. Spannweite 19,98 m. Die *Go P. 50 II* dagegen war vollkommen konventionell gehalten und ähnelte weitgehend der ebenfalls von Kalkert entworfenen und vorgehend beschriebenen Ka 430. Spannweite 22,40 m.

Go P. 56

Außer den Leistungsverbesserungen anstrebenden Starr- und Mistelschleppversuchen während des Krieges wurde noch ein drittes und weiteres revolutionierendes Verfahren untersucht — der Auftriebsschlepp. Bei diesem Verfahren wurden beide Flugzeuge durch Zugseile an den Tragflächen miteinander verbunden. Der Start erfolgte normal wie bei der Seilschleppmethode. Jedoch lag die Besonderheit des Auftriebschlepps darin, daß im Normalflug die Seile so verkürzt wurden, daß die geschleppte Maschine dicht oberhalb des Schleppflugzeuges flog. Die Durchführung der Versuche lag bei der Gothaer Waggonfabrik, die ein entsprechendes Gespann aus einer Junkers Ju 87 B-1 als Schleppflugzeug und einem DFS 230 V-7-Lastensegler zusammenstellte und erprobte. Die Tests ergaben gegenüber dem herkömmlichen Seilschlepp eine Auftriebsverbesserung teilweise bis zu 100% und kaum einen Abfall der Geschwindigkeit. In der Folgezeit wurden zahlreiche Kombinationen — ausschließlich für den Lastenseglerschlepp — projektiert, die jedoch nicht bis zur Einsatzreife gelangten.
Eine weitere aussichtsreiche Chance für den Auftriebsschlepp sah die Gothaer Waggonfabrik in fliegenden Tankern, um die Reichweite von Jagdflugzeugen zu erhöhen. So entstand das Projekt Gotha P. 56. Es handelt sich um einen gepanzerten Treibstoffträger, der bis in den Einsatzraum von einer Focke-Wulf Fw 190 A-4 geschleppt werden sollte. Nach dem Ausklinken konnte die P. 56 auf einer Kufe gelandet werden. Zu einer Ausführung des Projektes kam es nicht mehr.

Go P. 60

Als der Gothaer Waggonfabrik 1944 der Bau und die Weiterentwicklung des zweisitzigen Nurflügel-Strahljägers Ho IX (8-229) von Horten übertragen wurde, regte dies die Entwicklungsabteilung der GWF an, sich mit eigenen derartigen Entwürfen zu beschäftigen. Unter dem Chefkonstrukteur Hünerjäger entstanden über die Projekte *Go P. 52* und *Go P. 53* verschiedene Studien der *Go P. 60,* die sich stark an die Entwürfe der Gebrüder Horten anlehnten. Im Prinzip bestand die P. 60 aus einem dreiteiligen, stark gepfeiltem Nurflügel, auf und unter dessen Flügelmittelteil-Heck in freier Aufhängung Luftstrahlturbinen angebracht werden sollten. Der erste Entwurf, die *Go P. 60 A,* sah überhaupt keinen Rumpf vor. Vielmehr sollten die zwei Mann Besatzung in liegender Anordnung leicht gestaffelt nebeneinander in der verglasten Nase des Flügelmittelteiles Platz finden.

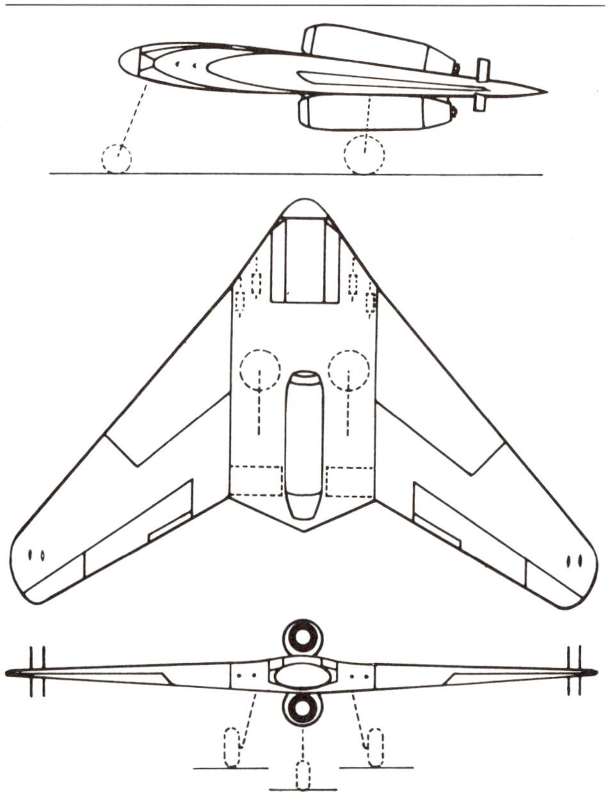

141. Gotha P. 60 A △

142. P. 60 A Schnittzeichnung ▽

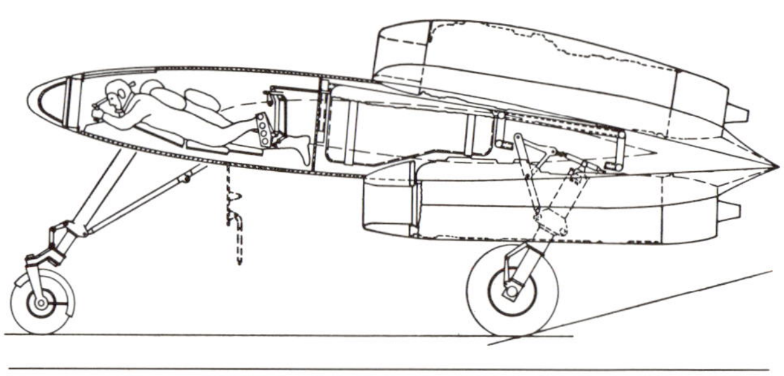

Seitensteuerung durch acht senkrecht stehende Störklappen an den Flügelenden. Der Antrieb sollte aus zwei BMW 003 A-Strahlturbinen bestehen. Hiermit wurde bei einem Fluggewicht von etwa 7500 kg eine Höchstgeschwindigkeit von 950 km/h erwartet. Die Spannweite der P. 60 A war, wie auch bei allen weiteren Versionen, 13,40 m, die Länge über alles 9,60 m. In der Weiterentwicklung *Go P. 60 B* wurde die Erstkonstruktion vereinfacht, indem ein kurzer Rumpf und normale Seitenruder vorgesehen waren. In dem über die Flügelvorderkante vorstehenden Rumpfvorbau fanden hin-

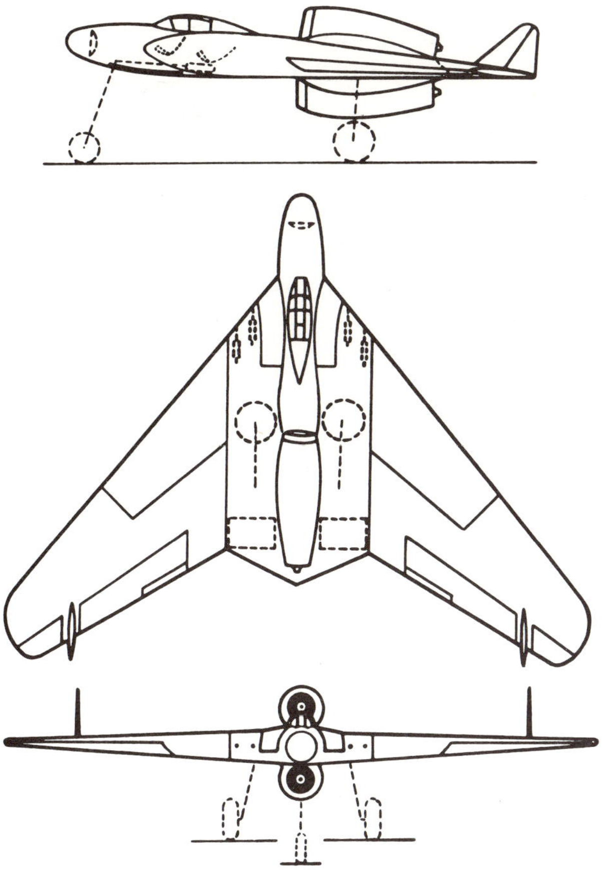

143. Gotha P. 60 B

ter dem Funkmeßgerät im Bug die zwei Mann Besatzung hintereinander sitzend Platz. Bei dieser Version sollten als Antrieb zwei Heinkel He S 011-Strahlturbinen größerer Leistung Verwendung finden, die dem Projekt bei einem auf 10000 kg gestiegenen Fluggewicht eine rechnerische Geschwindigkeit von 1000 km/h verliehen hatte. Durch den Rumpf vergrößerte sich die Länge dieser Version auf 10,70 m. 1945 wurde vom RLM der Bau des Projektes empfohlen, dafür aber mußte das Muster auf die zu diesem Zeitpunkt vorhandenen Mittel zugeschnitten werden. Die für den Bau vorgesehene Version, die **Go P. 60 C,** übernahm grundsätzlich den Aufbau der P. 60 B, jedoch wurden wieder greifbare und erprobte BMW 003-Strahlturbinen vorgesehen. Ebenfalls vergrößerte sich die Gesamtlänge erneut (11,40 m) durch die Verwendung eines Nachtsuchgerätes mit Morgenstern-Antenne im Rumpfbug. Auch bei dieser Version sollte eine Standardbewaffnung von 4×MK 108 im Mittelflügel eingebaut werden. Zu einer Bauausführung kam es wegen der Kriegsverhältnisse nicht mehr.

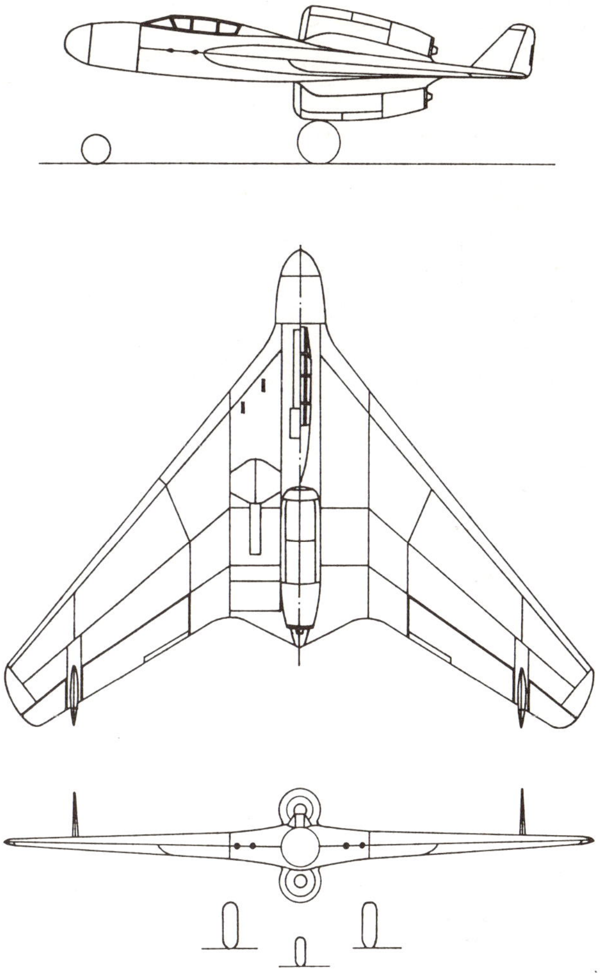

144. Gotha P. 60 C

145. Gotha P. 60 C Schnittzeichnung

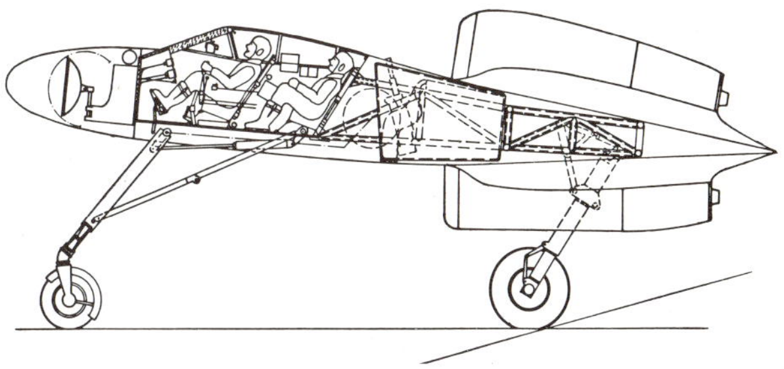

Gruse

August Gruse, Maschinenfabrik

Der von dieser Firma hergestellte leichte Hochdecker Bo 15/1 stellt einen der vielen Versuche dar, ein »Volksflugzeug« zu schaffen. Die Maschine war denkbar einfach aufgebaut: kurzes Rumpfboot mit Rumpfröhre als Leitwerksträger. Köller M 3-18 PS-Motor mit Druckschraube auf der Tragflächenhinterkante aufgebaut. Die ganze Maschine wog leer 180 kg. Einsitzig geflogen hatte sie ein Fluggewicht von 306 kg. Spannweite 10,80 m, Länge 6,30 m, Höhe 1,63 m. Die Höchstgeschwindigkeit betrug 100 km/h, die Reisegeschwindigkeit 90 km/h, die Landegeschwindigkeit 45 km/h. Bei ruhigem Wetter konnte die kleine Maschine in vier Stunden eine Strecke von 360 km überbrücken.

Haessler/Villinger

Haessler/Villinger H. V. 1

Eine interessante Entwicklung war dieses Versuchsflugzeug für Antrieb durch Menschenkraft, mit dem tatsächlich kurze Hupfer gelungen sind. Der Luftschraubenantrieb erfolgte durch den Flugzeugführer über einen fahrradähnlichen Tretantrieb.

Abmessungen:	Spannweite	13,50 m
	Länge	5,55 m
	Höhe	1,58 m
	Tragfläche	10,00 qm
Gewichte:	Leergewicht	45 kg
	Fluggewicht	111 kg

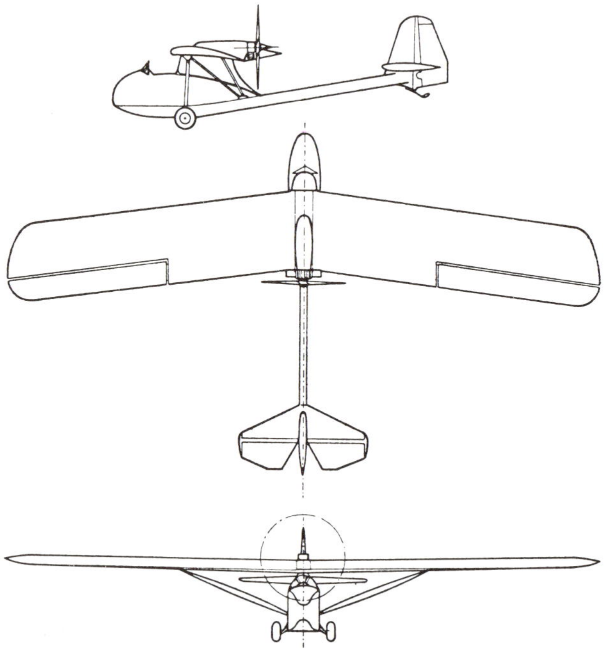

146. Gruse Bo 15/1

109. Gruse Bo 15/1

Ing. Helmut Haessler

Ing. Haessler, bekannt durch sein Muskelkraft-Versuchsflugzeug, welches er zusammen mit Villinger entwarf und baute, schuf auch einen kunstflugtauglichen Sporteinsitzer mit Kabine und nur 18 PS.

Typ: Einmotoriges Sportflugzeug.
Flügel: Freitragender Tiefdecker. Dreiteiliger Aufbau mit dem Mittelstück fest am Rumpf. Zweiholmige Holzbauweise mit Sperrholznase, sonst stoffbespannt.
Rumpf: Aufbau als kastenförmige Sperrholznase.
Leitwerk: Freitragendes Normalleitwerk. Aufbau als Holzgerippe, Flossen sperrholzbeplankt, Ruder stoffbespannt.
Fahrwerk: Starres Normalfahrgestell. Nicht bremsbare Haupträder an Knickfederbeinen. Schwenk- und steuerbare Spornrolle.
Triebwerk: Ein Kroeber M 4 luftgekühlter Zweizylinder-Zweitakt-Boxermotor mit 1×18 PS Startleistung, Starre Zweiblatt-Luftschraube aus Holz mit 1,20 m Durchmesser. Kraftstoffkapazität 20 Liter.
Besatzung: 1 Pilot in geschlossener Kabine.

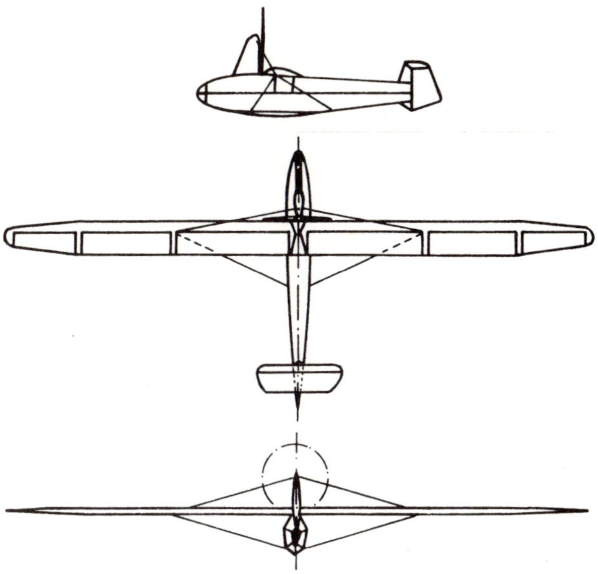

147. Haessler-Villinger H.V. 1 △ 148. Haller Ha 22 ▽

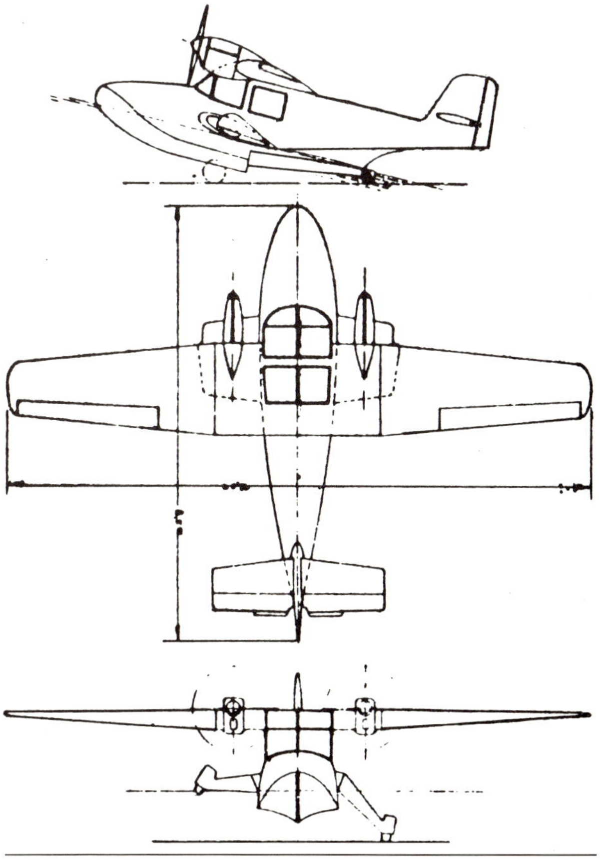

Rudolf Haller

Haller Ha 22

Entwurf eines Amphibien-Flugbootes für Reise und Sport aus den dreißiger Jahren. Zweisitziger freitragender Schulterdecker mit Stützflossen am Bootsrumpf. Gemischtbauweise unter hauptsächlicher Verwendung von Holz und Sperrholz. Bootsrumpf auch als Metallkonstruktion möglich. Sämtliche Ruder aus Leichtmetall. Die Maschine sollte auch bei Ausfall eines Motors noch flugfähig bleiben.

Triebwerk	Hirth HM 515
Leistung	2 × 65 PS
Spannweite	12,00 m
Länge	8,80 m
Leergewicht	650 kg
Fluggewicht	975 kg
Höchstgeschwindigkeit	200 km/h (errechnet)
Landegeschwindigkeit	70 km/h (errechnet)
Dienstgipfelhöhe	4400 m (errechnet)
Reichweite	800 km (errechnet)

Haller Ha 23

Entwurf eines Amphibien-Flugboots für Reise und Sport aus dem Jahre 1933, überarbeitet 1938/39. Gemischtbauweise wie bei Ha 22. Triebwerk in Tandembauweise.

Triebwerk	BMW Xa, Walter »Polaris«, Pobjoy R oder Hirth HM 515
Leistung	2 × 65, 70, 85 oder 65 PS
Spannweite	12,00 m
Länge	8,50 m
Leergewicht	650 kg

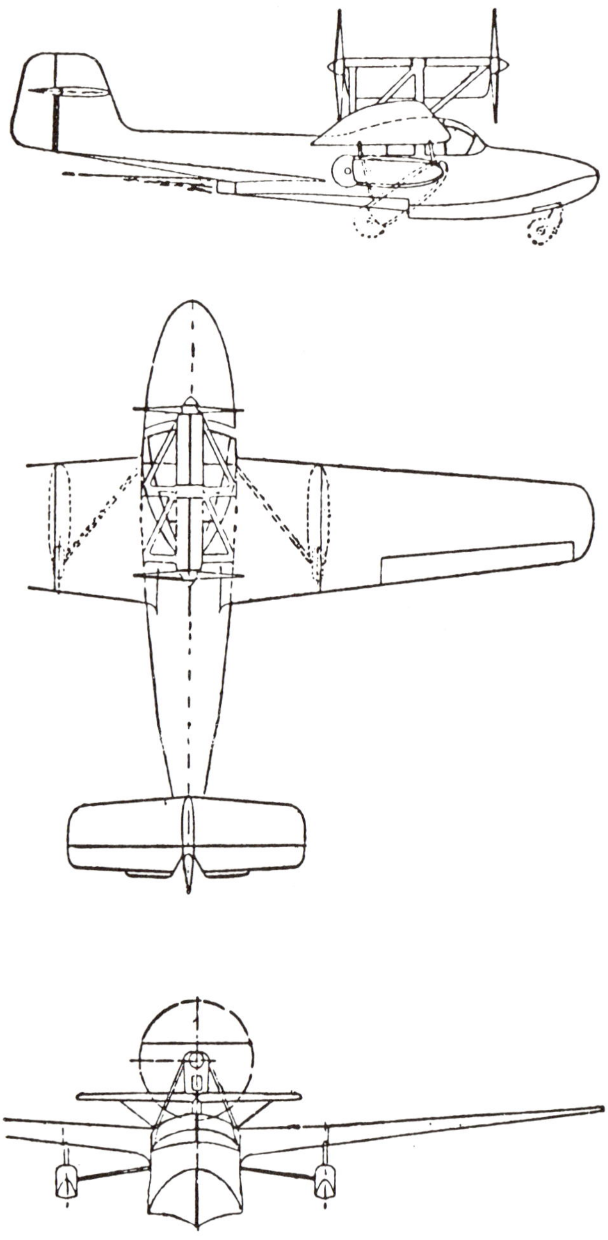

149. Haller Ha 23

Fluggewicht	975 kg
Höchstgeschwindigkeit	200 km/h (errechnet)
Landegeschwindigkeit	70 km/h (errechnet)
Dienstgipfelhöhe	4400 m (errechnet)

Heinkel

Ernst Heinkel A. G., Rostock-Marienehe

Direktor: Prof. Dr.-Ing. e. h. Dr. phil. h. c. Ernst Heinkel.
Werke: Heinkel-Nord A. G. in Rostock-Marienehe mit den Fertigungsstätten Bleicherstraße, Werftstraße, Patriotischer Weg, Ölsnitz im Vogtland, Adorf im Vogtland, Barth in Pommern, Lübz bei Parchim, Krakow in Mecklenburg und Rövershagen. Heinkel-Werke GmbH in Oranienburg bei Berlin mit den Fertigungsstätten in Oranienburg und Reinickendorf. Heidfels bei Wien-Schwechat, Zwölaxing bei Wien, Mödling bei Wien (unterirdisch), Jenbacher Berg- und Hüttenwerke in Jenbach/Tirol, Staßfurth (unterirdisch) und Gandersheim im Harz. Das Konstruktionsbüro befand sich ab 1942 in Wien, Fichtegasse 11, Angermayerstraße 1 und Neuhaus Triestingtal. Unter kommissarischer Leitung standen die Ostwerke mbH in Mielec-Krakau und unter Kontrolle die Farman-Werke bei Paris.

Prof. Ernst Heinkel, 1888 in Grunbach (Württemberg) geboren, begann 1907 sein Ingenieurstudium an der Technischen Hochschule in Stuttgart. 1911 baute er nach Farman-Vorbild sein erstes Flugzeug, für das er von Daimler einen 55 PS-Motor zur Verfügung gestellt bekam. Mit dieser seiner Erstkonstruktion stürzte Heinkel bei einem Flugversuch am 19. Juli 1911 ab und wurde schwer verletzt. Nach seiner Genesung ging er durch die Vermittlung Hellmuth Hirths zu Albatros und wurde dort Chefkonstrukteur. Seine Erstkonstruktion, das Albatros-Amphibium, eine aerodynamisch bereits hochwertige Konstruktion, wurde Sieger im Bodensee-Wettbewerb, im Italienischen Wasserflug-Wettbewerb und in der Herbstflugwoche in Johannisthal. Dann wurde im Juli 1914 von Reinhold Böhm, dem Chefpiloten von Albatros, noch ein Weltrekord im Dauerflug über 24 Stunden auf einem dreistieligen Doppeldecker, Type B I, aufgestellt, der erst 13 Jahre später überboten werden konnte. Im Frühjahr 1914 engagierte der österreichische Millionär Camillo Castiglioni Heinkel als technischen Direktor und Chefkonstrukteur für die von ihm angekauften Hansa- und Brandenburgischen Flugzeugwerke in Brandenburg/Havel. Neben dem Flugzeugbau Friedrichshafen war diese Firma Hauptlieferant der Deutschen Marine-Fliegertruppe im Ersten Weltkrieg. Durch den Lizenzbau der von Heinkel konstruierten Hansa-Brandenburg-Typen bei den von Castiglioni kontrollierten österreichischen Firmen Phoenix und UFAG sowie beim K. u. K. Fliegerarsenal Fischamend wurde Hansa-Brandenburg praktisch Hauptlieferant der Österreichischen Luftstreitkräfte. 70 % der während des Ersten Weltkrieges bei der österreichischen Armee und 95 % der bei der österreichischen Marine geflogenen Muster waren von Heinkel konstruierte Maschinen der Hansa-Brandenburg. Ein besonderer Erfolg waren die Seekampfflugzeuge W. 12 und W. 29. Nach dem Kriege ging Heinkel zuerst zu Caspar, gründete aber dann am 1. Dezember 1922 auf dem Flughafen Warnemünde sein eigenes Werk. Die ersten Muster, He 1 und He 2, schuf er für den Lizenzbau der Svenska Aero A.B. Sie waren in großen Stückzahlen als S 1 und S 2 bei der schwedischen Marine im Dienst. Mit der He 3 erschien er 1923 beim Internationalen Wasserflug-Wettbewerb in Gotenburg und holte sich den ersten Preis für Sportflugzeuge. Das erfolgreichste Muster aus der Anfangszeit wurde die He 5, die an zahlreiche ausländische Luftwaffen geliefert wurde. Viele Preise und Rekorde wurden mit dem Muster 1926 erflogen. Drei Jahre später erlangte die He 9 fünf Geschwindigkeits-Weltrekorde. Neben diesen Eindecker-Konstruktionen wurde auch der Doppeldecker nicht vernachlässigt. 1925 entstanden He 14 und He 25, 1926 die He 24, 1927 die He 28, 1928 die He 30 und 1929 die He 38. Ab 1930 konzentrierte sich Heinkels Arbeit auf die Schaffung von Schnellflugzeugen. Die He 70, das erste aerodynamisch hochwertige Schnellverkehrsflugzeug mit acht internationalen Rekorden, die He 111 als zweimotoriges Schnellverkehrsflugzeug und die Geschwindigkeits-Weltrekordmaschine He 100 waren Meilensteine dieser Entwicklung. Sodann machte sich Heinkel um die Nutzbarmachung des Strahlantriebes für Flugzeuge verdient. Mit der He 176 schuf er 1938 das erste Raketenflugzeug der Welt, mit der He 178 1939 das erste Flugzeug mit einer Strahlturbine und mit der He 280 1940 den ersten zweistrahligen Jagdeinsitzer. Ab 1931 wurden noch Katapulteinrichtungen für den Transozean-Luftverkehr geschaffen und ab 1935 der Triebwerksbau (siehe dort) aufgenommen. Ernst Heinkel, der am 30. Januar 1958 verstarb, hinterließ als stolze Bilanz seines Lebens 154 ausgeführte Konstruktionen von Flugzeugen und 13 Flugzeugkatapulte sowie fünf Strahltriebwerke. Für seine Verdienste erhielt er den Professortitel, den Nationalpreis für Kunst und Wissenschaft sowie die Doktortitel Dr.-Ing. e. h. der Technischen Hochschule Stuttgart und Dr. phil h. c. der Universität Rostock.*

Heinkel He 42

Als See-Schulmaschine entstand 1931 der robuste Zweischwimmer-Doppeldecker He 42, der ab 1933 in größerer Zahl von der neuen Luftwaffe für die Seefliegerausbildung angenommen wurde und bis in den Krieg hinein benutzt wurde.

Typ: Einmotoriges See-Schulflugzeug.
Flügel: Unverspannter einstieliger Doppeldecker mit gestaffeltem Tragwerk; Unterflügel mit kleinerer Spannweite. Querruder in Ober- und Unterflügel. Aufbau in zweiholmiger Holzbauweise mit Stoffbespannung.
Rumpf: Rumpfgerüst als geschweißtes Stahlrohrfachwerk mit Stoffbespannung.
Leitwerk: Abgestrebtes und verspanntes Normalleitwerk in Holzbauweise mit Stoffbespannung. Höhenflosse zum Rumpf hin durch I-Stiele abgestrebt und zur Seitenflosse hin verspannt.
Schwimmwerk: Zwei zum Rumpf und zum Unterflügel hin verstrebte einstufige Flachkielschwimmer.
Triebwerk: Ein Junkers L 5 G flüssigkeitsgekühlter Sechszylinder stehender Reihenmotor mit 1 × 380 PS Startleistung. Starre Zweiblatt-Luftschraube aus Holz mit 3,00 m Durchmesser. Kraftstoffkapazität 425 Liter.
Besatzung: 2 offene Sitze hintereinander mit Doppelsteuer.

Heinkel He 45

Als man sich 1933 gezwungen sah, für die geplante neue Luftwaffe den Flugzeugpark herbeizuschaffen, gab es für das Technische Amt keine andere Möglichkeit, als bereits vorhandene Typen in möglichst großen Stückzahlen bauen zu lassen und hiermit einige sogenannte »Risiko«-Staffeln aufzustellen. Bei Heinkel stand zu dieser Zeit ein brauchbares Nahaufklärungsflugzeug, die 1932 als Erprobungsmaschine gebaute He 45a, zur Verfügung. So kam es, daß dieser Doppeldecker in einer Serienausführung innerhalb weniger Monate unter Lizenz in den Focke-Wulf-Werken, in den Bayerischen Flugzeugwerken und in einer schnell aufgebauten Flugzeugbauabteilung der Gothaer Waggonfabrik in der Fertigung stand. Folgende Versionen wurden gebaut.

He 45a

Erster Prototyp (D-2477) mit 1 × 750 PS BMW VI 7,3 Z und starrer zweiflügeliger Holzluftschraube. Querruder befanden sich sowohl im Ober- als auch im Unterflügel. Diese Version war unbewaffnet.

He 45b

Dieser zweite Prototyp entsprach vollkommen der He 45a bis auf die Verwendung einer starren vierflügeligen Holzluftschraube.

He 45c

Aus der He 45a abgeleitetes Serienmuster. Sie unterschied sich von dem Prototyp durch die zusätzliche Bewaffnung und die Verwendung von Querrudern nur im Oberflügel. Da sich bei den vorausgegangenen Prototypen eine Behinderung der Besatzung durch die austretenden Auspuffgase ergeben hatte, erhielt die Serienausführung ebenfalls noch ein stark gebogenes langes Abgasrohr an der Motorverkleidung entlang zur Rumpfunterseite.

Typ: Einmotoriger Nahaufklärer.
Flügel: Einstieliger verspannter Doppeldecker mit gestaffeltem Tragwerk und verkürztem Unterflügel. Aufbau in zweiholmiger Holzbauweise mit Stoffbespannung. Querruder nur im Oberflügel.
Rumpf: Aufbau als geschweißtes Stahlrohrgerüst mit Formleisten und Stoffbespannung. Rumpfoberseite im Bereich der Sitze beplankt.
Leitwerk: Normalleitwerk in Dural mit Stoffbespannung. Höhenflosse durch je zwei I-Stiele zum Rumpf hin abgefangen.

---

* Siehe hierzu auch Bd. 5 der Reihe »Die deutsche Luftfahrt«, H. Dieter Köhler: Ernst Heinkel — Pionier der Schnellflugzeuge. Koblenz 1983.

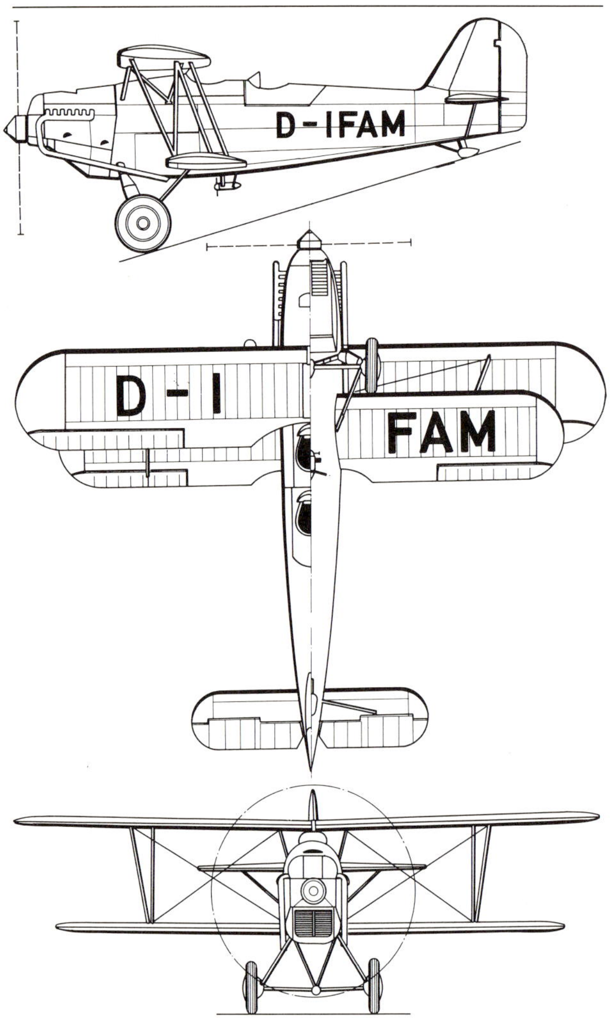

Fahrwerk: Starres Normalfahrwerk mit Hochdruckrädern und durchgehender Achse. Schleifsporn.
Triebwerke: Ein BMW VI 7,3 Z flüssigkeitsgekühlter Zwölfzylinder-V-Motor mit 1 × 750 PS Startleistung. Starre Zweiblatt-Holzluftschraube mit 4,00 m Durchmesser. Kraftstoffkapazität 580 Liter.
Besatzung: 2 Mann hintereinander in offenen Sitzen, vorne der Pilot, hinten der Beobachter/Schütze.
Militärische Ausrüstung: 1 × 7,9 mm MG 17 starr und 1 × 7,9 mm MG 15 beweglich für den Beobachter.

1934 wurden während des Serienbaues noch verschiedene Versuchsmuster mit anderen Triebwerken und verbesserter Zelle erprobt. Drei Versionen erhielten einen 1 × 880 PS DB 600 mit dreiflügeliger Holzluftschraube, die D-ITIN mit unverkleidetem Fahrgestell, die D-IZEO mit verkleidetem Fahrgestell und die D-IVAZ mit großem Tunnelkühler unter dem Rumpfvorderteil. Die D-IDAQ war eine weitere Version mit einem flüssigkeitsgekühlten Zwölfzylinder-V-Versuchsmotor BMW 116 mit 1 × 600 PS Startleistung mit vierflügeliger Luftschraube.

Heinkel He 46

Als weiterer Nahaufklärer wurde der Anfang 1933 von Heinkel als Artilleriebeobachter entworfene He 46-Hochdecker in das erste Bauprogramm für die neue Luftwaffe aufgenommen. Die Lizenz für den Nachbau wurde an die Fieseler-Werke und einige andere für den Flugzeugbau geeignete Firmen wie die MIAG vergeben. Sowohl dieses Muster als auch die He 45 blieben bis zum Ersatz durch modernere Typen wie die Hs 126 Standard-Nahaufklärer der Luftwaffe und wurden anschließend noch über lange Zeit als Schulmaschinen eingesetzt.

150. Heinkel He 45 ◁

110. Heinkel He 42 ▽

111. Heinkel He 45a △

112. Heinkel He 45 c ▽

113. Heinkel He 46a △

114. Heinkel He 46 b der Aufkl.Gr. 11 ▽

He 46a
Erster Prototyp mit Doppeldecker-Zelle und unausgeglichenem Leitwerk. Der Antrieb bestand aus einem Siemens-Jupiter mit 1 × 450 PS Startleistung und vierflügeliger Holzluftschraube.

He 46b
Erstes Versuchsmuster mit Hochdecker-Zelle und ausgeglichenem Leitwerk. Antrieb durch BMW-Bramo 322 B (SAM 22 B) mit 1 × 600 PS Startleistung.

He 46 c

Aus der He 46 b abgeleitetes Serienmuster, analog im Aufbau, jedoch mit großer Funk- und militärischer Ausrüstung.

Typ: Einmotoriger Nahaufklärer.
Flügel: Abgestrebter Hochdecker. Flügelvorderkante mit 10°-Pfeilform. Aufbau in zweiholmiger Holzbauweise mit Stoffbespannung. Je zwei verspannte I-Stiele.
Rumpf: Aufbau als geschweißtes Stahlrohrgerüst mit Formleisten und Stoffbespannung.
Leitwerk: Abgestrebtes Normalleitwerk in Dural mit Stoffbespannung. Jede Höhenflosse durch eine V-Strebe zum Rumpf hin abgefangen.
Fahrwerk: Starres Normalfahrwerk mit Hochdruckreifen und durchgehender Achse.
Triebwerk: Ein BMW-Bramo 322 B luftgekühlter Neunzylinder-Sternmotor mit 1 × 600 PS Startleistung. Starre Zweiblatt-Holzluftschraube mit 4,00 m Durchmesser.
Besatzung: 2 Mann hintereinander in offenen Sitzen, vorne der Pilot, dahinter der Beobachter/Schütze.
Militärische Ausrüstung: 1 × 7,9 mm MG 15 für den Beobachter.

He 46 d

Sonderausführung der He 46 c mit der Zulassung D-3258 ohne Bewaffnung.

He 46 e

Sonderausführung der He 46 c mit durch NACA-Haube verkleidetem BMW-Bramo 322 B unter der Zulassung D-ILHE.

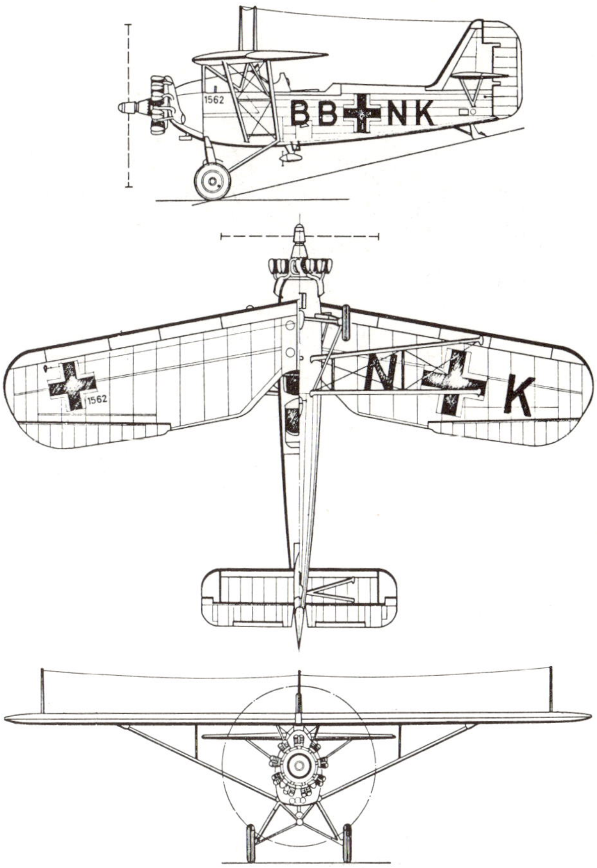

115. Heinkel He 46 f ▽

151. Heinkel He 46 D-1 ▷

116. Heinkel He 49 L △

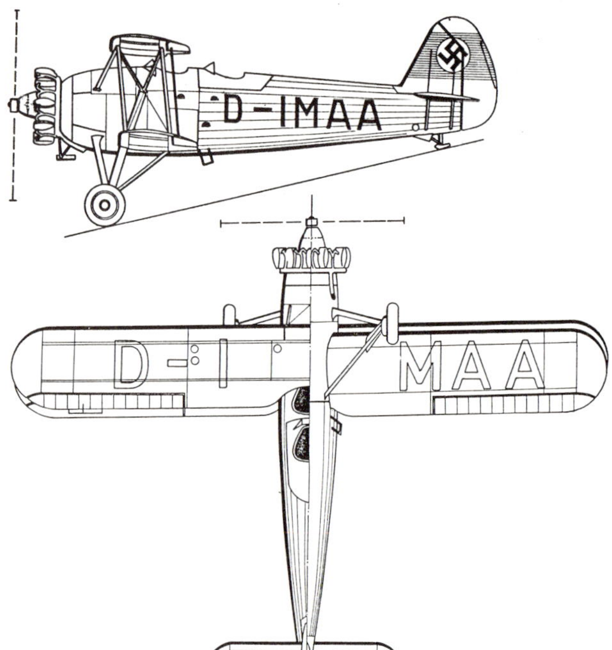

152. Heinkel He 50 ▷

He 46f

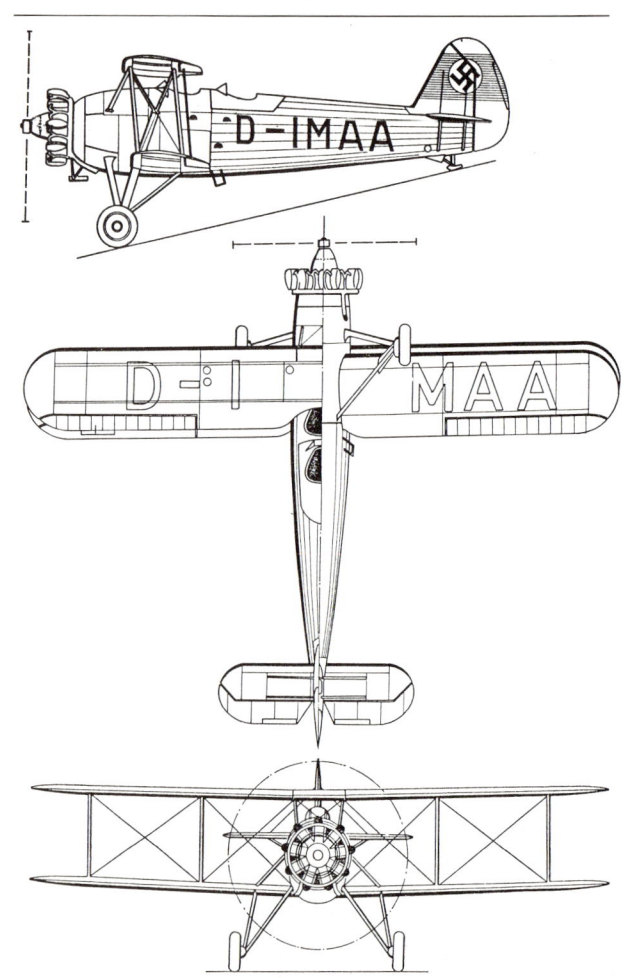

Versuchsausführungen mit durch NACA-Haube verkleidetem Armstrong-Siddeley Panther. Drei Maschinen wurden gebaut, von ihnen flogen die D-IJXA und D-IIOY ohne, die D-IAGU mit Bewaffnung.

Heinkel He 49

1932 entstandener Erprobungsbau eines Jagdeinsitzers mit 1 × 750 PS-BMW VI-Triebwerk. Der einstielige Doppeldekker, der 1933 zur He 51 aerodynamisch verfeinert wurde, besaß noch ein unverkleidetes Fahrgestell mit geteilter Achse und einen überdimensionierten Bauchkühler. Diese Ausführung trug die Bezeichnung He 49 L. Daneben wurde eine Variante als Zweischwimmer-Flugzeug unter der Bezeichnung He 49 W erprobt.

Heinkel He 50

1931 bestellte Japan bei Heinkel ein Schwimmerflugzeug für Bomben und Torpedoeinsatz von Flugzeugträgern aus. Das erste Musterflugzeug He 50 aW entsprach auch diesen Vorstellungen. Der eingebaute Junkers L-5-Motor erwies sich aber als zu schwach. Das zweite Musterflugzeug war eine Landmaschine mit Siemens-Jupiter-Motor, mit der nach Bruch der He 50 aW die Erprobung fortgeführt wurde. Drei Versuchsmaschinen gingen dann an die Erprobungsstelle Rechlin, wo nach zufriedenstellend verlaufener Erprobung ein Serienauftrag für die noch getarnte Luftwaffe erteilt wurde. Japan erhielt die reparierte He 50 aW. In Japan entwickelte man daraus aber das Landflugzeug Aichi AB 9. Als Marine-Sturzbomber Typ 96 ging die Maschine in zwei Ausführungen D1 A1 und D1 A2 in Serie. In Deutschland

117. Heinkel He 50b (V 1) △

118. Heinkel He 50 aW ▽

119. Heinkel He 50 A △

120. Heinkel He 51 ▽

wurde nur eine kleine Serie hergestellt, die aber bald durch die Ju 87 ersetzt wurde. Einige He 50 wurden in den letzten Kriegsjahren als Nachtschlachtflugzeuge eingesetzt.

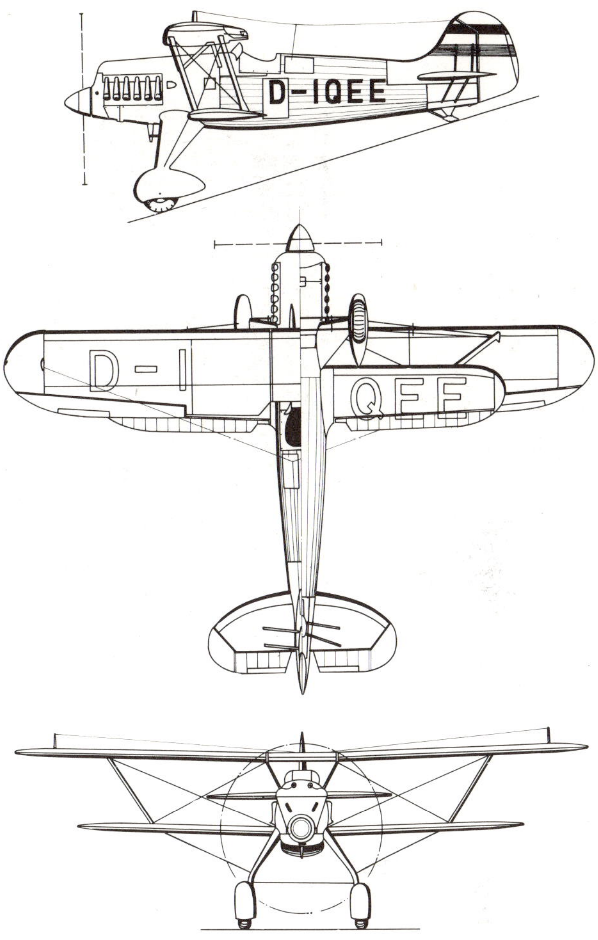

153. Heinkel He 51

Heinkel He 51

Die Heinkel He 51 gehörte zu den ersten Mustern, mit denen die neue deutsche Luftwaffe nach 1933 ausgerüstet wurde. Das Flugzeug besaß erstmals gegenüber den sonst verwendeten Typen eine aerodynamisch gut ausgebildete Zelle. Der Prototyp für die He 51 erhielt die Bezeichnung He 49a und machte im November 1932 den Erstflug. Dieses war eine reine Versuchsausführung, weshalb kein Waffeneinbau vorgesehen wurde. Es folgte das zweite Versuchsmuster mit einem um 40 cm verlängertem Rumpf, das im Februar 1933 zum ersten Mal flog und kurz darauf mit einem Schwimmwerk ausgerüstet als He 49b die Flugerprobung fortsetzte. Ein drittes Flugzeug erhielt die Bezeichnung He 49c, entsprach jedoch der He 49a bis auf das verbesserte Fahrgestell. Auf Grund der gewonnenen Erkenntnisse entstanden dann in rascher Folge die ersten Serienflugzeuge, die als A-O-Serie ab Mai 1933 geliefert werden konnten. Der Prototyp der A-O-Serien flog mit dem Typenzeichen D-ILGY (He 51 A-O) und besaß versetzte kurze Auspuffstutzen. Die weiteren A-O-Serienflugzeuge waren: A-OI, D-IQEE; A-O2, D-IHAO; A-O3, D-ITIU; A-O4, D-IJAY; A-O5, D-IDIE; A-O6, D-IREI; A-O7, D-IMIP; A-O8, D-IZER; A-O9, D-IROL. Diese Flugzeuge erhielten die auch weiterhin verwendeten charakteristischen Auspufftüten. Im Juli 1934 wurde die erste A-Serienausführung an die Luftwaffe geliefert, die mehr oder weniger der Waffenerprobung diente. Von April bis Juni 1935 erhielt das JG Richthofen pro Monat vier Flugzeuge der A-Serie. Die Restlieferung erfolgte bis Januar 1936, wobei von der A-1-Serie insgesamt 75 Flugzeuge zur Ablieferung kamen. Die strukturell verbesserte Ausführung He 51 B-O erhielt das JG Horst Wessel ab Januar 1936, wovon insgesamt zwölf Flugzeuge abgeliefert wurden. Durch Umbau auf Hydronalium-Schwimmer entstanden aus acht He 51 B-1-Flugzeugen die Serie He 51 B-2 W. Zusammen mit einigen Neubauten dieser Serie erhielt die Luftwaffe insgesamt 38 Seejagdeinsitzer der B-2-Serie. Als die Legion Condor für den spanischen Bürgerkrieg aufgestellt wurde, kamen für die Jagdverbände ebenfalls einige Muster der He 51 A-1-Serie in Spanien zum Einsatz. Hier zeigte sich, daß das Flugzeug zwar gute Flugleistungen aufzuweisen hatte, aber für den frontmäßigen Einsatz den Aufgaben als Tiefangriffsflugzeug nicht gewachsen war. Durch die kombinierte Rolle als Jagdflugzeug und Angriffsflugzeug mit leichter Bombenbewaffnung entstand die He 51 C-Serie, die zunächst aus umgebauten He 51 A-1-Serienflugzeugen bestand. Die neugebauten C-Serienflugzeuge erhielten Vorrichtungen unter den Flächen, so daß 4 × 50 kg Bomben mitgeführt werden konnten. Da die He 51 im Luftkampf mit der von Rußland gelieferten Rata schon schwer zu handhaben war, gingen bei dieser zusätzlichen Belastung die bisher guten Flugeigenschaften weiter zurück, weshalb man bald auf die Bombenschloßvorrichtungen verzichtete. Die He 51 C-1-Serie war die Exportserie für Spanien. In Deutschland wurde diese Ausführung nicht geflogen. Durch Vergrößerung der Flügelfläche entstand eine zweistielige Zelle, die als Höhenjäger eingesetzt werden sollte. Einige Musterexemplare mit der Bezeichnung He 52 wurden fertiggestellt und erprobt. Die letzte Serie der He 51-Produktion war die C-2-Serie, die aus der C-Serie hervorging und mit einer FT-Sonderausrüstung zum Einsatz kam.

Heinkel He 51 W

Nach Versuchen mit einer He 51 A-2, D-2727, bei der das Radfahrwerk durch Schwimmer ersetzt wurde, und einer zweiten Maschine, D-IBYL, wurden acht He 51 A-2 gebaut.

121. Heinkel He 51 W △

122. Heinkel He 52 ▽

Es folgten weitere He 51 B-2, die probeweise als Katapultflugzeuge auf den Kreuzern »Nürnberg« und »Köln« eingesetzt wurden. Aufgrund der guten Erprobungserfolge wurden dann noch 30 He 51 B-2 gebaut, die bis zum Kriegsausbruch bei der Seefliegerausbildung verwendet wurden.

Heinkel He 52

1936 wurde versuchsweise eine He 51 mit einer zweistieligen Zelle und vergrößerter Spannweite gebaut, die als Höhenjäger geplant war. Ein Serienbau fand nicht statt.

Heinkel He 56

Im Auftrag der japanischen Marine wurde der Bordaufklärer He 56 entwickelt und erst mit einem 200 PS, später 300 PS starken Motor japanischer Herkunft ausgerüstet. Spannweite 11,70 m, Länge 8,48 m, Höhe 3,67 m. Flächeninhalt 36,70 m². Leergewicht 1028 kg, Fluggewicht 1500 kg. Höchstgeschwindigkeit 296 km/h. Gipfelhöhe 3270 m. Bewaffnung zwei MG 7,9 mm, Splitterbomben. Das Muster wurde in Japan bei Aichi als Marine-Aufklärer 90-1, später E3 A1 in Serie gebaut.

Heinkel He 59

Dieser zweimotorige Doppeldecker wurde 1930 als Mehrzweck-Seeflugzeug von Reinhold Mewes entworfen. Das Musterflugzeug trug die Kennzeichen D-2215. Diese Maschine wurde dann zur Erprobung auf ein Radfahrwerk gesetzt, die Waffenstände wurden abgedeckt. Dann wurde die Maschine nach Lipezk überführt und dort aus Tarnungsgründen nur mit der Nummer D-15 geflogen. Nach zufriedenstellend verlaufener Erprobung ging die He 59 dann in Serie; sie bewährte sich erstmals in Spanien. Auf Wunsch der Seeflieger wurde sie noch bis in den Krieg hinein gebaut.

He 59 W

Normale Serienausführung als Zweischwimmerflugzeug. Die Serienfertigung lief unter Lizenz bei der Firma Bachmann im mecklenburgischen Ribnitz. Walter Bachmann, ein alter Flieger, teilte sich bereits 1922 mit Heinkel zusammen in Warnemünde die Hallen des ehemaligen Seeflugzeug-Versuchskommandos, als er dort einen Reparaturbetrieb unter dem Firmennamen »Aerosport« betrieb. Bis 1942 lief im neuen Werk speziell der Serienbau und die Reparatur der He 59. Die Seeausführung der He 59 existierte in den Ausführungen He 59 mit teilweise verglastem Bug und He 59 C mit formlich verbessertem und unverglastem Bug.

Typ: Zweimotoriges See-Mehrzweckflugzeug.
Flügel: Zweistieliger verspannter Doppeldecker mit Flächen gleicher Spannweite, ungestaffelt. Motoreneinbau innerhalb der mittleren Stiele. Je zwei mit Draht ausgekreuzte Parallelstreben als Außenstiele. Querruder in Ober- und Unterflügel. Aufbau der Flügel in zweiholmiger Holzbauweise mit Sperrholznase, sonst stoffbespannt.
Rumpf: Kastenrumpf mit angenähert rechteckigem Querschnitt.

123. Heinkel He 56

124. Heinkel He 59 A ▽

125. Heinkel He 59 der 3./Kü.Fl.Gr. 106 △

Aufbau als Gerüst aus seewasserbeständigem Hydronalium mit Stoffbespannung.
Leitwerk: Abgestrebtes Normalleitwerk als Hydronaliumgerüst mit Stoffbespannung. Höhenflosse zum Rumpf hin durch Leiterstreben abgefangen. Sämtliche Ruder gewichtlich ausgeglichen, Höhenruder zusätzlich aerodynamisch. Trimmklappen ebenfalls in allen Flächen.
Schwimmwerk: Zwei einstufige Leichtmetallschwimmer, durch Strebengerüst mit Unterflügel und Rumpf verbunden.
Triebwerk: Zwei BMW VI 6,0 ZU flüssigkeitsgekühlte Zwölfzylinder-V-Motoren mit 2 × 660 PS Startleistung. Einbau der Triebwerke in Gondeln, frei zwischen den Flügeln in den Mittelstielen hängend. Unterteile der Stiele als verkleidete Konsolen ausgebildet. Starre Vierblatt-Holzluftschrauben mit 3,85 m Durchmesser. Kraftstoffkapazität 2700 Liter.
Besatzung: 4 Mann, bestehend aus dem Piloten in einem offenen Führersitz, Navigator/Schütze, Funker/Schütze und einem ausschließlichen Schützen.
Militärische Ausrüstung: Als Aufklärer drei Schützenstände; A-Stand offen mit 1 × 7,9 mm MG 15 auf Drehkranz, B-Stand ebenfalls offen mit 1 × 7,9 mm MG 15 auf Lafette und geschlossener C-Stand mit 1 × 7,9 mm in Linsenlafette. Als Seenotflugzeug unbewaffnet, jedoch mit Seenotausrüstung.

He 59	*C-2*	Seenotflugzeug: Spezialfunkausrüstung, 6 Schlauchboote
	D-1	Seenotflugzeug ähnlich C-2
	D-2	Navigationsübungsflugzeug (Umbau aus D-1)
	N-1	Navigationsübungsflugzeug (Serie)
	D/931	Lizenzbau Arado mit Kanzel wie He 115 V-2, Fluggewicht 8316 kg, 1937

Abmessungen:	Spannweite	23,70 m
	Länge	17,35 m
	Höhe	7,10 m
	Flächeninhalt	153,40 m²
Gewichte:	Rüstgewicht	5440 kg
	Fluggewicht	8950 kg
Errechnete Leistungen:	Höchstgeschwindigkeit	240 km/h
	Reisegeschwindigkeit	205 km/h
	Landegeschwindigkeit	88 km/h
	Maximale Reichweite bei Reisegeschwindigkeit	775 km
	Gesamtstartstrecke	730 m
	Landestrecke	690 m

Gleiche Daten auch He 59 N-1, Ausführung D ohne Bewaffnung, Ausführung N-1 mit einem MG 15.

Heinkel He 60

Ebenfalls 1930 und ebenfalls von Mewes konstruiert, entstand aus der He 60 ein einmotoriges See-Mehrzweckflugzeug, welches anfänglich hauptsächlich für die Seeaufklärung als katapultfähiges Bordflugzeug Verwendung fand, später jedoch als Mehrzweckübungsflugzeug eingesetzt wurde. Die Hauptausführungen waren die He 60 C mit einem offenen Drehkranz im Beobachterstand, und die He 60 D ohne diese Bewaffnung. Eine Versuchsversion der He 60 C

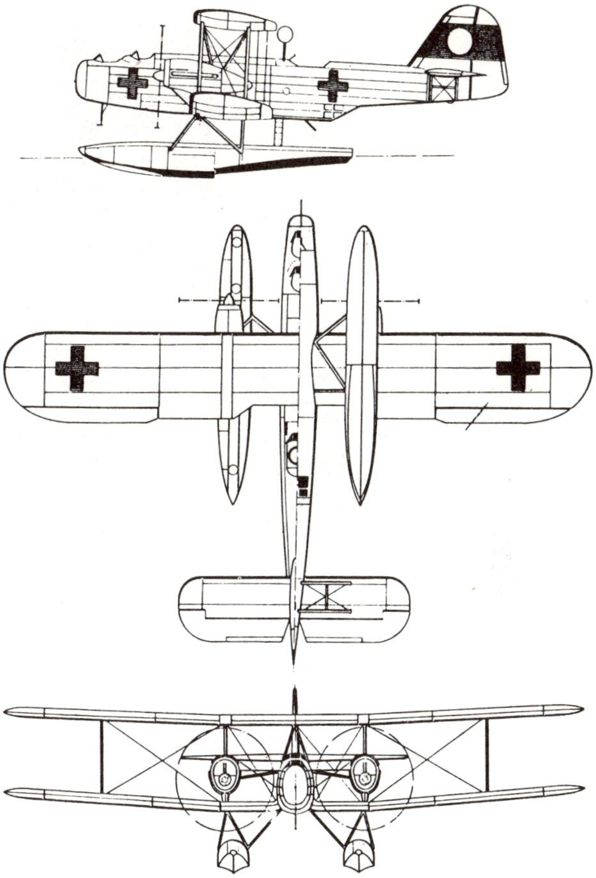

154. Heinkel He 59 D

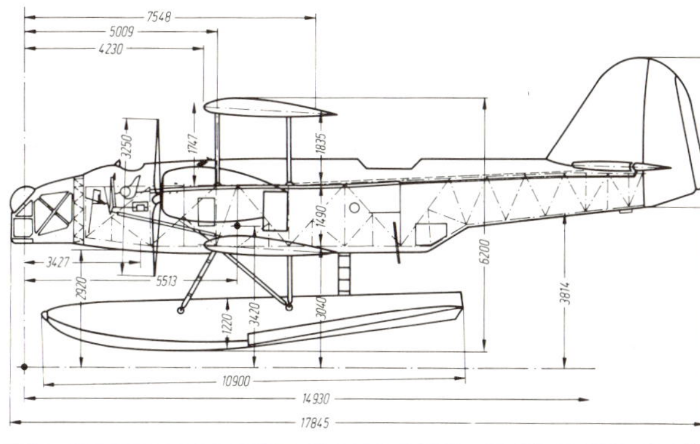

155. Heinkel He 59 D, W.Nr. 931 mit Kanzel He 115 V 2 bei Arado gebaut

(D-IPZI) diente als Testbed (fliegender Prüfstand) für den Daimler-Benz DB 600.

126. Heinkel He 60a (V 1) △ 127. Heinkel He 60 D ▽

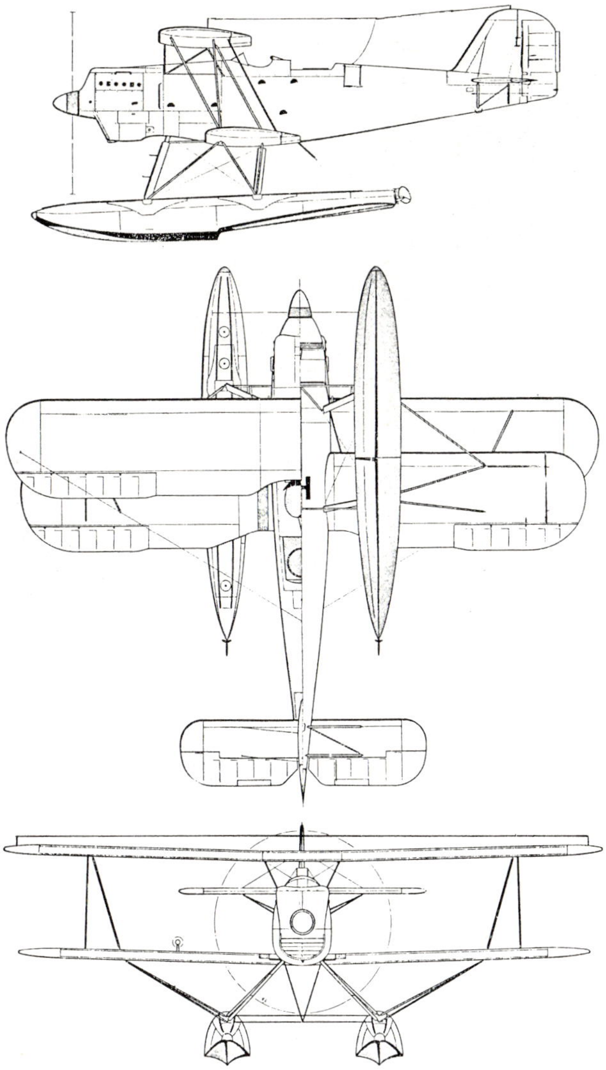

156. Heinkel He 60

Typ: Einmotoriges Mehrzweck-Seeflugzeug.
Flügel: Einstieliger unverspannter und gestaffelter Doppeldecker mit Rechteckflügeln gleicher Spannweite, beide mit Querruder ausgerüstet. Flügelaufbau in zweiholmiger Holzbauweise mit Sperrholznase und Stoffbespannung. N-Stiele.
Rumpf: Rumpfgerüst als geschweißtes Stahlrohrfachwerk, durch Holz-Formgerüst auf ovalen Querschnitt gebracht und mit Stoff bespannt.
Leitwerk: Abgestrebtes Normalleitwerk aus seewasserbeständigem Hydronalium, stoffbespannt. Höhenflosse je durch zwei Parallelstiele zum Rumpf abgefangen. Sämtliche Ruder mit Trimmklappen und gewichtlich ausgeglichen, Höhenruder zusätzlich mit aerodynamischem Ausgleich.
Schwimmwerk: Zwei einstufige Leichtmetallschwimmer, durch Strebengerüst am Rumpf und Unterflügel befestigt.
Triebwerk: Ein BMW VI 6,0 ZU flüssigkeitsgekühlter Zwölfzylinder-V-Motor mit 1 × 660 PS Startleistung. Starre Zweiblatt-Holzluftschraube mit 4,00 m Durchmesser. Kraftstoffkapazität 680 Liter.
Besatzung: 2 offene Sitze hintereinander.

Heinkel He 61

Aufklärungsflugzeug, sehr ähnlich der He 45, speziell für Exportzwecke. Wurde in kleiner Stückzahl an die Nationalchinesische Luftwaffe geliefert.

Heinkel He 62

See-Aufklärungsflugzeug für die Japanische Marine-Luftwaffe. Bei Aichi unter der Bezeichnung AB 5 in Lizenz gebaut, hatte aber keinen Erfolg. Angenommen wurde dagegen die sehr ähnliche He 56 unter der Bezeichnung E3A1.

Heinkel He 63

1932 erschien noch ein zweisitziger Schuldoppeldecker in Gemischtbauweise, einmal mit einem Fahrgestell als *He 63 L* und einmal mit zwei Schwimmern als *He 63 W*. Der Oberflügel des einstieligen Musters mit N-Stielen besaß starke Pfeilform. Die beiden offenen Sitze lagen hintereinander. Der Antrieb bestand aus einem Argus As 10 mit 1 × 200 PS Startleistung. Von beiden Ausführungen wurden nur Mustermaschinen gebaut.

Heinkel He 64

Heinkel konnte 1931 das Zwillingsbrüderpaar Siegfried und Walter Günter, die sich Anfang 1930 durch den »Sausewind« der Bäumer-Aero, der mit 60 PS eine Geschwindigkeit von 250 km/h erreichte, einen Namen gemacht hatten, verpflichten. Die beiden Brüder, die zusammen eines der erfolgreichsten Konstruktionsteams bildeten, hatten sich besonders auf die aerodynamische Durcharbeitung und glatte Oberflächengestaltung spezialisiert und bauten in der Folgezeit Heinkels gesamtes Schnellflugprogramm auf. Als für den Sommer 1932 der dritte Internationale Europaflug ausgeschrieben wurde, entschloß sich Heinkel, speziell für diesen Wettbewerb ein Leichtflugzeug zu konstruieren, welches die seinerzeit modernste aerodynamische Linie erreichen sollte. Grundforderungen waren die Auslegung als freitragender Eindecker und die Anstrebung des geringsten Formwiderstandes. Der Schritt zum Einziehfahrwerk sollte noch nicht gewagt werden. Die Neukonstruktion erhielt die Bezeichnung He 64 und besaß einen ungewöhnlich schlanken Rumpf. Ihr Auftauchen wurde eine fliegerische Sensation, besonders beachtet durch die unwahrscheinlichen Etappensiege des späteren Generals Hans Seidemann im August 1932

128. Heinkel He 61 △

129. Heinkel He 62 ▽

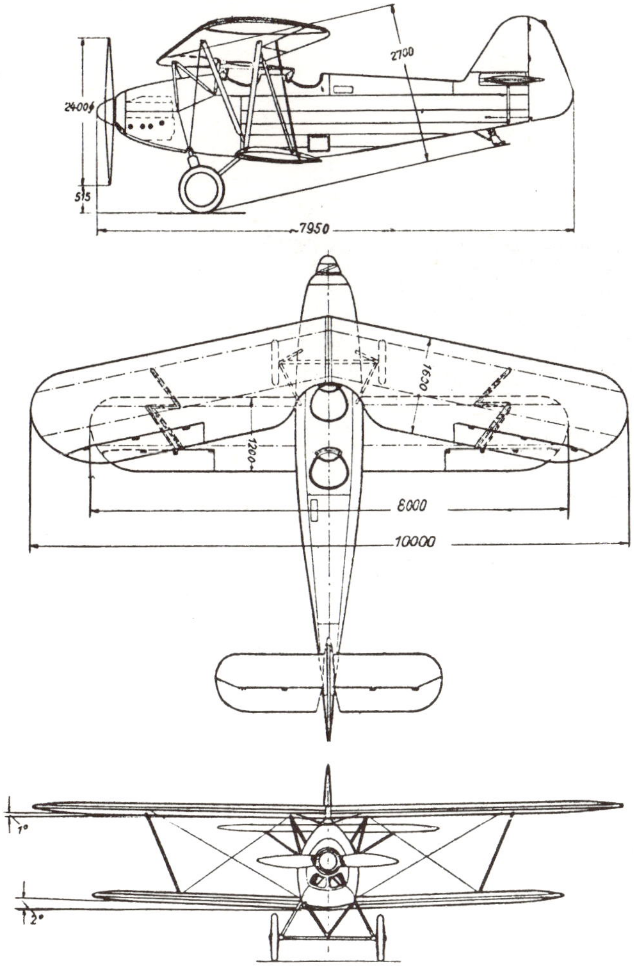

157. Heinkel He 63

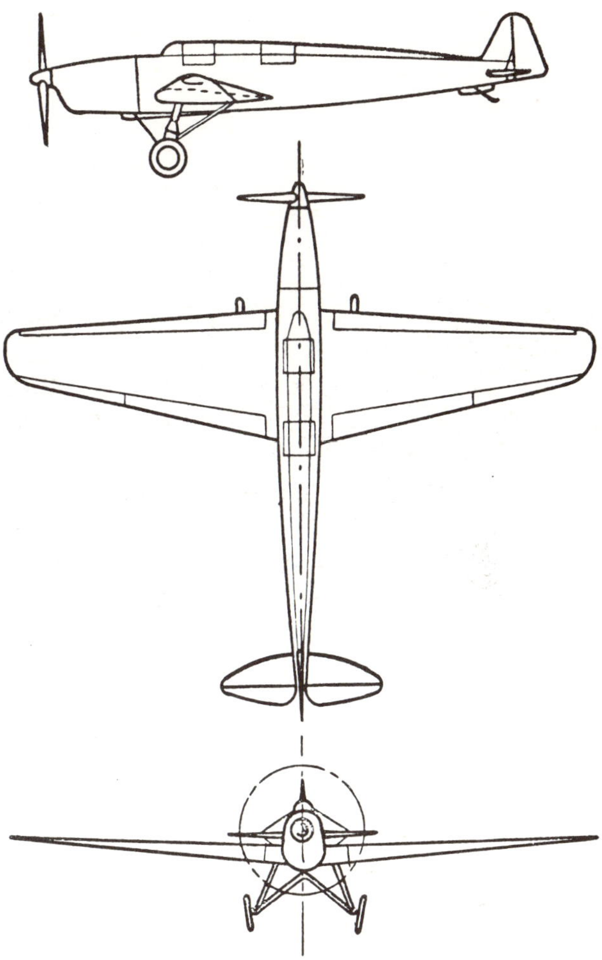

158. Heinkel He 64

während des Europarundfluges. Die 7500 km lange Strecke, für die eine Flugzeit von sechs Tagen vorgesehen war, schaffte die He 64, wegen ihres roten Anstriches »Roter Teufel« genannt, in drei Tagen.

Typ: Einmotoriges Sportflugzeug.
Flügel: Freitragender Tiefdecker. Flügelaufbau in zweiholmiger Holzbauweise mit Sperrholzbeplankung und Stoffbespannung bei höchster Oberflächengüte. Wölbungsklappen zwischen Querruder und Rumpf. Fester Vorflügel über die gesamte Flügelvorderkante.
Rumpf: Langgestreckter Rumpf mit ovalem Querschnitt in Holz-Schalenbauweise.
Leitwerk: Abgestrebtes Normalleitwerk in Holzbauweise mit Stoffbespannung. Höhenflosse zum Rumpf und zur Seitenflosse durch dünne I-Stiele verstrebt. Die Flächen besaßen erstmals, eine Eigenart der späteren Heinkel-Baumuster, ovalen Umriß.
Fahrwerk: Starres Normalfahrgestell mit geteilter Achse. Haupträder als widerstandsarme Hochdruck-Scheibenräder, ölhydraulisch bremsbar. Schleifsporn.
Triebwerk: Ein Argus As 8 R luftgekühlter hängender Vierzylinder-Reihenmotor mit 1 × 150 PS Startleistung. Starre Zweiblatt-Holzluftschraube mit 2,10 m Durchmesser. Kraftstoffkapazität 144 Liter.
Besatzung: 2 Mann in geschlossener Kabine hintereinander. Kabinenabdeckung langgestreckt und aerodynamisch günstig in einen Windabfluß auslaufend.

Heinkel He 65

Entwurf eines schnellen Postflugzeugs für die Lufthansa 1932. Erster Entwurf noch mit gerader Tragflächenvorder- und Hinterkante, später mit neuer Fläche ähnlich He 70. Triebwerk: Pratt & Whitney »Hornet« 575 PS. Festes

130. Heinkel He 63 L △

131. Heinkel He 64 ▽

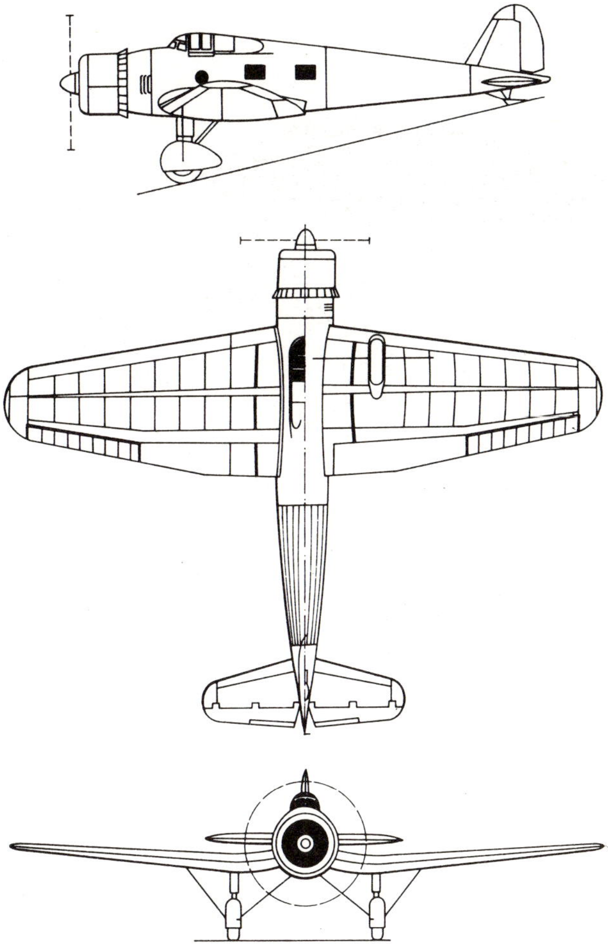

159. Heinkel He 65

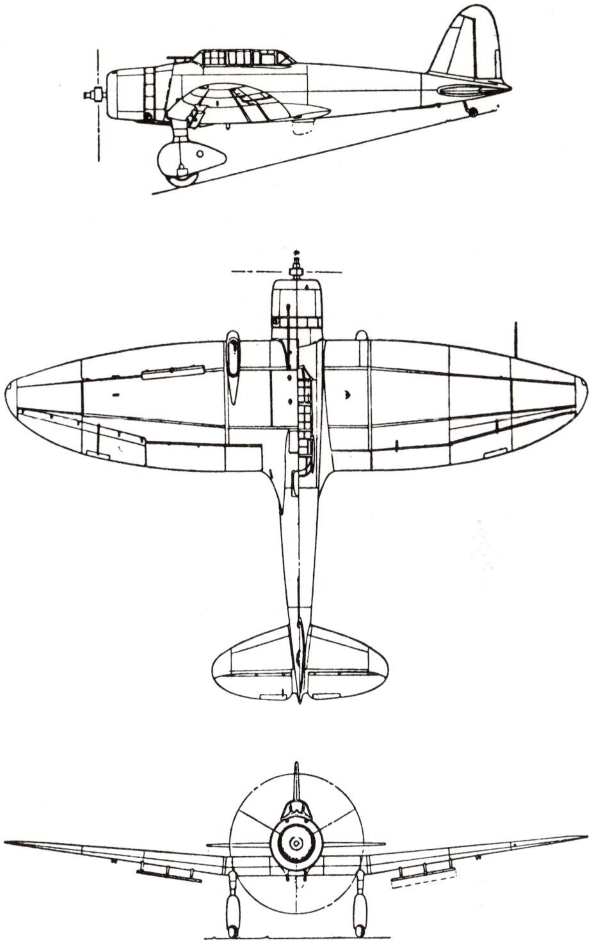

160. Heinkel-Aichi AM 17

132. Heinkel He 65 (Modell)

Fahrwerk. Spannweite 14,30 m, Länge 11,50 m. Flächeninhalt 35,20 m². Fluggewicht 4308 kg. Höchstgeschwindigkeit 325 km/h. Entwurf mit He 70-Fläche und He 70-Leitwerk ging nach Japan, wurde dort vereinfacht (Flächenanschlüsse) und wurde dann bei Aichi als D3A1 nachgebaut. Versuchsnachbau AM 17 noch weitgehend ähnlich He 65/II.

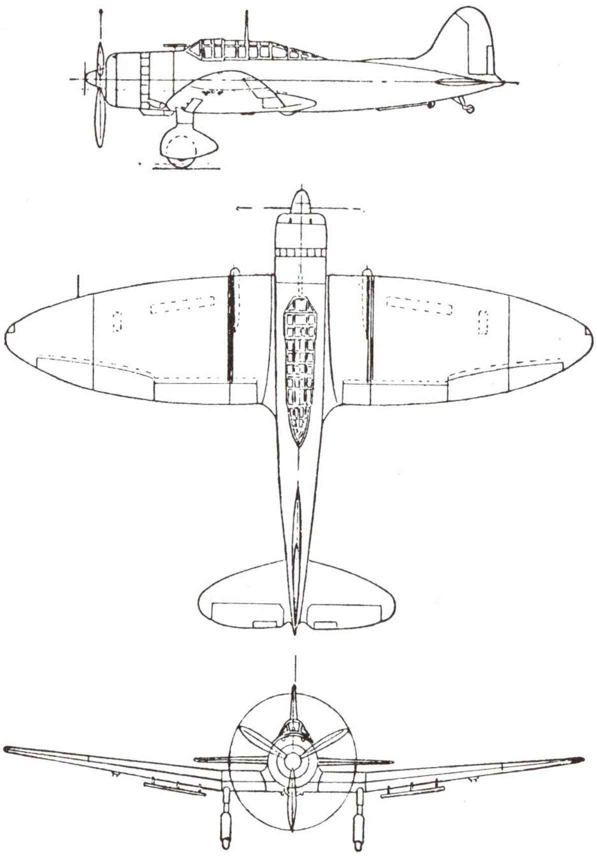

Heinkel He 66

Version des für Japan entwickelten Stukas He 50 mit schwächerem und völlig unzureichendem Siemens-Jupiter mit 1 × 450 PS Startleistung als sturzkampffähiger Aufklärer, der in kleiner Serie für die chinesische Luftwaffe gebaut wurde. Die He 66 entsprach im Aufbau vollkommen der vorstehend beschriebenen He 50 mit Unterschied des leicht verlängerten und aerodynamisch günstiger gestalteten Rumpfvorderteiles.

Heinkel He 70

Im Spätherbst 1931 erschien in den USA das von Lockheed entwickelte »Orion«-Postflugzeug, welches mit einem 500 PS-Motor eine Geschwindigkeit von 260 km/h entwickelte, 40 km/h mehr, als die schnellsten damals in Deutschland verwendeten Post- und Verkehrsflugzeuge. Um konkurrenzfähig zu bleiben, entschloß sich die Lufthansa im Februar 1932, Heinkel einen Entwicklungsauftrag über ein Schnellflugzeug für zwei Piloten, vier Fluggäste und einen entsprechenden Postraum zu überschreiben. Die Höchstgeschwindigkeit sollte 285 km/h betragen und die Entwicklung in

161. Aichi D3A1 ◁

133. Heinkel He 66 ▽

sechs Monaten abgeschlossen sein. Heinkel projektierte einen freitragenden Tiefdecker unter der Typenbezeichnung *HE 65,* der noch kein Einziehfahrgestell, sondern ein strömungstechnisch günstig verkleidetes Starrfahrwerk besaß. Die Arbeiten waren bereits weit vorangeschritten, als im Mai 1932 die erste »Orion« im regelmäßigen Luftverkehr der Schweizer Luftfahrtgesellschaft eingesetzt wurde. Auf Drängen von Heinkel stimmte die Lufthansa und das Reichsverkehrsministerium dem Vorschlag zu, mit der Höchstgeschwindigkeit des neuen Heinkel-Musters über 300 km/h zu gehen. Ein neues Projekt entstand unter der Bezeichnung He 70, ebenfalls ein freitragender Tiefdecker, jetzt allerdings mit Einziehfahrwerk, für den eine Höchstgeschwindigkeit von 318 und eine Reisegeschwindigkeit von 288 km/h garantiert wurden. Der Prototyp He 70a begann Ende November 1932 mit den Rollversuchen und machte am 1. Dezember 1932 unter Chefpilot Junck den Jungfernflug mit der Überführung von Warnemünde nach Travemünde zu Ehren des am gleichen Tage fälligen zehnjährigen Firmenjubiläums der Heinkel-Werke. Bei der Überführung der Mustermaschine zur Lufthansa nach Staaken wurde im Vollgasflug eine Geschwindigkeit von 377 km/h erreicht, das war weit mehr, als sämtliche Jagdflugzeuge der damaligen Zeit flogen. Darüber hinaus war die He 70 das erste europäische Verkehrsflugzeug mit Einziehfahrwerk. Im März und April 1933 errang Lufthansa-Flugkapitän Untucht mit dem Muster acht internationale Geschwindigkeitsrekorde, darunter eine Geschwindigkeit von 357,427 km/h bei 500 kg Nutzlast über 100 km Strecke. Folgende Mustermaschinen und Serienausführungen existierten:

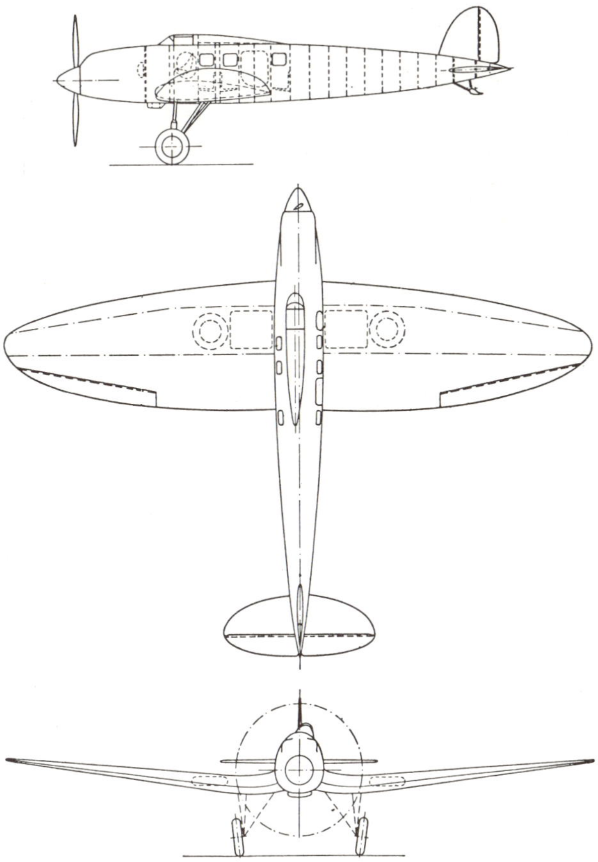

134. Heinkel He 70a (V 1) ▽

162. Heinkel He 70b ▷

135. Heinkel He 70 C-01

He 70a
Erster Prototyp, der am 1. Dezember 1932 seinen Erstflug machte. Das Einziehfahrwerk besaß noch keine Verkleidung und lag offen in der Fläche. Der Antrieb bestand aus einem BMW VI 6,0 Z flüssigkeitsgekühlten V-Motor mit 1 × 637 PS Startleistung.

He 70b
Erste Mustermaschine für die Lufthansa mit der Kennung D-3. Sie entsprach vollkommen der He 70a, war jedoch bereits mit Fahrwerksklappen versehen. Antrieb ebenfalls durch BMW VI 6,0 Z. Besatzung zwei Mann und vier Fluggäste.

He 70c
Erste Mustermaschine für eine militärische Verwendung als Fernerkunder. Die Führersitzabdeckung wurde bei dieser Version am hinteren Ende mit einer verglasten Schiebe-Abdeckung versehen und als B-Stand ausgebaut. Antrieb ebenfalls durch BMW VI 6,0 Z. Sie flog unter der Zulassung D-UHYS.

He 70d
Verbesserte Mustermaschine für die Lufthansa mit einem stärkeren Triebwerk BMW VI 7,3 Z von 1 × 750 PS Startleistung. Sie trug die Zulassung D-UBIN.

He 70e
Zweite Mustermaschine (D-UBEQ) als militärischer Fernerkunder, im Aufbau der He 70c entsprechend, jedoch mit stärkerem BMW VI 7,3 Z.

He 70 F
Serienausführung als militärisches Mehrzweckflugzeug als Weiterentwicklung der Prototypen He 70c und e. Im Aufbau entsprach sie vollkommen der nachfolgend beschriebenen Zivilausführung He 70 G bis auf den verglasten Führersitzabfluß und die militärische Ausrüstung.

Besatzung: 2 Mann, bestehend aus Pilot und Beobachter/Orter/Schütze.
Militärische Ausrüstung: B-Stand mit 1 × 7,9 mm MG 15 im mit Glasschiebedach versehenen Führersitzabfluß.

He 70 G
Serienausführung als Schnellverkehrs- und Postflugzeug für die Deutsche Lufthansa, die dem Muster den Namen »Heinkel-Blitz« gab und ein Schnellverkehrsstreckennetz zwischen Berlin, Hamburg, Köln und Frankfurt aufbaute. Später wurde das Muster auch als schnelle Postzubringermaschine für die Atlantikflugstrecke eingesetzt.

Typ: Einmotoriges Schnellverkehrs- und Postflugzeug.
Flügel: Freitragender Tiefdecker. Flügelaufbau in zweiholmiger

136. Heinkel He 70 F-1 △

137. Heinkel He 70 G-1 ▽

Holzbauweise mit Sperrholzbeplankung. Landeklappen zwischen Querruder und Rumpf. Ovaler Flügelumriß.
Rumpf: Angenäherter Spindelrumpf mit ovalem Querschnitt. Aufbau in Ganzmetall-Schalenbauweise mit Versenknietung.
Leitwerk: Freitragendes Normalleitwerk in Holzbauweise mit Sperrholzbeplankung. Sämtliche Flächen mit ovalem Umriß.
Fahrwerk: Einziehbares Normalfahrgestell. Hauptträder mechanisch/hydraulisch nach außen in die Flügel einziehbar. Mechanisch hochziebare Spornkufe.
Triebwerk: Ein BMW VI 7,3 Z flüssigkeitsgekühlter Zwölfzylinder-V-Motor mit 1 × 750 PS Startleistung. Zweiblatt-Einstell-Luftschraube aus Metall mit 3,20 m Durchmesser. Kraftstoffkapazität 320 Liter.
Besatzung: 2 Mann, bestehend aus Pilot und Funker sowie 4 Fluggäste in geschlossener Kabine.

Das englische Flugmotorenwerk Rolls-Royce zeigte sich an einer Zelle der He 70 als Versuchsträger für ihren »Kestrel«-Motor interessiert, weil diese Zelle nach ihrer Meinung die aerodynamisch vollkommenste dieser Zeit war. Heinkel strebte in diesem Zusammenhang einen Lizenzaustausch an, um der deutschen Motorenentwicklung aus einem Engpaß herauszuhelfen. Das seinerzeit der Enttarnung entgegensehende Reichsluftfahrtministerium entschied sich dagegen, um die schnellste deutsche Maschine nicht dem Ausland zu

138. Heinkel He 70 A/UG △

139. Heinkel He 71 ▽

140. Heinkel He 72 »Kadett« ▽

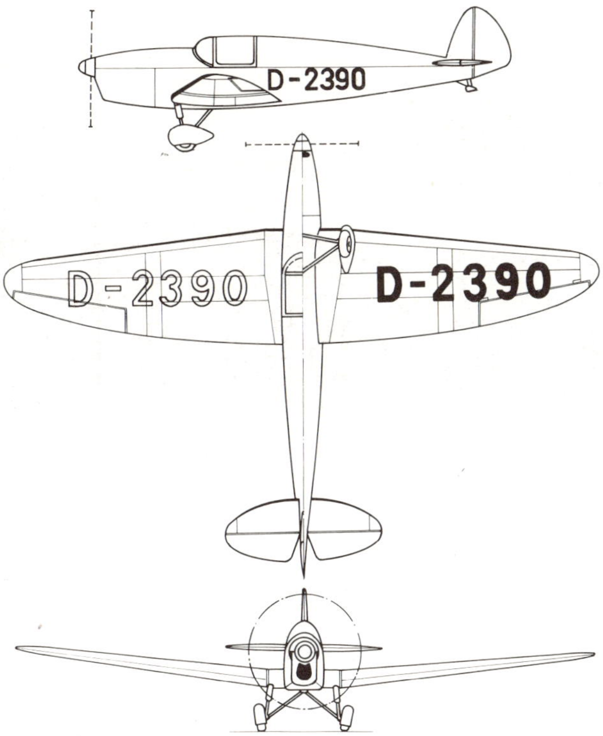

163. Heinkel He 71

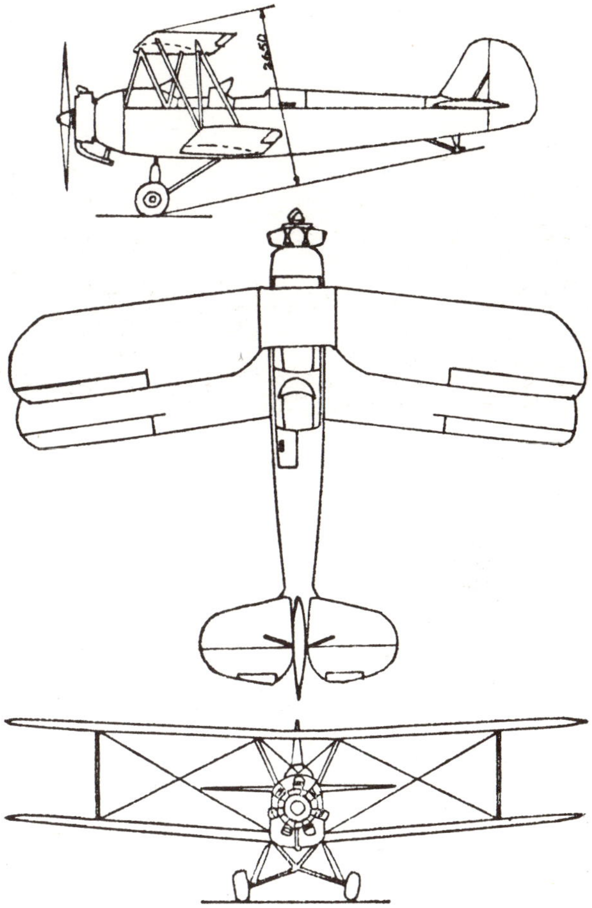

164. Heinkel He 72 »Kadett«

überlassen. Wie sehr dies eine Fehlentscheidung war, zeigte sich erst später, als es der deutschen Motorenindustrie nicht gelang, den Vorsprung des Auslandes, durch die lange Verbotszeit für starke Motoren in Deutschland erreicht, aufzuholen. Jedenfalls blieb es bei der Lieferung einer einzigen Maschine (G-ADZF), die mit dem Rolls-Royce-Hochleistungstriebwerk überragende Flugleistungen aufwies. Die Zelle entsprach der He 70 G. Ausgeliefert wurde die Maschine 1936.

Triebwerk: Ein Rolls-Royce »Kestrel V« flüssigkeitsgekühlter Zwölfzylinder-V-Motor mit 1 × 810 PS Startleistung. Starre Zweiblatt-Luftschraube.

Heinkel He 71

1933 entstand dieses Sportflugzeug in Holzbauweise als Weiterverfolgung der mit der He 64 eingeschlagenen Linie als freitragender Tiefdecker. Der Einsitzer mit starrem Normalfahrgestell besaß in der Ausführung *He 71b* einen Hirth HM 4 luftgekühlten hängenden Vierzylinder-Reihenmotor von 1 × 78 PS Leistung und eine starre Zweiblatt-Holz-Luftschraube. Der Führersitz war offen oder als Kabine ausgebildet. Letztere Version wurde von der bekannten Fliegerin Elli Beinhorn geflogen.

Heinkel He 72 »Kadett«

Dieser zweisitzige Schul- und Übungsdoppeldecker entstand ebenfalls 1933 in einer Land- und Seeausführung. Während eine kleine Anfangsserie (He 72 A) einen Argus As 8 R Reihenmotor mit 1 × 150 PS Leistung erhielt, wurden die späteren Serienmaschinen (He 72 B) mit einem BMW-Bramo Sh 14 A-Sternmotor ausgerüstet. Besonders von der Landausführung He 72 L (B-Reihe) wurde eine größere Anzahl Maschinen für die Ausbildung bei der Luftwaffe gebaut.

He 72 L

Serienausführung mit Fahrgestell. Sie unterschied sich von dem Prototyp durch ein verkleidetes Fahrgestell und die Verwendung eines Townend-Ringes um den Motor. Die Maschine war voll kunstflugtauglich.

Typ: Einmotoriges Schul- und Übungsflugzeug.
Flügel: Verspannter einstieliger Doppeldecker mit gestaffeltem und

leicht pfeilförmigem Tragwerk. N-Stiele. Oberflügel dreiteilig mit Baldachin fest über dem Rumpf, Unterflügel zweiteilig. Querruder in Ober- und Unterflügel. Flügel gleicher Spannweite. Aufbau in zweiholmiger Holzbauweise mit Sperrholznase und Stoffbespannung.
Rumpf: Geschweißtes Stahlrohrgerüst mit Stoffbespannung.
Leitwerk: Abgestrebtes Normalleitwerk in Holzbauweise mit Stoffbespannung. Höhenflossen durch je einen I-Stiel zur Seitenflosse hin abgestrebt. Trimmklappen in den Höhenrudern.
Fahrwerk: Starres Normalfahrgestell. Verkleidete Hauptträder an geteilten Achsen. Starrer Schleifsporn.
Triebwerk: Ein BMW-Bramo (Siemens) Sh 14 A luftgekühlter Siebenzylinder-Sternmotor mit 1 × 160 PS Startleistung. Townend-Ring. Starre Zweiblatt-Holzluftschraube mit 2,20 m Durchmesser. Kraftstoffkapazität 110 Liter.
Besatzung: 2 Mann hintereinander mit offenen Sitzen. Doppelsteuer.

He 72 W

Version der He 72 L mit zwei flachgekielten Schwimmern. Sonstiger Aufbau, Triebwerk und Besatzung stimmen mit der Landausführung überein. Diese Ausführung wurde besonders durch ihren Einsatz bei der Schulz-Kamphenkel-Expedition am Amazonas bekannt.

Heinkel He 74

Ein weiteres Muster, welches 1933 entwickelt wurde, ist die He 74, ein einsitziger Übungsdoppeldecker. Der erste Prototyp, die *He 74a,* besaß kleinere Abmessungen als die nachfolgend beschriebene *He 74b,* besaß jedoch im Aufbau nur geringfügige Unterschiede. Auch von der *He 74b* wurde nur eine einzige Mustermaschine gebaut.

Typ: Einmotoriger Übungseinsitzer.
Flügel: Einstieliger verspannter Doppeldecker mit gestaffeltem Tragwerk und kleinerem Unterflügel. Aufbau in zweiholmiger Holzbauweise mit Sperrholzbeplankung. Querruder nur im Oberflügel, im Unterflügel weitspannende Wölbungs-Landeklappen. I-Stiele.
Rumpf: Rumpfgerüst als geschweißte Stahlrohrkonstruktion, durch Formgerüst auf ovalem Querschnitt gebracht und mit Stoff bespannt.
Leitwerk: Verspanntes Normalleitwerk mit ovalem Flächenumriß, Aufbau aus Holz, Flossen sperrholzbeplankt, Ruder stoffbespannt. Höhenflossen zur Seitenflosse und zum Rumpf hin verspannt. Trimmklappen in Höhen-, Trimmkante im Seitenruder.
Fahrwerk: Starres Normalfahrgestell mit freitragenden Federbeinen, strömungsgünstig verkleidet. Spornrad ebenfalls verkleidet.
Triebwerk: Ein Argus As 10 C luftgekühlter Achtzylinder-V-Motor mit 1 × 240 PS Startleistung. Zweiblatt-Metall-Einstell-Luftschraube mit 2,30 m Durchmesser. Kraftstoffkapazität 104 Liter.
Besatzung: 1 Pilot in offenem Sitz hinter der Oberflügelhinterkante mit lang durchgezogenem Windabfluß.

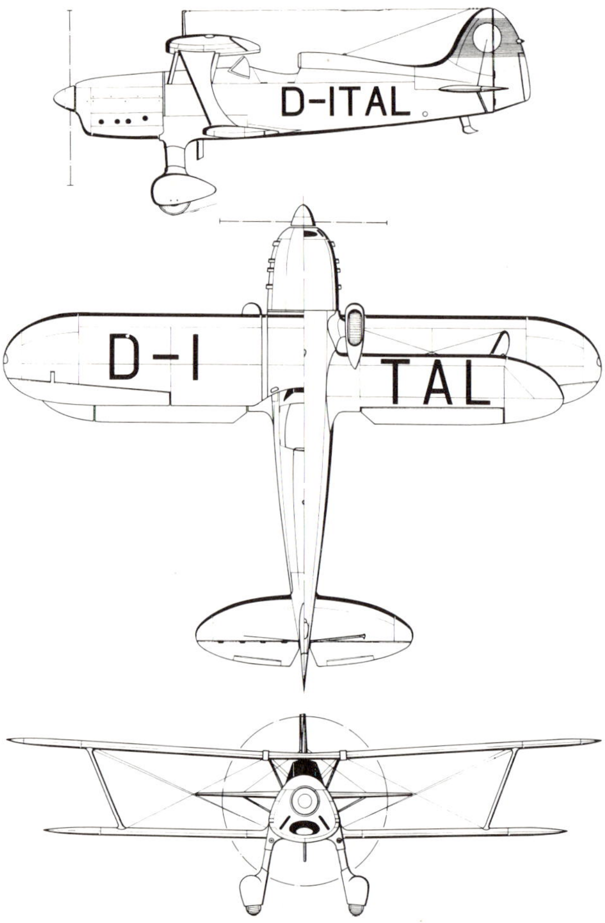

165. Heinkel He 74

Heinkel He 100

Nachdem 1935 beim Jagdflugzeugwettbewerb die Messerschmitt Bf 109 über Heinkels He 112 gesiegt hatte, wollte Heinkel nicht aufgeben und kündigte dem Generalluftzeugmeister Udet an, er werde den Prototyp eines Jägers mit 700 km/h bis 1937 fertigstellen, was Udet lachend für unmöglich erklärte. Heinkel hatte dabei den Hintergedanken, mit diesem Flugzeug, das ihm vorschwebte, den Weltgeschwindigkeitsrekord von 709,209 km/h, den der Italiener Francesco Agello 1934 auf dem Rennflugzeug Macchi MC 72 aufgestellt hatte, anzugreifen. Im Gegensatz zu Agellos Flugzeug sollte es aber ein normaler Jagdeinsitzer sein, der nur mit einem Spezialtriebwerk ausgerüstet den Weltrekord brechen sollte. Mit normalem Triebwerk sollte das ein Jäger werden, der der Bf 109 überlegen sein und Heinkel den Großserienbau für die Luftwaffe sichern würde. Heinkel forderte nach sorgfältigem Studium der Berichte über Agellos Flugzeug von seinen Mitarbeitern einen Jäger, der mit Spezialtriebwerk 750 km/h erreichen sollte. In einer Direktionsbesprechung, an der neben Heinkel, Professor Hertel,

141. Heinkel He 72 W »Seekadett« △

142. Heinkel He 74 ▽

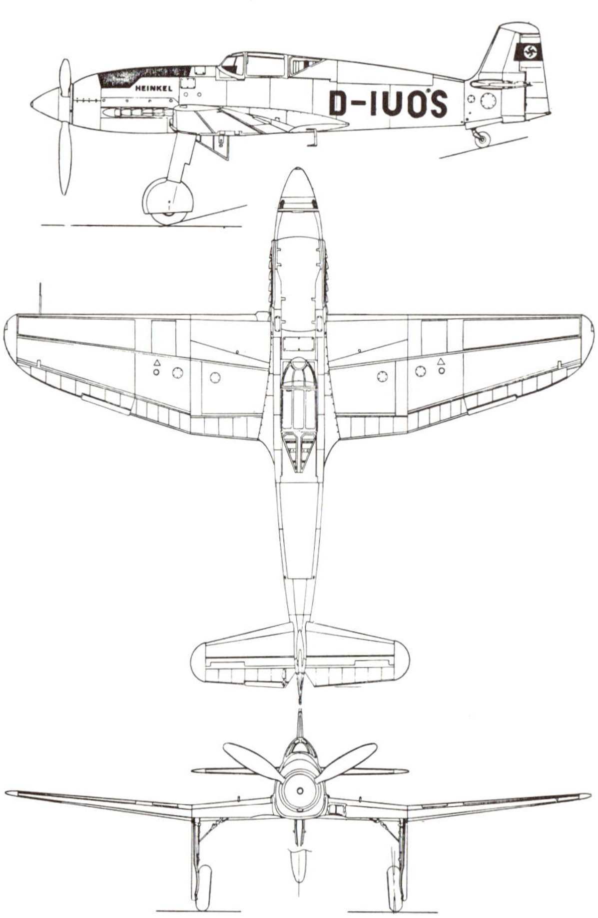

166. Heinkel He 100 V 2

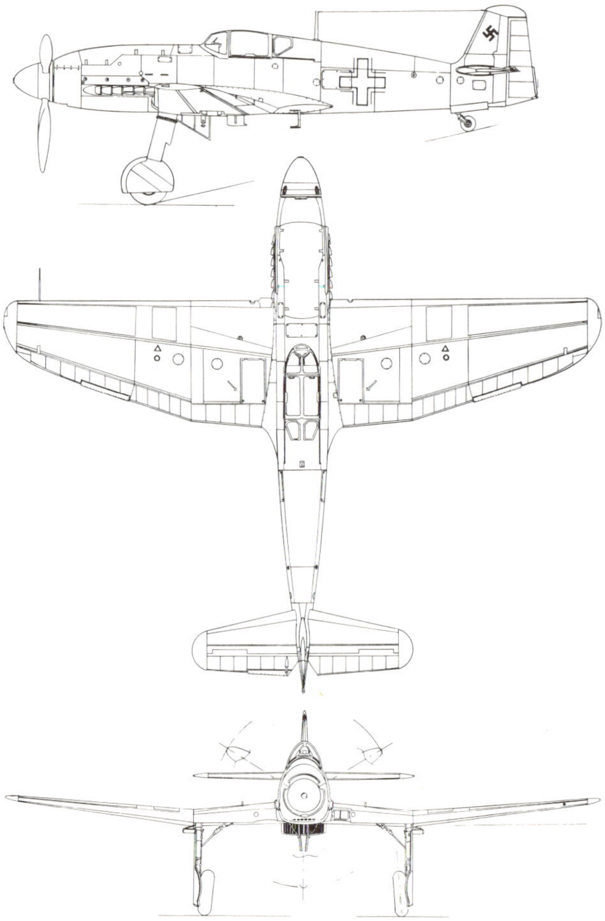

167. Heinkel He 100 D-0

Siegfried Günter und Karl Schwärzler teilnahmen, wurde am 25. Mai 1937 das Konzept für dieses Flugzeug, das vorläufig als Projekt P. 1035 bezeichnet wurde, festgelegt. Das grundlegend Neue an diesem Konzept war, daß Heinkel statt des üblichen, aber den Luftwiderstand erhöhenden Kühlers ein Oberflächenkühlungssystem forderte. Es war klar, daß ein solches System viele Vorversuche erfordern würde. Bei einem Jagdflugzeug würden sich allein durch die Beschußschäden große Risiken ergeben. Es gelang tatsächlich ein solches System zu entwickeln. Das Kühlwasser des Motors wurde durch verschiedene Maßnahmen unter Druck gesetzt. Es ließ sich dadurch bis auf 110 Grad Celsius erhitzen, ohne daß es im Motor selbst Dampf bildete. Beim Ableiten außerhalb des Motors wurde das Kühlwasser entspannt. Es bildete sich Dampf. In einem Dampfabscheider wurden Wasser und Dampf getrennt, das Wasser wieder dem Motorkreislauf zugeführt und der Dampf in die Flügel geleitet. Der Dampf verwandelte sich dort durch Abkühlung in Wasser, das von Kreiselpumpen wieder dem Motorkreislauf zugeführt wurde. Das sah anfangs recht kompliziert aus. Alle Probleme, die sich dabei zeigten, konnten aber gelöst werden. Im Endergebnis war diese neue Art des Kühlkreislaufs sogar weniger empfindlich als der normale Wasserkreislauf. Bei der Ölkühlung klappte das nicht. Es mußte ein kleiner Ölkühler beibehalten werden. Ende Oktober 1937 teilte Heinkel Udet mit, daß das Projekt P. 1035 fertig durchgearbeitet sei und übersandte ihm die detaillierte Baubeschreibung, aufgrund derer dann das Projekt die Typennummer He 100 erhielt.
Es wurden zunächst fünf Musterflugzeuge in Auftrag gegeben, die die Werknummern 1901 bis 1905 erhielten. Die erste Maschine He 100 V 1 rollte am 22. Januar 1938 aus der Halle zum Erstflug. Sie erhielt die Kennzeichen D-ISVR und hatte die Werkn. 1901. Da die bei der He 100 zur Verfügung stehende Kühloberfläche geringer war, als man berechnet

hatte, baute man einen zusätzlichen, einziehbaren Bauchkühler ein, der nur bei Start und Steigflug ausgefahren werden sollte. Die ersten Versuchsflüge erbrachten dann die ersten Probleme. Infolge der starken Temperaturunterschiede verzog sich die Oberfläche derart, daß es zu starker Beschädigung der Zelle kam und den Bauchkühler mehr als notwendig machte. Erst Anfang März konnten die Versuchsflüge fortgesetzt werden. He 100 V 1 hatte einen normalen Daimler-Benz DB 601 Aa (Werknr. 149), der eine Startleistung von 1100 und eine Dauerleistung von 1050 PS in Volldruckhöhe von 4000 m hatte. Die Abmessungen waren: Spannweite 9,42 m, Länge 8,17 m und Höhe 3,60 m. Die Flügelfläche betrug 14,40 m^2. Die Maschine hatte ein Leergewicht von 1791 kg und ein Fluggewicht von 2158 kg. Bei der Erprobung wurde in 5000 m Höhe eine Höchstgeschwindigkeit von 620 und eine Reisegeschwindigkeit von 610 km/h erreicht. Die Maschine stieg in 2,2 Minuten auf 2000 m und in sieben Minuten auf 6000 m Höhe. Theoretisch betrug die Gipfelhöhe 10000 m. Die Anlaufstrecke bis zum Abheben beim Start betrug 360 m. Bei einer Landegeschwindigkeit von 130 km/h brauchte He 100 V 1 eine Landestrecke von 475 m.

Bis zum März hatte man dann He 100 V 1 weitgehend umgebaut zur He 100 V 1/U1. Hauptsächlich hatte man einen neuen Motor, einen DB 601 Aa mit der Werknr. 10103 eingebaut, der eine Startleistung von 1175 und eine Dauerleistung in 4000 m Höhe von 1020 PS hatte. Damit wurde kurzfristig eine Höchstgeschwindigkeit von 672 km/h in 5000 m Höhe erreicht. Da die Maschine als Musterflugzeug für die geplante Serie He 100 A-1 geplant war, sah man den Einbau einer Motorkanone MG/FFm (20 mm) und zwei MG 17 (7,9 mm) als starre Waffe vor. Sie wurden aber nicht eingebaut.

Im Mai 1938 war der zweite Prototyp He 100 V 2, Werknr. 1902, mit dem Kennzeichen D-IOUS fertig geworden. Die Maschine startete am 17. Mai 1938 zum Erstflug. Auch hier traten dieselben Probleme mit der Oberflächenkühlung wie bei V 1 auf. So baute man einen vergrößerten Bauchkühler ein, um die Verzugserscheinungen bei der Oberflächenkühlung besser erforschen zu können. Das Flugzeug hatte wieder einen DB 601 Aa von 1150 PS Startleistung mit der Werknr. 60008 und erreichte bei den ersten Versuchsflügen 622 km/h in 5000 m Höhe, im Tiefflug aber nur 535 km/h.

Auch diese Maschine hatte noch nicht die bereits bei V 1/U1 vorgesehene Bewaffnung. Mit ihr sollte der erste Rekordversuch unternommen werden. Mit der Durchführung der notwendigen Vorbereitungen beauftragte Heinkel seinen langjährigen Mitarbeiter Köhler. Pfingsten 1938 war Köhler mit seinen Vorbereitungen fertig. Als Pilot für die He 100 V 2 war der Werkpilot Herting vorgesehen. Man wollte den Geschwindigkeitsrekord über eine Strecke von 100 km angreifen, der in zwei Richtungen geflogen werden mußte. Als Rekordstrecke war der Strand zwischen dem Ostseebad Müritz und dem Flugplatz Wustrow, genau 50 km lang, vorgesehen. Am Pfingstmontag, den 5. Juni 1938, landete zufällig der Generalluftzeugmeister Udet, sommerlich bequem in Zivilkleidung, in Warnemünde auf dem Werkflugplatz von Heinkel. Als er von den Rekordvorbereitungen hörte, wollte er die Maschine sehen. Man fuhr zum Flugplatz in Marienehe. In Müritz und Wustrow saßen schon die Sportzeugen. Die He 100 V 2 stand bereit. Auf der Unterseite war sie gelb angestrichen worden, weil sie dann gegen den grauen Himmel besser zu sehen war. Udet besah sich die Maschine von allen Seiten und meinte dann, ob er nicht den Rekordflug durchführen könne. Nach einigem Hin und Her verzichtete Herting bedauernd zugunsten Udets. Köhler gab Udet detaillierte technische Erklärungen, aber der hörte gar nicht richtig hin. Er wollte fliegen!

Um 16 Uhr 27 Minuten startete Udet und zog die Maschine sofort hoch auf die vorgesehene Flughöhe von 5500 m, überflog in Müritz die Startlinie, umflog die von Flakwölkchen gekennzeichnete Wendemarke in Wustrow in einer unwahrscheinlich engen Kurve und brauste zurück nach Müritz. Er brauchte für die zweimal fünfzig Kilometer 9 Minuten und 27 2/5 Sekunden, was einer Geschwindigkeit von 634,320 km/h entsprach. Damit hatte er Furio Niclots Rekord auf Breda 88 gebrochen. Als er um 16 Uhr 53 wieder landete, wurde er stürmisch gefeiert, verstand das alles aber gar nicht. Als Köhler ihn anschrie: »Rekord! Rekord!« war er sehr erstaunt. Köhler wurde noch nachträglich blaß vor Schreck, als Udet ihm sagte, daß in der ganzen Zeit am Instrumentenbrett rote Lampen gebrannt hätten. Das waren die Warnlampen für Überhitzung, auf die ihn Köhler vorher aufmerksam gemacht hatte. Das hatte er gar nicht gehört gehabt!

Heinkel war sich jetzt seiner Sache sicher. Mit diesem Typ konnte der absolute Weltgeschwindigkeitsrekord erobert werden. Für diesen Zweck sollte die He 100 V 3, Werknr. 1904, verwendet werden. Da die He 100 V 1 nicht mehr verwendbar war, wurde ihre Kennzeichnung D-ISVR für die V 3 übernommen. Sie wurde mit normalem DB 601 Aa (Werknr. 10101) von 1175 PS Startleistung eingeflogen und erreichte damit eine Höchstgeschwindigkeit von 670 km/h in 5000 m Höhe. Ihre Abmessungen entsprachen denen von V 1 und V 2. Für den Rekordflug erhielt die Maschine aber eine Tragfläche mit kleinerer Spannweite, nämlich 7,60 m statt 9,42 m. Noch während der Erprobung gab es eine Panne. Durch Fahrwerksschaden wurde die Maschine bei der Landung zerstört und fiel für den Rekordversuch aus. Nach Einbau der kurzen Fläche hatte die He 100 V 3 auch die Bezeichnung He 100 V 3/UR und erhielt die Kennzeichen D-IDGH. Nach dem Totalbruch wurde die Kennzeichnung auf die nunmehr für den Rekordversuch vorgesehene He 100 V 8 übertragen.

Inzwischen war auch die He 100 V 4, Werknr. 1903, fertig geworden. Sie diente vornehmlich zur Flugerprobung bei hoher Beanspruchung. Sie sollte als Musterflugzeug für die geplante Jägerserie He 100 B dienen. Bei der Erprobung

143. Heinkel He 100 V 3 (Kennzeichen nur aufgeklebt)

zeigte sich, daß die Zelle festigkeitsmäßig auch hohen Beanspruchungen gewachsen war. Der Werkpilot Ursinus erreichte bei ziemlich steilen Sturzflügen, auch Bahnneigungsflüge genannt, eine Höchstgeschwindigkeit von 850 km/h! Die Maschine sollte serienmäßig ebenfalls ein MG/FFM und zwei MG 17 erhalten.
Endgültiger Prototyp für die B-Serie wurde aber He 100 V 5 mit der Werknr. 3001. Eigentlich war dieses Flugzeug nur die erste Maschine der B-0-Vorserie, von der sechs Exemplare, die Werknummern 3001 bis 3006, gebaut worden sind.
He 100 V 4 fiel am 22. Oktober 1938 aus, als im Stand das Fahrwerk einknickte, wodurch die Maschine schwer beschädigt wurde.
He 100 V 5 startete am 16. November 1938 zum Erstflug. Sie diente zur weiteren Verbesserung der Flugeigenschaften und wurde abwechselnd von den Piloten Tönnis, Bader und Dipl.-Ing. Frank geflogen. Insbesondere wurde die Stabilität der Zelle durch immer steilere Bahnneigungsflüge getestet. Franke gehörte nicht zur Firma Heinkel, sondern war Testpilot der Luftwaffe in der Erprobungsstelle Rechlin.
Über die He 100 V 6 ist nur bekannt, daß sie nach Triebwerkswechsel als Triebwerk-Erprobungsträger am 25. April 1939 zusammen mit der V 5 nach Rechlin überflogen wurde.
Die technischen Daten der He 100 V 5 waren: Daimler-Benz DB 601 M, Werknr. 10146, Startleistung 1175 PS, Nennleistung in 4500 m Höhe 1030 PS. Bewaffnung war nicht eingebaut. Spannweite 9,42 m, Länge 8,20 m, Höhe 3,60 m, Flügelfläche 14,5 m². Leergewicht 1950 kg, Fluggewicht 2437 kg, Höchstgeschwindigkeit in Bodennähe 580 km/h in 5000 m Höhe 682 km/h, Marschgeschwindigkeit 525 bzw. 670 km/h, Landegeschwindigkeit 150 km/h. Maximale Reichweite bei Höchstgeschwindigkeit 900 km, optimale Reichweite 1120 km. Gipfelhöhe 11 000 m. Steigzeit auf 6000 m Höhe 6,2 Minuten. Startstrecke bis zum Abheben 350 m, Landestrecke 480 m. Bei allen He 100 wurden dreiblättrige VDM-Verstellschrauben verwendet. Bei der Vorserienausführung He 100 B-0 lag das Leergewicht bei 1948 kg, das Fluggewicht bei 2440 kg. Die Leistungen unterschieden sich nur unwesentlich von denen des Prototyps V 5. Bei allen sechs Maschinen He 100 B-0 sind Waffen nicht eingebaut worden.
He 100 V 7 startete am 24. Mai 1939 zum Erstflug. Sie sollte das Musterflugzeug für die geplante Serie He 100 C werden. Hauptunterschied zur Version B (V 5) bestand in einem neuen Wärmeaustauscher im Ölsystem. Die Maschine ging am 6. Juni 1939 nach Rechlin. Sie hatte die gleichen Abmessungen wie V 5, hatte aber ein Leergewicht von 1800 kg und ein Fluggewicht von 2580 kg. Die Maschine erreichte in 5000 m Höhe eine Höchstgeschwindigkeit von 690 km/h und eine Marschgeschwindigkeit von 652 km/h. Als Triebwerk diente der DB 601 A von 1175 PS. Außer der He 100 V 7 ist kein weiteres Flugzeug der Version C gebaut worden.
Am 1. Dezember 1938 startete die He 100 V 8 zum Erstflug, die sich nur sehr wenig in Abmessungen, Gewichten und Leistungen von der V 1 und V 2 unterschied.
Die Maschine wurde nun, da mit ihr der absolute Weltge-

schwindigkeitsrekord angegriffen werden sollte, einer intensiven Verfeinerung unterzogen. Das Kennzeichen D-IDGH wurde von der He 100 V 3, die ja ursprünglich den Rekord hatte fliegen sollen, übernommen. Die Spannweite wurde auf 7,69 m verkleinert. Versuche wurden durchgeführt, um die Motorabgase durch Spezialdüsen für den Rückstoß auszunutzen. Als Triebwerk wurde von Daimler-Benz ein umgebauter DB 601 mit einer Verdichtung 1:11 und Untersetzungsgetriebe 1,8:1 geliefert, der bei Verwendung von Spezialtreibstoff mit Methylalkoholzusatz bei 3000 Umdrehungen pro Minute in 100 m Höhe kurzfristig 1800 PS leistete. Da die Oberflächenkühlung nicht reibungslos funktionierte, war ein kleiner Zusatzkühler eingebaut worden. Die Maschine hatte keinerlei Anstrich. Um den Luftwiderstand so gering wie möglich zu halten, wurde sie vollkommen gespachtelt, wodurch sie ein fleckiges Aussehen bekam. Nach Durchführung aller erforderlichen Änderungen hatte die He 100 V 8/R (dies ist die offizielle Werksbezeichnung) ein Leergewicht von 1910 kg und ein Fluggewicht von 2050 kg. Inzwischen war die Rekordstrecke an der Küste bei Warnemünde ausgemessen worden. Die Firmen Askania, Lorenz und Telefunken hatten zusammen mit dem Heinkel-Team unter Köhlers Leitung genaue Meßgeräte entwickelt. Bei einer erhofften Geschwindigkeit von 750 km/h würde die drei Kilometer lange Meßstrecke in weniger als 15 Sekunden durchflogen werden. Es war also vorbereitet.
Und dann begann schon vor dem Rekordflug der große Bluff, mit dem der ganzen Welt eine deutsche Luftwaffe vorgespielt wurde, die dann überall für stärker gehalten wurde, als sie wirklich war.
Mitte August 1938 erhielt Heinkel einen Anruf von Udet. Er sollte nach Oranienburg in das große neue Heinkel-Werk kommen, wo am 20. August der Generalstabschef der französischen Luftwaffe mit einer großen Delegation eintreffen würde. In Marienehe sollte eine He 100 bereitstehen, die dann mit Höchstgeschwindigkeit Oranienburg überfliegen sollte, wenn die Franzosen da waren. Im Rahmen der Besichtigung Oranienburg, das allein schon einen großen Eindruck auf den französichen General Vuillemin machte, lud Udet diesen zu einem Flug mit einem Fieseler »Storch« ein. Und genau in dem Moment, als Udet mit Vuillemin zur Landung ansetzte, zischte eine He 100 unter Führung von Heinkels jüngstem Einflieger Dieterle über den Platz. Danach landete Dieterle, so daß die französischen Offiziere Gelegenheit hatten, die Maschine genauer zu betrachten. Manche verbrannten sich dabei die Finger, als sie über die Haut der He 100 strichen. Sie kannten ja eine Verdampfungskühlung noch nicht. Dann meinte Udet zu Vuillemin: »Das ist der neueste deutsche Jäger.« Und zu Heinkel gewandt: »Wie weit sind Sie mit der Serienfertigung?« Dabei war von Serienfertigung noch keine Rede und es sollte auch nie dazu kommen!
Der erste Rekordversuch mit der He 100 V 3 war schiefgegangen. Der Pilot war Flugkapitän Nitschke gewesen, der durch den schweren Unfall mit der Maschine nicht mehr für den Rekordflug in Frage kam. Die Wahl fiel nun auf Hans Dieterle, der den Propagandaflug für General Vuillemin durchgeführt hatte. Man entschloß sich, den Rekordflug nicht an der Ostseeküste, sondern in Oranienburg durchzuführen. Es wurde nun neu ausgemessen, die Geräte dorthin gebracht. Mitte März 1939 war alles aufgebaut. Nun mußte man auf ruhiges Wetter warten. Erst am 30. März war das Wetter so wie man es brauchte. Oberingenieur Köhler setzte den Start für 17.15 Uhr an.
Die Kontrollmaschinen, zwei He 111, starteten um 17.15 und 17.16 Uhr. Um 17.23 Uhr startete Dieterle mit der He 100 V 8/R. Um 17.25 Uhr flog er den ersten Meßpunkt an, wendete bereits zwei Minuten später. Er flog die Meßstrecke je zweimal in beiden Richtungen und landete um 17.36 Uhr in Oranienburg. Die Auswertung der Meßergebnisse dauerte bis zum nächsten Morgen. Dann stand die Zahl fest. Der vom Aeroclub von Deutschland für die FAI beauftragte Sportzeuge beurkundete eine Geschwindigkeit von 746,606 km/h. Der Rekord war in deutscher Hand. Deutschland hatte Grund auf diese Leistung stolz zu sein, denn von 1919 bis 1935 war der Bau von Hochleistungsflugzeugen und den dazu gehörigen Motoren durch den Friedensvertrag von Versailles verboten gewesen. Man hatte nur vier Jahre gebraucht um aufzuholen.
Zuerst versah man die He 100 V 8, D-IDGH, mit Luftwaffenanstrich und überklebte die Kennzeichen an den Rumpfseitenwänden mit Papier, auf das die fiktiven Kennzeichen 42C + 1 gemalt wurden. Im Flugzeugtypenheft der Firma Heinkel wurde die so geänderte He 100 V 8/R als Jagdeinsitzer He 113 veröffentlicht. Auf der gleichen Seite ist eine Serienmaschine He 100 D-0 als Versuchsflugzeug für Rekordflüge He 112 U abgebildet. Es kam aber noch besser. Eine normale He 100 D-0 erhielt Luftwaffenanstrich mit den Kennzeichen He + BB. Mit dieser Maschine wurden Dieterle und Köhler so in verschiedenen Phasen photographiert, daß jeder den Eindruck bekommen mußte, dies seien die Aufnahmen vom Rekordflug gewesen. Eines dieser Bilder ist noch nach dem Kriege als Bild vom Rekordflug veröffentlicht worden. Nun sollte ja ein gebrauchsfähiges Jagdflugzeug aus der He 100 entstehen. So entstanden, wahrscheinlich aus den B-0-Maschinen, noch He 100 V 9 und V 10. He 100 V 9 erhielt die vorgesehene Bewaffnung von einem MG/FFM und zwei MG 17 und wurde nach kurzer Erprobung zu Bruchversuchen herangezogen. V 10 wurde umgebaut, erhielt die kurze Tragfläche und die aerodynamisch günstig geformte Kabinenabdeckung der V 8 und wurde dann im Deutschen Museum in München als He 112 U ausgestellt.
Nachdem Messerschmitts Me 209 V 1 den Rekord der He 100 V 8 gebrochen hatte, wollte das Heinkel-Team den Rekord unter den gleichen Bedingungen wie bei der Me 209 wiederholen.
Am 12. Juli 1939 wurde dann Heinkel die Rekordwiederho-

144. Heinkel He 100 D-0 ▽

145. Heinkel He 100 V 8 △

lung durch einen Brief des Generalingenieurs Lucht, der rechten Hand Udets, verboten. Die He 100 sollte nicht für die Luftwaffe gebaut werden. Udet selbst erklärte: »Es geht vor dem Ausland nicht, daß ein Jäger, der wie die He 100 nicht in Serie gebaut wird, absoluten Geschwindigkeitsrekord fliegt, und der Jäger Bf 109, von dem jeder weiß, daß er unser Standardjäger ist, nicht.« Das hieß, daß man die Me 209 nur gebaut hatte, um sie als Sonderausführung der Bf 109 herauszustellen und damit die Fertigung nur dieses Jägers zu rechtfertigen.
Tatsächlich hat Heinkel auf eigene Rechnung 25 Jagdflugzeuge He 100 bauen lassen. Es war die Serie He 100 D-0, davon D-01 bis D-019 mit Oberflächenkühlung und Hilfskühler, D-020 bis D-025 mit normalem Tunnelkühler. Die Erstgenannten trugen eine Bewaffnung von zwei MG 151 in der Fläche außerhalb des Propellerkreises. Der Bau einer Serie D-1 war geplant. Es ist aber zweifelhaft, ob auch nur eine Maschine dieser Serie gebaut wurde. Mindestens drei He 100 D sind nach Abschluß des Nichtangriffspaktes von 1939 an die Sowjetunion geliefert worden, eine kleine Serie ging nach Japan, wo die Maschine unter der Bezeichnung AXHe 1 geflogen wurde. Ein Nachbau erfolgte nicht. Auch die Sowjets verwandten die He 100 nicht. Sie sind aber anscheinend sehr intensiv untersucht worden. Als 1941 die ersten LaGG-3 in deutsche Hände fielen und in Rechlin untersucht wurden, stellte man fest, daß unverkennbar Bauelemente der He 100 darin enthalten waren.
Die verbliebenen Maschinen wurden teils als Werkschutzjäger in Rostock-Marienehe verwendet. Der Rest verblieb in der Obhut der Luftwaffe und wurde immer wieder zu neuen Bluffs verwendet. So wurden im Heft 9/1940 der Luftwaffen-Zeitschrift »Der Adler« He 100 D-0 mit einem Blitzabzeichen auf der Motorverkleidung als Jagdflugzeuge He 113 veröffentlicht, die als Abwehrjäger bei der Besetzung Dänemarks und Norwegens eingesetzt worden seien. Nach verstärktem Einsatz der Royal Air Force bei Nachtangriffen wurden dann dieselben He 100 D-0 in der gesamten deutschen Presse als Nachtjäger wieder ans Tageslicht gebracht. Im Gegensatz zu den ersten im »Adler«, die den normalen Luftwaffenanstrich in den Tarnfarben 70/71/65 hatten, waren die »Nachtjäger« schwarz angestrichen. Während der Schlacht um England 1940/41 wurden dieselben He 100 D-0 mit Anstrich 70/71/65 und einem Wappen am Motor veröffentlicht, in dem ein auf einem Bajonett aufgespießter Hut des Mr. Churchill abgebildet war. Das endgültige Schicksal der letzten He 100 ist unbekannt. Wahrscheinlich sind sie bei dem großen Angriff auf das Werk Marienehe am Boden zerstört worden.

Heinkel He 111

Nach den Erfolgen mit der He 70 entschloß sich 1934 die Deutsche Lufthansa, ihr Schnellflugnetz systematisch auszubauen und vergab an Heinkel den Entwicklungsauftrag auf eine Schnellverkehrsmaschine, welche außer der Besatzung mindestens zehn Fluggäste befördern konnte. Heinkel entschied sich aus aerodynamischen Gründen für einen Zweimotorer, obwohl in der damaligen Zeit nur eine dreimotorige Ausführung das Höchstmaß an Sicherheit versprach, und er hatte Erfolg damit. Das neue Flugzeug mit der Bezeichnung He 111 wurde in der äußeren Linienführung eine getreue Weiterentwicklung der He 70 mit dem tropfenförmigen Rumpf, elliptischen Flügel- und Leitwerksumrissen, einziehbarem Fahrwerk und völlig glatter Oberfläche, diesmal in Ganzmetall. Nachdem ein Umbau der Ju 86 als Bomber nicht recht befriedigte, interessierte sich das RLM für die He 111, die ihr Debut als schnellstes Verkehrsflugzeug bereits hinter sich hatte. Dieses Interesse des RLM war der Beginn einer Entwicklung, die die He 111 zum Standard-Horizontalbomber der Luftwaffe werden ließ. Bereits am 4. Mai 1937 lief der erste Bomber vom Band der neuen Werksanlagen in Oranienburg, die vom RLM speziell für den Serienbau der He 111 geschaffen worden waren. Bei Kriegsbeginn besaßen zwei Drittel der Kampffliegerverbände diesen Bomber als Ausrüstung. In den ersten Kriegsjahren jeder ausländischen Entwicklung zumindest ebenbürtig, behauptete die He 111 ihren Platz als mittelschwerer Horizontalbomber trotz zweimal abgesetzter Produktion bis 1945, weil es infolge von Fehlplanungen des RLM nicht zum Serienbau einer Maschine kam, die die He 111 ersetzen konnte. Obwohl sie ab 1941 nicht mehr den Erfordernissen der modernen Luftkriegführung entsprach, bewährte sich die He 111 bis zum Kriegsschluß in zahlreichen Varianten für die verschiedensten Verwendungszwecke. Für die verschiedenen Weiterentwicklungen wurden bis 1944 rund vier Millionen Konstruktionsstunden aufgewandt. In der Zeit zwischen 1939 und dem Produktionsschluß 1944 verließen insgesamt 5656 Maschinen des Musters He 111 die verschiedensten Werkhallen der deutschen Luftfahrtindustrie. Die entsprechenden Jahresproduktionsziffern verteilen sich wie folgt:

1939 = 452 Stück, 1940 = 756 Stück, 1941 = 950 Stück, 1942 = 1337 Stück, 1943 = 1405 Stück und schließlich 1944 = 756 Stück.

Ein reines Versuchsflugzeug wurde die *He 111 V-1,* die bereits den Rumpf der späteren Verkehrsausführung besaß, jedoch zusätzlich eine verglaste Rumpfspitze im Hinblick auf eine mögliche Verwendung als Militärflugzeug. Flügel und Leitwerk hatten elliptischen Umriß, und der Antrieb bestand aus 2 × 750 PS-BMW VI U-Motoren. Die Entwurfsskizzen waren noch in Warnemünde entstanden, der Bau allerdings erfolgte als erstes Flugzeug im neuen Werk Marienehe. Hier wurde die V-1 auch auf einem provisorisch eingerichteten Platz von Gerhard Nitschke eingeflogen. Die *He 111 V-2* (D-ALIX) mit 2 × 750 PS BMW VI U war der erste Prototyp für die Verkehrsausführung und entsprach der V-1 bis auf einen soliden, unverglasten Rumpfbug. Erster Prototyp für die Bomberausführung wurde die *He 111 V-3* (D-ALES),

146. Heinkel He 111 V 1 △

147. Heinkel He 111 V 3 ▽

148. Heinkel He 111 V 6 ▽

149. Heinkel He 111 V 8 △

150. Heinkel He 111 V 10 ▽

151. Heinkel He 111 V 19 ▽

ebenfalls mit BMW VI U und elliptischen Flächen, jedoch mit einem langen verglasten Rumpfbug. Die Weiterentwicklung der V-2, die *He 111 V-4* (D-AHAO), diente als Prototyp für die erste Lufthansa-Serienausführung C-0; sie war ein Verkehrsflugzeug für zwei Mann Besatzung und zehn Passagiere. In der Form und im Antrieb stimmte sie mit der V-2 überein. Das Flugzeug erhielt die Bezeichnung »Dresden«, es wurde am 10. Januar 1936 von Nitzschke in Berlin-Tempelhof erstmals der Presse vorgeflogen. Die *He 111 V-5* war wieder ein Bomber-Prototyp und analog der V-3. Ebenfalls mit elliptischen Flächen und langem verglastem Rumpfbug, jedoch mit 2 × 910 PS DB 600 C entstand in der *He 111 V-6* (D-AXOH) ein weiterer Bomber. Als Prototyp für die H-Reihe entstand der Bomber *He 111 V-7* (D-AUKY) mit 2 × 1100 PS Jumo 211. Dieses Muster unterschied sich wesentlich von den Vorgängern durch den kurzen, vollkommen verglasten Rumpfbug, der zur Verbesserung der Sichtverhältnisse auch noch seitlich verschoben war, und durch den für die Großserienfertigung umkonstruierten Flügel mit eckigem Umriß. Den gleichen Rumpfbug erhielt die *He 111 V-8* (D-AQUO), jedoch war sie wieder mit 2 × 910 PS-DB 600 C-Motoren und mit elliptischen Flügeln ausgestattet. Weiterentwicklung der V-7 wurde die *He 111 V-9* (D-AQOX), die gleiche Rumpf- und Flächenform sowie Triebwerke besaß. Die V-7 besaß die Rumpfwanne der späteren H-Serie, V-8 und V-9 keine. Nach der *He 111 V-10* (D-ALEO) folgten die *He 111 V-11, He 111 V-12, He 111 V-13, He 111 V-14* und *He 111 V-15,* alles Bomberprototypen mit langem Rumpfbug, elliptischen Flügeln und 2 × 910 PS DB 600 C. Untereinander unterschieden sie sich nur im Detail. Einen unverglasten Rumpfbug besaß die *He 111 V-16* (D-ASAR) mit eckigen Flügeln und 2 × 910 PS DB 600 C, die Generalfeldmarschall Milch als Reisemaschine diente. Vorläufer der E-Reihe wurde die *He 111 V-17* (D-AHAY) mit DB 601, elliptischen Flügeln und langem Bug. Eine Abwandlung war die *He 111 V-18* (D-ADUM) als Torpedobomber. Eine Weiterentwicklung der V-17, die *He 111 V-19* (D-APYS), diente als Prototyp für die B-Reihe und war mit 2 × DB 601 ausgerüstet. Als C-Stand besaß sie einen ausfahrbaren Bauchturm. Weitere ähnliche Abwandlungen waren die *He 111* V-21, *He 111* V-21 und *He 111* V-22. Letztes V-Muster wurde die *He 111* V-23 (D-ACBH), eine verbesserte V-19 mit 2 × 1200 PS Jumo 211, ebenfalls mit elliptischen Flügeln und langer Nase, jedoch bereits mit eingezogenem Rumpf/Flügel-Übergang. Auf den Bauchturm wurde zugunsten einer Wanne wie bei der späteren H-Reihe verzichtet.

A-0, BMW VI, 6.0Z 2 + 650 PS, 3 MG 15, 1000 kg Bomben. Nur 10 Maschinen gebaut und alle an China geliefert.
V-5, D-APYS, Musterflugzeug für B-Serie.
B-0, Vorserie, ging sofort in Serie über.
B-1, 300 Maschinen gebaut ab Januar 1937, 2 × DB 600 A.
B-2, ähnlich B-1, aber DB 600 CG, 2 × 950 PS.

Zusammen mit der He 111 V 2, dem ersten Verkehrsflugzeug der He 111-Serie und verschiedenen Ausführungen der He 70 übernahm die Lufthansa auch das vierte Versuchsmuster der He 111 und setzte diese Flugzeuge auf dem europäischen Streckennetz für Versuchsflüge ein, die nicht in den offiziellen Flugplan übernommen wurden. Hierbei sollte die He 111 V 4 als Prototyp für die geplante Verkehrsflugzeugserie die neu festgelegte Ausrüstung im praktischen Flugbetrieb erproben. Auf Grund der mit diesem Muster gemachten Erfahrungen wurden weitere Verkehrsausführungen der He 111 entwickelt, und so entstand als direkte Ableitung aus der He 111 V 4 die C-Serie. Dieses sollte eigentlich der Anfang für den Serienbau der Verkehrsausführung werden, aber da die Lufthansa weiterhin recht zurückhaltend der He 111 gegenüberstand, wurden zunächst einmal fünf Muster fertiggestellt und von der Lufthansa planmäßig eingesetzt. Dieses waren die He 111 C-01 (D-AQYF, Leipzig), die He 111 C-02 (D-AXAF, Köln), die He 111 C-03 (D-ABYE, Königsberg) und die beiden auf der Zubringerstrecke zum Südatlantikdienst ab Mai 1936 eingesetzten He 111 C-04 (D-AMES, Nürnberg) und die He 111 C-05 (D-AQUA). Von dem Kauf weiterer He 111 C-0-Flugzeuge seitens der Lufthansa wurde abgesehen, weil man die Ausführung mit den BMW-Triebwerken für zu leistungsschwach und im Einsatz für zu kostspielig hielt. Sämtliche Flugzeuge besaßen stoffbespannte Tragflächen, damit bei Grundüberholung durch völliges Entfernen der Bespannung jedes Bauelement leicht erreichbar und gegebenenfalls einfach zu reparieren war. Der Flügel wurde dreiteilig hergestellt und besaß ein statisch günstiges Gerippe mit zwei Holmen. Der Mittelteil der Tragfläche wurde in zwei am Rumpf vorhandene Einschnitte eingeschoben, so daß ein durchlaufender Holm entstand, ohne den Fluggastraum zu beeinträchtigen.
Bald fand sich ein neuer Einsatzbereich für die Verkehrsflugzeugversionen der He 111. Unter strengster Geheimhaltung wurde in Staaken eine Aufklärungsgruppe zusammengestellt, die unter Führung von Oberst Rohwehl Langstrecken-Aufklärungsflüge über England, Frankreich und der Sowjetunion durchführte. Diese Flüge wurden als Strecken-Versuchsflüge für den Zivil-Luftverkehr getarnt, so daß das Geheimnis der Fotoaufklärung auch bei der Notlandung der He 111 V 2 auf fremdem Gebiet nicht gelüftet werden konnte. Im Oktober 1937 versuchte man bei Heinkel nochmals die zivilen Interessen für die He 111 zu wecken, indem eine neue Serie entsprechend den letzten Bomberversionen mit gerader Flächenvorderkante aufgelegt wurde. Die Flugzeuge dieser Baureihe erhielten die Serienbezeichnungen G-0 bis G-5. Zum Einbau kamen gegenüber dem bis dahin verwendeten BMW-Triebwerk leistungsstärkere Daimler-Benz-Triebwerke DB 600 A und G. Zwei Flugzeuge der G-3-Serie erhielten versuchsweise Sternmotoren vom Typ BMW 132 Dc und 132 H, mit denen bis Anfang 1939 ausgedehnte Erprobungsflüge gemacht wurden (vgl. Typenblatt Nr. 11, Serie 4).

152. Heinkel He 111 A-0 △

153. Heinkel He 111 B-1 ▽

154. Heinkel He 111 C-02 ▽

155. Heinkel He 111 D-0

156. Heinkel He 111 E-3 ▽

157. Heinkel He 111 F-1 ▽

D-0, nur wenige Maschinen gebaut, DB 600 Ga.
E-1, ähnlich V-5, aber Jumo 211A-1, 2 × 960 PS.
E-3, verbesserte Ausführung der E-1, Großserie.
V-6, D-AXOH, Versuchsträger für Jumo-Triebwerke.
V-9, D-AQOX, Musterflugzeug für D-Serie.
V-10, D-ALEQ, Musterflugzeug für E-Serie.
E-4 und E-5, ähnlich E-3 nur andere Bombenaufhängungen.
V-17, D-AHAY, Versuchsträger für erweiterte Tankanlage und Bombenaufhängung.
V-11, D-ARCG, Musterflugzeug für F-Serie.
F-1, 30 Flugzeuge gebaut für die Türkei.
F-4, 40 Flugzeuge für Luftwaffe mit geänderter Abgasanlage.
V-18, D-ADUM, Musterflugzeug für J-1-Serie.
J-1, 90 Maschinen gebaut, Torpedobomber, nicht zum Einsatz gekommen, nur als Versuchsträger für Lenkwaffen.
V-8, D-AQUO, Versuchsträger für neue Rumpfausführung.
V-23, D-ACBH, Versuchsträger für neue B- und C-Stände.
V-7, D-AUKY, endgültige Ausführung des Musterflugzeugs für H- und P-Serien.

158. Heinkel He 111 mit Agentenbehälter in der Flächenwurzel △

159. Heinkel He 111 J-1 der K.Gr. 806 ▽

168. Heinkel He 111 C

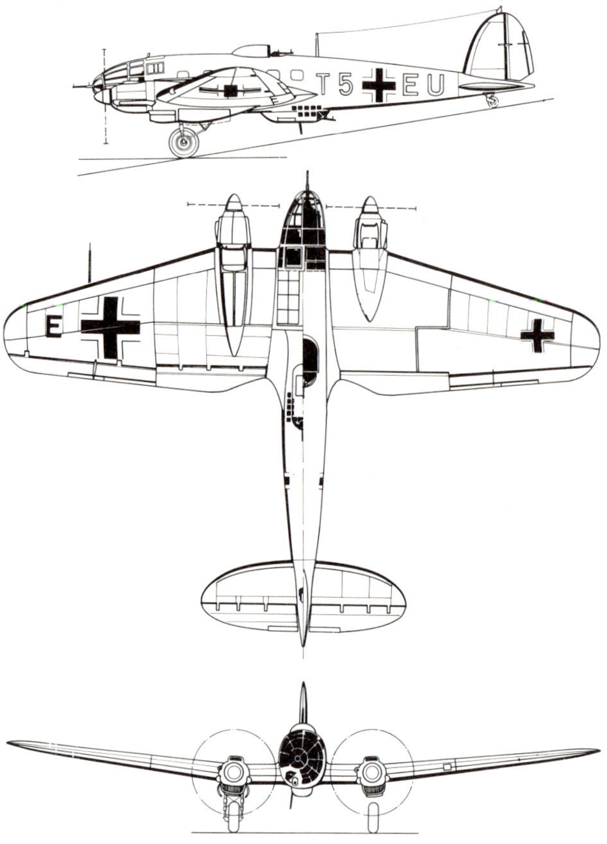

169. Heinkel He 111 P-5

Nachdem die Produktion der He 111 1938 fast ausschließlich auf militärische Versionen umgestellt wurde, entschloß man sich, konstruktiv wie auch fertigungsmäßig auf eine völlig überarbeitete und verbesserte Variante umzustellen. Ausschlaggebend hierfür war die Forderung nach einer kompromißlosen Konstruktion eines Bombenflugzeuges, das im Taktverfahren hergestellt und in großen Stückzahlen an die Luftwaffe abgeliefert werden konnte. Damit war das einst so hoffnungsvoll begonnene Schnellverkehrsflugzeug He 111 endgültig von der Produktion abgesetzt und das Kampfflugzeug He 111 zum Standardbomber der Luftwaffe erklärt worden. Äußerlich unterschied sich die He 111 P von den vorherigen Serien durch eine völlig neue Gestaltung der Pilotenkanzel, die als Ovalnase ein gutes Sichtfeld für die Besatzung bot. Die Ikaria-Gefechtskuppel in der Spitze bot mit der entsprechenden Bewaffnung, MG 15 und später vereinzelt MG FF, eine zwar schwache, jedoch zunächst ausreichende Sicherung, die später ohne Schwierigkeiten durch zusätzliche Abwehrwaffen im A-Stand verbessert werden konnte.

Der bis dahin ausfahrbare Abwehrstand im Rumpfboden wurde durch eine Bodenwanne ersetzt, die durch ihre bessere aerodynamische Formgebung einen Leistungsgewinn einbrachte. Durch die günstigen Raumverhältnisse hatte der Bordschütze auch einen größeren Abwehrbereich erhalten, und die bequeme Bedienung der Waffe verbesserte die Zielgenauigkeit und erleichterte die Abwehr. Auch der auf der Rumpfoberseite angebrachte B-Stand wurde räumlich erweitert und durch eine weitreichende, nach hinten offene Windschutzhaube abgedeckt.
Von den in den Jahren 1938 bis 1942 gebauten acht verschiedenen P-Serien stand die He 111 P-4 nach häufiger Umrüstung am längsten im Dienst der Luftwaffe. Ursprünglich für die neuentwickelten Horizontalbombenmagazine vorgesehen, erhielt jedoch auch dieses Muster wahlweise die ESAC-Schachtanlage mit der senkrechten Bombenaufhängung, oder die durch Frontverbände einzubauenden Bombenträger für eine Horizontalaufhängung von Bomben schwersten Kalibers außerhalb des Rumpfes. Die Abwurflast konnte bei voller Betankung (3175 kg Kraftstoff und 300 kg

Schmierstoff) immerhin noch 1270 kg betragen. Das vorgeschriebene Abfluggewicht von 13000 kg wurde aber häufig durch erhöhte Bombenladung überschritten, so daß mit einer Raketenstarthilfe von je einem 1000 kp leistenden Aggregat unter jeder Fläche gestartet werden mußte. Die Besatzung wurde bei der He 111 P-4 auch erstmals auf fünf Mann erhöht, wobei das zusätzliche Besatzungsmitglied die beiden Waffenstände in der Rumpfseite (je 1 MG in Fensterlafette) bedienen konnte. Die Flugzeuge der He 111 P-Serie flogen hauptsächlich bis 1941 an der Westfront und kamen mit reduzierter Abwehrbewaffnung später auch an der Ostfront zum Einsatz, zur Unterstützung der Kampfverbände, die mit der technisch noch besseren He 111-H-Serie ausgerüstet waren.

Als Prototyp für die He 111 P-Serie diente die He 111 V 8, ein Flugzeug der B-0-Serie, das erstmals die neue Oval-Nase erhielt, eine Vollsichtkanzel mit seitlich verlegter Ikaria-Bugkuppel, die dem Flugzeug ein »schiefes« Aussehen gab. Nach geringen Änderungen an dieser Kanzel erhielt ein weiteres Flugzeug der B-0-Serie sämtliche Stand-Neuausrüstungen der P-Serie. Dadurch längere Zeit im Umbau festgelegt, flog diese He 111 V 7 erst später als die He 111 V 8.

Wie bereits die G-Serie erhielt die He 111 P die Tragfläche mit der geraden Vorderkante, die wegen ihrer vereinfachten Struktur für die Serienfertigung vorgesehen war. Die He 111 P-Serien bekamen fast durchweg Daimler-Benz-Triebwerke vom Typ DB 601. Die von den Junkers-Werken gelieferten JUMO 211-Triebwerke wurden für die neben der P-Serie laufenden H-Serien verwendet, die weiterhin technische Verbesserungen aufzuweisen hatten und deshalb ab Juni 1940 anstatt der P-Serie gebaut wurden.

Von der He 111 P-Serie wurden insgesamt 388 Flugzeuge gebaut, und zwar in den Werken Rostock und Wismar und unter Lizenz von der Firma Arado. Bis zum Beginn des Krieges wurden insgesamt 349 Flugzeuge als Einsatzmuster geliefert. Ein Teil der übrigen Flugzeuge wurde für Schulungs- und Übungsaufgaben mit einem Doppelsteuer ausgerüstet und direkt dem RLM unterstellt.

P-0,	Vorserie Herbst 1938.
P-1,	Frühjahr 1939.
P-2,	Sommer 1939, FuG 10 statt FuG 3.
P-3,	Übungsbomber mit Doppelsteuerung, Herbst 1939.
P-4,	verstärkte Panzerung und 2 MG 15 extra, alle P-Versionen bis P-4 mit DB 601 Aa.
P-6,	DB 601 N, Auslieferung bis Sommer 1940.
V-19,	Umbau der V-7 mit Jumo 211.
H-1,	wie P-1, aber mit Jumo 211A-1, kleine Serie.
H-2,	wie P-2, aber mit Jumo 211A-2, kleine Serie.
H-3,	ab November 1939, Großserie, Jumo 211D-1, 2 × 1200 PS. Bewaffnung 4 – 6 MG 15.
H-4,	kleine Serie, erste Ausführung mit Außen-Bombenträgern (PVC), als Torpedobomber verwendet.
H-5,	ähnlich H-4, aber vergrößerte Bombenlast und Tankraum, VDM-Luftschrauben.
H-6,	Großserie ab 1941. Junkers-Luftschrauben, 2500 kg Bomben, 5 MG 15 und starres Heck-MG 17, 1 MG/FF im Bug.
H-8,	Sonderausführung zum Abschneiden von Sperrballonen. Bewährte sich nicht im Einsatz.

160. Heinkel He 111 P-5

Umbau zu

H-8/R2 für Starrschlepp von Lastenseglern.

H-10, verstärkte Panzerung, verkleinerte Bombenlast (2000 kg) Kuto-Nase. Kleine Serie 1942.

H-11, verbesserte Ausführung der H-10 mit geschlossenem B-Stand (MG 131), C-Stand mit MG 81Z.

H-11/R2 Starrschlepp von Lastenseglern.

H-12, kein C-Stand, Träger für zwei Hs 293, Gleitbomben.

H-14, 30 Maschinen gebaut, Pfadfinder für Bomberverbände.

H-14/R2 Starrschlepp von Lastenseglern, Ost Einsatz.

H-15, geplant als Träger für drei Bv 246 Gleitbomben. Da diese nicht serienreif, Einsatz als Nachtbomber mit normalen PVC.

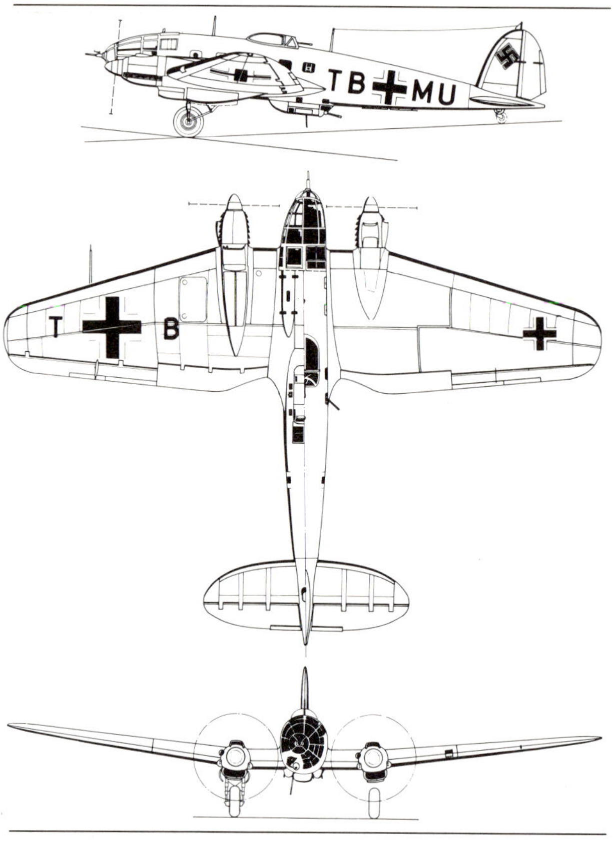

170. Heinkel He 111 H-16

Im Jahre 1943 entstand aus dem noch in Großserie hergestellten Standard-Bomber der Deutschen Luftwaffe, der Heinkel He 111 H-6, eine verbesserte Ausführung mit der Serienbezeichnung H-16. Die zwischen diesen Serien liegenden Versionen waren fast ausschließlich für Spezialeinsätze mit besonderen Rüstsätzen und zweckentsprechenden Anlagen ausgerüstet, so daß mit der H-16-Serie wieder eine Einheitsserie entstand. Damit sollte in der Hauptsache die Wartung und das Auswechseln ganzer Baugruppen im Fronteinsatz erleichtert werden, um eine reibungslose Einsatzmöglichkeit zu gewährleisten. Die bis dahin mit den bisherigen Versionen gemachten Erfahrungen wurden in dieser Serie weitgehend berücksichtigt. Neben einigen konstruktiven Verbesserungen legte man eine einheitliche Ausrüstung neu fest, die sich auf den Frontflugplätzen leicht gegen Spezial-Rüstsätze für Sonderaufgaben auswechseln ließen. Die Flugzeuge der H-16-Serie erhielten eine verbesserte Panzerung, die sich zum Teil während des Fluges ausbauen ließ, um angeschossenen Flugzeugen den Rückflug zu erleichtern. Die Abwehrbewaffnung wurde zunächst auf fünf Waffenstände verteilt und den vorherigen Serien gegenüber verbessert. Der A-Stand (Rumpfspitze) erhielt weiterhin das MG FF/M und später oberhalb der Waffenkuppel ein MG 81 oder MG 15 zusätzlich eingebaut. Der B-Stand (oberhalb des Rumpfes) konnte wahlweise mit einem MG 131 oder dem MG 81Z ausgerüstet werden. Versuchsweise erhielt ein Teil der Serie im B-Stand eine Drehringlafette DL 131/1 C mit Kopfpanzer, in die eine elektrische Schußsperre eingebaut war. Diese gepanzerte Drehkuppel hatte einen Drehbereich von 360°, weshalb bei diesen Flugzeugen die Bewaffnung im A-Stand auf ein MG 131 geändert wurde. In dieser Ausführung flogen die Flugzeuge mit der Unterbezeichnung H-16/R1 und waren das Ausgangsmuster für den entfeinerten Nachtbomber H-20. Einheitlich bei allen H-16-Versionen war im C-Stand die Wannenbewaffnung nach hinten. Zum Einbau kam das MG 81Z in einer Walzenlafette Wl 81Z/3B. Die gleiche Waffe sollte auch in den Seitenständen Verwendung finden, doch kam hier häufig auch die Einzelwaffe MG 81 oder ein MG 15 zum Einbau, da die Zwillingswaffen (MG 81Z) einen wesentlich kleineren Schußwinkel zuließen.

H-16, Großserie, ab Herbst 1942. Ähnlich H-11, aber Jumo 211 F-2, 2 × 1350 PS. Erreichte mit 1000 kg Bomben 2900 km, trug aber bei kurzer Reichweite bis zu 3250 kg.

H-16/R1 B-Stand: MG 131-Drehturm.

H-16/R2 Starrschlepp von Lastenseglern.

H-16/U1 und U2: geänderte Bombenanlage.

H-18, war eine Pfadfinder-Ausführung ähnlich H-16/R3, aber mit verstärkter Funkausrüstung.

H-20, in vier Ausführungen gebaut:

H-20/R1, Transporter für 16 Fallschirmjäger.

H-20/R2, diente als Starrschlepp für Lastensegler.

H-20/R3, 1944 gebaut, ähnlich R/2, aber Nachtbomber für maximal 3000 kg Bombenlast.

H-20/R4, ähnlich R3, aber nur 20 Bomben je 50 kg an Außenträgern.

H-21, wie H-20, aber mit Jumo 213E-1, 2 × 1750 PS.

161. Heinkel He 111 H-5 △

162. Heinkel He 111 H-6/T ▽

163. Heinkel He 111 H-14 ▽

164. Heinkel He 111 H-16/U1 △

165. Heinkel He 111 H-21 ▽

166. Heinkel He 111 H-22 mit Fi 103 beim KG 3 ▽

H-22, Träger für FZG 76 (V.1) Lenkbombe, nur kleine Serie.

H-23, Transporter für acht Fallschirmjäger, wurde an die Slowakei geliefert, ein Teil später zu Bombern umgebaut.

V-32, Musterflugzeug für geplante, aber nicht gebaute Höhenbomber-Ausführung. Triebwerk: 2 Daimler-Benz DB 601U mit Turbolader TK 9 AC, Einbau und Kühleranordnung ähnlich Ju 88 A. Umbau aus He 111 H-6.

Wegen der geringen Marschgeschwindigkeit mit Bombenlast waren die Flugzeuge durch angreifende Jagdflugzeuge sehr gefährdet. Es mußte deshalb dafür gesorgt sein, daß die Abwehr in jeder Richtung hin möglich war. Deshalb verwendete man später zusätzlich im C-Stand (Rumpfwanne) noch ein nach vorn gerichtetes bewegliches MG 15.

Die Bombenlast konnte entweder in der sonst schon verwendeten ESAC-Schachtanlage aufgehängt werden, oder an ETC/2000-Außenträgern mitgenommen werden. Da beide Ausrüstungen auswechselbar waren, konnten in Verbindung mit verschiedenen Kraftstoffzuladungen für Kurz-, Mittel- oder Langstreckeneinsätze die Bombenzuladungen entsprechend bis zu 3250 kg mitgeführt werden. Dadurch wurde diese Version der He-111-Baureihe gern an allen Fronten verwendet. Noch während des Krieges erwarb sich die spanische Regierung die Nachbaurechte für diese Ausführung, von der die CASA-Flugzeugwerke in Sevilla die letzten Flugzeuge 1956 auslieferten.

Wegen der hohen Belastbarkeit und der guten Flugeigenschaften benutzte die Deutsche Luftwaffe die He 111 H-16 auch gern als Schleppflugzeug für Lastensegler. Eine speziell hierfür ausgelegte Version, die He 111 H-16/R2, wurde versuchsweise für Lastentransporte mit dem Lastensegler Gotha Go 242 im Starrschlepp-Verfahren eingesetzt. Eine weitere Unterversion war die H-16/R3-Ausführung, die besonders stark gepanzert und stark bewaffnet als »Pfadfinder« oder Zielsuchflugzeuge mit nur geringer Bombenzuladung an der Westfront flogen. Insgesamt wurden über 400 Flugzeuge der H-16-Bauserie hergestellt, die noch gegen Ende des Krieges im Einsatz standen.

Zu nennen sind noch drei Versuchsmuster der H-16-Serie, die V 46, V 47 und V 48, die als Vorstudie mit stark reduzierter Bewaffnung und Spezial-Flammenvernichtern an den Triebwerken für eine Nachtbomber-Version flogen, was schließlich zu der Nachtbomber-Serie H-20 führte.

167. Heinkel He 111 V 32

Heinkel He 111 Z-Reihe

Die Versuche, den riesigen Messerschmitt Me 321 »Gigant«-Lastensegler durch drei Me 111 im sogenannten »Troika-Schlepp« zu starten und zu schleppen, erwiesen sich als fliegerisch zu gefährlich. Allein bei den Erprobungs- und Schulflügen waren die Verluste an Material so bedeutend, daß nach einer neuen Lösung gesucht werden mußte. Auf Grund einer Anregung von Udet wurden im Fühjahr 1942 bei Heinkel normale He 111 H-6 durch Einsetzen eines neuen Flügelmittelstückes zu zwei V-Mustern der Zwillings-Maschine He 111 Z umgebaut. Der Versuch erwies sich als äußerst erfolgreich und die erwarteten Werte wurden weit übertroffen. Die Erprobung in Rechlin erforderte nur wenige Tage, und vom Erstflug bis zur Übergabe an die Truppe vergingen knapp drei Monate.

He 111 Z-1

Von der Serienausführung für den Schlepp von Lastenseglern wurden zu den beiden V-Mustern noch zehn Maschinen gebaut. Sie waren alle Umbauten der He 111 H-6, von denen je eine linke und eine rechte Fläche demontiert und durch ein neues Mittelstück mit 6,15 m Spannweite und 29,5 m² Fläche einschließlich eines fünften Triebwerkes ersetzt wurde. So ergab sich eine zweirumpfige Konstruktion mit einem Rumpf-Längsachsen-Abstand von 12,8 m, fünf Motoren, zwei Normalleitwerken, vier Hauptfahrwerken und zwei Spornrädern. Fast sämtliche Armaturen wurden in den linken Rumpf verlegt, die Steueranlage blieb in beiden Rümpfen bestehen. Gashebel, Motorenüberwachungsinstrumente, Landeklappenbetätigung, Luftschraubenverstellung und die Fahrwerkbetätigung des linken Fahrwerkes von der linken Kanzel, Fahrwerkbetätigung des rechten Fahrwerkes sowie Kühlerklappenbetätigung der Motoren drei bis fünf von der rechten Kanzel aus. Die volle Motorenleistung reichte aus, einen vollbeladenen »Giganten« zu schleppen. Allerdings mußte bei Vollastschlepp mit R-Geräten gestartet werden. Unter jedem Rumpf der He 111 Z fanden zwei R-Geräte mit je 500 kp Schub Platz, während außerhalb der beiden Außenmotoren zwei weitere Geräte mit je 1500 kp Schub unter dem Flügel mitgeführt wurden. Außer der Me 321 fand mit der He 111 Z der Doppel- und sogar Dreifachschlepp von Go 242-Lastenseglern statt. Mit jeder Schleppkombination war die He 111 Z in der Lage, 4000 m Höhe zu erreichen.

Triebwerk: Fünf Junkers Jumo 211 F flüssigkeitsgekühlte Zwölfzylinder-Λ-Motoren mit 2 × 1340 PS Startleistung. Junkers Dreiblatt-Metall-Verstell-Luftschrauben.
Kraftstoffkapazität 8250 Liter.
Besatzung: 7 Mann, davon im linken Rumpf Pilot, 1. Bordmechaniker, Funker und Schütze, im rechten Rumpf Beobachter, 2. Bordmechaniker und ein weiterer Schütze.
Militärische Ausrüstung: Abwehrbewaffnung bestehend aus 4 × 13 mm MG 131, 2 × je 2 7,9 mm MG 81 Z und 5 × 7,9 mm MG 81.

He 111 Z-2

Projektierte Version als schwerer Bombenschlepper mit einer Bombenzuladung bis 4 × 1800 kg Bomben oder einer entsprechenden Anzahl gesteuerter Gleitbomben.

He 111 Z-3

Projektierter Fernaufklärer mit Zusatztanks. Diese beiden letzten Versionen konnten im Verlauf des Krieges nicht mehr ausgeführt werden.

Heinkel He 112

Als 1934 das RLM einen Entwicklungsauftrag für einen Jagdeinsitzer zur Ablösung der veralteten Doppeldecker Ar 68 und He 51 ausschrieb, beteiligte sich Heinkel mit der He 112. Dieser freitragende Tiefdecker entstand unter der konstruktiven Leitung des späteren Professors Dr. Hertel. Der erste Prototyp beteiligte sich Ende Oktober 1935 an dem Vergleichsfliegen in Travemünde mit den Konkurrenztypen Ar 80 V-1, Fw 159 V-1 und Me 109 V-1. Er kam mit der Me 109 zusammen in die Endausscheidung, die zugunsten der Me 109 ausfiel, weil diese einfacher im Aufbau und billiger in der Herstellung war. Weitere Gründe für die Entscheidung des RLM gegen die He 112, obwohl sie robuster und aerodynamisch hochwertiger als die Me 109 war, fußten auf der langen Entwicklungszeit des Musters, welches erst spät die Serienreife erreichte und zahllose Änderungen durchmachte. Die Entwicklung begann mit der A-Reihe, die 1937 aufgegeben wurde und zur B-Reihe führte.

Heinkel He 112 A-Reihe

Prototypenreihe nach der Grundkonzeption des Musters als freitragender Ganzmetall-Tiefdecker mit höchster aerodynamischer Güte. Sämtliche Flächen besaßen ovalen Umriß und der ovale Spindelrumpf lief in eine Spitze aus. Tief am Rumpf angesetztes Höhenleitwerk und eingeschnittenes Seitenruder für die Höhenruderbetätigung. Hauptmerkmal dieser Reihe war die große Spannweite von 11,50 m und der offene Führersitz. Der erste Prototyp, die *He 112 V-1* (D-IADO), war für das Vergleichsfliegen wie auch die meisten Konkurrenztypen mit dem stärksten seinerzeit erhältlichen Flugmotor, dem Rolls Royce »Kestrel V« von 1 × 695 PS Leistung, ausgerüstet. Die *He 112 V-2* erhielt erstmals den für die Serie vorgesehenen Junkers Jumo 210 mit 1 × 570 PS. Diese Version, die unter der Zulassung D-IHGE flog, besaß bereits eine Dreiblatt-Luftschraube. Der erste Prototyp, vollkommen neu aufgebaut und strukturell vereinfacht, erhielt als *He 112 V-3* (D-IDMO) einen 1 × 900 PS-Daimler Benz-DB 600. Anschließend entstand mit gleichem Triebwerk und nur im Detail geänderter Zelle die *He 112 V-4*. Die *He 111 V-5* dagegen besaß wieder einen Jumo 210, jedoch einen vorgezogenen Kühler mit geändertem Einlauf unter dem Rumpfbug. Die ähnliche *He 112 V-6* (D-ISJY), ebenfalls mit Jumo 210, wurde ursprünglich mit

168. Heinkel He 111 Z △

169. Heinkel He 112 V 1 ▽

170. Heinkel He 112 V 7 ▽

dem obligatorischen offenen Führersitz gebaut, später jedoch mit einem geschlossenen Führersitz als Studie für die B-Reihe umgeändert. Als weiteres Studienmodell für die B-Reihe entstand die *He 112 V-7* (D-IKIK). Diese mit Jumo 210 ausgerüstete Version besaß bereits ein vollkommen neues Rumpfhinterteil, welches als Schneide mit durchgezogenem Seitenruder auslief. Das Höhenleitwerk war höher angesetzt. Ebenfalls entfiel der langgezogene Kopfabfluß, der durch eine aufgesetzte Schiebehaube abgelöst wurde. Sonst besaß das Muster jedoch noch sämtliche Merkmale der A-Reihe. Letzter Prototyp der A-Reihe wurde die *He 112 V-8* (D-IRXO), wiederum mit offenem Pilotensitz und alter Leitwerksform. Der Antrieb bestand aus einem Daimler Benz DB 600 mit großem Tunnelkühler.

Als Vorstudie für die völlig überarbeitete Heinkel He 112 A, die als Konkurrenzmuster zur Messerschmitt Me 109 nach Travemünde zum Vergleichsfliegen geschickt worden war, wurde die Heinkel He 112 V 7 (D-IKIK) entsprechend der geplanten B-Serie bereits mit einem verbesserten Rumpf und geschlossener Kabine ausgerüstet. Die alte Tragfläche mit 11,7 m Spannweite wurde jedoch für die ersten Versuchsflüge beibehalten, so daß man bei diesem Muster noch nicht von einer B-Serienmaschine reden kann. Als Prototyp für die B-Serie waren zunächst vier Flugzeuge vorgesehen, die als V 9, V 10, V 11 und V 12 in die Erprobung gehen sollten. Die Heinkel He 112 V 9 entsprach in ihrer Auslegung den Erfordernissen des RLM, welches das Junkers JUMO 210-Triebwerk bei dem anlaufenden Jagdflugzeug-Bauprogramm als Antrieb lieber sah, als das immer noch schwer zu erhaltene, jedoch leistungsstärkere Daimler-Benz DB 600- und DB 601-Triebwerk. Die He 112 V 9 (D-IGSI) besaß nicht nur der A-Serie gegenüber den schlankeren Rumpf, sondern auch eine neue Tragfläche mit geringerer Profildikke, abgerundeten Flächenenden und einer Spannweite von nur 9,1 m. Die stark abgerundete Tragfläche ging bei einer Außenlandung zu Bruch, und die He 112 V 9 erhielt wiederum ein neues Tragwerk mit größerer Zuspitzung an den Enden unter Beibehaltung der 9,1 m Spannweite. Diese aerodynamisch außerordentlich hochwertige Tragfläche wurde dann weiterhin für alle folgenden Muster bis zur letzten He 112 E-Serie verwendet. Sie besaß eine täuschende Ähnlichkeit in ihren Umrissen mit der Fläche der englischen Spitfire, eine Tatsache, auf die von den Flugzeug-Erkennungsdiensten auf beiden Seiten während des Krieges besonders hingewiesen wurde. Als Triebwerk kam das JUMO 210 Ga-Aggregat zum Einbau, wie auch in der He 112 V 11 (D-IYWE). Die He 112 V 9 erhielt jedoch eine Dreiblatt-Luftschraube und entsprach in dieser Ausrüstung der geplanten Serie für die Deutsche Luftwaffe. Die He 112 V 11 besaß eine Zweiblatt-Luftschraube, wie sie in der Exportserie verwendet werden sollte. Aber auch die Vorserie He 112 B-0, die aus zehn Mustern bestand, wurde aus der Serie He 112 V 11 abgeleitet. Für Flugleistungsvergleiche erhielten die He 112 V 10 (D-IQMA) und die He 112 V 12 (D-IRXS)

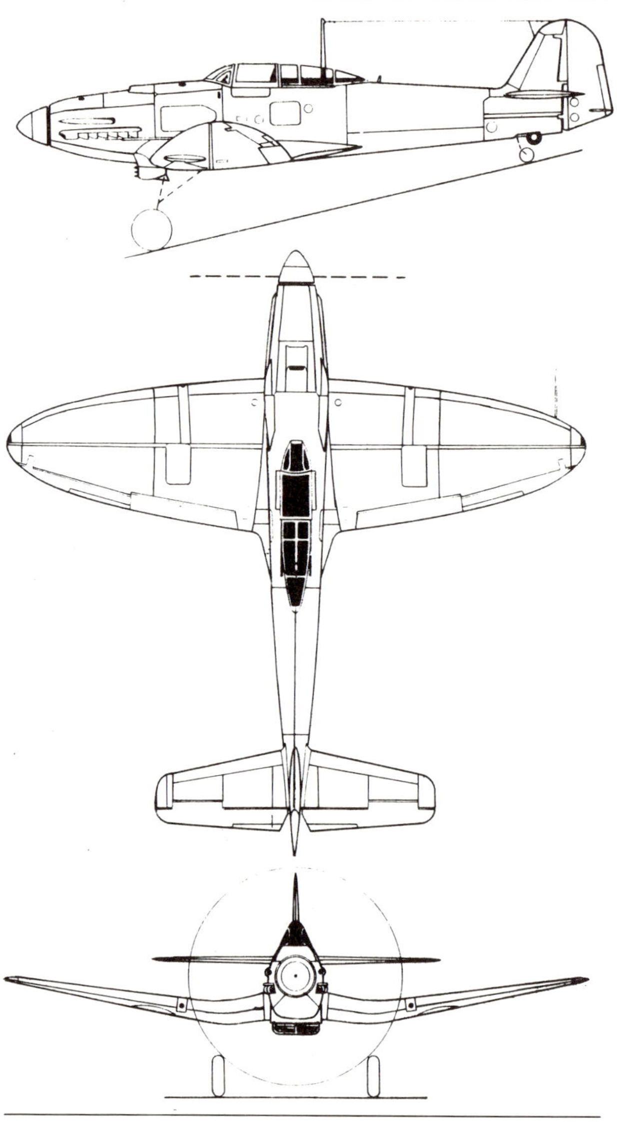

171. Heinkel He 112 B-2

Daimler-Benz-Triebwerke (DB 600 – V 12, später DB 601), mit denen auch drei Flugzeuge der B-0-Serie ausgerüstet werden konnten. Die Heinkel He 112 V 12 wurde als Musterflugzeug für einen geplanten Lizenznachbau in Japan dorthin verkauft und flog als Jagdausbildungsflugzeug unter der Bezeichnung A7 He 1. Die inzwischen fertiggestellte Luftwaffen-Serie kam mit dem verbesserten Junkers-Triebwerk JUMO 210 Ea zur Ablieferung und bestand aus zwölf Flugzeugen. Auf Grund des starken Interesses der spanischen Luftwaffe an der He 112 wurde aus der B-1-Serie eine geringfügig veränderte Exportserie abgeleitet, die als B-2-

171. Heinkel He 112 B-1

Serie in die Fertigung ging und zum Teil (acht von insgesamt 17 Flugzeugen) das JUMO 210 Ga-Triebwerk erhielt. Diese Flugzeuge unterstanden in Spanien dem Kommandeur Garcia Morato, der die Jagdgruppe 5-G-5 befehligte. Die Beurteilung der Flugeigenschaften der He 112 fiel zunächst recht negativ aus, denn es bedeutete für die Piloten, die nun mit einem verhältnismäßig modernen Jagdflugzeug fliegen sollten, eine radikale Umgewöhnung, da bis dahin nur mit den langsamen und gutmütigen Fiat-Doppeldeckern geflogen wurde. Schließlich gewöhnte man sich auch an die He 112 und flog dieses Muster noch während des Krieges.
Die Heinkel He 112 B-1-Serie wurde noch um einige weitere Flugzeuge erweitert und zum Teil an Rumänien verkauft, wo ab Mai 1939 24 Flugzeuge eingesetzt wurden, die später auch noch während des Krieges im Schwarzmeer-Gebiet in Verbindung mit der Deutschen Luftwaffe flogen.
Da inzwischen die Messerschmitt Me 109 zum Standardjäger der Deutschen Luftwaffe seitens des RLM erklärt wurde, kam ein weiterer Serienbau der He 112 für die Deutsche Luftwaffe nicht mehr in Betracht. Die auf Hochtouren laufende Serienfertigung wurde abgestoppt, und die neuen Flugzeuge der E-Serie, die aus der B-2-Serie abgeleitet war, wurden mit Einverständnis des RLM für Exportaufträge freigegeben.

Heinkel He 113

Diese Bezeichnung wurde von der deutschen Propaganda für die wenigen He 100 D-0 verwendet, die mit fingierten Abzeichen als neuer deutscher Nachtjäger propagiert wurden. Tatsächlich hat es in Deutschland nie eine He 113 gegeben. Japanische Konstruktionszeichnungen beweisen aber, daß in Japan auf der Grundlage der nach dort gelieferten He 100 D-0 dort an der Entwicklung eines Jägers He 113 gearbeitet worden ist. Die Maschine sollte mit einem Ha-40-Motor (Nachbau des DB 601) ausgerüstet werden und eine Bewaffnung von zwei 20 mm-Kanonen und zwei MG 7,72 mm erhalten. Da der von Kawasaki mit dem gleichen Triebwerk gebaute Jäger Ki 61 »Hien« schneller fertig wurde und sich in der Erprobung bewährte, wurde das Projekt He 113 fallen gelassen.

Heinkel He 114

Im Auftrag des RLM wurde 1937 ein Aufklärungsflugzeug entworfen, das als Nachfolger der inzwischen veralteten He 60 katapultstartfähig sein sollte. In der Konstruktion war das Flugzeug ein Gegenstück zur Arado Ar 196, die nach der gleichen Ausschreibung als Konkurrenzmuster entwickelt wurde.
Die einmotorige Zelle der He 114 wurde als Eineinhalbdekker ausgelegt, wobei die obere Fläche durch einen Y-Stiel mit der unteren kürzeren Fläche verbunden war. Das Flugzeugmuster erhielt ein zweiteiliges, zum Rumpf und nach den Flächen hin abgestrebtes Schwimmerwerk. Als Triebwerk kamen zunächst Reihenmotoren zum Einbau, die jedoch für die Serienproduktion durch Sternmotoren ersetzt werden sollten. Bereits Ende 1937 wurden die ersten fünf V-Muster fertiggestellt und gingen in die Flugerprobung. Das erste Flugzeug, die He 114 V 1, erhielt von den geplanten Versuchsmustern für Triebwerkeinbauten das leistungsstärkste Aggregat, ein Daimler-Benz DB 600-Triebwerk mit einer Zweiblattluftschraube, die jedoch gegen einen verstellbaren Dreiblattpropeller nach einigen Testflügen ausgewechselt

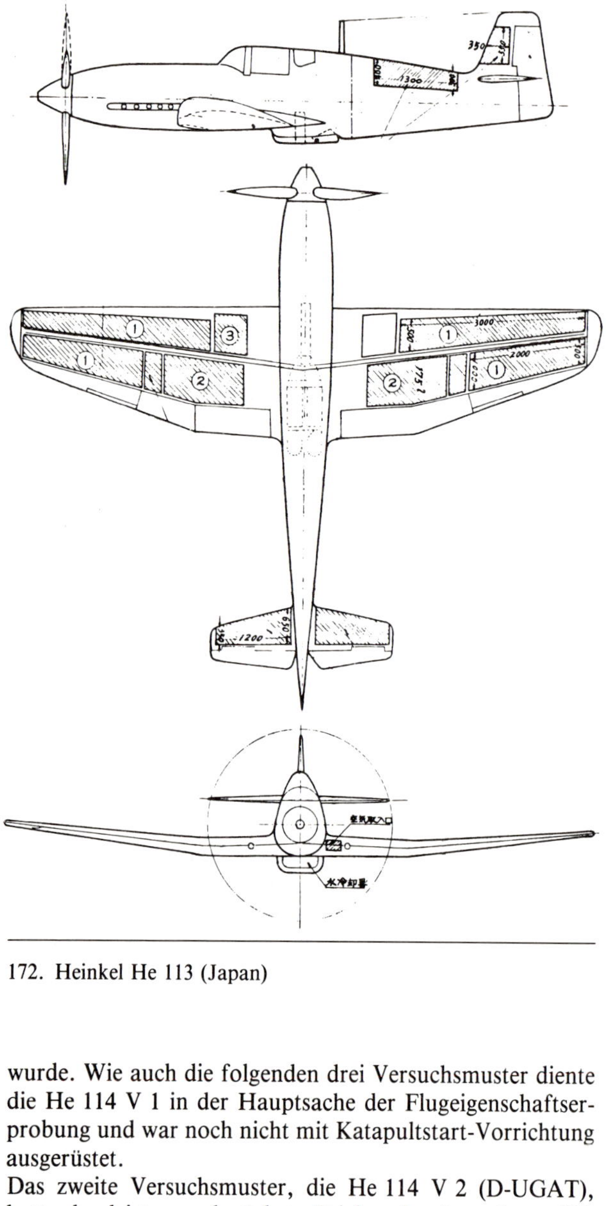

172. Heinkel He 113 (Japan)

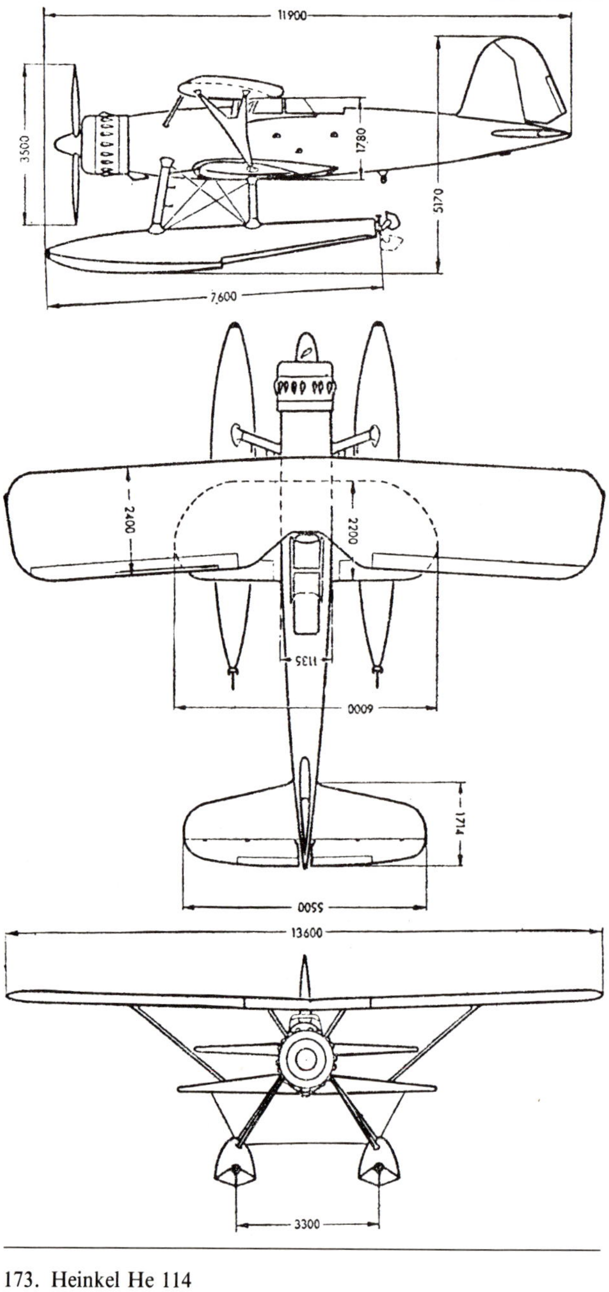

173. Heinkel He 114

wurde. Wie auch die folgenden drei Versuchsmuster diente die He 114 V 1 in der Hauptsache der Flugeigenschaftserprobung und war noch nicht mit Katapultstart-Vorrichtung ausgerüstet.
Das zweite Versuchsmuster, die He 114 V 2 (D-UGAT), hatte das leistungsschwächste Triebwerk, einen Jumo 210 mit Dreiblattluftschraube. Beide Versuchsmuster, He 114 V 1 und He 114 V 2, waren äußerlich kaum zu unterscheiden, da die Triebwerkverkleidung für beide Aggregate die gleiche war. Damit sollte erreicht werden, daß bei späterem Großeinsatz des Flugzeuges ein Austausch der verschiedenen Triebwerke ohne konstruktive Änderungen der Zelle möglich wird. Wegen der verschiedenen Leistungswerte der Triebwerke wurden lediglich zur Erzielung der maximalen Flugleistung die Seitenleitwerke der einzelnen Versuchsmuster geringfügig geändert.

Die He 114 V 2 stand von allen Versuchsmustern die längste Zeit in der Flugerprobung. Ende 1938 erhielt dieses Flugzeug einen Katapultstarthaken und wurde der Marine zur Einsatzerprobung von Bord aus übergeben. Hierbei zeigte sich zwar eine sehr gute Katapultstartfähigkeit trotz des hohen Abfluggewichtes und der schwachen Triebwerkleistung, aber große

172. Heinkel He 114 V 2 △

173. Heinkel He 114 A ▽

Schwierigkeiten machte das Landen bei unruhiger See. Durch das hohe Drehmoment des Triebwerkes brach das Flugzeug bei der Landung leicht aus, woran auch die Vergrößerung des Seitenleitwerkes nicht viel änderte. Schließlich wurden die Schwimmer der He 114 V 2 vergrößert und stärker gekielt. Zum Vergleich erhielt die He 114 V 4 ein Schwimmerwerk mit nach innen verlegter Kielung, jedoch mit den früheren kleineren Abmessungen. Bei ruhiger See hat sich diese Ausführung hervorragend bewährt, da das Spritzwasser vom Rumpf ferngehalten wurde. Doch hatten sich die Landeeigenschaften bei einseitigem Aufsetzen derart verschlechtert, daß die He 114 V 4 bereits nach wenigen Landungen bei rauher See vollständig zu Bruch ging. Die He 114 V 2 erhielt daraufhin ein Schwimmerwerk mit doppelter Kielung und wurde zur Einsatzerprobung auf dem Schlachtschiff Gneisenau stationiert. Hier wurde das Flugzeug nach viermonatiger Einsatzzeit durch eine He 114 der Serienproduktion abgelöst. Die He 114 V 2 wurde an das Heinkelwerk zurückgegeben und diente dann ausschließlich als Werksflugzeug. Sie wurde erst bei einem Luftangriff im Jahre 1942 zerstört, nachdem das Flugzeug als Erprobungsträger für Waffenrüstsätze ebenfalls mit einem Sternmotor ausgerüstet worden war.
Bei der Luftwaffe wurde die He 114 nur bei der Kü.Fl.Gr. 506 und ab 1941 bei den See-Aufkl.Gr. 125 und 126 in der Ostsee geflogen. Daneben wurde sie auf Hilfskreuzern verwendet, wo sie aber nicht befriedigte. 14 He 114 wurden nach Schweden und 12 nach Rumänien geliefert. Einige Maschinen gingen nach Spanien. Bis 1943 flogen noch einige He 114 bei den Kü.Fl.St. 101 und 102 im Schwarzen Meer.

Heinkel He 115

Dieses zweimotorige See-Mehrzweckflugzeug, welches hauptsächlich der See-Fernaufklärung und dem Torpedoabwurf dienen sollte, entstand ebenfalls noch 1937. Für alle gebauten Versionen wurden zwei BMW 132-Sternmotoren verwendet. Das Erstmuster *He 115 V-1* (D-AEHF), zuerst mit verglastem Rumpfbug, erhielt später eine solide Glattblechnase für Rekordversuche. Mit diesem Umbau konnten am 20. März 1938 auf Anhieb acht Geschwindigkeitsrekorde in der entsprechenden Klasse über die 1000- und 2000-km-Strecke mit 2000, 1000, 500 kg und ohne Nutzlast erflogen werden. Die erreichten Geschwindigkeiten betrugen 330 bzw. 320 km/h. Gleich der V-1 besaß die *He 115 V-2* (D-APDS) noch ein stark abgerundetes Seitenleitwerk und verspannte Schwimmer, jedoch bereits einen verglasten Bug mit A-Stand und Lotfe-Zielgerät. Die *He 115 V-3* (D-ABZV) entsprach der V-2 bis auf den wiederum geänderten Rumpfbug, der jetzt bereits der Serienausführung entsprach. Der letzte Prototyp, die *He 115 V-4* (D-AHME), besaß sämtliche Merkmale der nachfolgenden Serienausführung und wurde als Mustermaschine hierfür benutzt.
Nach der Erprobung von Versuchsmustern mit verschiedenen Kanzeleinbauten und Abstrebungen für das Schwimmerwerk wurde die Version He 115 A-0 Anfang 1938 zur Einsatzerprobung an die Luftwaffe geliefert. Anschließend erhielt die Luftwaffe speziell für Torpedoeinsätze die verbesserte Ausführung He 115 A-1 zur Ergänzung der bereits gelieferten zehn Vorserienflugzeuge. Da das Ausland starkes Interesse für diesen Flugzeugtyp zeigte, bauten die Heinkel-Werke die A-2-Serie, die sich nur unwesentlich von der für die Luftwaffe gelieferten Serie A-1 unterschied. Von dieser Exportserie erhielten Schweden und Norwegen speziell umgerüstete Einsatzflugzeuge für Aufklärungsflüge mit einem Rüstsatz für Torpedoeinsätze. Der Großserienbau der

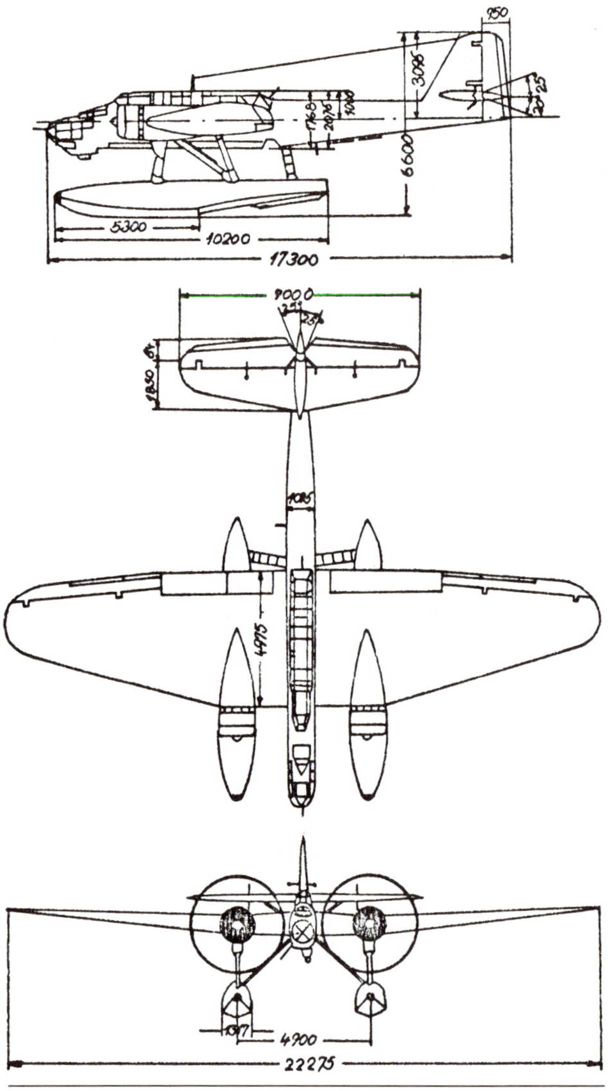

174. Heinkel He 115

174. Heinkel He 115 V 1 (Rekordausführung) △

175. Heinkel He 115 B-1 ▽

He 115 A-3-Serie für die Luftwaffe lief bereits Mitte 1938 an, gefolgt von der B-1-Serie mit strukturellen Verbesserungen für erhöhte Zuladung. Die He 115 B-1 wurde hauptsächlich als Frontmuster verwendet und kam im nördlichen Operationsgebiet zum Einsatz. Kurioserweise standen sich beim Norwegen-Feldzug auf beiden Seiten der Front die gleichen Kampfflugzeuge als Gegner gegenüber, als die an Norwegen gelieferten Flugzeuge zu einem letzten Gegenangriff gegen die deutschen Landungsstützpunkte eingesetzt wurden. Einige He 115-Flugzeuge der norwegischen Luftwaffe wurden nach England überflogen und kamen von dieser Seite im Mittelmeerraum noch vereinzelt zum Einsatz.

Besonders bewährt hat sich das hochseefähige robuste Flugzeug bei Einsätzen als Minenleger. Obgleich das Interesse an Seeflugzeugen nachließ, blieb die He 115 weiter in der Fertigung. Für den Eismeereinsatz erhielt die He 115 B-2-Serie Eiskufen unter den Schwimmern, entsprach sonst aber der He 115 B-1.

Der Einsatzzweck der He 115 B-1- und B-2-Serie wurde durch Rüstsätze gekennzeichnet, die im Fronteinsatz wahlweise zum Einbau kamen. Als Aufklärungsflugzeug mit zwei Luftbildgeräten flog die He 115 B-1/R1. Die Zusatzbezeichnung R 2 kennzeichnete die He 115 B-1 oder B-2 als Kampfflugzeug mit einer Bombenlast von einer 500 kg

schweren SC 500 oder SD 500-Sprengbombe. Der Rüstsatz R 3 betraf die Ausrüstung mit Abwurfvorrichtungen für die Luftminen LMA III (500 kg) und LMB III (920 kg). Letztere Abwurflast kam nur in Flugzeugen an der Eismeerfront zum Einsatz. Gelegentlich flogen auch einige Flugzeuge Geleitschutz für Schiffseinheiten mit Vernebelungsgeräten SV 300 (Rüstsatz R 4). Flugzeuge mit dieser Ausrüstung waren im Mittelmeerraum zur Sicherung der Nachschubwege nach Afrika eingesetzt. In der Standardausrüstung flog die He 115 jedoch hauptsächlich als Torpedoflugzeug mit einem Torpedo LTF 5 oder LTF 6b. Die relativ schwache Abwehrbewaffnung mit einem beweglichen MG 15 in der vorderen Glaskanzel (A-Stand) und einem weiteren beweglichen nach rückwärts gerichteten MG 15 im B-Stand oberhalb der Tragflächenhinterkante wurde erst in den folgenden Serien verbessert, die noch bis zum Kriegsende zum Einsatz kamen.
Im konstruktiven Aufbau waren fast alle He 115-Serien gleich. Mit zwei BMW 132 K-Sternmotoren von je 960 PS Leistung ausgerüstet, erreichte der Ganzmetallmitteldecker eine Höchstgeschwindigkeit von 300 km/h. Das einstufig gekielte Schwimmerwerk war wie auch die übrige Zelle aus Leichtmetall gefertigt und in einzelne Kammern aufgeteilt, um das Flugzeug bei Beschädigung der Schwimmer schwimmfähig zu halten.

Baureihen

He 115 A-0	Vorserie von zehn Maschinen entsprechend He 115 V-4, Truppenerprobung ab Sommer 1938 als Aufklärer und Torpedobomber
A-1	34 Maschinen ab Anfang 1938 gebaut. Ähnlich A-0 Fluggewicht 9545 kg, Abwurflast 750 kg oder Nebelbehälter 650 kg
A-2	sechs Maschinen für Norwegen und zehn für Schweden. Geringe Änderung gegenüber A-1. Ohne militärische Ausrüstung geliefert. Norwegische Maschinen nach 1940 an Finnland gegeben
A-3	ähnlich A-1, jedoch verbesserte Funkausrüstung, Serie Ende 1939
B-0	ähnlich A-2, aber ein MG/FF im Bug, Fluggewicht 10420 kg. Kleine Vorserie. Behälteranlage vergrößert
B-1	Serienbeginn 1939, Ausführung wie B-0
B-2	kleine Serie, ähnlich B-1, jedoch Schwimmer mit Eiskufe
C-1	Serienbau 1940. Verstärkte Bewaffnung: Zusätzlich ein MG 151/20 und zwei MG 17, Fluggewicht 10680 kg
C-2	kleine Serie 1940, ähnlich C-1, jedoch Eiskufen wie B-2
C-3	18 Maschinen 1940 als Minenleger gebaut
C-4	30 Maschinen aus Serie C-1 ohne Bewaffnung, außer einem MG 15. Ausschließlich für Torpedo-Einsätze 1940
D-0	nur ein Stück als schneller Auflärer 1941 mit zwei BMW 801 MA gebaut, keine Serie
E-1	141 Maschinen 1944 gebaut. Funkausrüstung verbessert. Bewaffnung: ein MG 151/20, ein MG 15, ein MG 81Z

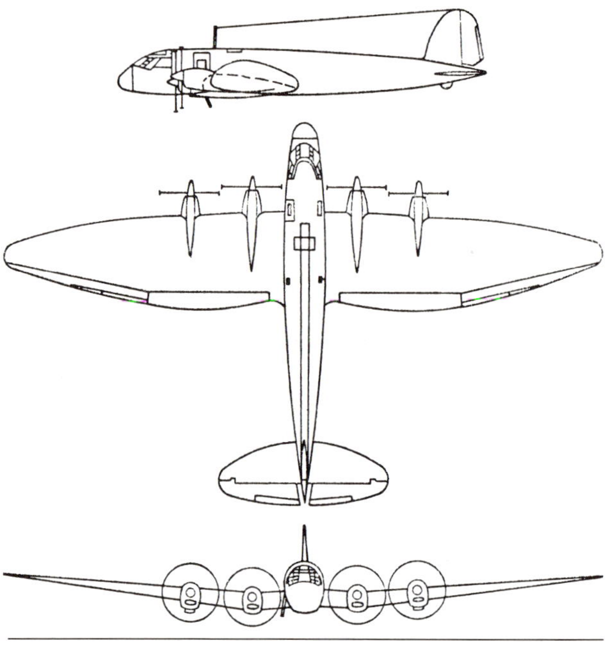

175. Heinkel He 116 A

Heinkel He 116

1937 wurde im Auftrag der Lufthansa die He 116 entwickelt. Die Ausschreibung forderte ein Langstreckenflugzeug, welches als Postflugzeug eingesetzt werden sollte. Dieser Einsatzzweck ließ praktisch einen neuen Flugzeugtyp entstehen, bei dem das Schwergewicht des Entwurfs im Hinblick auf die Langstreckeneinsätze auf die Sicherheit gelegt wurde. In gleicher Konzeption — von der gleichen Ausschreibung und Voraussetzung ausgehend — wurde das beim Hamburger Flugzeugbau Blohm & Voß in Entwicklung stehende Projekt gehalten. Die Heinkel-Konstruktion war für den Fern-Ost-Dienst vorgesehen, eine Strecke, die teilweise in großer Höhe geflogen werden mußte. Zu einem Einsatz auf dieser Strecke kam es schließlich doch nicht, weil in Deutschland keine Höhenmotoren für etwa 500 PS Leistung zur Verfügung standen. Zum Einbau kamen vier Triebwerke mit einer verhältnismäßig geringen Leistung, die jedoch selbst bei einem Dreimotorenflug noch weitaus ausreichte. Die He 116 wurde im Gegensatz zu dem Blohm & Voß-Entwurf als Landflugzeug gebaut, und zwar in Gemischtbauweise. Der Rumpf sollte dichtgenietet werden, damit das Flugzeug im

176. Heinkel He 116 V 1 △

177. Heinkel He 116 B ▽

Ernstfall schwimmfähig gewesen wäre. Die Besatzung, die aus drei Mann bestand, wurde im Vorderteil des schlanken Rumpfes untergebracht. Die Tragflächen mit dem für Heinkel schon charakteristischen elliptischen Umriß war eine Holzkonstruktion. Im Februar 1938 waren acht Muster fertiggestellt und konnten in die Erprobung gehen. Die He 116 zeigte von Anfang an sehr gute Flugeigenschaften, so daß sich eine japanische Kommission an diesem Typ interessiert zeigte. Eine japanische Besatzung nahm 1938 mit der He 116 V 3 am Saharaflug teil, wo sie, an führender Stelle liegend, wegen Bruch der Propellerbefestigung eines Motors aus dem Wettbewerb ausschied. Dennoch kaufte die japanische Luftverkehrsgesellschaft Mausynkohkuh Kaisya zwei Flugzeuge, die am 23. April von Berlin-Tempelhof aus überführt wurden. Beide Flugzeuge standen bis 1945 im regulären Flugdienst und wurden gegen Ende des Zweiten Weltkrieges zerstört. Aus der He 116 wurde 1938 ein Rekordflugzeug abgeleitet, indem die Holztragfläche um insgesamt 3 m in der Spannweite vergrößert wurde. Mit diesem Flugzeug (D-ARFD »Rostock«) sollte eine Flugstrecke von 10000 km geflogen werden. Dieser Flug bedingte die Mitnahme von derart viel Treibstoff, daß mit Überlast gestartet werden mußte. Zur Starterleichterung kamen vier abwerfbare Startraketen zum Einbau. Der erste Rekordflug mit der He 116 mißglückte, da sich eine Startrakete aus der Halterung löste und die Tragfläche stark beschädigte. Am 30. Juli 1938 wurde ein zweiter Versuch durchgeführt, der den erhofften Langstreckenrekord einbrachte. Bei einem Flug über 10000 km in geschlossener Bahn konnte in 46 Std. 18 Min. eine Durchschnittsgeschwindigkeit von 216 km/h erreicht werden. Das Flugzeug war mit 4 × Hirth HM 508 H-Triebwerken ausgerüstet, die eine Startleistung von je 240 PS abgaben. Aber nicht nur die Zivilluftfahrt interessierte sich für diesen formschönen Typ, sondern auch die

Luftwaffe. Das RLM glaubte, in der He 116 eine Vorstufe für einen Fernbomber zu haben und gab deshalb den Auftrag, die He 116 zunächst als Fernerkunder zu entwikkeln. Zu diesem Zweck wurden zwei Lufthansaflugzeuge umgebaut, indem sie eine neue Vollsichtkanzel bekamen. Hieraus wurde die He 116 B (V 9 – V 14) entwickelt und als Langstreckenphotoaufklärer eingesetzt. Da das Flugzeug wegen der schwachen Triebwerke für militärische Einsätze zu langsam war, kam eine derartige Weiterentwicklung nicht mehr in Frage, und so wurde die Arbeit an der He 116 1939 abgebrochen.

Von der He 116 wurden insgesamt 14 Flugzeuge hergestellt, und zwar acht Muster für den zivilen Luftverkehr, von denen wiederum zwei Maschinen geringfügig umgebaut (kürzere Rumpfspitze und geänderte Kabinenverglasung) nach Japan exportiert wurden. Die restlichen fünf He 116 waren Militärversionen, die den beiden umgebauten Zivilflugzeugen gegenüber eine verlängerte Rumpfspitze besaßen.

Heinkel He 118

1936 schrieb das Technische Amt auf Anregung von Ernst Udet einen Konstruktionswettbewerb für einen einmotorigen Sturzkampfbomber aus, auf Grund dessen den Firmen Arado, Blohm & Voß, Heinkel und Junkers Entwicklungsaufträge zugeleitet wurden. Im Gegensatz zu dem zweisitzigen Doppeldecker Ar 81, dem einsitzigen Knickflügel-Tiefdecker BV 137 und dem zweisitzigen Knickflügel-Tiefdecker Ju 87, die alle mit einem starren Fahrwerk ausgerüstet waren, besaß die bei Heinkel von Hertel konstruierte He 118 bereits ein Einziehfahrwerk. Die ersten beiden Prototypen, die *He 118 V-1* (D-UKYM) und die *He 118 V-2,* besaßen noch englische Rolls Royce »Kestrel V«-Triebwerke mit 695 PS Startleistung. Der dritte Prototyp *He 118 V-3* mit einem Daimler Benz DB 600 C von 1 × 910 PS Leistung ging mit den Konkurrenzmaschinen zum Vergleichsfliegen nach Rechlin, welches Ende 1936 stattfand. Da das Muster noch nicht restlos durchentwickelt war, konnte es nicht im steilen Sturzflug vorgeführt werden. Dadurch fiel die Vorentscheidung zugunsten der Ju 87 aus. Das endgültige Schicksal der fortschrittlichen Konstruktion wurde durch einen Absturz Udets mit der Maschine, durch einen Bedienungsfehler verursacht, besiegelt. Dieses Urteil gehört mit zu den grundlegenden Fehlentscheidungen des RLM, denn bereits kurze Zeit später mußte mit allen Mitteln versucht werden, den Einheitsstuka Ju 87 auf den Entwicklungsstand der He 118 mit Einziehfahrwerk und guter aerodynamischer Durchbildung zu bringen. Die He 118 wurde anschließend für den Verkauf freigegeben. Für die japanische Marine wurde die *He 118 V-4* mit 1 × 1070 PS Daimler Benz DB 601 A gebaut und im Februar 1937 ausgeliefert. Ein zweites Muster dieser Version erhielt wenige Monate später die japanische Armee. Nebenstehend die Angaben für die geplante Serienausführung.

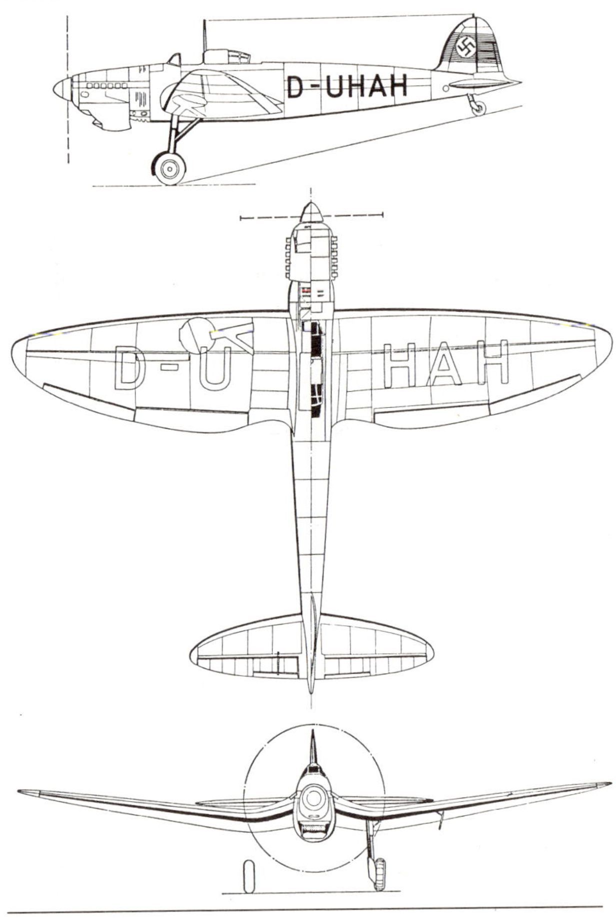

176. Heinkel He 118 V 2

Typ: Einmotoriger Sturzkampfbomber.
Flügel: Freitragender Mitteldecker. Zweiholmiger Ganzmetallflügel mit elliptischem Umriß und Wölbungsklappen zwischen Querruder und Rumpf.
Rumpf: Ganzmetall-Schalenrumpf mit ovalem Querschnitt.
Leitwerk: Freitragendes Normalleitwerk in Ganzmetall. Sämtliche Flächen mit elliptischem Umriß. Seitenleitwerk formlich vereinfacht.
Fahrwerk: Einziehbares Normalfahrgestell. Haupträder an freitragenden Einbeinen nach außen in die Flügel, Spornrad nach hinten in den Rumpf einfahrbar.
Triebwerk: Ein Daimler Benz DB 601 A flüssigkeitsgekühlter Zwölfzylinder-Λ-Motor mit 1 × 1070 PS Startleistung. Dreiblatt-Verstell-Luftschraube aus Metall. Großer Tunnelkühler unter dem Bug.
Besatzung: Zwei Mann hintereinander unter aufgesetzter Vollsicht-Schiebehaube.
Militärische Ausrüstung: 1 × 250 oder 1 × 500 kg-Bombe in Schacht unter dem Rumpf, durch Gerüst herausfahrbar. 1 × 7,9 mm MG 15 im B-Stand.

178. Heinkel He 118 V 4

Heinkel He 119

Bereits 1934/35 hatte General Wever den Bau von Schnellbombern angeregt, die für Spezialunternehmen schneller sein sollten, als die gegnerischen Jagdflugzeuge. Diese Entwicklung wurde mit der Do 17 vielversprechend begonnen, konnte aber später infolge einer falsch verstandenen Konzeption nicht zum Ziel gebracht werden und wurde als Irrweg verdammt. Den Engländern blieb es vorbehalten, mit ihrem De Havilland »Mosquito«-Bomber über Deutschland zu beweisen, daß die auf Rougeron zurückgehende Lehre des Schnellbombers richtig war. Ein weniger bekannter deutscher Befürworter war Siegfried Günter, der allerdings auch wußte, daß für die Verwirklichung starke Triebwerke zur Verfügung stehen mußten. Um hier den deutschen Engpaß zu überwinden, regte er das Zusammenwirken von zwei Triebwerken auf eine Luftschraube an, was gleichzeitig vom aerodynamischen Standpunkt aus äußerst vorteilhaft sein mußte. Während bei Daimler-Benz durch das Zusammenfügen von zwei DB 601 die Mustermotoren des späteren DB 606 entstanden, begannen bei Heinkel 1936 die Arbeiten an der Zelle der He 119 genannten Maschine. Während die äußere Linienführung den seit der He 70 gewonnenen Erkenntnissen entsprach, wurde das Muster in der konstruktiven Konzeption gänzlich revolutionär. Um den Stirnwiderstand des Rumpfes auf ein Minimum zu verringern, wurde der Querschnitt so klein wie möglich genommen und der Besatzungsraum als verglaste Vollsichtkanzel stufenfrei in die Rumpfkontur einbezogen. Das Doppeltriebwerk lag hinter dem Besatzungsraum, die verlängerte Propellerwelle führte zentral durch die Kanzel bis zur vierflügeligen Luftschraube in der äußersten Rumpfspitze. Der Platz des Piloten war links von der Welle, die in ihrer Verkleidung Instrumente und Steuerorgane barg. Der zweite Sitz rechts der Welle besaß das Bombenzielgerät, die Funkanlage und ein Hilfssteuer. Gemäß der Auslegung als Schnellbomber für 1000 kg Last war keine Abwehrbewaffnung vorgesehen. Die bei der He 100 später angewandte und auch dort beschriebene widerstandsarme Oberflächenkühlung, die zur Senkung des schädlichen Widerstands bereits in der He 119 Verwendung finden sollte, funktionierte bei der *He 119 V-1* noch nicht zufriedenstellend, so daß zusätzlich ein halb einziehbarer Bauchkühler verwendet werden mußte. Später wurde ganz auf sie verzichtet.

Nachdem es gelungen war, die Oberflächenkühlung der He 119 V 1 bis V 3 an Rumpf und Tragflächen soweit zu verbessern, daß dieses System für eine längere Flugzeit einwandfrei funktionierte, wurde ein weiteres Versuchsmuster entwickelt, welches als Rekordflugzeug zum Einsatz kommen sollte. Für den Steigflug und auch sonstige Hochleistungsflüge mußte auch weiterhin ein einziehbarer Bauchkühler zur Triebwerkkühlung mit herangezogen werden. Im Horizontalflug konnte aber trotz maximaler Dauerleistung auf diese Zusatzkühlung verzichtet werden, wodurch sich die Geschwindigkeitsleistung der He 119 beträchtlich steigern ließ. Die größte gemessene Horizontalgeschwindigkeit lag bei 620 km/h, die mit der He 119 V 4 (D-AUTE) in 4,5 km Höhe erflogen wurde. Als Antrieb diente eine Doppeltriebwerkanlage Daimler-Benz DB 606, die bereits seit Monaten ohne irgendwelche bemerkenswerten Störungen in der Erprobung stand. Am 22. November 1937 startete dieses Flugzeug zu einem Rekordflug, wobei die Strecke Hamburg—Stolp—Hamburg als Meßstrecke für einen Flug über die 1000 km Strecke diente. Der Flug wurde von dem damaligen Chefpiloten Nitschke in Begleitung von dem

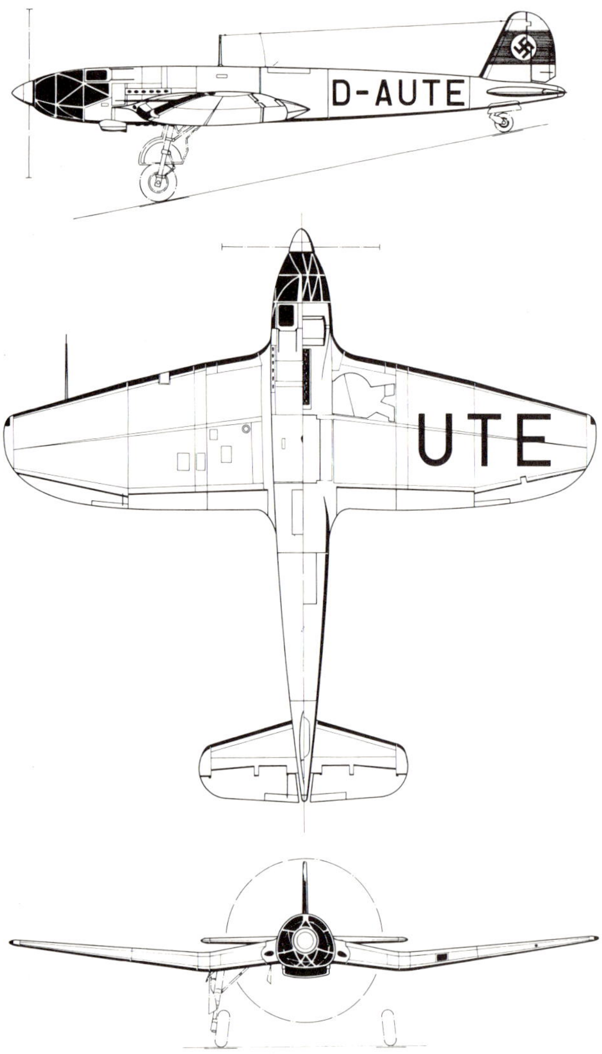

177. Heinkel He 119 V 4

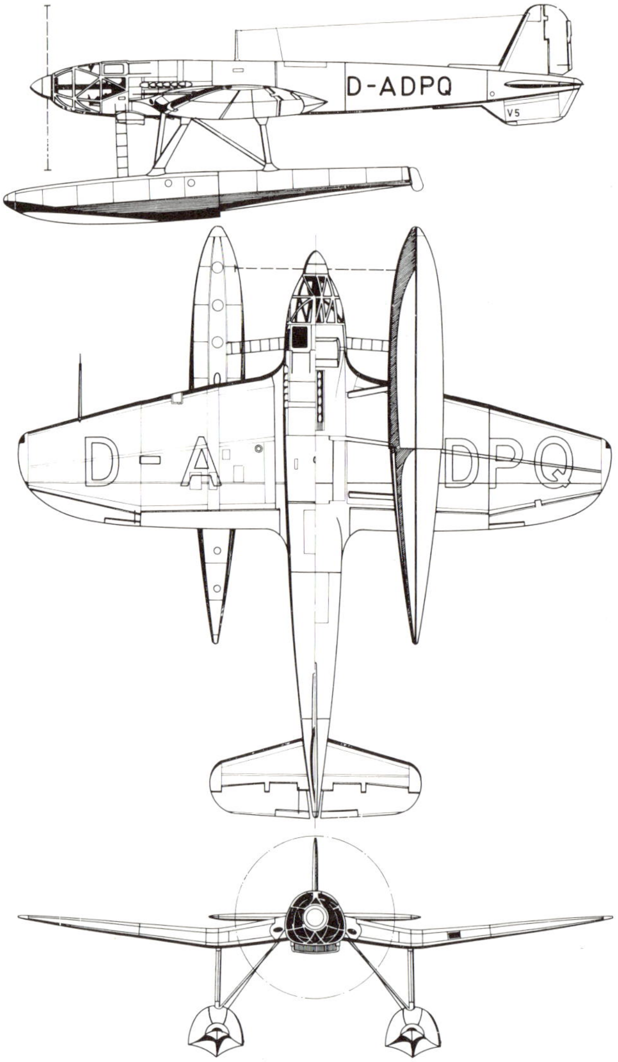

178. Heinkel He 119 V 5

damals 22jährigen Flugzeugführer Dieterle durchgeführt. Nach Überfliegen der Zielpunkte konnte eine Durchschnittsgeschwindigkeit von 504,988 km/h errechnet werden. Das Flugzeug trug für diesen Flug aus Gründen der Geheimhaltung die Bezeichnung He 606, die sich an das Doppeltriebwerk DB 606 anlehnte. Die Freude über den erflogenen Rekord sollte jedoch nicht lange anhalten. Bereits eine Woche später konnten sämtliche mit der He 119 erflogenen Rekorde mit einer italienischen Konstruktion (Breda 88) überboten werden. Aus diesem Grunde bereitete man sich bei Heinkel auf einen zweiten Rekordflug mit der He 119 V 4 vor. Die Meßflüge ergaben, daß bei Volldruckhöhe die zeitweilige Höchstgeschwindigkeit über 600 km/h lag. Anfang Dezember erfolgte der zweite Rekordflug mit der gleichen Besatzung auf der gleichen Meßstrecke. Schon beim Hinflug konnten trotz der schlechten Wetterlage bessere Werte erflogen werden. Der Rückflug verlief bis kurz vor dem Ziel in gleicher Weise störungsfrei, bis schließlich die Triebwerkanlage wegen Kraftstoffmangels aussetzte. Von der Besatzung war vergessen worden, die Kraftstoffanlage auf Reserve umzuschalten. Als Ausweichmöglichkeit für die Landung kam deshalb nur noch der Flughafen Travemünde in Frage. Unglücklicherweise wurden zu dieser Zeit gerade auf dem Rollfeld Drainagearbeiten durchgeführt, die eine

179. Heinkel He 119 V 1 △

180. Heinkel He 119 V 5 ▽

Landung mit der He 119 unmöglich machten. Mit stehendem Triebwerk versuchte Flugkapitän Nitschke die He 119 auf der größten noch vorhandenen Fläche aufzusetzen und zum Stehen zu bringen. Die Landerollstrecke reichte jedoch nicht aus, so daß das Flugzeug schließlich über einen Kanal hinweg gegen eine Pumpstation flog und dabei völlig zu Bruch ging. Der Pilot wurde hierbei schwer verletzt, der Begleiter kam jedoch unverletzt mit dem Schrecken davon. Weitere offizielle Rekordversuche wurden daraufhin mit der He 119 nicht mehr durchgeführt, obgleich geplant war, mit der neu herausgebrachten Schwimmerversion He 119 V 5 ebenfalls die bestehenden Seeflugzeug-Rekorde anzugreifen.

Als Ausgangsmuster für die He 119 V 5 verwendete man die He 119 V 3, die mit entsprechendem Ballast versehen einen Teil des Flugerprobungsprogramms für die Seeausführung übernahm. Die He 119 V 5 erhielt im Gegensatz zur He 119 V 3 einen abgeänderten Rumpf entsprechend der Rekordausführung He 119 V 4. Das Flugzeug erhielt für das Doppeltriebwerk Daimler-Benz DB 606 die bereits erprobte und bewährte Oberflächenkühlung und für den Start und die Steigleistung einen zusätzlichen einziehbaren Blockkühler. Das Triebwerk der He 119 V 5 wurde dahingehend verbessert, daß die sonst übliche Reiseleistung von 60% der Startleistung auf 80% der Startleistung erhöht werden

konnte. Dadurch verbesserten sich die Flugleistungen erheblich, oblgeich die Maschine durch das große Schwimmerwerk widerstandsreicher als die Landausführung war.
Nachdem der zweite Rekordflugversuch mit der He 119 V 4 in Travemünde mit einer Bruchlandung endete, verzichtete man auf weitere Rekordflüge mit der He 119 V 5. Die Luftwaffe zeigte starkes Interesse an diesem Flugzeug und stellte ihrerseits Bedingungen für den Waffeneinbau für die geplante Serienausführung. Wie schon die He 119 V 2, so erhielt auch die He 119 V 5 Waffenstandattrappen, da für einen richtigen Waffeneinbau der Rumpf nicht geräumig genug war. In dieser Ausführung wurde das Flugzeug zur weiteren Erprobung an die Seefliegerschule in Travemünde übergeben. Obgleich die He 119 V 5 nicht nur gute Flugeigenschaften besaß, sondern auch geschwindigkeitsmäßig jedem der damaligen Seeflugzeuge überlegen war, war es nur wenigen Piloten möglich, dieses neuartige Flugzeug voll auszufliegen. Bei einer Notlandung auf einem Binnensee wurde das Schwimmerwerk der He 119 V 5 stark beschädigt, nachdem das Flugzeug auf Land aufrutschte. Das RLM hatte inzwischen das Interesse an diesem Flugzeugtyp verloren, da die Herstellungskosten der He 119 weit über dem Durchschnitt dieser Flugzeuggattung lagen. Die beschädigte He 119 V 5 wurde an das Heinkel-Flugzeugwerk zurückgegeben und 1942 in Marienehe verschrottet.

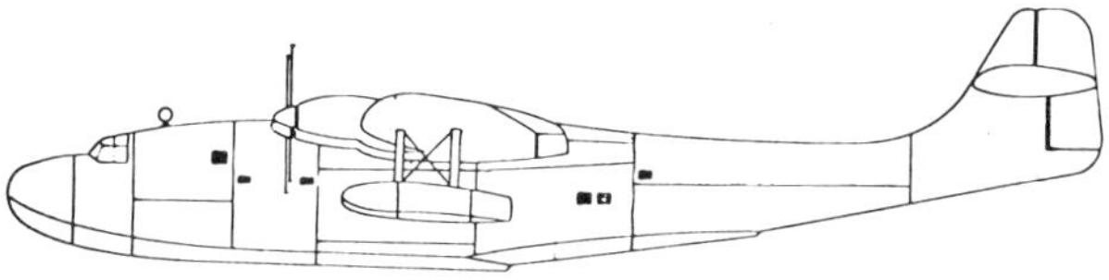

179. Heinkel He 120

Heinkel He 120

Projekt eines Verkehrsflugbootes. Schulterdecker mit Knickflügel. Triebwerk: Vier Jumo 205 mit je 800 PS Startleistung. Spannweite 35 m, Länge 28 m, Flächeninhalt 170 m², Fluggewicht 29000 kg, errechnete Höchstgeschwindigkeit 380 km/h. Entwurf 1938.

Heinkel He 162

Am 10. Juli 1944 legte der Leiter des Projektbüros der Heinkel-Werke, Siegfried Günter, seinen Bericht 105/44 mit dem Titel »P.1073, Strahljäger« den zuständigen leitenden Herren des Werks in Rostock und Wien vor. In diesem hieß es u. a.: »Die Erreichbarkeit der Luftüberlegenheit hängt außer vom Zahlenverhältnis der Einsitzer auch von den Flugleistungen, insbesondere der Geschwindigkeit der Einsitzer ab. Sollten feindliche Strahleinsitzer eingesetzt werden, so ist mit einer Überlegenheit der Me 262 mit großer

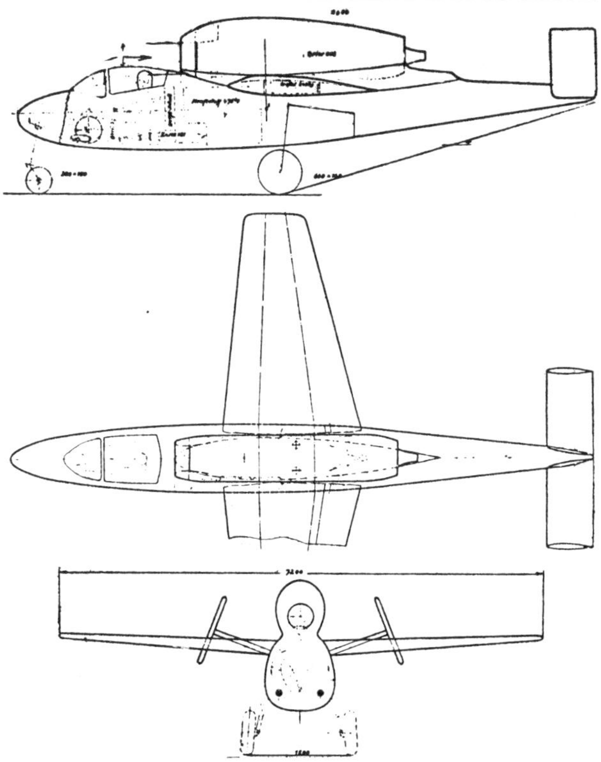

180. Heinkel He P. 1073/01-20

Wahrscheinlichkeit nicht zu rechnen, weil deren herkömmliche Bauweise mit ungepfeiltem Flügel und ihrer Anordnung der Motorgondeln am Flügel zu große Widerstände ergibt . . . In Bodennähe ist der Kraftstoffverbrauch sehr groß und die Reichweite klein. Aus diesem Grunde ist es notwendig, sich auf ein einsitziges Flugzeug mit möglichst kleiner Ausrüstung und nicht zu kleinem Anteil des Kraftstoffes am Gesamtgewicht zu beschränken.« Günter hatte für das von ihm damit vorgeschlagene Projekt P.1073 mit zwei verschiedenen Triebwerken folgende Leistungen errechnet:

mit Heinkel He S 11 (noch in Entwicklung)	Höchstgeschwindigkeit	1010 km/h
	Flugstrecke mit normalem Tankinhalt	1000 km
	desgl. mit Zusatzbehälter	1650 km
mit Jumo 004 C	Höchstgeschwindigkeit	940 km/h.

Die Ausführung mit He S 11 sollte als He 500 A, die mit Jumo 004 C als He 500 B in Serie gehen.

Die Diskussion bei Heinkel über dieses Projekt war noch im Gange, als am 8. September 1944 das Reichsluftfahrtministerium (RLM) eine Ausschreibung für einen Strahljäger mit einem Triebwerk an Blohm & Voß, Focke-Wulf, Heinkel und Junkers herausgab. Die Ausschreibung ging bei dem Chefkonstrukteur von Blohm & Voß am 10. September ein. Bei Heinkel hatte man schnell geschaltet und griff auf Günters Projekt 1073 zurück, änderte den Entwurf entsprechend den Anforderungen des RLM und reichte bereits am 11. September die Entwürfe P.1073-01-18 und P.1073-01-20, beide mit BMW 003A-1-Triebwerk ein. Am 12. September erhielt Dr. Vogt (Blohm & Voß) ein Telegramm des Oberkommandos der Luftwaffe (OKL), in dem die Einreichung eines Entwurfs gemäß Ausschreibung vom 8. September bis zum 14. September gefordert wurde. Focke-Wulf, Messerschmitt und Junkers lehnten den Auftrag ab. Nur Arado legte termingemäß den Entwurf E.580 vor. Dazu kam das Projekt P.210 von Blohm & Voß und das Heinkel-Projekt.

Trotz aller Einwände von Dr. Vogt erhielt Heinkel den Auftrag. General-Ingenieur Lucht und Saur, der Chef des Jägerstabes, waren der Überzeugung, daß bei Vogts P.211 der Triebwerkseinbau zu kompliziert sei. Vier Wochen später äußerte auch Prof. Messerschmitt Bedenken gegen das Heinkel-Projekt. Heinkel wies Messerschmitts Bedenken prompt zurück. Wie immer, arbeitete man bei Heinkel sehr schnell. Bereits am 15. Oktober 1944 war die komplette Baubeschreibung der He 162 fertig. Zwei Tage später erfolgte die abschließende Besprechung zwischen den Herren vom Technischen Amt und der Firma Heinkel. Als Termin für die Fertigstellung des ersten Musterflugzeugs, der He 162 V 1, wurde der 10. Dezember 1944 festgesetzt. Bei Heinkel war man schneller. Bereits am 6. Dezember konnte Flugkapitän Peter zum Erstflug starten. Am ursprünglichen Fertigstellungstermin, dem 10. Dezember, trat dann aber eine Katastrophe ein: Bei einem Bahnneigungsflug mit 10 Grad Neigung stürzte die He 162 V 1 bei einer Geschwindigkeit von etwa 700 km/h aus etwa 100 m Höhe ab. Die rechte Tragflächennase hatte sich abgelöst, desgleichen das rechte Querruder. Mit ungewöhnlich schnellen Rollbewegungen rechtsdrehend stürzte die Maschine ab. Flugkapitän Peter war tot. Trotzdem gab man nicht auf, da man die Ursachen für den Absturz einwandfrei feststellen konnte: schlechte Verleimung, zu schwache Nasenrippen, falscher Werkstoff bei Teilen des Querruderlagers usw. Bereits am 22. Dezember stand He 162 V 2 zum Erstflug bereit, der von Direktor Francke, dem ehemaligen Testpiloten von Rechlin, jetzt Heinkel-Direktor, durchgeführt wurde. Es traten keine ernsten Komplikationen auf. Bis 16. Januar 1945 waren auch V 3 und V 4 fertig. Die Erprobung begann sofort. Inzwischen lief auch der Serienbau an. Bereits am 20. Januar 1945 waren in Rostock-Marienehe bereits 34 Rümpfe fertiggestellt. Es stellte sich heraus, daß die von Zulieferanten gefertigten Holzbauteile sämtlich verstärkt und nachgearbeitet werden mußten. Ein Meister, ein Vorarbeiter und 20 Spezialtischler mußten für diesen Zweck eingesetzt werden. Wenn man berücksichtigt, daß zu diesem Zeitpunkt die gesamte Luftfahrtindustrie und das deutsche Verkehrsnetz unter laufenden Tag- und Nachtangriffen der alliierten Luftflotten litten, so muß man die Leistung der Heinkel-Werke besonders hoch veranschlagen. Am 22. und 23. Januar begann der Flugbetrieb mit He 162 V 2 und V 3.

Am 27. Januar meldete Heinkel, Rostock, daß die geplante Ausbringung von 30 He 162 im Januar 1945 unmöglich sei. Die Gründe hierfür wurden bereits genannt. Die Einzelteile,

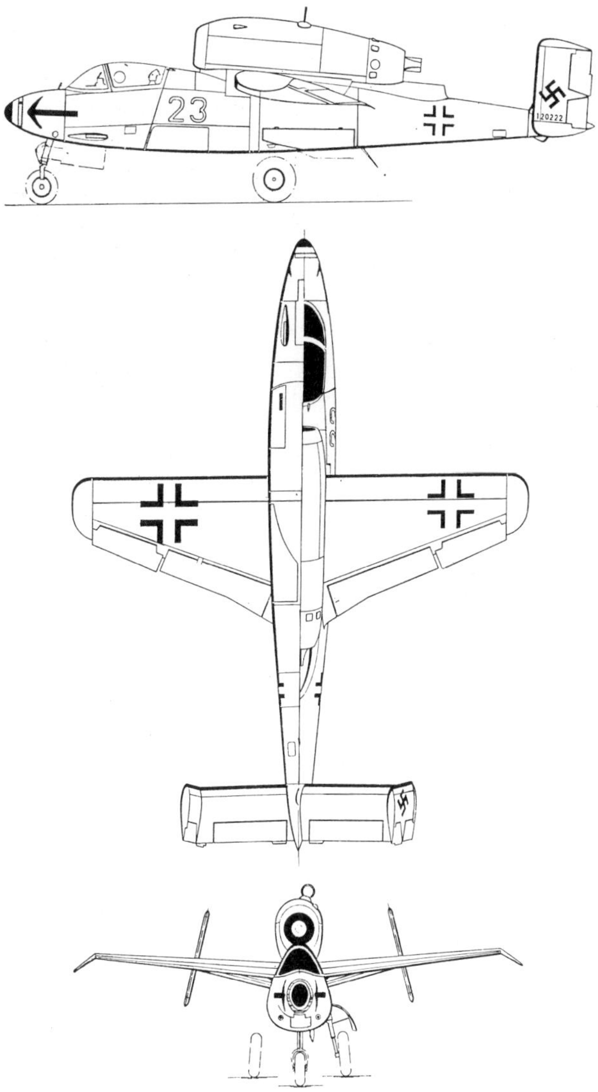

181. Heinkel He 162 A-1

181. Heinkel He 162 V 1

die ja dezentralisiert hergestellt wurden, kamen nicht heran. Außerdem zeigte sich, daß die Flächen verstärkt werden mußten. Francke ordnete an, daß die ersten Serienmaschinen nicht schneller als mit 500 km/h geflogen werden dürften. Am 28. Januar 1945 wurde auch die He 162 V 5 fertig, die dann als erste Serienmaschine die Bezeichnung He 162 A-01 erhielt. Francke gab dann am 30. Januar einen ausführlichen Bericht über die von ihm ermittelten Flugeigenschaften der He 162, die zu Änderungen insbesondere an der Höhenflosse und der Fläche führten.

Die Fertigung der einzelnen Großbauteile der He 162 erfolgte neben anderen Zulieferanten in dem unterirdischen ehemaligen Kreidebergwerk »Languste«, das sich in Mödling bei Wien befand. Für die Endmontage waren vorgesehen: Heinkel-Nord (Rostock-Marienehe), Heinkel-Süd (»Languste«) und Junkers in Bernburg. Die Werknummern der Maschinen aus Rostock begannen mit 120, die aus »Languste« mit 220 und die von Junkers Bernburg mit 300. Später sollten noch die Mittelwerke in Nordhausen hinzukommen, deren Werknummern mit 310 beginnen sollten. Diese Produktionsstätte scheint nicht mehr zum Tragen gekommen zu sein. Am 4. Februar stürzte die He 162 A-02 beim elften Flug ab. Es zeigte sich, daß die He 162 Neigung zum Abkippen über den Flügel hatte, was weitere Änderungen erforderlich machte. Trotzdem gab Francke am 5. Februar einen grundsätzlich positiven Bericht über die He 162, lediglich die Stabilität um die Querachse ließ er noch offen. Rostock meldete am gleichen Tage zwei He 162 im Flugbetrieb, zwölf klar zur Triebwerkserprobung, 71 Rümpfe fertig und weitere 58 Rümpfe in Vormontage. Drei Tage später machte die He 162 V 4 beim 18. Werkstattflug eine Außenlandung, die mit einem 40%igen Bruch endete. Am 11. Februar ließen sich in Wien der General der Jagdflieger Oberst Gollob, Nachfolger des wegen schwerer Zerwürfnisse mit Göring abgelösten General Galland, und Oberstleutnant Dahl sowie zwei Herren der Erprobungsstelle Rechlin über den Stand der He 162-Produktion unterrichten. Hierbei wurde festgestellt, daß mit Einsatzflugzeugen frühestens in der zweiten Aprilhälfte 1945 zu rechnen sei. Ende Februar sollte eine Staffel der II./JG 1 nach Wien in Marsch gesetzt werden, um sich mit der von »Languste« gelieferten He 162 vertraut zu machen. Die in Parchim liegende I./JG 1 sollte mit Flugzeugen aus Rostock und Bernburg ausgerüstet werden. Beanstandet wurde die ungenügende Reichweite des bei der He 162 eingebauten FuG 24. Gollob forderte weiter serienmäßige Ausrüstung mit Variometer und Zielkamera. Der zu diesem Zeitpunkt in Wien arbeitende Prof. Lippisch bot sich am 15. Februar 1945 an, Verbesserungsvorschläge für die He 162 auszuarbeiten. Dazu kam es nicht mehr.

Am 28. Februar 1945 wurde vom Jägerstab ein Jägernotprogramm aufgestellt, wonach folgende Baumuster als Versuchsbauten ausgeführt werden sollten: Blohm & Voß P 212, Focke-Wulf Ta 183/I und Ta 183/II, Heinkel P.1078, Junkers EF 128 und die Messerschmitt-Projekte 1101, 1110 und 1111. Es kam nur noch zum Bau einer Attrappe des Me.P.1101. Diese wurde nach den USA gebracht und führte

182. Heinkel He 162 A △

183. Heinkel He 162 S ▽

zum Bau des amerikanischen Strahlflugzeugs Bell X-5. Alle anderen Projekte konnten nicht mehr verwirklicht werden. Inzwischen hatten sich aber andere Leute für das Volksjäger-Projekt interessiert. Hitler erhielt bereits am 25. September 1944 Nachricht über eine Einheit der SS, die mit dem Volksjäger He 162 ausgerüstet werden sollte. Der damalige Führer des Nationalsozialistischen Fliegerkorps, der ehemalige Chef der Luftflotte 1, Generaloberst Alfred Keller, erhielt Wind von der Sache, zog den Reichsjugendführer Axmann hinzu und trug Göring den Vorschlag vor, den Volksjäger, der ja zu Tausenden hergestellt werden sollte, von Segelfliegern der Hitler-Jugend fliegen zu lassen. Ein entsprechender Schulverband ist auch tatsächlich in Trebbin aufgestellt worden. Es wurden He 162 ohne Triebwerk dorthin geliefert und im Schlepp von Hitlerjungen geflogen. Die weiteren Kriegsereignisse verhinderten, daß jemals ein Hitlerjunge eine He 162 fliegen mußte, was nach Lage der Dinge nur zu tödlichen Unfällen geführt hätte.
Bei der Luftwaffe war bereits im Januar 1945 ein Erprobungskommando He 162 beim JG 3 unter Oberstleutnant Bär erst in Rechlin-Roggenthin, dann in Lechfeld aufgestellt worden. Die Einweisung des Bodenpersonals erfolgte auf der Fliegertechnischen Schule 6 in Neuenmarkt und Weidenberg bei Bayreuth. Die I./JG 1 unter Oberst Ihlefeld begann mit der Schulung mit Hilfe von Werkpiloten. Ihlefeld ging, soweit bekannt, mit seinem Stab zur weiteren Einsatzerprobung nach Lechfeld. Er soll dort nach Aussage seines Rottenfliegers Sill aus Kirchheim/Teck mit der He 162 einen Abschuß erzielt haben. Oberstleutnant Bär ging von Lechfeld dann zu dem von Galland geführten Jagdverband 44. Galland lehnte übrigens den Volksjäger ab. Gollob und Dahl haben ihn in Wien-Schwechat geflogen und gut beurteilt.
Am 6. Februar 1945 begann die Umrüstung der I./JG 1 auf die He 162 in Parchim. Die Gruppe war zu diesem Zeitpunkt nur noch so stark wie eine Staffel. Am 7. Februar wurden die letzten Fw 190 in Garz auf Usedom abgestellt. Von dort aus waren nur noch einige Tiefangriffe gegen englische Verbände geflogen worden. Am 9. Februar trafen die ersten He 162 aus

Rostock, Major Richter von der Erprobungsstelle Rechlin, und drei Fliegeringenieure von Rechlin in Parchim ein. Die Einweisung des fliegenden und des technischen Personals zog sich dann bis zum 31. März 1945 hin. Das Durcheinander bei bereits Auflösungserscheinungen zeigenden Führungsstellen der Luftwaffe führte zu einem ununterbrochenen Wechsel von Verlegungsbefehlen: Von Parchim nach Köthen, von dort nach Parchim zurück, dann nach Ludwigslust, nach Husum und schließlich nach Leck in Holstein, wo die Gruppe unter Führung von Oberleutnant Demuth am 16. April 1945 eintraf. Obwohl auf dem Wege von Husum nach Leck Begegnungen mit alliierten Verbänden stattfanden, wurde auf Befehl des 1. Jagdkorps jede Kampfhandlung vermieden; unter Ausnutzung der überlegenen Geschwindigkeit von 800 km/h wurde jedem Gefecht ausgewichen.
Inzwischen war auch die Umrüstung der II./JG 1 durchgeführt worden. Sie stand unter Führung von Hauptmann Dähne, der im April 1944 das Ritterkreuz nach seinem 74. Abschuß erhalten und Ende Februar die Gruppe übernommen hatte. Dähne stürzte am 24. April 1945 im Raum Warnemünde mit einer He 162 tödlich ab. Nach seinem Tod übernahm Major Zober die II./JG 1. Zusammen mit dem Geschwaderstab und Kommodore Oberst Ihlefeld verlegte dann die Gruppe ebenfalls am 3. Mai 1945 nach Leck.
Die Ausbildung der Piloten wurde in Parchim durchgeführt. Es handelte sich im Grunde nur um eine Schnellumschulung von Fw 190 oder Bf 109 auf He 162. Zweisitzige Schulmaschinen standen nicht zur Verfügung. An Hand der Bedienungsvorschrift wurde dem Piloten am Boden jeder erforderliche Griff erklärt. Nach 20 Minuten Flugzeit mußte der Pilot die Maschine beherrschen!
Der erste Kampfeinsatz des JG 1 ist, soweit bekannt, von der I./JG 1 am 26. April 1945 durchgeführt worden. Der Auftrag lautete: Bekämpfung feindlicher Tiefflieger. Dabei erzielte Unteroffizier Rechenbach den ersten Abschuß des JG 1 mit einer He 162. Vermutlich hat Oberst Ihlefeld den ersten Abschuß mit einer He 162, wie geschildert, über Lechfeld bereits Ende Februar/Anfang März erzielt. Unteroffizier Rechenbach ist wahrscheinlich noch am 26. April 1945 gefallen. Für seinen Abschuß sind zwei Zeugen vorhanden: Oberleutnant Demuth und Stabsintendant Siegfried.
Einen weiteren Abschuß erzielte Leutnant Rudi Schmitt von der I./JG 1 am 4. Mai 1945. Ihm gelang es, eine Hawker »Typhoon« abzuschießen. Wenn auch eine offizielle Bestätigung dieser beiden Abschüsse unter den damaligen Bedingungen nicht erfolgen konnte, so sind beide jedoch durch Zeugenaussagen bestätigt worden.
Am 6. Mai rollten britische Panzer auf den Flugplatz Leck. Offiziere und Mannschaften räumten ihre Unterkünfte und zogen für die nächsten Wochen in das Barackenlager Schmörholm. Zwei Tage später erschienen zwei Kommandos, ein englisches und ein amerikanisches. Sie übernahmen die Flugzeuge des JG 1.

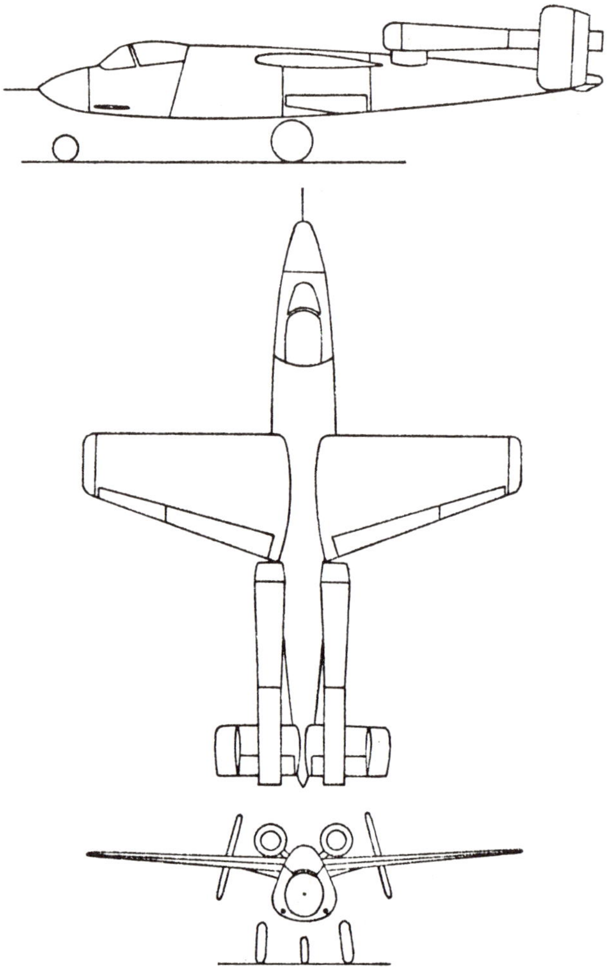

182. Heinkel He 162 A-10

Heinkel He 162 A-10 und A-11

Anfang 1945 lagen die Anforderungen für BMW-Strahltriebwerke (BMW 003) zwischen 1000 und 5000 Stück pro Monat. Diesen Forderungen konnte jedoch das Triebwerk-Herstellwerk bei weitem nicht nachkommen, denn die höchste Produktionsleistung im März 1945 lag bei rund 100 Einheiten, wovon 60 Prozent der Produktion an Arado für das Kampf- und Aufklärungsflugzeug Arado Ar 234 abgegeben werden mußte, die restlichen 40 Prozent, das waren die leistungsstarken BMW 003 E-1-Triebwerke, kamen in der Heinkel He 162 A-2 (Standardausführung) zum Einbau.
Die steigende Flugzeugausbringung der He 162-Serie machte es deshalb notwendig, andere Triebwerkfirmen in das He 162-Programm einzuschalten. Junkers (Jumo 004) war

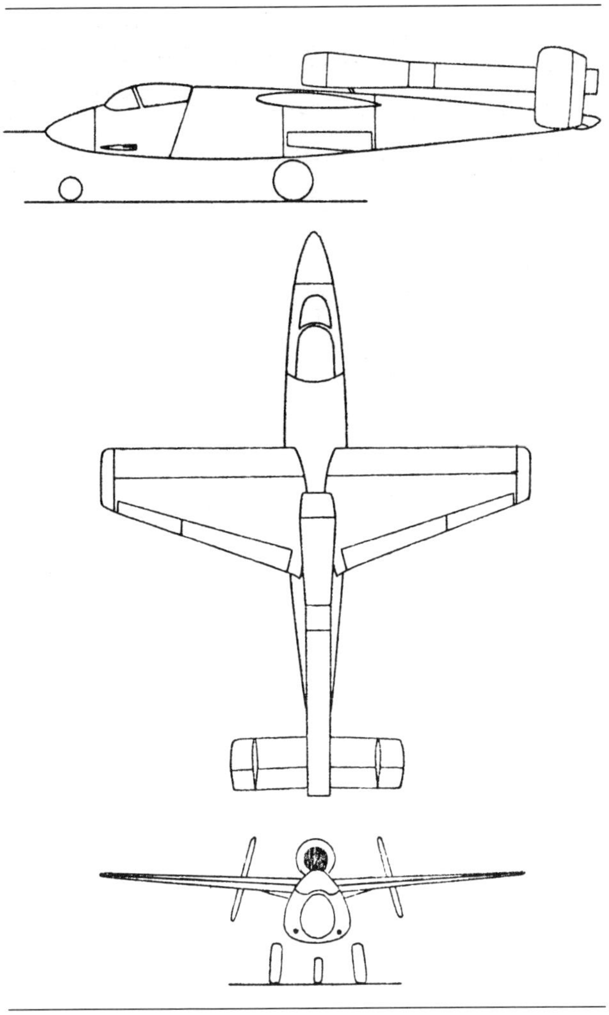

183. Heinkel He 162 A-11

durch das Messerschmitt-Me 262-Programm triebwerkseitig ausgelastet, und Heinkel selbst konnte von dem in Produktion stehenden He S 011-Triebwerk noch nicht genügend einsetzbare Apparate liefern. So griff man schließlich auf das Pulso-Triebwerk der Fa. Argus zurück, die diesen Antrieb für die V 1 (FZG 76) lieferte und einen Teil der Produktion für anderes Fluggerät abzweigen konnte.
Es entstanden die beiden He 162-Ausführungen He 162 A-10 und He 162 A-11. Ersteres Muster erhielt zwei Argus AS 014-Schubrohre nebeneinander oberhalb des Rumpfes und die He 162 A-11 das leistungsstärkere, jedoch erst in einer Versuchsserie vorhandene AS 044-Schubrohr. Ebenfalls auf der Rumpfoberseite angebracht, reichte wegen der erhöhten Leistung ein einziges Triebwerk aus. Die Verwendung von zwei Triebwerken AS 044 war nicht möglich, da die Kraftstoffkapazität der He 162 für den geforderten 20 Min.-Flug nicht ausgereicht und die starken Vibrationen des Rohres eine bedeutende Verstärkung der Zelle notwendig gemacht hätte. Wie die Erprobung der Argus-Rohre unter den Tragflächen der He 280, Me 110 und Do 217 gezeigt hatte, nimmt mit zunehmender Höhe die Leistung des Triebwerkes in sehr starkem Maße ab, so daß auch unter Berücksichtigung dieser Tatsache die Verwendung von zwei AS 044-Triebwerken sehr nachteilig gegenüber der Verwendung von zwei AS 014-Rohren stand.
Das Flugzeugmuster He 162 wurde für die Verwendung des Argus-Triebwerkes geringfügig geändert. Der Rumpf erhielt ein Zwischenstück zur Unterbringung größerer Treibstoffmengen in Rumpfbehältern und wurde dadurch auf 9,20 m verlängert.
Die Tragfläche erhielt einen vereinfachten Aufbau ohne die an den Flächenenden angebrachten und nach unten gerichteten Stabilisierungsohren.
Die beiden Argus AS 014-Triebwerke der He 162 A-10 wurden nebeneinander liegend, oberhalb des Rumpfes eingebaut, wobei die Einlauföffnungen des Pulso-Rohres in Höhe des Hauptholmes lagen. Für die He 162 A-11, die mit einem Triebwerk AS 044 ausgerüstet werden sollte, wurde der Triebwerkeinlauf nach hinten in die Nähe der Flächenhinterkante verlegt. Wie auch bei der He 162 A-10 war das Triebwerk oberhalb des Rumpfes angebracht und bot wegen der nach hinten gerichteten Lage ein besseres Sichtfeld als alle übrigen He 162-Muster. Bei beiden Ausführungen endeten die Pulso-Rohre hinter den Leitwerksenden, um Vibrationsbelastungen am Leitwerk zu vermeiden.
Wegen der ungünstigen Schubleistungen im Stand erfolgte der Start mit Hilfe von Startraketen oder Katapulten. Als Startraketen kamen Flüssigkeitsantriebe mit bis zu 1000 kp Schubleistung pro Einheit in Frage, oder, um die vermeidbare Rauchentwicklung bei Raketen zu vermeiden, die Katapultstartanlage der V 1 mit Anfangsbelastungen bis zu 3 G für den Piloten.
Ende März 1945 war das erste Musterflugzeug He 162 mit zwei Argus AS 014-Schubrohren fertiggestellt und machte in der Nähe von Bad Gandersheim als He 162 162 A-10 (M 42) den Erstflug. Die Weiterentwicklung mit dem leistungsstärkeren Argus AS 044-Triebwerk konnte bis zum Kriegsende nicht mehr geflogen werden, da keine Triebwerke mehr geliefert wurden.

Heinkel He 162 Projekte

Geplant waren:

He 162 S	Schulflugzeug ohne Antrieb (Schlepp hinter Bf 110)
He 162 B	Einsitzer mit positiver Flügelpfeilung, V-Leitwerk
He 162 C	Einsitzer mit Pfeilflügel und V-Leitwerk

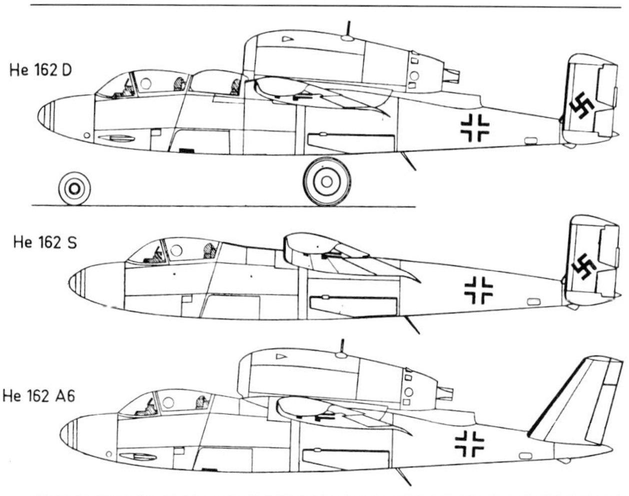

He 162 D Zweisitziger Trainer mit Antrieb
He 162 A-6 Einsitzer mit V-Leitwerk
Alle diese Entwürfe kamen nur bis zum Zeichenbrettstadium.

Heinkel He 170

Die 1937 entstandene Exportausführung des Fernerkunders He 70 F für Ungarn mit einem französischen Sternmotor. Der strukturelle Unterschied gegenüber der Orginalausführung bestand in der Verwendung eines festen und verkleideten Spornrades anstelle des einziehbaren Kufensporns.

Triebwerk: Ein Gnôme-et-Rhône 14 „Mistral-Major" luftgekühlter Vierzehnzylinder-Doppelsternmotor. NACA-Haube. Dreiblatt-Metall-Verstell-Luftschraube.

184. Heinkel He 162 D, He 162 S, He 162 A-6 △
185. Heinkel He 162 B ▽ (links)
186. Heinkel He 162 C ▽ (rechts)

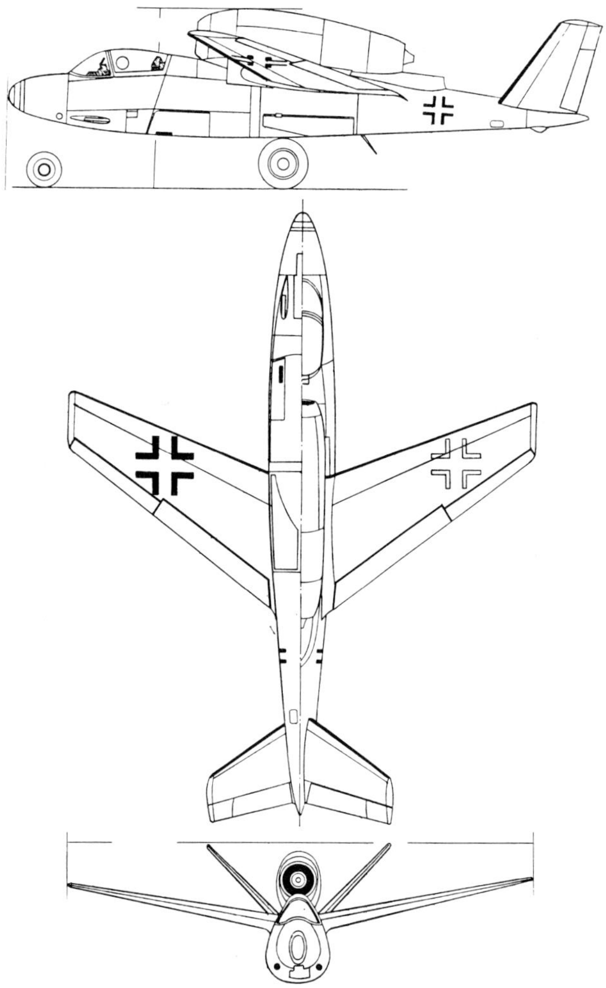

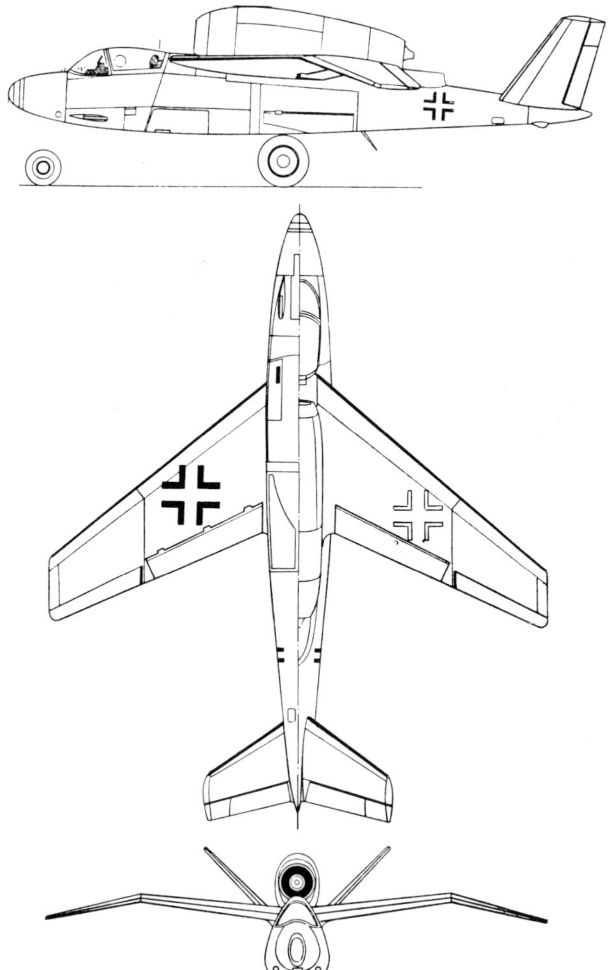

184. Heinkel He 170 △

185. Heinkel He 172 V 2 ▽

Heinkel He 172

Aerodynamisch verbesserte Weiterentwicklung der He 72 L, die aber nicht in Serie ging. Sie erschien 1934 und unterschied sich von dem Ausgangsmuster durch eine NACA-Motorhaube und durch eine aerodynamisch günstiger gestaltete Fahrwerksverstrebung. Ansonsten wurde der Aufbau der He 72 L unverändert übernommen und das gleiche Triebwerk verwendet.

Heinkel He 176

Im November 1935 schlossen sich Heinkel und Wernher von Braun zusammen, um ein von W. v. Braun auf dem Artillerieschießplatz Kummersdorf entwickeltes Flüssigkeitsraketentriebwerk für den Einbau in ein Flugzeug geeignet zu machen. Für Bodenlaufversuche stellte Heinkel den Rumpf einer He 112 zur Verfügung, der später durch eine Explosion der Raketenbrennkammer zerstört wurde. Als in

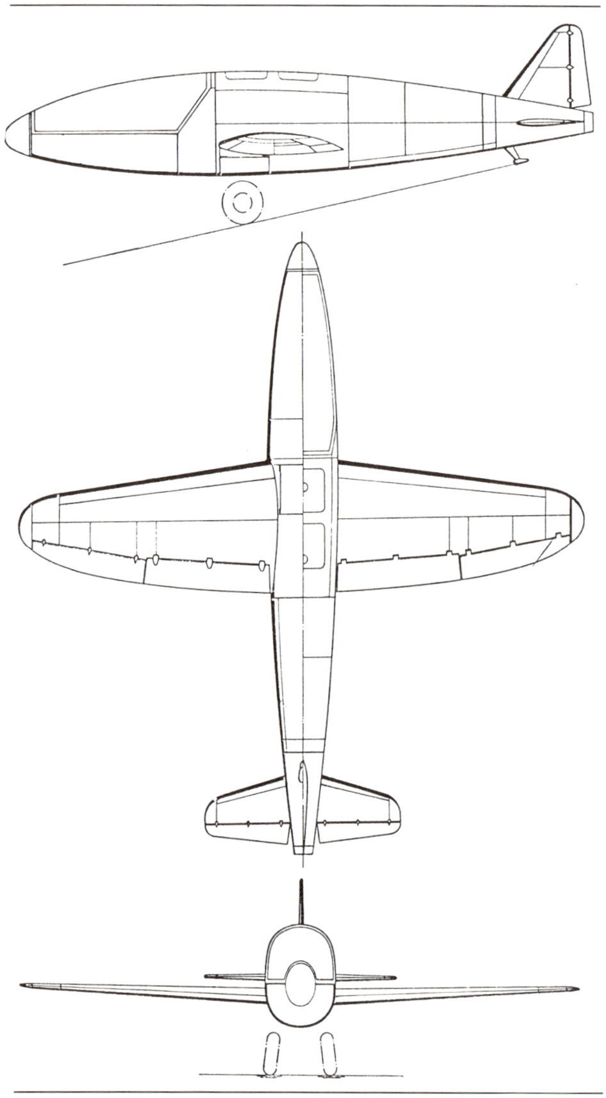

187. Heinkel He 176

einem zweiten zur Verfügung gestellten Rumpf der He 112 die Bodenlaufversuche der mit flüssigem Sauerstoff und hochprozentigem Alkohol gespeisten Rakete zufriedenstellend verliefen, wurde eine komplette He 112 zur Verfügung gestellt, in die zum Kolbenmotor noch zusätzlich die Rakete eingebaut wurde. Die Flugversuche wurden in aller Stille auf dem Flughafen Neuhardenberg vorbereitet. Der erste Start sollte im März 1937 stattfinden, doch die Maschine explodierte bei den Startvorbereitungen. Eine weitere He 112 wurde zur Verfügung gestellt, und mit diesem Muster gelang kurze Zeit später der erste erfolgreiche Flug unter der Leitung von Flugkapitän Warsitz, wenngleich er auch infolge falscher Abgasführung mit einer Bauchlandung endete. Bei diesem Erstflug war noch mit dem Kolbentriebwerk allein gestartet worden, doch später wurde das Raketentriebwerk dazu genommen und schließlich, im Sommer 1937, ausschließlich mit der Rakete geflogen. Inzwischen war von den Kieler Walter-Werken ebenfalls ein Raketentriebwerk entwickelt worden, welches, durch Wasserstoffsuperoxyd als Sauerstoffträger und ein Methanolgemisch als Brennstoff getrieben, bereits eine höhere Betriebssicherheit als das Aggregat von v. Braun aufwies. Dieses Triebwerk wurde anschließend ebenfalls in der He 112 erprobt. Der gute Verlauf der Versuche bewog Heinkel, die Konstruktion eines reinen Raketenflugzeuges aufzunehmen. Bei der Entwicklung der Maschine mit der Bezeichnung He 176 fiel die Entscheidung auf ein äußerst kleines, nur auf Leistung und Geschwindigkeit gezüchtetes Muster. Für den Piloten wurde eine halbliegende Anordnung gewählt und das gesamte obere Rumpfvorderteil durch eine in die Rumpfform eingestraakte Haube abgedeckt. Um bei den zu erwartenden hohen Geschwindigkeiten die Sicherheit des Piloten zu gewährleisten, konnte das komplette, etwa 1,50 m lange Rumpfvorderteil pneumatisch vom Flugzeug gelöst werden. Der Fall der Kabine wurde durch einen Bremsfallschirm gehemmt, damit der Pilot anschließend seinen Sitz verlassen konnte. Versuche mit Kanzelattrappen aus Holz von einer He 111 aus 6000 bis 7000 m Höhe zeigten jedoch, daß sich der Schirm durch die aerodynamischen Verhältnisse nicht immer entfaltete. Deshalb wurde der Schirm ebenfalls pneumatisch herausschießbar angeordnet. Um genaue Ergebnisse über die Wirkung dieser Anordnung zu erlangen, baute man eine lebensgroße Puppe, deren Gelenke in etwa der Festigkeit der von Menschen entsprachen und warf sie mit der Kanzel ab. Dieser Versuch verlief erfolgreich bis auf ein angeschlagenes Knöchelgelenk. Im Sommer 1938 wurde die erste Versuchsausführung der He 176 fertiggestellt und mit einer Walter-Rakete von etwa 500 kp Schub ausgerüstet. Für die zweite Versuchsausführung sollte die mit 1000 kp Schub wesentlich stärkere von Braun-Rakete betriebsreif gemacht werden. Diese Ausführung sollte gleichzeitig den Welt-Geschwindigkeitsrekord auf über 1000 km/h bringen. Da eine Flugerprobung auf dem Flugplatz in Marienehe nicht möglich war, wurde die Geheimhaltung des Musters aufgehoben und die Erprobung selbst nach Peenemünde, wohin v. Braun bereits seit April 1938 übergesiedelt war, verlegt. Unter Warsitz begannen am Strand von Usedom die ersten Rollversuche im Schlepp eines 7,6-Liter-Mercedes-Kompressorwagens, der 155 km/h erreichte. Anfang 1939 konnten mit dem eingeschalteten Raketentriebwerk die ersten Luftsprünge gemacht werden. Sie erregten das Interesse der Luftwaffe, und der Generalstab forderte die Umkonstruktion des Versuchsmusters als Abfangjäger mit entsprechenden Leerräumen für den Waffeneinbau. Diese Leerräume wurden allerdings, da sie nicht in die Rekordflugpläne von Heinkel paßten, nie geschaffen, sondern durch Wülste in der Außenbeplankung nur angedeutet. Am 20. Juni 1939 gelang mit Flugkapitän Warsitz im Steuer der erste Freiflug der He 176 und damit der erste erfolgreiche Raketenflug überhaupt. Bereits einen Tag später fanden sich Udet, Milch und andere Persönlichkeiten des RLM zur Flugvorführung ein, doch sie waren wenig beeindruckt, und Udet erließ sogar Startverbot, weil ihm die Versuche zu gefährlich erschienen. Dieses Startverbot wurde zweimal zurückgezogen und zweimal wieder neu erteilt, bis am 3. Juli 1939 in Roggentin eine Vorführung vor Hitler stattfand, die zwar das Interesse an der Maschine nicht erhöhte, aber eine folgende freie Entwicklung zuließ. Diese Entwicklungsarbeiten wurden bis zum Kriegsausbruch, der ein Bauverbot für alle Neuentwicklungen brachte, fortgesetzt. Die He 176 wurde an das Luftfahrtmuseum in Berlin überwiesen und wurde dort, noch in Kisten verpackt, 1944 durch einen Luftangriff zerstört.

Typ: Einstrahliger Versuchsträger und Rekordflugzeug-Studie mit Raketenantrieb.
Flügel: Freitragender Mitteldecker. Zweiteiliger Ganzmetallflügel mit ovalem Umriß. Aufbau komplett als Kraftstoffbehälter aus dichtgeschweißtem Hydronalium. Bis zur fertigen Entwicklung dieses Flügels wurde ein normaler zweiholmiger Flügel in Ganzmetall-Schalenbauweise verwendet. Laminarprofil mit 40% Dickenrücklage. Spreizklappen zwischen Querruder und Rumpf.
Rumpf: Ganzmetall-Schalenrumpf mit fast kreisrundem Querschnitt.
Leitwerk: Freitragendes Normalleitwerk in Ganzmetall.
Fahrwerk: Einziehbares Normalfahrgestell. Haupträder pneumatisch in die Rumpfseitenwände einfahrbar. Spurweite 0,70 m. Starrer Spornschuh.

Triebwerk	Walter R I-203
Startleistung	600 kp
Nennleistung	690 kp in 9000 m Höhe
Kraftstoffmenge	430 kg 84%iges Wasserstoffsuperoxyd + Methanolgemisch

Spannweite	5,00 m
Länge	5,20 m
Höhe	1,44 m
Flächeninhalt	5,4 qm
Rüstgewicht	900 kg
Nutzlast	720 kg
Max. Startgewicht	1620 kg
Höchstgeschwindigkeit	750 km/h in 4000 m Höhe
Reisegeschwindigkeit	710 km/h „ „ „
Landegeschwindigkeit	135 km/h
Gipfelhöhe	9000 m
Größte Reichweite	110 km

Heinkel He 177

Der einzige schwere Bomber, der zu Beginn des Krieges in Serie ging, war die Heinkel He 177, deren Entwicklung jedoch bis auf das Jahr 1937 zurückgeht. Der damalige Chef des Technischen Amtes im Reichsluftfahrtsministerium, General Wever, ließ eine Ausschreibung für ein viermotoriges Kampfflugzeug an die Luftfahrtindustrie herausgeben, um das Potential der Luftwaffe auch für fernab liegende Gebiete zu verstärken. Hauptsächlich dachte man zu dieser Zeit an die Unterstützung der Schiffsverbände, deren Kampfkraft zu Beginn des Krieges noch durch die Folgen des Versailler Vertrages geschwächt war. Mit dem Tode General Wevers wurden fast sämtliche Bomberprojekte gestoppt und das Schwergewicht der Luftwaffe nunmehr auf schnelle Kampfflugzeuge mit geringer Reichweite gelegt. Hinzu kam noch die Forderung, die Zielgenauigkeit beim Bombenwurf durch den Sturzflug zu verbessern.
Die He 177 war jedoch in ihrer gesamten Konzeption derart revolutionär, daß selbst General Udet dieses Muster als Studie weiterhin in das Fertigungsprogramm nahm, jedoch ohne die notwendige Einstufung, die zu einer zügigen Entwicklung geführt hätte. Mehrfach vom Programm gänz-

187. Heinkel He 177 V 1

lich gestrichen, nach längeren Pausen wieder in die Fertigung genommen, verzögerten auch die erheblichen Schwierigkeiten mit der neuentwickelten Triebwerkanlage und das Fehlen der modernen ferngesteuerten Bewaffnung weiterhin die Vollendung dieses an sich hervorragenden Kampfflugzeuges. Nach erheblichen Änderungen über mehrere Serien hinweg, wurde Ende 1943 das erste Muster der A-5-Serie fertiggestellt, das den Erwartungen voll und ganz entsprach. Das erste Musterflugzeug für die A-5-Serie, die He 177 V 18, entstand direkt aus der A-3 Serie. Die A-5-Serie war nach den guten Ergebnissen mit ferngesteuerten Abwurflasten ausschließlich für diese vorgesehen. Auf Rumpfaufhängungen mußte zunächst noch verzichtet werden, da die Versuche mit der ferngesteuerten, raketengetriebenen Flugbombe Henschel Hs 293 und deren Weiterentwicklung Hs 294 wegen der geringen Bodenfreiheit für einen einwandfreien Start erhebliche Bedenken aufkommen ließen. Die Belade- und Startversuche zeigten, daß unter besonderen Vorsichtsmaßnahmen beim Rollen und Starten auf der Betonbahn die Bodenfreiheit bis zu einem Startgewicht von 31 t gerade noch ausreichte. Allerdings wurden hierbei einwandfreie Startbahnen vorausgesetzt, die auf Frontflugplätzen wohl kaum vorhanden gewesen sein dürften.
Die Bewaffnung der He 177 A-5 sollte ursprünglich von der He 177 A-3/R 2 übernommen werden. Die Ausrüstung sah folgendermaßen aus: A-Stand oben 1 × MG 81 J; A-Stand unten 1 × MG 151/20; B 1-Stand 2 × FDL 131/E 2; B 2-Stand 1 × MG 131; der C-Stand wurde mit 1 × MG 131 ausgerüstet, sofern keine Henschel-Bomben unter dem Rumpf mitgeführt werden sollten; Heckstand 1 × MG 151/20.
Die aus der Produktion kommenden Muster kamen gleich zum Fronteinsatz zum KG 40 nach Bordeaux-Merignac und Toulouse; eine Gruppe wurde speziell für Schiffszielbekämpfung im Atlantik nach Orleans verlegt, und den Rest erhielt das KG Hindenburg zur Schiffszielbekämpfung im Mittelmeerraum. Dieses Geschwader erhielt jedoch nur einige wenige Muster der A-5-Serie, da noch „genügend“ A-3-Flugzeuge vorhanden waren. Nachdem diese Reste dort nicht mehr einsatzfähig waren, wurde das Geschwader aufgelöst und mit dem KG 40 zusammengelegt. Das KG 40 konnte noch etwas länger Einsätze mit der He 177 fliegen. Zunächst recht erfolgreich, aber dann streikten schließlich durch die hohen Anforderungen wieder die Triebwerke. Nur unter größtmöglichem Einsatz des Bodenpersonals konnten die übrigen He 177 einsatzklar gehalten werden, die sich schließlich beim Unternehmen „Steinbock“ — einem letzten massierten Luftangriff auf London — gut bewährten. Die Verluste der bei diesem Unternehmen beteiligten Verbände, die mit He 111, Do 217, Ju 88 und Ju 188 gemeinsam mit den He 177-Einheiten den Angriff durchführten, waren katastrophal hoch. Etwa 60 % der eingesetzen Flugzeuge gingen verloren oder wurden unbrauchbar beschädigt. Nur bei den He 177 waren die Verluste geringer. Das Gros der He 177 startete von Leipzig-Brandis aus und stieg mit Überlast bis auf 7000 m Höhe, die über der Nordseeküste erreicht wurden. Im Bahnneigungsflug konnte dann London mit 680 km/h Geschwindigkeit angeflogen werden; die Nachtjagdabwehr wurde durch diese hohe Geschwindigkeit ausgeschaltet, die Flakbarrikaden konnten wegen der guten Panzerung ebenfalls überwunden werden, und nach Abwurf der Lasten entkamen die meisten He 177 dem mörderischen Treiben. So wurde für die He 177 dieser Einsatz zum letzten Erfolg an der Front. Immer mehr verlangten die Fronteinsatzgeschwader die He 177, aber vergeblich. Das RLM gab den unverständlichen Befehl, den Bau der He 177 einzustellen. Die restlichen Muster, auch die im Einsatz stehenden, sollten zerstört werden, obgleich das RLM noch drei Monate zuvor, im Juli 1943, eine monatliche Produktion von 250 Flugzeugen verlangte. Die Frontgeschwader wußten sich nicht anders zu helfen, als diesen Befehl zu ignorieren, denn die Invasion der Allierten stand bereits zur Debatte, und dafür wurde jedes einsatzbereite Flugzeug dringend benötigt. Auch der Flugzeugbau hielt sich nicht an den Produktionsstopp und produzierte weiter. Erst als die Lage für den Bombereinsatz wirklich sichtbar ernst wurde, mußte die Produktion im Oktober 1944 eingestellt werden, um genügend Baukapazität für das Jäger-Notprogramm zu erhalten. Bis dahin konnten aber insgesamt noch etwa 560 A-5-Muster an die Truppe geliefert werden. Das Finale des He 177-Einsatzes wurde vom KG 40 kurz nach dem Ausbruch der Invasion eingeleitet. Mit allen noch verfügbaren Mustern startete das Geschwader mit einer ausschließlich aus Henschel-Bomben bestehenden Last, wobei jedes Flugzeug zwei bis drei dieser Gleitbomben mitführte, und opferte dabei über die Hälfte der Flugzeuge für einen letzten Verzweiflungseinsatz. Zu dieser Zeit hatte die He 177 in der Produktion, und mehr noch im Projekt-Büro, das Stadium erreicht, das kampfstärkste Flugzeug der Luftwaffe zu sein.

Heinkel He 177 A-Reihe

Originalausführung unter Verwendung von zwei Doppeltriebwerken. Von dieser Reihe wurden verschiedene Ausführungen in Serie gebaut.

He 177 A-0

Vorserienmuster. Antrieb bestehend aus 2 × 2700 PS-Daimler-Benz DB 606 A/B-Doppeltriebwerken mit VDM-Vierblatt-Luftschrauben von 4,50 m Durchmesser. Bei dieser Version war die gesamte Flügelhinterkante einschließlich der Querruder als Fowler-Klappe ausgebildet. Die Querruder bestanden aus einer oberen und einer unteren Fläche, die bei eingefahrenen Klappen geschlossen als normale Querruder wirkten. Beim Ausfahren der Klappen stellte sich der obere Teil als Fortsetzung der Flügeloberseite starr fest, während der untere Teil als Fowler-Klappe mit ausgefahren und, differenziert gesteuert, die Quersteuerung mit übernahm. Der Auftriebszuwachs bei ausgefahrenen Klappen betrug

187. Heinkel He 177 V 7 △

188. Heinkel He 177 A-3 mit BK 5 ▽

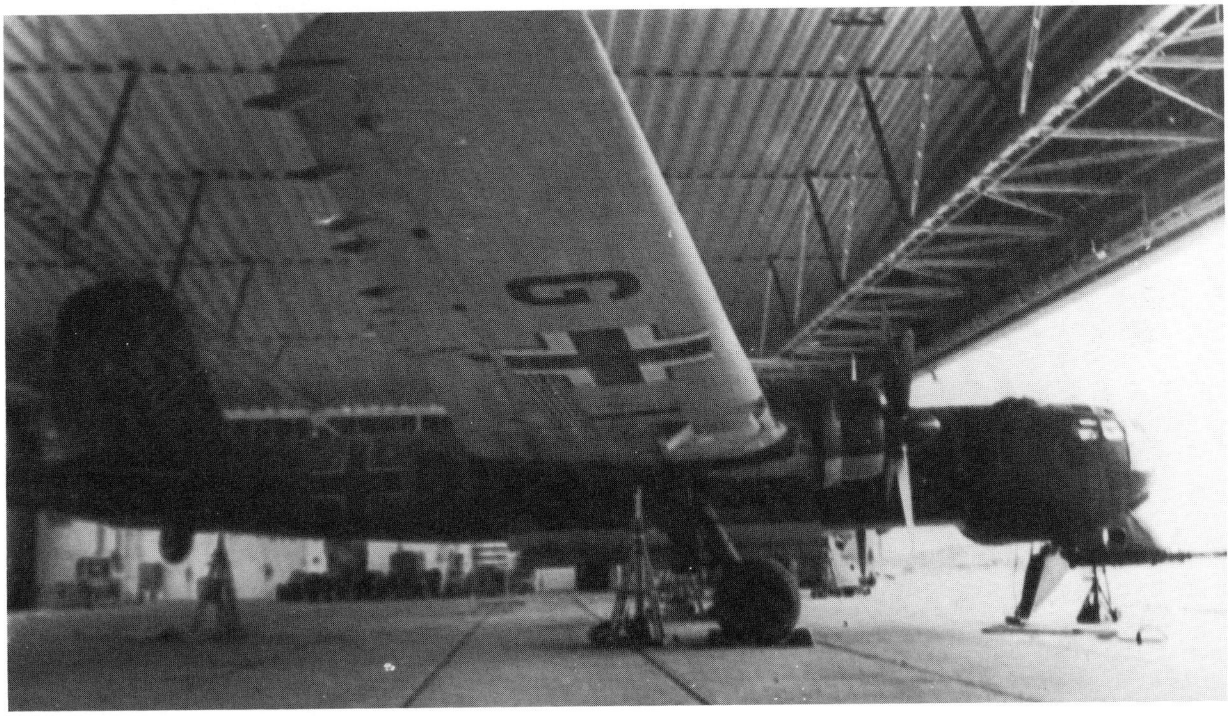

20%. Bei der Klappenbetätigung verstellte sich automatisch über zwei Arbeitszylinder der Einstellwinkel der Höhenflosse. Die Besatzung betrug vier Mann.

Militärische Ausrüstung: Bewaffnung bestehend aus 1 × 7,9 mm MG 81 im oberen Teil des Rumpfbugs, 1 × 20 mm MG FF im unteren Teil, 1 × 13 mm MG 131 im fernbetätigten Drehturm des B-Standes auf der Rumpfoberseite, 1 × MG 81 Z mit 2 × 7,9 mm im C-Stand und 1 × 13 mm MG 131 im Heckstand. Dreiteilige Bombenklappe.

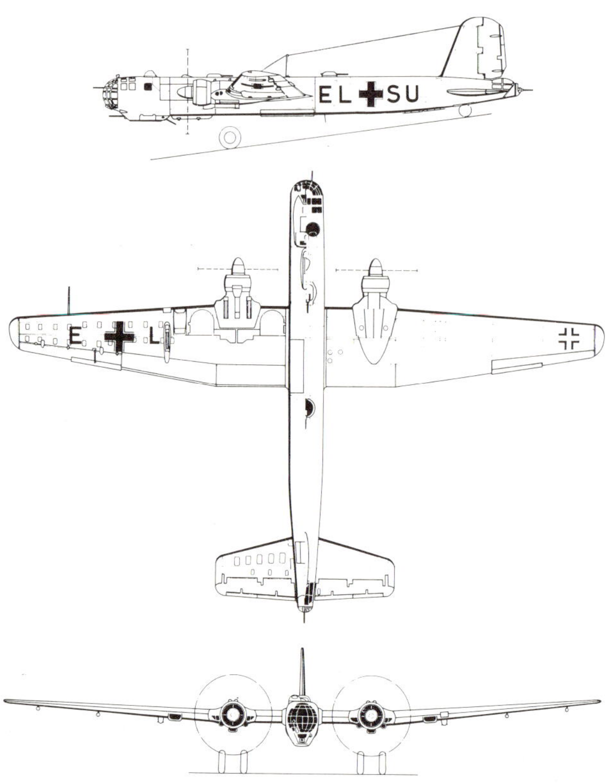

188. Heinkel He 177 A-5

He 177 A-1

Erstes Serienmuster, welches in geringer Stückzahl an die Truppe ausgeliefert wurde. Es entsprach bis auf einer leicht veränderten Bewaffnung vollkommen dem Vorserienmuster He 177 A-0.

Militärische Ausrüstung: Bewaffnung bestehend aus 1 × 7,9 mm MG 81 im oberen Teil des Rumpfbugs. Im unteren Teil wurde alternativ 1 × 20 mm MG FF oder 1 × 30 mm MK 101 eingebaut. 1 × 13 mm MG 131 im fernbetätigten Drehturm des B-Standes auf der Rumpfoberseite, 1 × 13 mm MG 131 im C-Stand und 1 × 13 mm MG 131 im Heckstand.

He 177 A-3

Erste Ausführung, die in größerer Stückzahl an die Luftwaffe ausgeliefert wurde. Die ersten 15 Maschinen besaßen noch 2 × 2700 PS DB 606 A/B, alle weiteren Modelle stärkere DB 610 A/B mit 2 × 2950 PS Startleistung. Die Abwehrbewaffnung war um einen weiteren Drehturm auf der Rumpfoberseite verstärkt worden. Dadurch erhöhte sich die Anzahl der Besatzungsmitglieder auf sechs Mann. Sonstiger Aufbau wie A-1.

Militärische Ausrüstung: Bewaffnung bestehend aus 1 × 7,9 mm MG 81 im oberen Teil und 1 × 20 mm MG FF im unteren Teil des Rumpfbugs. 1 × MG 131 Z mit 2 × 13 mm im Drehturm des B 1-Standes, 1 × 13 MG 131 im Drehturm des B 2-Standes, im C- und Heckstand je ein weiteres MG 131.

He 177 A-4

Projektierte Weiterentwicklung der He 177 A-3 mit vier Mann Besatzung in einer Druckkabine. Diese Version wurde Farman in Frankreich zur Ausarbeitung übergeben und dort zum Höhenbomber He 274 weiterentwickelt.

He 177 A-5

Letzte Großreihen-Version. Sie unterschied sich von der He 177 A-3 hauptsächlich durch die Verwendung normaler Querruder mit Fowler-Klappen nur zwischen Querruder und Rumpf und durch den Fortfall der Höhenflossen-Trimmung. Die Version *He 177 A-5/U* war mit Aufhängevorrichtungen für Gleitbomben ausgerüstet.

Typ: Viermotoriger Kurz-, Mittel- oder Langstreckenbomber sowie See-Fernaufklärer.
Flügel: Freitragender Mitteldecker. Dreiteiliger einholmiger Ganzmetallflügel. Hydraulisch betätigte Fowler-Klappen zwischen Querruder und Rumpf. Zweiteilige Trimmkanten im Querruder, innen mit Federbetätigung, außen vom Führersitz aus verstellbar. Warmluft-Flügelnasenenteisung, Heißluft durch Ölbrenner erzeugt.
Rumpf: Ganzmetall-Schalenrumpf in vier Hauptteilen. Rumpfsitze komplett als Vollsichtkanzel ausgebildet. Verglastes Heck.
Leitwerk: Freitragendes Normalleitwerk in Ganzmetall, Aufbau der Flossen einholmig mit warmluftbeheitzter Nase. Sämtliche Ruder mit zweiteiligen Trimmklappen, ein Teil federbetätigt, das andere vom Führersitz aus verstellbar.
Fahrwerk: Einziehbares Normalfahrgestell, hydraulisch betätigt. Jede Einheit des Hauptfahrgestelles aus zwei Rädern an je einem freitragenden Federbein bestehend, die zusammen unterhalb der Motorengondeln angelenkt sind und getrennt nach innen und nach außen in die Flügelvorderkanten geklappt werden. Abdeckhauben ebenfalls mit hydraulischer Betätigung. Hydraulisch in das Rumpfheck einziehbares Spornrad, welches im Notfall durch den Heckschützen mittels einer Winde ausgefahren werden kann.
Triebwerk: Zwei Daimler-Benz DB 610 A (Backbord) und B (Steuerbord) flüssigkeitsgekühlte Vierundzwanzig-Zylinder-Motoren mit 2 × 2950 PS Startleistung, jede Triebwerkseinheit aus zwei verbesserten, gekuppelten und auf eine Luftschraubenwelle arbeitende DB 605-Motoren bestehend. VDM-Vierblatt-Luftschrauben mit konstanter Drehzahl von 4,50 m Durchmesser. Kraftstoffkapazität maximal 12500 Liter in Rumpf- und vier Flächentanks. Rumpf- und innere Flächentanks aus Metall mit selbstschließendem Überzug, äußere Flügeltanks aus Gummi. Inhalt der Rumpfbehälter für Kurzstreckeneinsatz 5610 Liter, für Mittelstrecken 7610 und für Fernstrecken 9610 Liter.
Besatzung: 6 Mann, davon 4 in der Kanzel im Rumpfbug, bestehend aus Pilot, zweiter Pilot/Bombenschütze/Bugschütze, Navigator/Funker/Bugschütze und Schütze für den ferngesteuerten B1-Turm. Im hinteren Rumpf, getrennt von den anderen Besatzungsmitgliedern, noch der Schütze für den handbetätigten B2-Turm und der Heckschütze.
Militärische Ausrüstung: Abwehrbewaffnung bestehend aus 1 × 7,9 mm MG 81 im oberen, 1 × 20 mm MG 151/20 im unteren

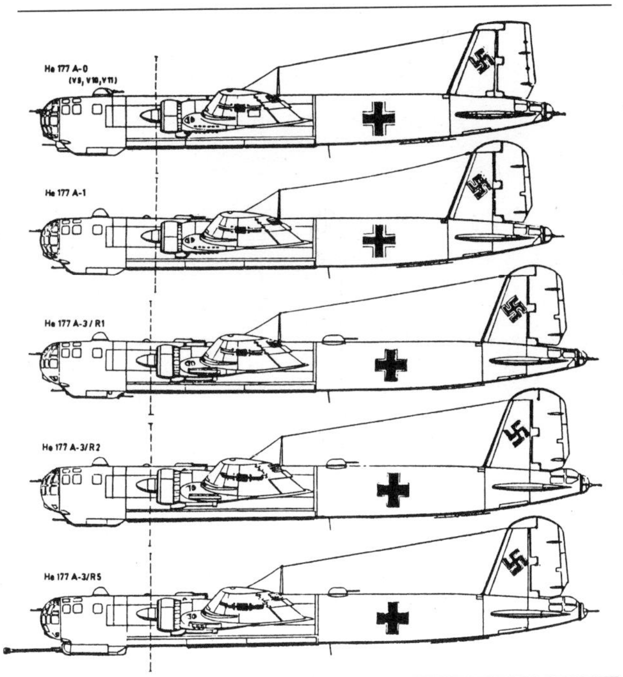

189. Heinkel He 177 A-0 bis A-3/R5

190. Heinkel He 177 A-5/R2 bis A-7

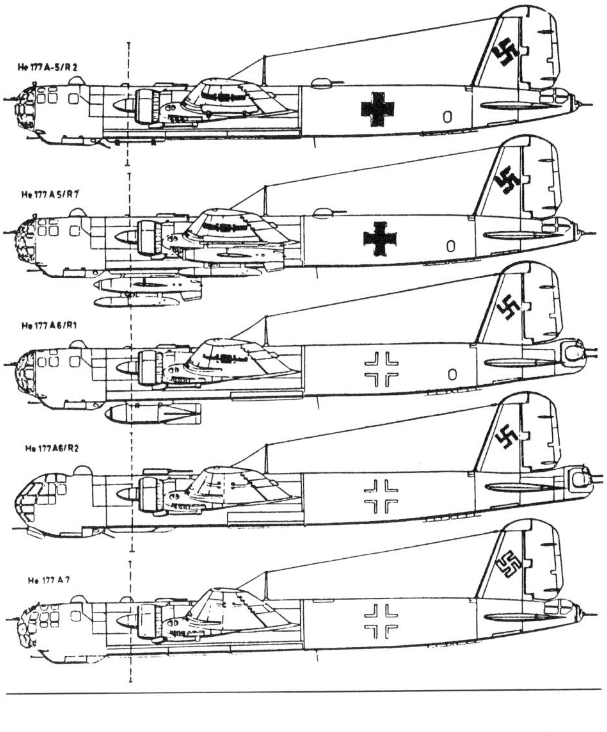

Rumpfbug, je 2 × 13 mm MG 131 Z im B1- und B2-Turm, 1 × 13 mm MG 131 im C-Stand und 1 × 20 mm MG 151/20 im Heckstand. Höchstmögliche Bombenzuladung 7200 kg als Innenlast. Normalaufhängung 48 × 70 kg, 10 × 500 kg, 6 × 1000 kg oder 2 × 2500 kg. Außenaufhängung von drei Henschel Hs 293 oder Hs 294 oder PC 1400 FX Gleitbomben, zwei unter dem Flügel, eine unter dem Rumpf, oder 2 × 1500 kg Torpedos. Einteilige Bombenklappe.

He 177 A-7
In einem Stück erstellte Abwandlung der A-5 mit auf 36,60 m vergrößerter Spannweite zur Aufnahme zusätzlicher Kraftstoffbehälter. Sie sollte im Non-Stop-Flug nach Japan überführt und dort unter Lizenz nachgebaut werden. Die Maschine wurde 1946 bei der großen Kriegsbeuteschau in Farnborough ausgestellt.

Heinkel He 177 B-Reihe
Lange vor der Erstellung der ersten He 177-Mustermaschine mit Doppeltriebwerken hatte Heinkel, um jedes Risiko mit den neuartigen Triebwerken auszuschalten, dem RLM am 19. November 1938 vorgeschlagen, einige Mustermaschinen mit vier Einzeltriebwerken Jumo 211 zusätzlich zu bauen. Dieser Vorschlag wurde vom Generalstab entschieden mit der Bemerkung abgelehnt, eine normale viermotorige Maschine sei nicht zum Sturzflug zu bringen, und deshalb scheide eine solche Entwicklung grundsätzlich aus. Als später laufend Ausfälle durch die Betriebsunsicherheit der Doppeltriebwerke auftraten, entschloß sich Heinkel zu einer viermotorigen Ausführung mit Einzeltriebwerken als Privatentwicklung zu Vergleichszwecken. Dieses Muster erhielt die Bezeichnung He 177 B-0.

He 177 B-0
Mustermaschine mit vier Einzeltriebwerken BMW 810 E mit 4 × 1200 PS Startleistung, Ringkühler und Dreiblatt-Luftschrauben. Der Umbau erfolgte aus einer serienmäßigen He 177 A-3, deren gesamter Aufbau zellenmäßig erhalten blieb. Bei der Flugerprobung zeigte die Maschine zwar etwas geringere Leistungen als das Ausgangsmuster, aber die Flugsicherheit erhöhte sich wesentlich. Da alle vier Triebwerke die gleiche Drehrichtung besaßen, erwies sich jedoch eine Vergrößerung der Seitenleitwerksflächen als unumgänglich. Mit den entsprechenden Verbesserungen unter Verwendung von leistungsstärkeren Daimler-Benz DB 603-Triebwerken wurden bereits entsprechende Serienmuster projektiert, von denen die

He 117 B-5
das mit Einzeltriebwerken ausgerüstete Gegenstück zur He 177 A-5 werden sollte, und die

He 177 B-7
als Langstreckenausführung den Flügel der He 177 A-7 mit einer Spannweite von 36,60 m erhalten sollte. Weitere Projekte sahen die Verwendung von vier Jumo 222-Triebwerken vor.

189. Heinkel He 177 B △

191. Heinkel He 178 ▷

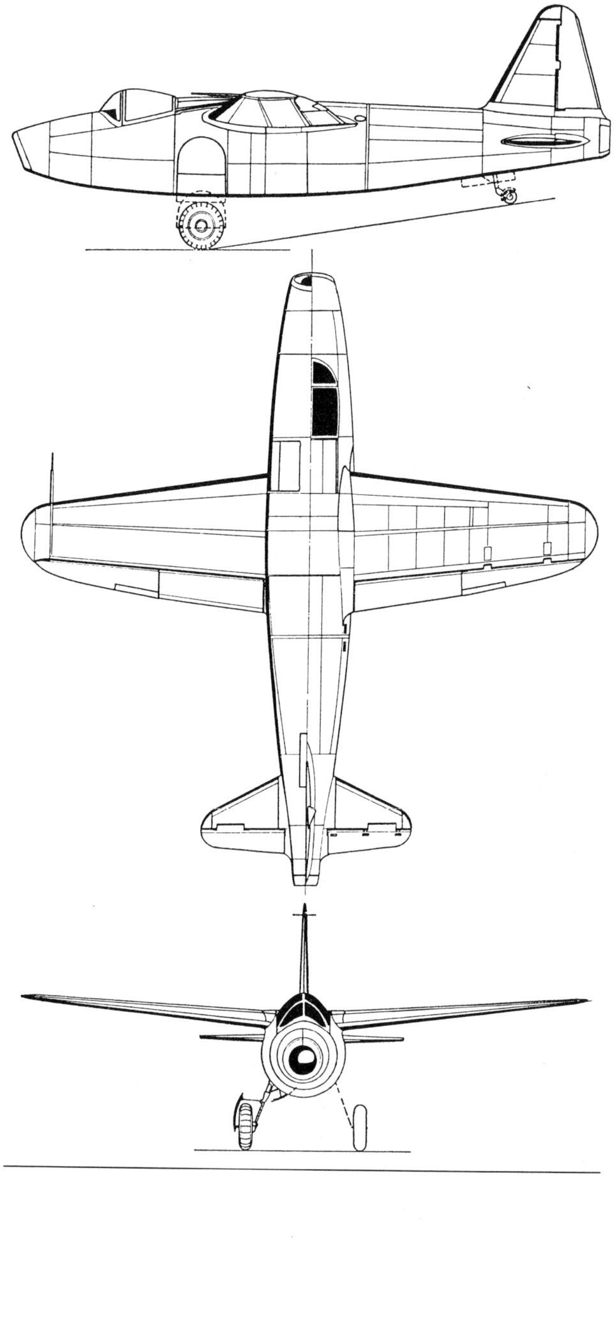

Heinkel He 178

Zu Beginn des Jahres 1936 experimentierte man in den Heinkel-Flugzeugwerken mit Hochdruck an der Verwirklichung, Raketenflugzeuge einsatzreif aus den bisherigen Versuchen in die Produktion zu geben. Mitten in diese Arbeiten kamen jedoch völlig neue Gedanken zum Tragen, die von dem Göttinger Physiker Pabst von Ohain und seinem Assistenten stammten. Unter erheblichem Kostenaufwand bei völlig privater Fianzierung der Firma Heinkel entstand in dem Werk Rostock das erste Strahltriebwerk der Welt, welches erfolgreich in einem Flugzeug erprobt werden konnte. Bis dahin war es jedoch noch ein weiter, harter Weg, denn die ersten Aggregate liefen nur mit Fremdantrieb und Wasserstoffgas. Durch die planmäßige Weiterentwicklung konnten erstmals mit der Heinkel-Strahlturbine He S 2 auf dem Prüfstand Freiläufe durchgeführt werden, wobei auch erstmals Flugzeugtreibstoff Verwendung fand. Der Schub reichte jedoch bei weitem nicht als alleiniger Antrieb für ein Flugzeug aus. So entstand schließlich das wiederum verbesserte He S 3 A-Triebwerk und zu gleicher Zeit das etwas größere He S 3 B-Aggregat. Die nun einsetzende praktische Flugerprobung erfolgte mit Hilfe einer Heinkel He 118, unter deren Rumpf das erste He S 3-Triebwerk montiert wurde. Die He 118 eignete sich für derartige Einbauten besonders gut, da man durch das hohe Fahrwerk genügend Bodenfreiheit für das Triebwerk erhielt. Obgleich die Schubleistung im Standschub noch nicht einmal 500 kp erreichte, bewiesen doch die Testflüge mit der He 118 eine erstaunliche Leistungssteigerung im Fluge, so daß zeitweilig nur mit diesem neuen Antrieb geflogen werden konnte.

Inzwischen machte auch das zweite He S 3-Aggregat die ersten Standläufe, doch konzentrierte man sich in der Hauptsache auf das im Fluge erprobte Triebwerk, da diese Strahlturbine in das ebenfalls neu entwickelte und bereits fertiggestellte Spezialflugzeug eingebaut werden sollte. Dieses mit Heinkel He 178 bezeichnete Flugzeug war ganz dem Strahlantrieb entsprechend ausgelegt. Die Luftzuführung für die in der Rumpfmitte eingebaute Turbine wurde von einer Einlaßöffnung im Rumpfbug mittels einer abgeflach-

190. Heinkel He 178

ten Rohrleitung unter dem Pilotensitz durch den vorderen Teil des Rumpfes hindurchgeführt, und die Abgase des Triebwerkes wurden durch ein leicht konisches Schubrohr zum Rumpfende hin abgeleitet. An der ovalen Austrittsöffnung befanden sich zwei Regelklappen, die im Stand geöffnet, im Schnellflug jedoch geschlossen waren und somit nur einen minimalen Austrittsquerschnitt bei höchster Abgas-Strömungsgeschwindigkeit freiließen. Zu dem geplanten Einbau der He S 3 A-Strahlturbine kam es jedoch nicht mehr, da dieses Triebwerk unter der He 118 nach einer geglückten Landung durch Entzündung von Leckstoffen ausbrannte und zerstört wurde. So mußte notgedrungen das bisher nur wenig erprobte stärkere He S 3 B-Aggregat für die geplanten Flüge mit der He 178 verwendet werden. Ohne hierbei terminmäßig in Verzug zu geraten, konnte am 27. August 1936 der Erstflug der He 178 mit alleinigem Strahlantrieb durchgeführt werden, der vielversprechend erfolgreich verlief und auch bei der relativ geringen Schubleistung bereits eine beachtliche Fluggeschwindigkeitssteigerung gegenüber der Verwendung der bis dahin üblichen Kolbentriebwerke zeigte.

Trotz verschiedener weiterer Vorführungsflüge zeigte sich das Reichsluftfahrt-Ministerium (RLM) nicht sonderlich an dieser Entwicklung interessiert, so daß diese revolutionäre Entwicklung erst später zum Tragen kam. Neben der He 178 V 1 stand noch ein zweites Muster mit vergrößerter Tragfläche (Spannweite: 8,60 m, Flügelfläche: 11,1 m^2) kurz vor der Vollendung, welches bei einem eventuellen Bruch der ersten Zelle das Flugprogramm fortführen sollte. Die mit der He 178 gesammelten Erfahrungen wurden jedoch trotz des Desinteresses seitens des RLM minutiös ausgewertet, weshalb die Arbeiten an der Heinkel He 280 — das erste zweimotorige Strahltriebwerk-Jagdflugzeug der Welt — relativ schnell und reibungslos durchgeführt werden konnten.

Die He 178 war nicht nur ein Versuchsflugzeug, sondern auch konstruktiv für die Ableitung eines Jagdflugzeuges ausgelegt. Als überraschend galten die geringen Abmessungen und die hohe Flächenbelastung von 219 kg/m^2. Aus Geheimhaltungsgründen war man außerdem gezwungen, ohne die sonst üblichen vorherigen Roll- oder Schleppversuche zur Flugeigenschaftserprobung das Flugzeug in die Flugerprobung zu nehmen. Das gesamte Flugprogramm wurde schließlich von dem Heinkel-Testpiloten Erich Warsitz durchgeführt. Bis zum Kriegsende befand sich das erste Strahltriebwerksflugzeug der Welt, die He 178, im Werk Rostock und wurde schließlich dort zerstört. Der zweite Prototyp konnte zwar noch fertiggestellt werden, ging aber wegen der Ablehnung durch das RLM nicht in die Flugerprobung.

191. Heinkel He 219 V 1

Heinkel He 219

1940 wurde bei Heinkel unter der Bezeichnung He 219 ein in der Konzeption äußerst fortschrittlicher Fernaufklärer als zweimotoriger Ganzmetall-Schulterdecker mit zweisitziger Druckkabine und Dreiradfahrwerk entwickelt. Als Antrieb waren 2 × 2000 PS Daimler-Benz DB 603 G oder in der späteren Entwicklungsreihe 2 × 2020 PS DB 614 vorgesehen. Für die gleichzeitige Auslegung als Jagdbomber bestand die Bewaffnung aus 4 × 20 mm MG 151/20 oder 8 × 7,9 mm MG 17 in den Flügelwurzeln, 2 × 20 mm MG 151/20 oder 1 × 30 mm MK 103 in einer Wanne unter dem Rumpf sowie aus über Periskopvisiere hydraulisch gesteuerten Drehtürmen als B- und C-Stand mit je 2 × 13 mm MG 131 Z. Eine Höhenausführung mit vergrößerter Spannweite war ebenfalls geplant. Für sie waren außer den oben beschriebenen Triebwerken auch noch 2 × 2500 PS Jumo 222 vorgesehen. Vor dem Bau von Mustermaschinen gab das RLM die Entwicklung auf. 1941 erwiesen sich die im Nachteinsatz stehenden Maschinen der Muster Ju 88 und Me 110 den steigenden Anforderungen des nächtlichen Luftkrieges über Deutschland nicht mehr gewachsen. Der Kommandierende General der Nachtjäger, Josef Kammhuber, erhielt zu diesem Zeitpunkt Vollmachten, um über das RLM hinweg in direkter Zusammenarbeit zwischen Front und Industrie einen geeigneten Nachtjäger zu schaffen. Seine Wahl fiel auf den Entwurf der He 219, der für Nachtjagdzwecke entsprechend umzubauen war. Der Umbau erfolgte unter der persönlichen Anleitung der erfolgreichsten deutschen Nachtjagdpiloten wie Streib, Lent und Prinz Lippe-Weißenfels in Marienehe. Anfang 1943 war sie in den ersten Ausführungen frontreif. Vor dem Beginn des Serienbaus schaltete sich das RLM ein, um die fertigungstechnisch leichter in einen Serienbau zu bringende Junkers Ju 188 vorzuschieben und forderte Vergleichsflüge zwischen den beiden Maschinen. Das Vergleichsfliegen fand am 25. März 1943 statt. Dabei wurde die von Oberst Loßberg geflogene Ju 188 durch die von Streib geflogene He 219 um 25 km/h an Geschwindigkeit übertroffen und restlos ausgekurvt. Um weiteren Einmischungen des RLM zuvorzukommen, setzte Kammhuber auf Grund seiner Sondervollmachten durch, daß die Enderprobung der He 219 im direkten Fronteinsatz bei Venlo in Holland in der Nacht vom 11. zum 12. Juni 1943 stattfand. Bei diesem ersten Einsatz schoß Streib fünf englische Maschinen ab. General Pelz gelang es wenige Tage später, zum ersten Mal, De Havilland »Mosquito«-Schnellbomber abzuschießen. General Kammhuber forderte auf Grund dieser Erfolge vom RLM als ausführendes Organ den Beginn des Serienbaues von 1200 Maschinen dieses Musters. Milch war jedoch von der unglücklichen Vorstellung besessen, die deutsche Luftwaffe könne sich kein Spezialflugzeug mehr leisten und der Nachtjäger müsse gleichzeitig Tagzerstörer, Bomber und Aufklärer sein. Aus diesem Grund verzögerte er die Großreihenfertigung derart, daß im Jahre 1943 nur insgesamt 11 Maschinen ausgeliefert werden konnten, 1944 waren es 195 und 1945 62 Stück, so daß insgesamt nur 268 He 219 gebaut wurden. Daß es noch zu diesen hohen »Vertröstungszahlen«, wie Kammhuber, der später sein Amt als General der Nachtjagd infolge der Ausrüstung mit vollkommen unzulänglichen Flugzeugen aufgab, sich ausdrückte, kam, ist ein Verdienst des Speer-Ministeriums, welches sich angesichts der Forderung der Frontflieger nach diesem Muster für einen beschleunigten Serienbau einsetzte. Die

192. Heinkel He 219 V 16 (A-0/R6)

Bemühungen kamen jedoch zu spät, weil zu dieser Zeit bereits alle Kräfte in den Bau von Strahlflugzeugen gesteckt werden mußten.

Heinkel He 219 A-Reihe

Normalausführung mit 18,50 m Spannweite und einzige Reihe, von der Versionen zum Einsatz gelangten. Im Serienbau befanden sich die He 219 A-2, A-5 und A-7. Als ursprüngliche Besatzung waren zwei Mann in der Druckkabine vorgesehen, während für Sondereinsätze ein drittes Besatzungsmitglied in einem von unten zugänglichen Notsitz im Rumpfhinterteil hinter den Brennstofftanks Platz fand. Die letzten Einsatzmaschinen wurden jedoch grundsätzlich mit drei Mann Besatzung in der Druckkabine geflogen. Im Rumpfbug befand sich die Antenne des Lichtenstein SN-2-Sichtgerätes. Die Bewaffnung entsprach den 1944 erlassenen Standardbestimmungen für Nachtjäger. Mitte 1944 erhielten alle Einsatzmaschinen Katapultsitze. Die Muster besaßen gute Start-, Flug- und Landeeigenschaften und wurden von der Truppe gern geflogen.

He 219 A-2

Erstes Einsatzmuster. Diese Ausführung besaß noch zwei Daimler-Benz DB 603 A-Triebwerke.

Typ: Zweimotoriger Nachtjäger.
Flügel: Freitragender Schulterdecker. Einteiliger einholmiger Ganzmetallflügel mit durch den Rumpf gehendem Holm. Frise-Querruder. Fowler-Landeklappen zwischen Querruder und Motorengondeln sowie Gondeln und Rumpf. Geteilte Trimmklappen in den Querrudern, davon ein Teilstück im linken Querruder, zur Trimmung vom Führersitz aus verstellbar.
Rumpf: Zweiteiliger Ganzmetall-Schalenrumpf mit nahezu rechteckigem Querschnitt. Das Rumpfvorderteil umfaßt den Bug und die als Druckkabine ausgebildete Kabine. Im Hauptrumpfteil schließen sich drei selbstschließende Kraftstofftanks und die elektrische Ausrüstung an. Das Rumpfheck wird durch einen durchsichtigen Konus mit den Führungen für die Schleppantenne abgeschlossen.
Leitwerk: Freitragendes Leitwerk in Ganzmetall. Einteilige Höhenflosse mit leichter V-Form. Seitenleitwerk doppelt, als Endscheiben ausgebildet.
Fahrwerk: Einziehbares Dreiradfahrgestell. Haupträder zwillingsbereift an freitragenden Ölfederbeinen, hydraulisch nach hinten in die Motorengondeln einfahrbar. Bugrad bei gleichzeitiger Drehung des Rades um 90° ebenfalls hydraulisch nach hinten in den Rumpfbug einziehbar.
Triebwerk: Zwei Daimler-Benz DB 603 A flüssigkeitsgekühlte Zwölfzylinder-Λ-Motoren mit 2 × 1570 PS Startleistung. Ringkühler-Verkleidung. Dreiflügelige VDM-Luftschrauben mit gleichbleibender Drehzahl von 3,45 m Durchmesser. Kraftstoffkapazität 2700 Liter in drei Tanks im Rumpfmittelteil.
Besatzung: 3 Mann in weit vorgezogener und mit Vollsichthaube abgedeckter Druckkabine, sämtlich mit Schleudersitz ausgerüstet. Besatzung bestehend aus dem Piloten, dem Funkmeßmann und dem Bordfunker.
Militärische Ausrüstung: Standard-Nachtjagd-Bewaffnung, bestehend aus 4 × 20 mm MG 151/20 mit je 300 Schuß in einer abnehmbaren Wanne unter dem Rumpf und 2 × 30 mm MK 103 als »Schräge Musik« hinter der Druckkabine im Rumpf in einem Winkel von 65° schräg nach vorne oben. Diese Waffen besaßen je 100 Schuß. Außerdem konnten noch 2 × 15 mm MG 151/15 in den Flügelwurzeln mitgeführt werden.

He 219 A-5

Erste Serienausführung mit zwei Daimler-Benz DB 603 E-Triebwerken. Sonst entsprach diese Version vollkommen der A-2.

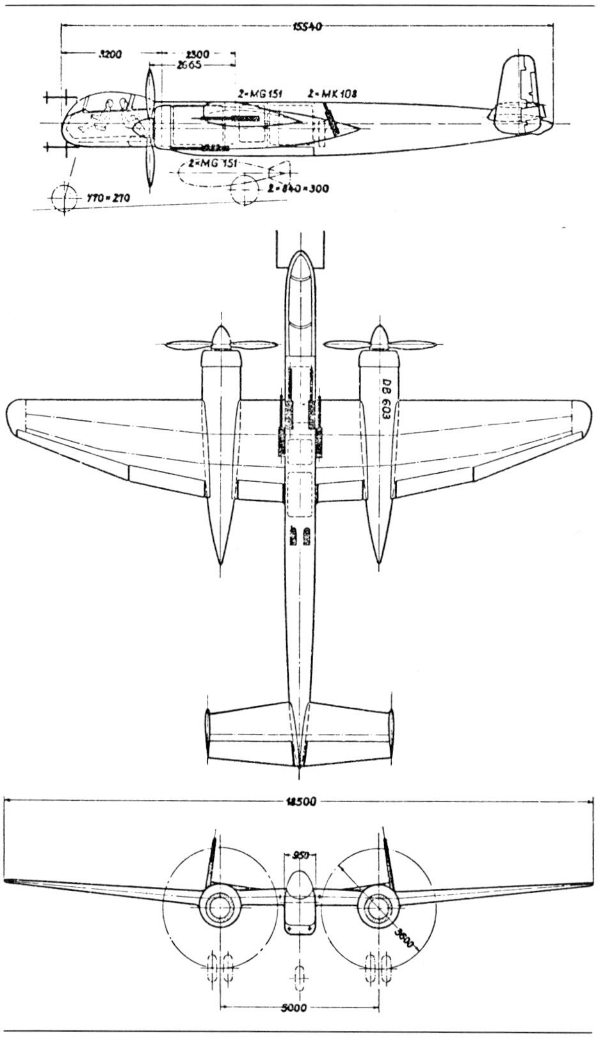

192. Heinkel He 219 A-2

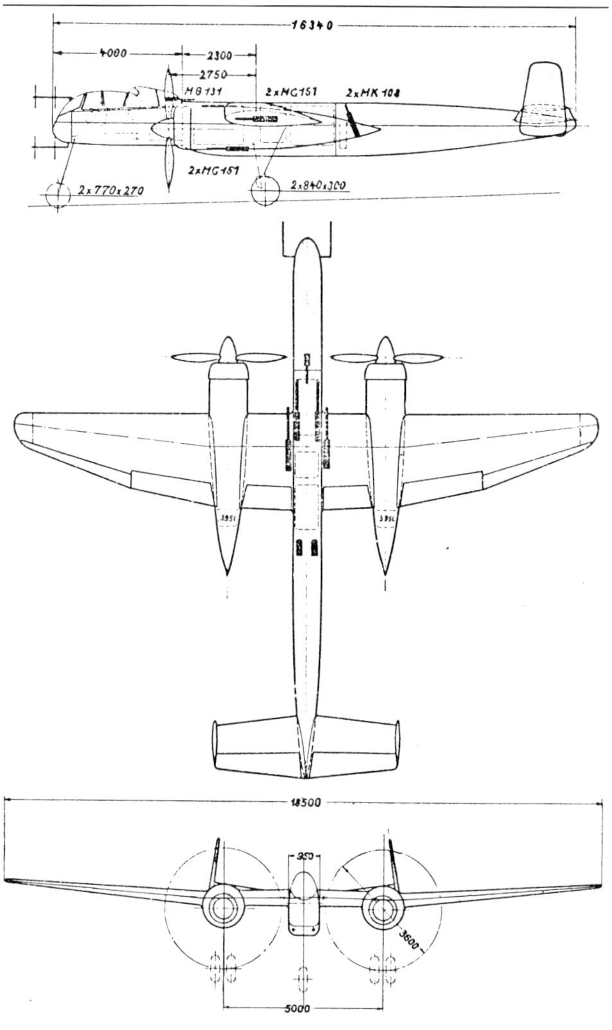

193. Heinkel He 219 A-5

He 219 A-7
Letzte Serienausführung, ebenfalls mit DB 603 E. Sie unterschied sich nur im Detail von der A-5.

Alle V-Maschinen gehören zu Vorserie He 219A-0.

He 219 V-1, 2 MG 131, Erstflug November 1942, Februar 1943 Umbau: zusätzliche Bodenwanne mit 4 MK 108, Version A-0/R2.

V-2 bis V-4 März 1943 fertiggestellt, Lichtenstein C.1.

A-0/R3: 2 MG 151/20, 4 MK 103, Juli 1943, Musterflugzeug für A-2-Serie, Lichtenstein C1.

V-11, W.Nr. 310189, ausgestellt in Farnborough 1946, Musterflugzeug für A-7-Serie.

V-16 (A-0/R6) August 1943, Musterflugzeug für A-5-Serie. Erste Maschine mit Lichtenstein SN 2.

V-19 (A-7/R2) erste Maschine mit »Schräger Musik«.

V-22 erste Maschine mit DB 603G.

V-29, Musterflugzeug für B-2-Serie.

A-0: 4 MK 108.

A-0/R2: 4 MK 103, Lichtenstein C.1.

A-0/R3: 4 MK 103, 2 MG 151/20A für A-2.

A-0/R6, für A-5.

A-2, Serienbau, »Schräge Musik«.

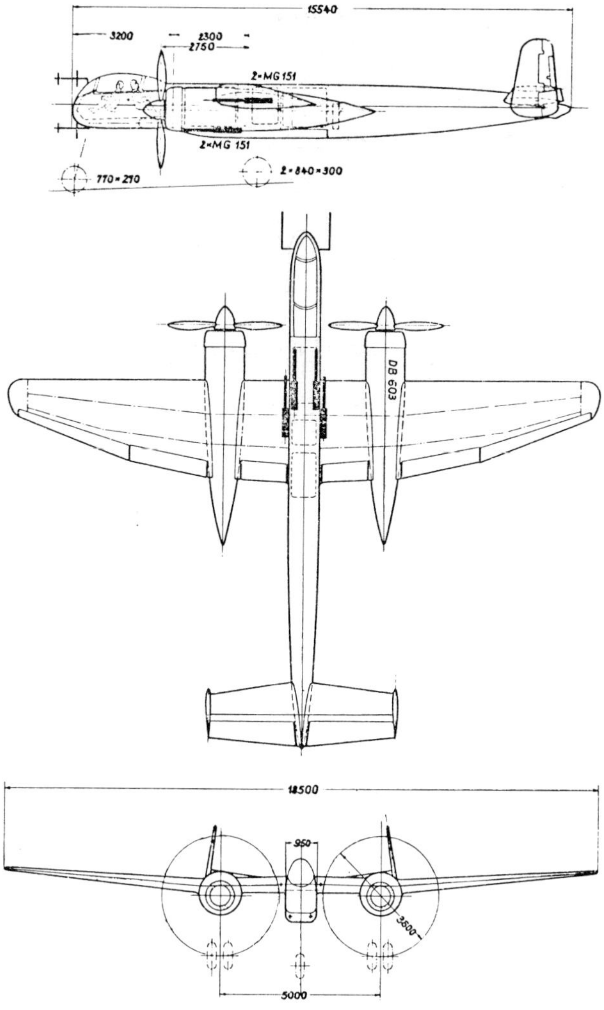

194. Heinkel He 219 A-6

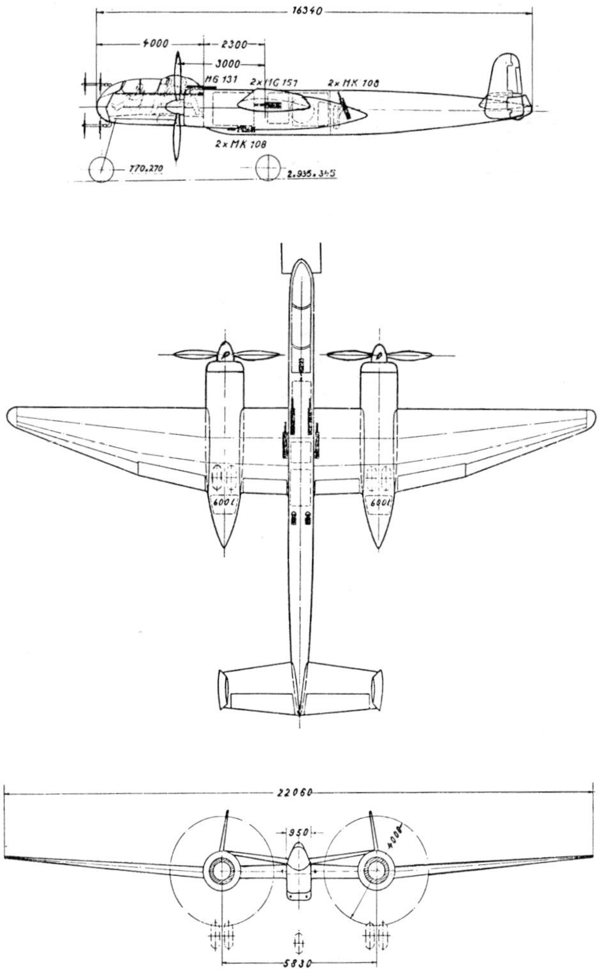

195. Heinkel He 219 B-1

A-3, Schnellbomber, 2 MK 108, 1000 kg Bomben, kürzerer Rumpf, 3 Mann Besatzung, nur Versuch.

A-4, Fernerkunder, 26,5 m Spannweite, Holzflügel, wurde Hü 211.

A-5 Nachtjäger mit Lichtenstein SN 2, 3 Mann Besatzung.
Triebwerk: Daimler-Benz DB 603 E.
Spannweite: 18,50 m, Länge 16,34 m.
Bewaffnung: 4 MG 151 starr vorwärts feuernd, 1 MG 131 beweglich nach hinten feuernd, 2 MK 108 »Schräge Musik«.

A-6 Abwehrjäger gegen De Havilland DH 98 »Moskito« abgeleitet aus A-2, jedoch keine Triebwerks- und Munitionspanzerung, auch keine »Schräge Musik«.
Besatzung: 2 Mann, Abmessungen wie A-5, DB 603.
Bewaffnung: nur 4 starre MG 151.

A-7, Nachtjäger, 2 MG 151 und 4 MK 108.

A-7/R3, wie A-7, aber Lichtenstein SN 2.

A-7/R4, wie A-7/R3, aber zusätzlich Heckwarnanlage.

A-7/R6, wie A-7/R4, aber Jumo 222, nur eine Maschine.

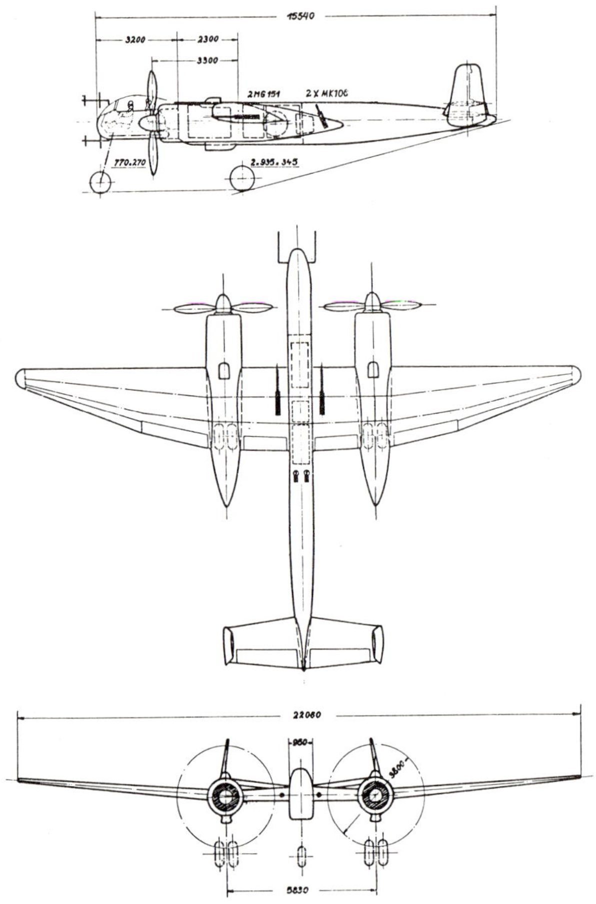

196. Heinkel He 219 B-2

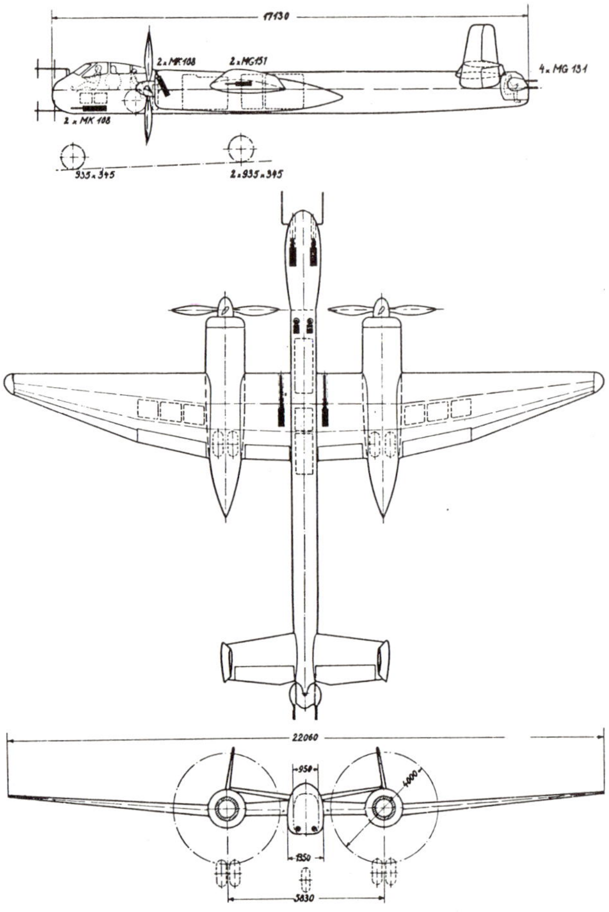

197. Heinkel He 219 C-1

Heinkel He 219 B-Reihe

Gleichzeitig mit dem ersten Entwurf der He 219 als Fernaufklärer war eine zweite Version, die He 219 B, mit einer auf 28,50 m vergrößerten Spannweite projektiert worden, die als Höhen-Tag- und -Nachtjäger eingesetzt werden sollte. Nach dem Umbau der A-Reihe als Nachtjäger wurde auch dieses Projekt erneut aufgegriffen, um einen leistungsfähigen Höhen-Nachtjäger zu schaffen, der auch in größten Höhen noch der De Havilland »Mosquito« überlegen war. Entgegen dem früheren Projekt wurde ein vollkommen neuer Flügel entwickelt, dessen Außenkanten geradlinig verliefen und dessen Spannweite auf 26,50 m reduziert wurde. Der Rumpf mit der Druckkabine für drei Mann Besatzung blieb komplett erhalten. Ebenfalls wurde die Bewaffnung der A-Reihe unverändert übernommen. Der Antrieb bestand aus zwei Junkers Jumo 222 E/F-Triebwerken, die 2 × 2500 PS Startleistung erbrachten. Die Luftschrauben besaßen einen Durchmesser von 4,00 m. Nur wenige Mustermaschinen wurden gebaut.

B-1	Zerstörer mit Lichtenstein SN 2, 3 Mann Besatzung. Triebwerk: Jumo 222, vergrößerte Spannweite 22,06 m je 2 geschützte 600 1-Behälter in Gondelende. Verstärkte Bewaffnung: 2 MK 108 + 2 MG 151 starr, 2 MK 108 »Schräge Musik«, 1 MG 131 als Abwehrbewaffnung.
B-2	Höhenjäger mit Lichtenstein SN 2, 2 Mann Besatzung, Druckkammer mit Höhentriebwerken DB 603/TK 13, Bewaffnung nur 2 MG 151 starr und »Schräge Musik« vergrößerte Fläche wie B-1, 50 qm. Nur V 29.

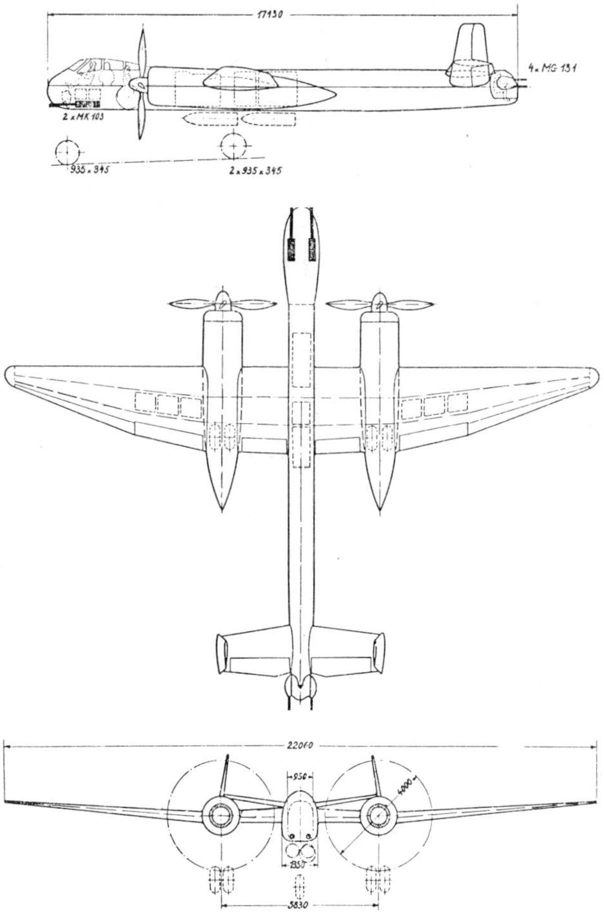

198. Heinkel He 219 C-2

Heinkel He 219 C-Reihe

Abwandlung der He 219 B mit verändertem Rumpfbug. Dadurch verkürzte sich der Rumpf auf 15,11 m. Sonst entsprach diese Version als Höhenflugzeug vollkommen der B-Reihe. Antrieb ebenfalls mit 2 × 2500 PS Jumo 222 E/F.

C-1 Schwerer Jäger, Lichtenstein SN 2, 4 Mann Besatzung.
Triebwerk: Jumo 222 E/F, große Fläche wie B-1/2.
Bemannter Heckstand mit 4 MG 131. Starre Bewaffnung: 2 MK 108 + 2 MG 151,2 MK 108 »Schräge Musik«.
Spannweite 22,06 m, Länge 17,13 m. Keine Waffenwanne. Vergrößerte Rumpfbehälter, Flächenbehälter statt Gondelbehälter. Nur eine gebaut.

C-2 Jagdbomber ähnlich C-2 ohne Lichtenstein SN 2. Bewaffnung 2 starre MK 103 und bemannter Heckstand wie C-1, Bombenlast maximal 4x250 kg Abmessungen und Triebwerk wie C-1.

Insgesamt wurden 274 He 219 gebaut.

	Technische Daten	He 219 A-2	A-5	A-7
Triebwerk	Daimler-Benz	DB 603 A	DB 603 E	DB 603 E
Motorenstärke/PS	2 ×	1510	1380	1380
Spannweite/m		18,5	18,5	18,5
Länge/m		15,5	16,3	15,5
Höhe/m		4,2	4,2	4,2
Flächeninhalt/qm		44,5	44,5	44,5
Leergewicht/kg		8120	8345	8510
Fluggewicht/kg		12500	13575	14245
Höchstgeschwindigkeit ohne Flammdämpfer und Lichtenstein, km/h		605	615	630
Höchstgeschwindigkeit mit voller Ausrüstung		560	585	600
Reichweite/km		2100	2850	2800
Gipelhöhe/m		9300	9400	10300
Startstrecke/m		970	1050	850

Heinkel He 220

Weiterentwicklung He 120 als Konkurrenzentwurf für Bv 222. Boot in zweistöckiger Ausführung. Stützschwimmer geteilt und in Flächen einziehbar. Triebwerk: 4 BMW 801 G. Entwurf zugunsten der Bv 222 abgelehnt.

Heinkel He 270

Unter dieser Bezeichnung sollte die Zelle der He 70 F mit einem leistungsstärkeren Daimler-Benz-Triebwerk ausgerüstet und weiterhin als militärisches Mehrzweckflugzeug innerhalb der Luftwaffe verwendet werden. Ähnlich wie bei der He 70 L unterschied sich die Zelle durch ein starres, aber unverkleidetes Spornrad. Der Prototyp *He 270 V-1* startete 1938 zum Erstflug. Besatzung auf drei Mann erhöht.

Triebwerk: Ein Daimler-Benz DB 601 A flüssigkeitsgekühlter Zwölfzylinder-V-Motor mit 1 × 1175 PS Startleistung. Dreiblatt-Einstell-Luftschraube aus Metall von 3,20 m Durchmesser. Kraftstoffkapazität 420 Liter.

Heinkel He 274

Nachdem Anfang 1940 mit dem Serienbau des Schweren Bombers Heinkel He 177 begonnen werden konnte, verzögerte sich der Einsatz dieses Kampfflugzeuges durch die Schwierigkeiten mit den Daimler-Benz-Doppeltriebwerken derart, daß an eine baldige Entlastung der Junkers Ju 88- und Heinkel He 111-Verbände sobald nicht zu denken war. Vor

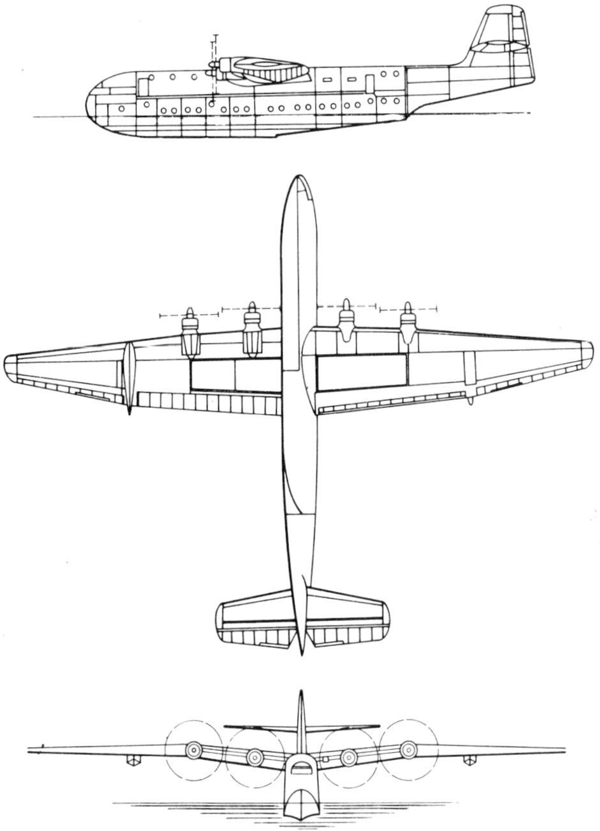

199. Heinkel He 220

allen Dingen benötigten die Frontverbände ein kampfstarkes und zugleich schnelles Kampfflugzeug, mit dem es möglich sein sollte, eine genügend große Reichweite zu erzielen. Die Heinkel He 177 war für derartige Aufgaben geradezu prädestiniert, da neben dem guten Aktionsradius auch eine hohe Fluggeschwindigkeit erflogen werden konnte. Diese Voraussetzungen reichten jedoch nicht aus, wenn durch Flak gesicherte Gebiete angegriffen werden sollten, wobei trotz der guten Panzerung der Kampfflugzeuge hohe Verluste auftraten. Aus diesem Grunde wurde die Forderung nach einem Höhenbomber laut, der aus der Heinkel He 177 abgeleitet werden sollte, d. h. bei gleichen Flugleistungen mußte die mit hohem Fluggewicht angreifende Maschine oberhalb der Flakbeschußgrenze operieren können. Das Heinkel-Hirth-Motorenwerk in Stuttgart entwickelte daraufhin spezielle Höhenlader für die damals hauptsächlich verwendeten Triebwerke, damit eine entsprechende Zellenentwicklung überhaupt erst sinnvoll werden konnte. Durch eine Flächenvergrößerung einer He 177 A-3 entstand zunächst die Heinkel He 177 H, die jedoch nicht die erwarteten Höhenleistungen erreichen konnte. Neben den nun laufend durchgeführten Verbesserungen an dieser neu aufgelegten Serie, wurde in den Konstruktionsbüros des Heinkel-Werkes in Wien ein mit vier Einzeltriebwerken auszurüstendes Kampfflugzeug entwickelt, welches in Anlehnung an die He 177 ausschließlich als Höhenbomber ausgelegt wurde. Die nötigen Voruntersuchungen wurden wieder mit einer He 177 A-3 durchgeführt, die zu einer kleinen Serie spezieller Höhenflugzeuge führen sollte. Diese He 177 A-4-Serie wurde aber zu Gunsten des Wiener Projekts gestoppt. Die konstruktiven Arbeiten an dem inzwischen mit He 274 bezeichneten Flugzeug machten gute Fortschritte, da in der Hauptsache auf Bauteile der He 117-Produktion

193. Heinkel He 270

zurückgegriffen werden konnte. Dennoch machte der Einsatzzweck schon zu Beginn der Entwurfsarbeiten weitgehende Änderungen notwendig, so daß ein völlig neues Flugzeug entstand.

Da für dieses Flugzeug in der Deutschen Luftfahrtindustrie wegen anderer dringender Bauaufträge nicht die nötige Baukapazität vorhanden war, so übertrug man die Bauausführung der Heinkel He 274 der französischen Firma Farman in Suresnes bei Paris, die den Bau von zunächst sechs Versuchsmustern übernehmen sollte. Bis zum Baubeginn vergingen über zwei Jahre, und die Arbeiten an den Flugzeugen selbst gingen aus verständlichen Gründen nur sehr langsam voran. 1943 beschränkte man schließlich das Bauprogramm auf zwei Musterflugzeuge, die jedoch entgegen der bisherigen Konzeption mit einer Vielzahl von Abwehrständen ausgerüstet werden sollten. Bis dahin glaubte man die drei Mann Besatzung in einer Druckkabine im Rumpfbug unterbringen zu können und die Abwehr auf einen fernbedienten MG-Stand zu beschränken. Da für künftige Feindflüge jedoch auf einen ausreichenden Jagdschutz verzichtet werden mußte, wurde die Bewaffnung der He 274 verstärkt.

Kurz vor der Besetzung des Werkes durch die Alliierten waren die beiden Flugzeuge fertiggestellt, konnten aber wegen einiger Mängel nicht mehr eingeflogen werden bzw. in Sicherheit gebracht werden. Deshalb sollten die Flugzeuge wieder zerstört werden. Die Durchführung dieses Befehls erstreckte sich aber nur auf die Triebwerkanlage, nachdem genügend Ersatztriebwerke von französischer Seite aus in Sicherheit gebracht werden konnten. Nach der Besitznahme durch die Alliierten wurden die beiden Flugzeuge auf Anweisung doch noch flugbar gemacht, der deutsche Name verschwindet. So wurde aus der Heinkel He 274 V 1 die

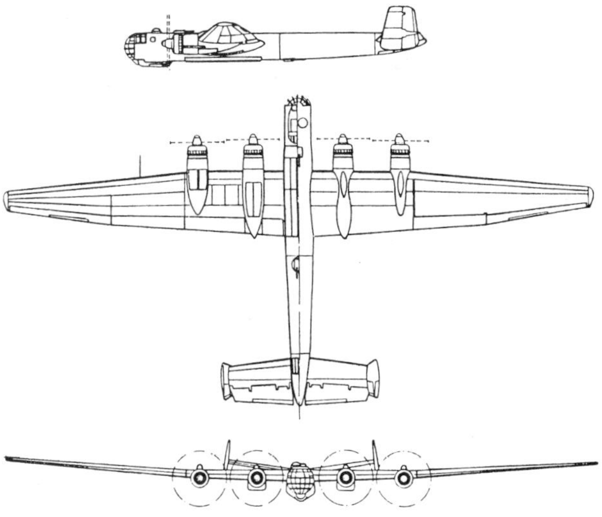

200. Heinkel He 274

A. A. S.-01 A; sie machte unter dieser Bezeichnung im Juli 1945 ihren Erstflug. Was die Höhenflugeigenschaften anbelangte, so entsprachen die Flugleistungen ganz den Erwartungen. Anschließend diente das Flugzeug als Forschungsflugzeug für Höhenflüge und als Erprobungsträger verschiedener Druckkabinen. Die Ergebnisse dieser Flüge wurden für die Konstruktion moderner Druckkabinen auf zivilem sowie militärischem Gebiet maßgeblich.

Schließlich diente das Flugzeug drei Jahre nach dem Krieg als Erprobungsträger für das französische Raketenflugzeug SO-M 1.

194. Heinkel He 274

Im Mistelschleppverfahren wurde das mit einer Walter-Rakete ausgerüstete Flugzeug auf 4000 m Höhe geschleppt und gestartet. Nach Abschluß dieses Programms fiel die Heinkel He 274 V 1 alias A. A. S.-01 A einer Verschrottungsaktion zum Opfer, fünf Jahre später als die He 274 V 2, die den gleichen Weg gegangen war, ohne je geflogen zu sein.

Typ: Viermotoriger Höhenbomber.
Flügel: Freitragender Schulterdecker. Dreiteiliger Ganzmetallflügel. Zweiteiliges zweiholmiges Flügelmittelstück mit durch den Rumpf durchlaufendem Hinterholm. Flügelaußenteile ebenfalls zweiholmig. Fünfteilige Spreizklappen zwischen Querruder und Rumpf. Die Schlitzquerruder senken sich beim Ausfahren der Spreizklappen automatisch ab. Heißluft-Flügelnasenenteisung.
Rumpf: Aufbau in Ganzmetall-Halbschalenbauweise. Bug als Druckkabine ausgebildet.
Leitwerk: Freitragendes Ganzmetall-Leitwerk mit als Endscheiben ausgebildetem doppeltem Seitenleitwerk. Höhenleitwerk leicht V-förmig.
Fahrwerk: Einziehbares Normalfahrgestell. Zwillingsbereifte Haupträder nach hinten in die inneren Motorengondeln, Spornrad nach hinten in den Rumpf einziehbar. Hydraulische Betätigung mit pneumatischer Notauslösung.
Triebwerk: Vier Daimler-Benz DB 603 A flüssigkeitsgekühlte Zwölfzylinder-V-Motoren mit 4 × 1570 PS Startleistung. Jedes Triebwerk ist mit einem Hirth Tk-11 Abgas-Turbolader ausgerüstet. Ringkühler mit der entsprechenden Verkleidung finden Verwendung. Dreiflügelige VDM-Verstell-Luftschrauben mit 3,70 m Durchmesser. Sieben Kraftstofftanks, davon vier im Flügel und drei im Rumpfmittelstück, einer über dem Bombenschacht.
Besatzung: 4 Mann in dem vollsichtverglasten und als Druckkabine ausgebildeten Rumpfbug, bestehend aus Pilot, zweiter Pilot/Navigator/Bombenschütze und zwei Schützen. Der A-Stand sowie das Bombenzielgerät befinden sich in einer Wanne unter dem Bug, die nicht druckbelüftet ist. Die sphärisch gewölbte Verglasung der Vollsichtkanzel besteht aus Doppelscheiben, zwischen die Warmluft geblasen wird. Für die Konstanthaltung eines 2500 m Höhe entsprechenden Druckes in der Druckkabine sorgen zwei von den Innenmotoren mechanisch angetriebene Lader.
Militärische Ausrüstung: Bewaffnung bestehend aus einem handbetätigten 1 × 13 mm MG 131 in der Wanne unter dem Rumpfbug sowie aus zwei Drehtürmen mit je 2 × 13 mm MG 131 als B- und C-Stand, die von der Druckkabine aus ferngesteuert werden. Die Bombenzuladung beträgt maximal 7200 kg für Kurzstreckeneinsatz.

Heinkel He 277

Schwerer Langstreckenbomber, aus He 177 B entwickelt, Mitteldecker mit Doppelleitwerk. Projekt aus dem Jahre 1944. Besatzung 6 Mann. Bewaffnung I: 2 MG 131 Z, 2 MG 131. Bewaffnung II: MD 151 Z, 2 FDL 151 Z, HD 151 Z und HL 151 (auch 4 MG 131). Maximale Bombenlast 7200 kg.

He 277 B-3
4 × BMW 801 E je 2000 PS, Spannweite 40 m, Länge 22,52 m, Flächeninhalt 133 m², Fluggewicht 42000 kg, Höchstgeschwindigkeit 535 km/h.

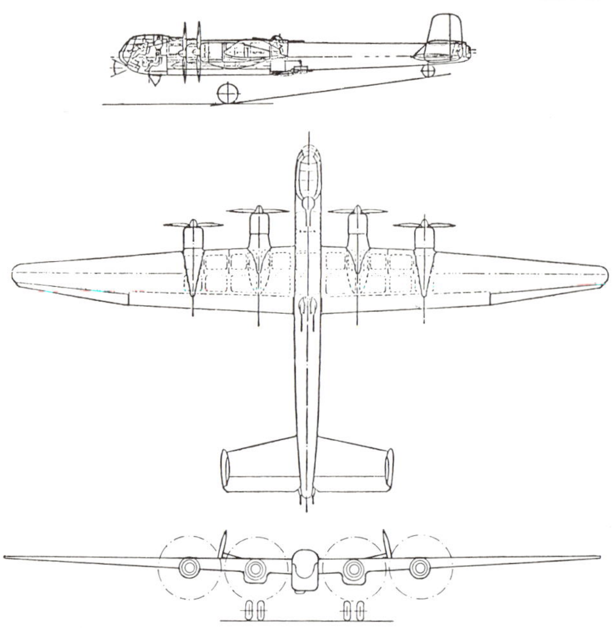

201. Heinkel He 277

He 277 B-5/R1
4 Daimler-Benz DB 603 A je 1750 PS, Spannweite 31,44 m, Länge 22,15 m, Flächeninhalt 100 m², Fluggewicht 43200 kg, Höchstgeschwindigkeit 560 km/h.

He 277 B-5/R2
4 Daimler-Benz DB 603 A je 1750 PS, Spannweite 31,44 m, Länge 22,15 m, Flächeninhalt 100 m² Fluggewicht 44500 kg, Höchstgeschwindigkeit 570 km/h.

He 277 B-6/R1
4 Jumo 213 F je 2060 PS, Spannweite 40 m², Länge 2,32 m, Flächeninhalt 133 m², Fluggewicht 44000 kg, Höchstgeschwindigkeit 560 km/h.

He 277 B-7
4 Jumo 213 E je 1750 PS, Spannweite 36 m, Länge 22,15 m, Flächeninhalt 108 m², Fluggewicht 44000 kg, Höchstgeschwindigkeit 430 km/h.

He 277 B-7/6
6 BMW 801 E je 2000 PS, Spannweite 45 m, Länge 23,70 m, Flächeninhalt 170 m², Fluggewicht 60000 kg, Höchstgeschwindigkeit 560 km/h.

Heinkel He 280

Die guten Ergebnisse, die Heinkel mit dem Versuchsträger He 178 erzielen konnte, bewogen ihn zum Bau eines voll ausgerüsteten Strahljägers, der die Bezeichnung He 280

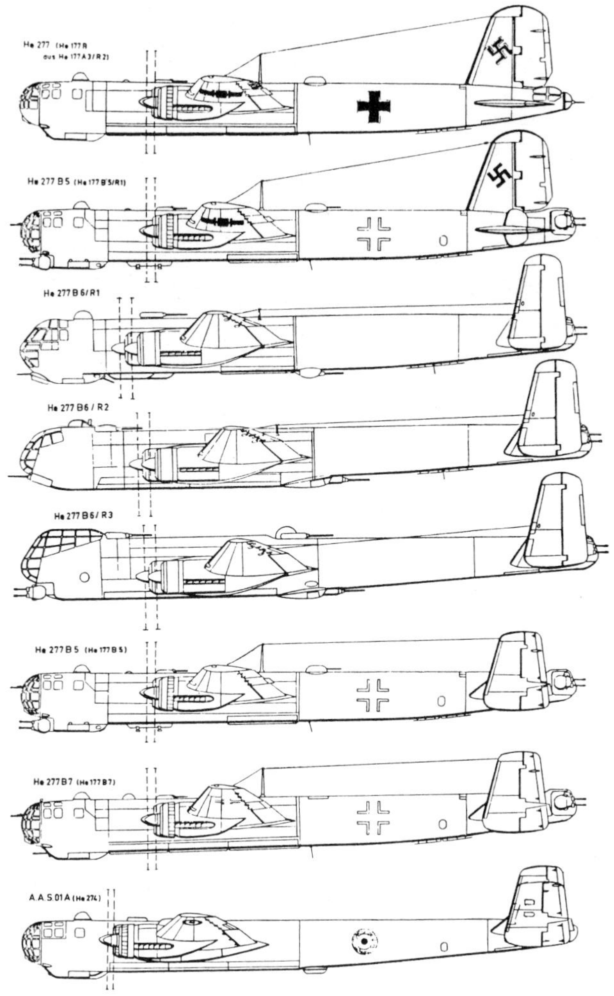

202. Heinkel He 277, geplante Versionen

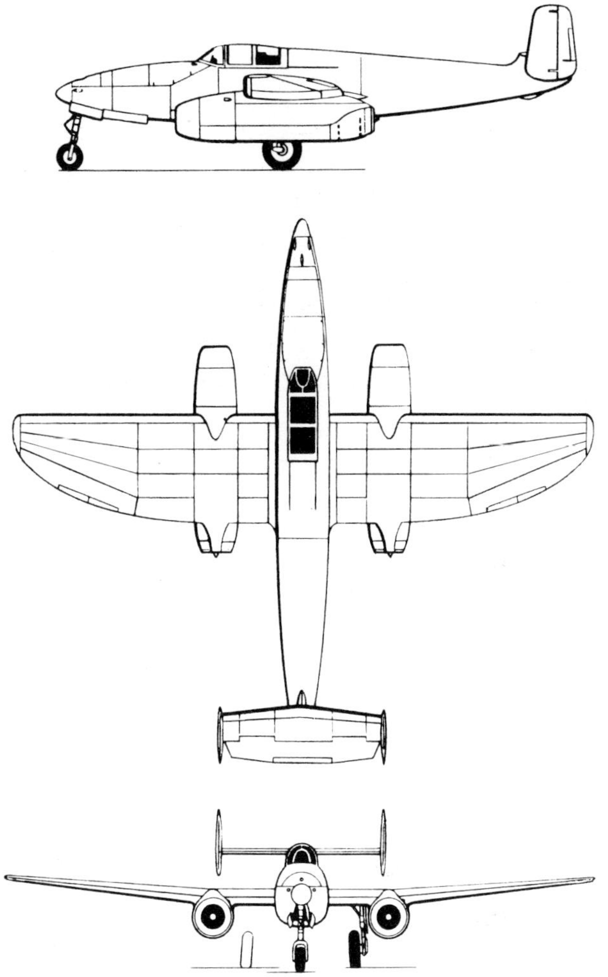

203. Heinkel He 280

erhielt. Da der Einbau eines einzigen Triebwerkes innerhalb des Rumpfes mit seinen langen Ansauge- und Abgasleitungen nicht als sehr wirkungsvoll angesehen wurde, sah man für das neue Projekt zwei Strahlturbinen im freien Luftstrom unter dem Flügel vor. Gleichzeitig mit den Entwurfsarbeiten für die He 280 begann v. Ohain mit der Entwicklung eines verbesserten Triebwerkes He S 8, welches sich, besonders für den geplanten Einbau unter den Tragflächen, durch einen äußerst geringen Durchmesser auszeichnen sollte. Für die Zelle wurden erstmals in Deutschland zwei Neuheiten angewandt, einmal die Verwendung eines Dreiradfahrgestelles, damit die heißen Strahlgase beim Start nicht in den Boden geblasen wurden, dann der Einbau des von Heinkel entwikkelten Preßluft-Schleudersitzes. Das erste Muster, die *He 280 V-1,* wurde, durch 2 × 700 kp He S 8 A angetrieben, am 5. April 1941 von Flugkapitän Warsitz eingeflogen und kurvte bei einer anschließenden Vorführung im Beisein von Udet und höheren Beamten des RLM eine Fw 190 im Schauluftkampf vollkommen aus. Damit war die He 280 das erste zweimotorige Strahlflugzeug der Welt. Weitere sieben Versuchsmuster wurden gebaut und teilweise auch mit BMW 003 und Junkers Jumo 004 ausgerüstet. Für eine Weiterentwicklung war die Heinkel He S 011 mit 1300 kp Schub eingeplant. Doch am 15. September 1942 wurde die He 280 durch Milch von der Bauliste zugunsten der Me 262 gestrichen. Als Begründung wurde die Verwendung eines Bugrades angegeben. Dieses Bugrad mußte später nachträglich in die Me 262 unter großem Zeitverlust eingebaut werden. Zwei der acht He 280-Versuchsmuster gingen gegen Ende des Krieges zur DFS nach Ainring und wurden dort für aerodynamische

195. Heinkel He 280 V 1 ohne Triebwerksverkleidung △

196. Heinkel He 280 V 3 ▽

Versuche verwendet. Eine Maschine diente der Strömungsuntersuchung mit Wollfäden. Für diesen Zweck wurden die Triebwerke dieser He 280 V-7 ausgebaut.
Die untenstehenden Daten beziehen sich auf die erste Ausführung He 280 V-1, obgleich sämtliche Versuchsmuster sich bis auf die Triebwerksmuster ähnelten, abgesehen von der He 280 V-8, die ein V-Leitwerk besaß.

Typ: Zweistrahliger Jagdeinsitzer.
Flügel: Freitragender Mitteldecker. Einholmiger Ganzmetallflügel mit gerader Vorderkante und elliptischem Umriß der Hinterkante. Geteilte Landeklappen im Mittelflügel. Querruder mit Trimmklappen.
Rumpf: Aufbau als Ganzmetallschale mit ovalem Querschnitt.
Leitwerk: Freitragendes Leitwerk in Ganzmetall. Höhenflosse hochgesetzt, Seitenleitwerk doppelt als Endscheiben.
Fahrwerk: Einziehbares Dreiradfahrwerk. Haupträder nach innen unter den Mittelflügel, Bugrad nach hinten in den Rumpfbug einfahrbar.
Triebwerk: Zwei Heinkel He S 8 A Strahlturbinen mit 2 × 700 kp Standschub.
Besatzung: 1 Pilot in geschlossener Kabine mit Vollsicht-Abdeckhaube. Heinkel-Preßluft-Schleudersitz.
Militärische Ausrüstung: 3 × 20 mm MG 151/20 starr im Rumpfbug.

Insgesamt wurden neun Versuchsmaschinen gebaut und geflogen. Ein Serienbau fand nicht statt.

He 280 V-1 Erstflug ohne Triebwerke 22. September 1940. Dann mit He S 8A ausgerüstet und in dieser Form an die Erprobungstelle Rechlin geliefert (1942). Dort Austausch der Triebwerke gegen Argus As 014-Schubrohre. Erstflug mit diesen 13. Januar 1942. Geschleppt von einer Me 110, endete dieser Flug mit Absturz. Pilot Schenk rettete sich mit dem Schleudersitz. Wahrscheinlich erste Schleudersitzrettung in der Luftfahrt überhaupt.

V-2 Ursprünglich eingebaute He S 8A durch Jumo 004 ersetzt. Versuchsbewaffnung: 3 MG 151. Fluggewicht 5205 kg. Bei Bruchlandung 26. April 1942 fast vollständig zerstört.

V-3 15. Januar 1943 flugklar. Nach Turbinenschaden Anfang Februar 1943 Notlandung. Nach Reparatur weiter in Erprobung.

V-4 Ursprünglich mit BMW 003 ausgerüstet, dann in Rechlin 1943 erst mit vier, dann mit sechs und schließlich mit acht Argus As 014 ausgerüstet. V 4 war zwar bewaffnet, flog aber ohne Munition.

V-5 Erprobung mit He S 8A und BMW 003. Bei Bahnneigungsflügen erflogene Geschwindigkeit 820 km/h.

V-6 Kennzeichen: NU + EA. Erprobung mit BMW 003-Triebwerken.

V-7 Kennzeichen: NU + EB. Hochgeschwindigkeitserprobung bei der DFS in Ainring. Erreichte mit zwei Jumo 004-Turbinen im Bahnneigungsflug 1943 750 km/h. Wurde auch bei verschiedenen Schleppverfahren ohne Triebwerk erprobt.

V-8 Kennzeichen: NU + EC. Ebenfalls an DFS. Ainring. Erreichte im Horizontalflug am 30. August 1943 700 km/h. Wurde mit V-Leitwerk und anderen Sondereinbauten erprobt.

V-9 Erprobung mit BMW-Triebwerken ab 31. August 1943. Zur Umrüstung auf He S 011-Triebwerke kam es nicht mehr.

Heinkel He 319

Als Weiterentwicklung der He 219 zu einem schnellen Kampfflugzeug entstand 1943 das Projekt He 319. Als Triebwerk war der DB 603 A von 2 × 1750 PS vorgesehen. Spannweite: 20,30 m, Länge 15,40 m, Flächeninhalt 41,50 qm. Der unbewaffnete Prototyp A-0 sollte ein Fluggewicht von 13270 kg haben, während die Serienausführung A-1 13620 kg erreichte. Die errechnete Höchstgeschwindigkeit lag bei 540 km/h. Es war lediglich eine ferngesteuerte Abwehrbewaffnung im Heck FDL 131 vorgesehen. (Weiteres siehe P. 1065 Ic)

Heinkel He 343

Im Januar 1944 begannen die Projektarbeiten an einem Bombenflugzeug mit Strahlantrieb, das bei geringstem Zeitaufwand für Konstruktion und Bau bereits ab Sommer 1945 in größerer Zahl eingesetzt werden sollte. Diese geringe Zeitspanne für Konstruktion und Serienbau hätte für eine Neuentwicklung in einer derartigen Konzeption mancherlei Schwierigkeiten mit sich gebracht, obgleich schon ähnliche Projekte bereits seit einigen Monaten untersucht wurden. Diese Arbeiten am Projekt P. 1068 ließen bis dahin erkennen, daß es wohl für einen Bomber am günstigsten wäre — was Nutzlast und Treibstoffkapazität anbelangte — die Konstruktion größenmäßig für vier Triebwerke damaliger Leistung entsprechend auszulegen. Ferner hatten Untersuchungen ergeben, daß in Anbetracht einer einfachen Bauausführung auf eine pfeilförmige Tragfläche verzichtet werden kann, da sie einen Geschwindigkeitsgewinn von nicht mehr als 30 km/h eingebracht hätte. Da die He 343 wegen ihrer kurzen Entwicklungszeit mit Bestimmtheit vor ihrer Erprobung in den Serienbau gehen würde, mußte das Risiko bezüglich Flugeigenschaften und Betriebssicherheit so klein wie möglich gehalten werden. Deshalb wurde auf Vorschlag von Oberstleutnant Knemeyer für den Entwurf von der Arado Ar 234 ausgegangen. Dieses Muster stand zu der Zeit in Flugerprobung und hatte sich bereits gut bewährt. Im Bahnneigungsflug konnten schon bis zu 1000 km/h ausgeflogen werden, ohne daß sich störende Flugeigenschaften bemerkbar machten.

Zunächst untersuchte man eine in fast allen Einzelheiten um 1,55fach vergrößerte Ausführung der Tragfläche, wobei die lineare Vergrößerung 1,25 : 1 betrug. Der Rumpf mußte dem Einsatz als Bomber entsprechend geändert werden, damit genügend Raum für die zweiköpfige Besatzung und ein vergrößerter Bombenraum für 2000 kg Last zur Verfügung stand. Als Bombenlast wurden verschiedene Rüstsätze vorgesehen, unter anderem auch die ferngesteuerte Fritz-X-Bombe. Die höchstzulässige Startlast kam damit auf 16 t, weshalb das Projekt die Bezeichnung Strabo 16 erhielt. Das Fahrwerk wurde eine Neukonstruktion, welches als Schwenkachsensystem nicht wie sonst üblich seitlich, sondern unten aus dem Rumpf ausschwenkte. Die vier TL-Triebwerke wurden einzeln unter den Tragflächen aufgehängt, um eine weitgehende Betriebssicherheit bei Ausfall eines Einzeltriebwerkes zu erreichen. Außerdem erleichterte diese Anbringung die Austauschbarkeit und den Ein- und Ausbau der Motoren. Anfang Februar 1944 begannen die Konstruktionsarbeiten, die noch im selben Jahr vollständig abgeschlossen werden konnten. Obgleich das Projekt Strabo 16 und die Entwurfsarbeiten der He 349 frühzeitig beim

RLM vorgelegt worden waren, wurde von dort aus nicht eine entsprechende Genehmigung erteilt. Als Ende April dieses Bomberprojekt nochmals vorgelegt wurde, hatte man seitens der Heinkel-Werke Bedenken für eine termingerechte Produktion, falls nicht nun endlich vom RLM der Auftrag für den Serienbau erteilt wurde. Aber statt dessen kam es nur zu einem Bauauftrag für eine Erprobungsserie und eine A-Serie, die dann aber nach Fertigstellung der Konstruktionsarbeiten auf Grund der Typenbeschränkung und der Vordringlichkeit des Jägernotprogramms abgesetzt wurde. Von der He 343 sind bis dahin drei Versionen ausgearbeitet worden, die in ihren äußeren Abmessungen keine Unterschiede zeigten. Als Triebwerke sollten je nach Möglichkeit solche mit Startleistungen von 900 kp Schub bis 1300 kp Schub zum Einbau kommen, wobei das Abfluggewicht entsprechend zwischen 16425 kg und 19550 kg variiert werden mußte. Die nachfolgend aufgeführte Darstellung gibt eine diesbezügliche Übersicht. Den Versionen entsprechend waren die Einsatzzwecke verschieden.
Die He 343 A-1 sollte als Bomber eingesetzt werden, wie es ursprünglich projektiert war. Die maximale Bombenlast war allerdings inzwischen auf 3000 kg angestiegen, wobei 2000 kg Last im Rumpf aufgenommen und je 500 kg Bombenlast unter die inneren Triebwerke gehängt werden konnten. Als Abwehrbewaffnung sollten zwei starre MG 151 nach rückwärts in den hinteren Teil des Rumpfes eingebaut werden, was ebenfalls für die beiden folgenden Versionen zutraf. Die Besatzung mußte in einer Druckkabine untergebracht werden, da eine maximale Dienstgipfelhöhe von 15000 m erflogen werden sollte. Gegenüber den Erprobungsserien erhielten die Serienmuster geringfügig geänderte Triebwerkaufhängungen, wobei die äußeren Triebwerke nach vorne vorgezogen wurden, damit die bis dahin geteilte Landeklappe durch eine durchgehende ersetzt werden konnte. Als zweite Ausführung der He 343 war eine Aufklärer-Version vorgesehen mit der Unterbezeichnung A-2. Dank des geräumigen Bombenraumes konnten hier Reihenbildgeräte mit bis zu 75 cm Brennweite untergebracht werden und außerdem zur Reichweitenerhöhung ein zusätzlicher gepanzerter Treibstoffbehälter.
Durch Verwendung eines Waffenrüstsatzes im Bombenraum entstand die dritte Version als Zerstörer mit der Bezeichnung He 343 A-3. Es konnten alle Waffen bis 5 cm Kaliber zum Einbau kommen, doch war eine Standardbewaffnung mit folgenden Waffen vorgesehen: 4 × MK 103 im Bombenraum mit insgesamt 400 Schuß Munition oder 2 × MK 103 mit je 100 Schuß + 2 × MG 151 mit je 200 Schuß. Dazu kamen die beiden nach hinten eingebauten MG 151 mit je 200 Schuß. Da das Bugrad auf der linken Seite unter die Druckkabine eingezogen wurde, mußten die Waffen so eingebaut werden, daß die Ausschußöffnungen auf der rechten Seite im Rumpfbug sind. Von der Bauausführung He 343 A-3 wurde eine weitere Version mit der Bezeichnung He 343 B-1 abgeleitet, die sich auch im äußeren Aufbau, insbesondere der Leitwerk-

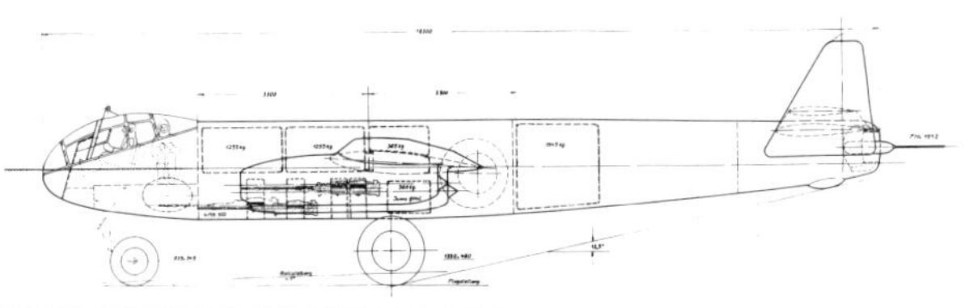

204. Heinkel He 343 A-1

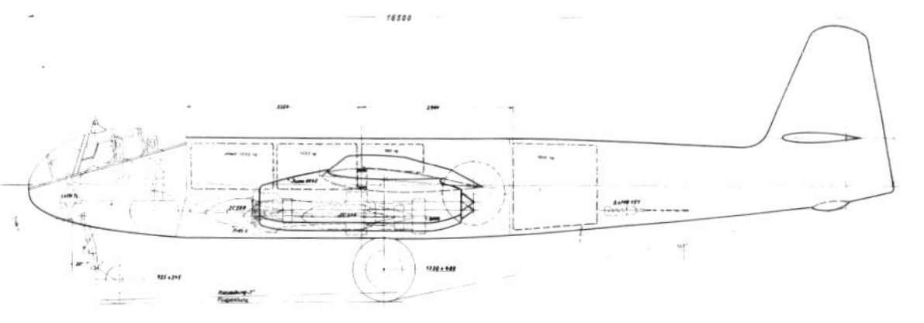

205. Heinkel He 343 A-2

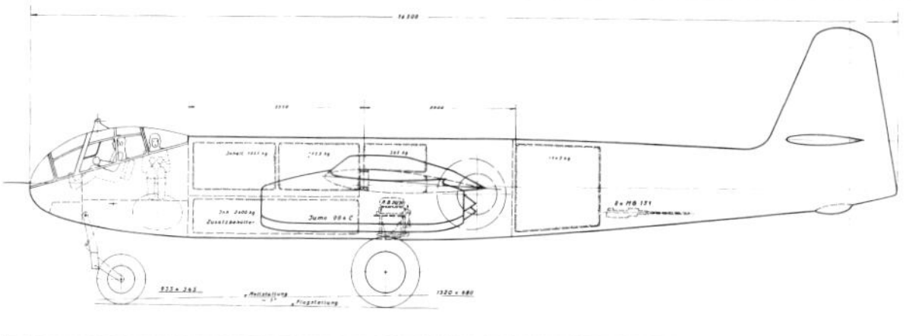

206. Heinkel He 343 A-3

konstruktion von den übrigen Mustern unterschied. An Stelle der starren Heckbewaffnung kamen ferngesteuerte Waffen 1 × FHL 151 Z zum Einbau. Da diese Waffen wegen des Schußwinkels in die Rumpfendkappe verlegt wurden, mußte auch das Leitwerk geändert werden, und so kam anstatt des einfachen Seitenleitwerks ein doppeltes Seitenleitwerk zum Einbau, dessen dreieckige Seitenflossen an das Leitwerk der Do 317 erinnern. Die Waffen wurden von der Pilotenkanzel aus über Periskopzielgeräte ferngesteuert.

Heinkel He 419

Da die He 219 A nur eine Gipfelhöhe von 9200 m erreichte, die Höhenversion B nicht mehr zum Tragen kam, entwickelte man bei Heinkel 1943 aus der He 219 unter Verwendung vieler Bauteile der 219 die He 419 als Höhenjäger.
Die Arbeiten gingen bei Heinkel im Jahre 1943 zügig voran, der Grund dafür war die Verwendung zahlreicher Teile der He 219 A. So wurde der Rumpf und die Leitwerkssektion für die erste He 419, die He 419 V 1 (diese wird zum Teil auch als He 419 A-01 bezeichnet) von einer serienmäßigen He 219

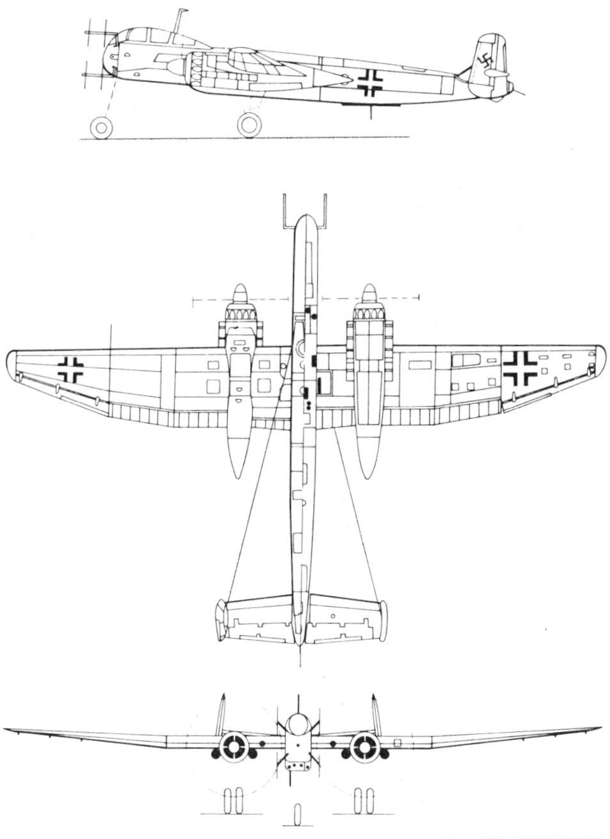

207. Heinkel He 419 A-0

A-5 übernommen. Dazu kamen dann zwei DB 603G, eine leistungsstärkere Vergrößerung des DB 601, deren benutzte G-Variante eine Leistung von 2000 PS besaß. Die Tragflächen wurden überarbeitet und auf eine Spannweite von 22,40 m verlängert.
Bei den späteren Serienmaschinen sollte ferner die gesamte Hecksektion umgestaltet werden, das Doppelleitwerk sollte durch ein einfaches Leitwerk ersetzt werden. Dies war speziell für die He 419 B-1/R1 vorgesehen, weiter wollte man auf die Tragflächen der He 319 zurückgreifen, die nochmals, nun auf 23,80 m vergrößert werden sollten. Die DB 603G-Triebwerke sollten in ihren Leistungen durch Höhenlader verbessert werden.
Bei der Bewaffnung dachte man an zwei MG 151/20 in den Tragflächenwurzeln und vier MK 108 (30 mm) unter dem Rumpf.
Die für zwei Mann ausgelegte Maschine hätte in 14500 m Flughöhe sich 2 Std. 15 Min. aufhalten können. Die Höchstgeschwindigkeit des ersten Baumusters lag bei 670 km/h bei einem Fluggewicht von 14200 kg. Die Marschgeschwindigkeit betrug 650 km/h, die Landegeschwindigkeit 172 km/h. Die bei 2400 km liegende Reichweite stellte eine Steigerung zur He 219 A-5 dar. Die Abmessungen der He 219 V 1 betrugen: Spannweite 22,40 m, Länge 15,85 m und Höhe 5,74 m.

		A-0	A-2	B-1	B-2	C
Besatzung		2	2	2	2	2
Triebwerk	DB 603	G	U	G	U	G
Höhenlader	TK	–	11	9	11	11
Spannweite	m	22,40	22,60	23,80	26,0	24,6
Länge	m	15,85	16,20	15,80	16,2	16,5
Höhe	m	5,74	5,82	5,74	5,82	6,2
Fläche	m²	55,5	55,5	59,0	59,0	55,5
Leergewicht	kg	8940	9085	9744	8825	9124
Fluggewicht	t	14,2	11,5	15,3	11,3	11,7
Höchstgeschwindigkeit	km/h	670	600	680	605	610
Reisegeschwindigkeit	km/h	605	570	600	575	592
Landegeschwindigkeit	km/h	172	168	168	157	160
Reichweite	km	2400	1140	2540	1280	1270
Gipfelhöhe	km	11,8	14,8	12,0	15,0	14,5

Bewaffnung:

A-0: 6 × MG 151 starr nach vorn
A-2: 6 × MG 151 starr nach vorn, dazu
Rüstsätze M 1:4 MK 108
M 2:4 MG 212
M 3:2 MK 103
B-1: 4 × MK 108 starr nach vorn
2 × MG 151 starr nach vorn
2 × MK 108 »Schräge Musik«
B-2: 6 × MG 151 starr nach vorn (neue Tragfläche, größere Leitwerke)
C: 6 MG 151 starr nach vorn oder M 2:2 MK 108 im Rumpf + 2 MK 108 in den Flächen (Einfaches Seitenleitwerk)

Heinkel-Projekte

In den Jahren 1942 bis 1945 sind auch bei Heinkel zahlreiche Entwürfe entstanden, die bis Kriegsende nicht mehr realisiert werden konnten. 1942 entstand der Entwurf P.1054, ein Transportflugzeug, über das nichts zu ermitteln war. Im gleichen Jahr entstanden noch die Projekte P.1062, ein Jagdeinsitzer in Tiefdeckerbauweise und P.1063, ein Schnellbomber. Auch über diese beiden Projekte waren keine Einzelheiten zu ermitteln.

He P.1064
Schwerer Langstreckenbomber mit sechs BMW 801 Ea mit einer Startleistung von je 2000 PS. Wahrscheinlich eine Weiterentwicklung der He 277.

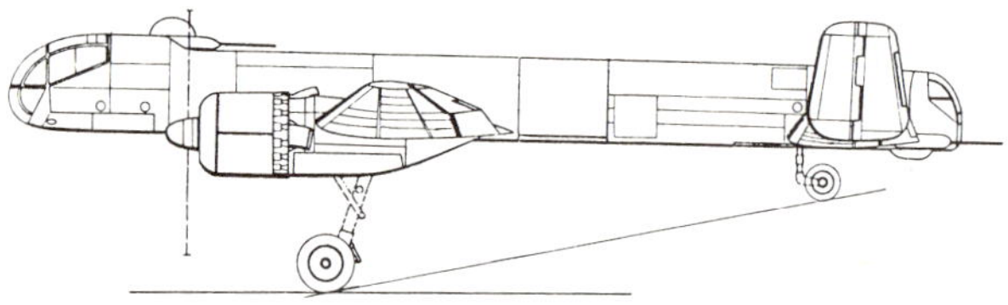

208. Heinkel He P. 1065 I a (BMW 801 E)

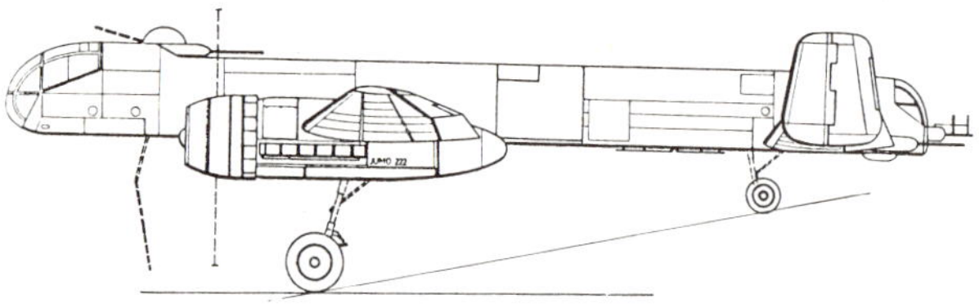

209. Heinkel He P. 1065 I a (Jumo 222)

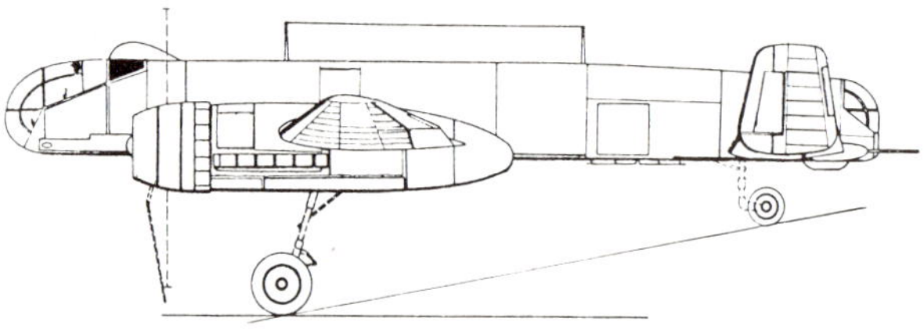

210. Heinkel He P. 1065 I b (Jumo 222)

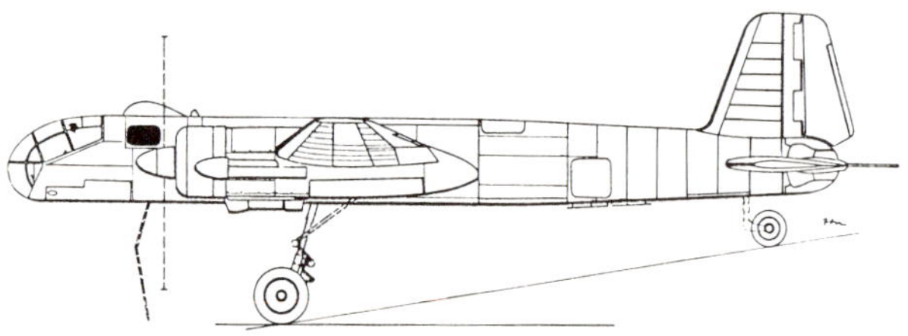

211. Heinkel He P. 1065 I c (He 319 V 1)

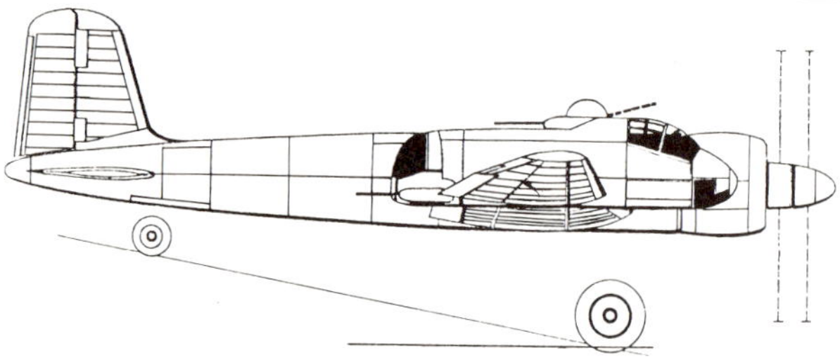

212. Heinkel He P. 1065 II c (linke Seite)

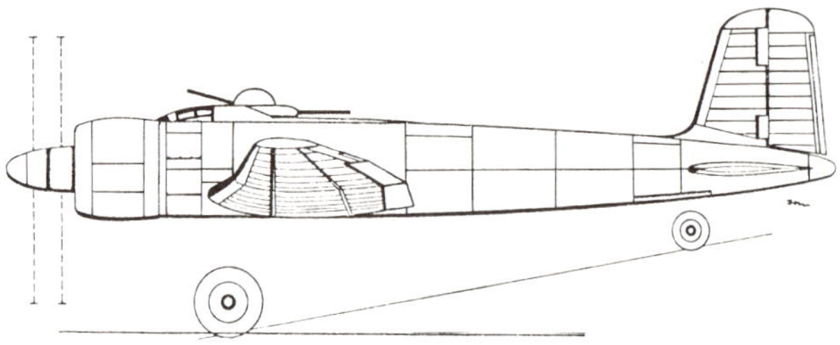

213. Heinkel He P. 1065 II c (rechte Seite)

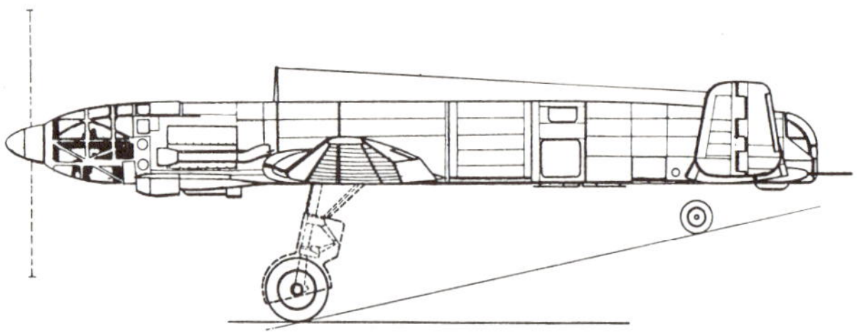

214. Heinkel He P. 1065 III b

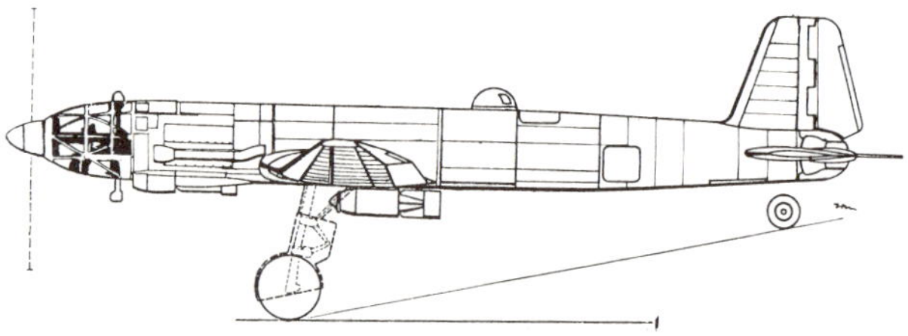

215. Heinkel He P. 1065 III c (He 519)

He P. 1065

Von diesem Projekt wurden sieben verschiedene Versionen entworfen, die sich teilweise erheblich von einander unterschieden. Die Version I in ihren verschiedenen Ausführungen kann eine Konkurrenzentwicklung zur Ju 288 gewesen sein. I a war als Bomber und Schwerer Jäger ausgelegt und sollte entweder mit zwei BMW 801 E oder zwei Jumo 222 ausgerüstet werden. I b war nur mit Jumo 222 ausgerüstet und diente dem gleichen Zweck. Diese drei Versionen hatten Doppel-Leitwerk. I c war als Schnellbomber ausgelegt, sollte als Triebwerk zwei Daimler-Benz DB 609 erhalten und hatte einfaches Leitwerk. Version II war ein einmotoriger Tiefdekker in asymmetrischer Bauart, ähnlich Bv 141, und konnte entweder mit BMW 803 oder DB 619 gebaut werden. Version III ist als Weiterentwicklung der He 119 zu erkennen und als Schnellbomber entweder mit DB 613 C oder DB 619

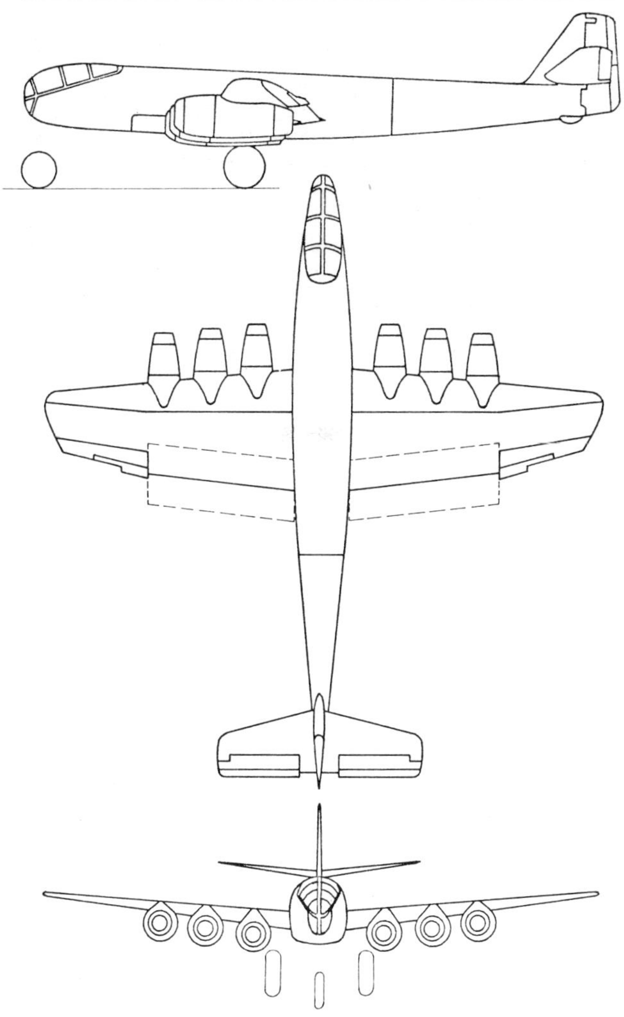

216. Heinkel He P. 1068.01.80

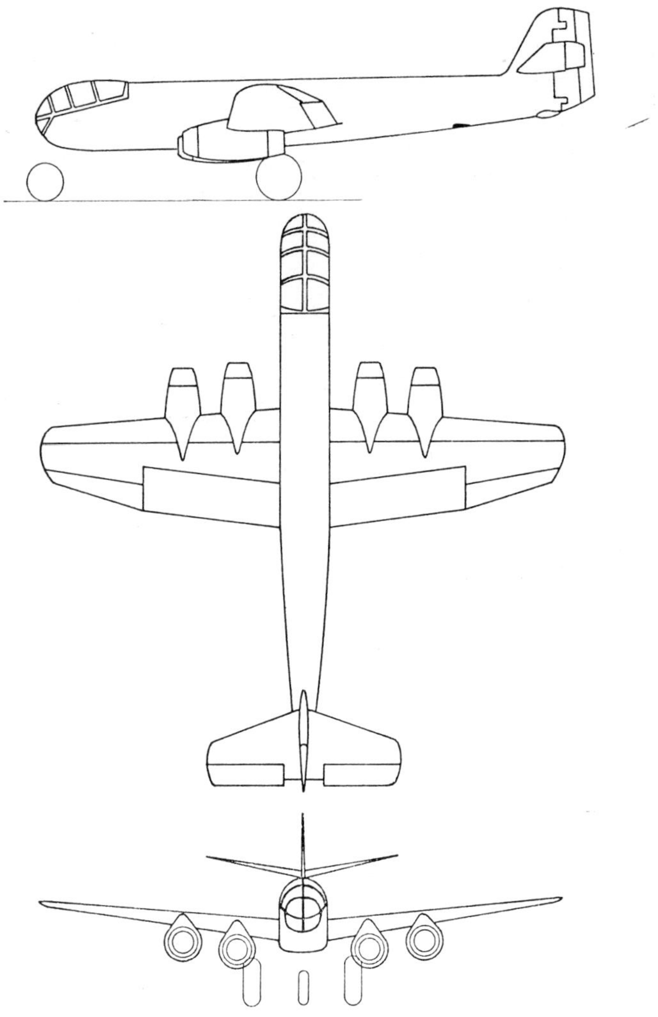

217. Heinkel He P. 1068.01.83

ausgerüstet. P. 1065 Ic sollte die geplante He 319 V 1 werden. P. 1065 IIIc die He 519 V 1.

He P. 1066
Bei diesem Projekt handelt es sich um einen schweren Jagdbomber in Tiefdeckerbauweise, der entweder mit BMW 801 E oder Jumo 222 C ausgerüstet werden sollte.

He P. 1068
Von diesem strahlturbinen-getriebenen Bomber scheint es eine ganze Reihe Versionen gegeben zu haben, von denen zum Teil sogar Modelle gebaut worden sind, die in alliierte Hände fielen. Als Triebwerk waren für alle Versionen Heinkel He S 011 vorgesehen.

P. 1068.01.78
Mitteldecker, gerade Flächen, 4 × He S 011 je 1300 kp, Spannweite 19 m, Länge 20 m, Flächeninhalt 60 m², Startgewicht 22300 kg. Errechnete Höchstgeschw. 853 km/h.

P. 1068.01.80
Mitteldecker, gerade Flächen, 6 × He S 011 je 1300 kp. Abmessungen wie 01.78, Startgewicht 23500 kg, Höchstgeschwindigkeit 930 km/h.

P. 1068.01.83
Ähnlich 01.80, 4 × He S 011 je 1300 kp, Spannweite 16 m, Länge 17 m, Flächeninhalt 43 m², Startgewicht 17960 kg, Höchstgeschwindigkeit 910 km/h.

197. Heinkel He P. 1068 (Modelle)

P. 1068.01.84
Mitteldecker, Pfeilflügel, 4 × He S 011 je 1300 kp, Spannweite 16 m, Länge 17,90 m, Flächeninhalt 45 m², Startgewicht 18260 kg, Geschwindigkeit 895 km/h.

He P. 1069
Jagdeinsitzer mit Strahltriebwerk Jumo 004 B, aber mit ungepfeilten Tragflächen.

Strabo 16
Schnellbomber mit vier Jumo 004 C.

He P. 1070
Jagdbomber in Deltabauweise mit zwei Jumo 004 B.

He P. 1071
Jagdflugzeug in asymmetrischer Bauart mit zwei Jumo 004 B (Vergleiche B & V P 194).

He P. 1072
Bomber mit vier BMW 003 A-0, Mitteldecker, Pfeilflügel.

Heinkel P. 1073.01-04

Bei diesem im Februar 1944 entstandenen Projekt handelt es sich um einen Strahltriebwerksjäger mit verschiedenen Triebwerksanordnungen. Da das ursprünglich vorgesehene Heinkel-Triebwerk He S 011 noch nicht serienreif war, wurde auch der Einbau der Jumo 004 C vorgesehen. Statt des Doppelleitwerks der He 162 hatte die P. 1073 ein Schmetterlingsleitwerk (V-Stellung). Die Bewaffnung bestand aus einer MK 103 und zwei MG 151/20. Der Treibstoff war in drei Behältern von 450, 800 und 250 Litern untergebracht. Die Fahrwerksanordnung war der der He 162 ähnlich. Die Mitnahme von zwei abwerfbaren Zusatztanks von je 500 Liter unter der Tragfläche war möglich. Spannweite 12 m, Länge 10 m, Flächeninhalt 24 m².

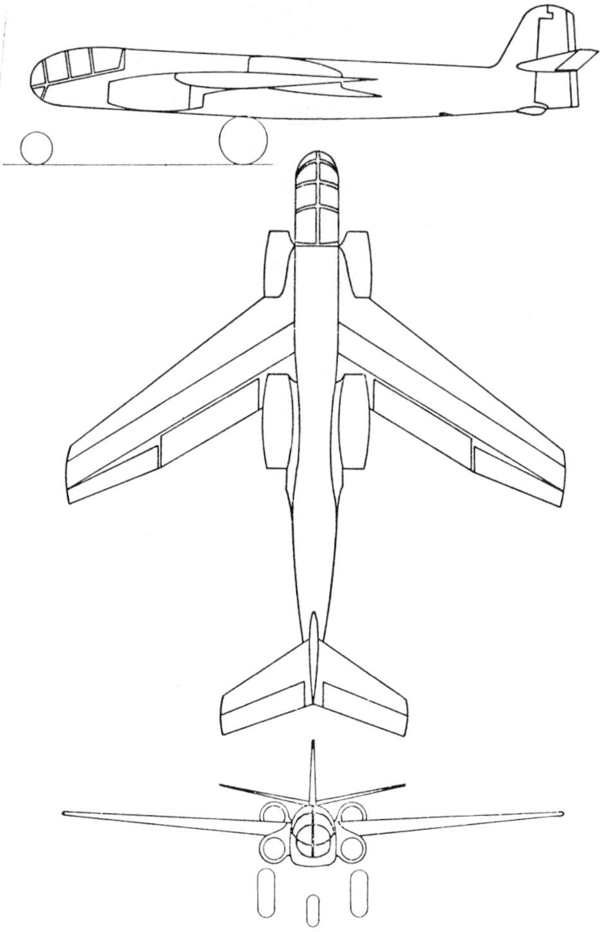

He P. 1074

Über dieses Projekt ist nur bekannt, daß es sich um ein in Mitteldeckerbauart hergestelltes Jagdflugzeug mit BMW 801 mit einer Startleistung von je 2000 PS handeln sollte, das ungepfeilte Tragflächen besaß.

He P. 1075

Dies war der Entwurf für den Bau der Dornier Do 635, die im Heinkel-Werk in Wien-Schwechat gebaut werden sollte. Dabei sollten normale Do 335 A-Rümpfe verwendet werden, für die man bei Heinkel neue Tragflächen entwarf.

He P. 1076

Die Erfolge auf dem Gebiete des Schnellfluges reizten Heinkel immer wieder, das Projekt eines schnellen Jagdeinsitzers mit Kolbenmotor aufzugreifen. Aus den Erfahrungen mit der in der He 100 erprobten Oberflächenkühlung entstand in der He P. 1076 der Entwurf eines Jagdeinsitzers mit der widerstandsärmsten aerodynamischen Durchbildung, die überhaupt zu erreichen war. Gleichzeitig sollte das Muster für Flüge in größeren Höhen besonders geeignet sein, ein DB 603 N-Höhenmotor wurde eingeplant. Dieses Triebwerk in Verbindung mit der widerstandsarmen Oberflächenkühlung, für die Teile der Motorverkleidung, das gesamte Rumpfhinterteil, die Flossen und alle festen Teile des Flügels herangezogen werden sollten, ließ das Muster in 10000 m Höhe eine rechnerische Geschwindigkeit von 830 km/h erreichen. Zu einer Bauausführung kam es jedoch nicht.

Typ: Einmotoriger Jagdeinsitzer.
Flügel: Freitragender Tiefdecker, zweiteiliger zweiholmiger Ganzmetallaufbau. Mittelteil fest am Rumpf. Außenteile mit leichter negativer Pfeilung. Klappen über die gesamte Hinterkante, außen als

218. Heinkel He P. 1068.01.84 ◁

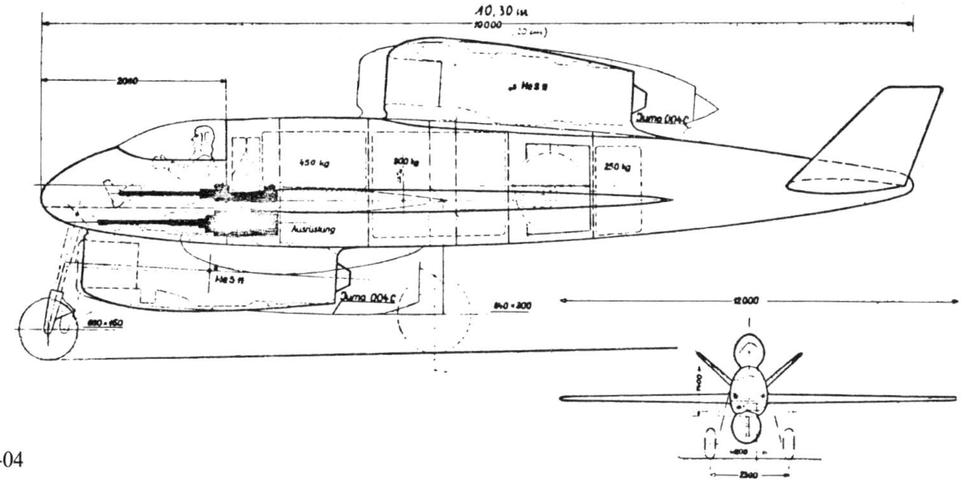

219. Heinkel He P. 1073.01-04

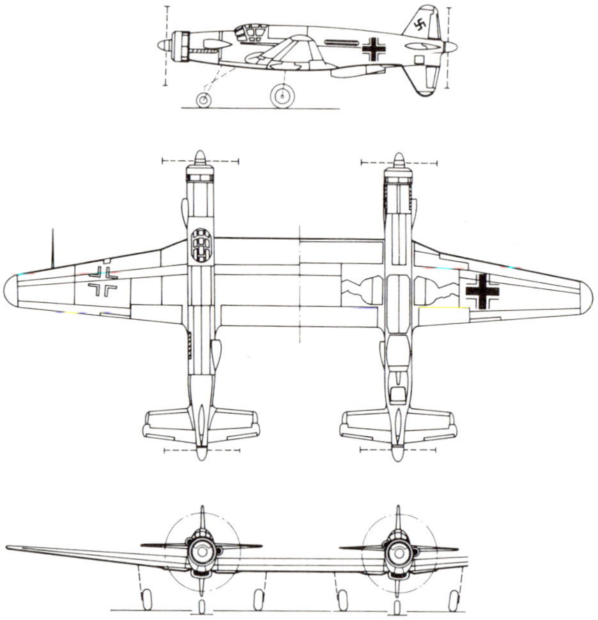

220. Heinkel He P. 1075 (He-Do 635)

Querruder, innen als Landeklappen. Flügeloberfläche bis zum Hinterholm zur Kühlung herangezogen.
Rumpf: Aufbau als Ganzmetallschale mit ovalem Querschnitt. Oberfläche des Rumpfhinterteiles ab der Kabine zur Kühlung herangezogen.
Leitwerk: Freitragendes Normalleitwerk in Ganzmetall. Flossenoberflächen zur Kühlung herangezogen.
Fahrwerk: Einziehbares Normalfahrgestell. Haupträder, an den Rumpfseitenwänden angelenkt, nach hinten bei gleichzeitiger Drehung der Räder um 90° nach hinten unter das Flügelmittelstück, Spornrad nach hinten in das Rumpfheck einfahrbar.
Triebwerk: Ein Daimler-Benz DB 603 N flüssigkeitsgekühlter Zwölfzylinder-Λ-Motor mit 1 × 1750 PS Startleistung. Oberflächenkühlung ohne jede Verwendung eines normalen Kühlers. Gegenläufige Dreiblatt-Verstell-Luftschrauben aus Metall mit 3,30 m Durchmesser. Kraftstoffkapazität 700 Liter in Rumpftank hinter dem Pilotensitz.
Besatzung: Ein Pilot in Druckkabine mit Vollsichthaube.
Militärische Ausrüstung: 3 × 20 mm MG 151/20, davon zwei im Flügel außerhalb des Luftschraubenkreises und eine im Motor, durch die hohle Luftschraubennabe schießend.

Heinkel P. 1077 »Julia«

Obgleich der Volksjäger He 162 ab Januar 1945 in den Großserienbau ging, war es dennoch nicht möglich, den einfliegenden alliierten Bombermassen eine entsprechende Abwehr entgegenzusetzen. Die He 162 zeigte zwar schon eine weitgehende Entfeinerung, verglichen mit den bis dahin üblichen Jagdflugzeugen — sie konnte ohne Schwierigkeiten

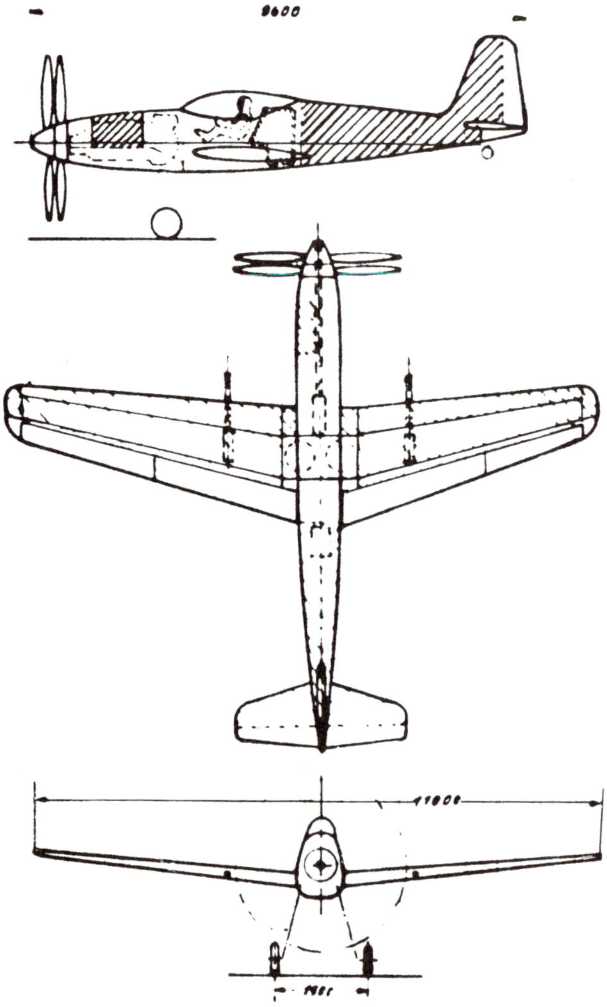

221. Heinkel He P. 1076

in einer Massenproduktion gefertigt werden und besaß auch eine durchaus genügende Leistung und Abwehrkraft — aber sie hatte noch einen kleinen Schönheitsfehler: Sie setzte erfahrene Piloten voraus oder zumindest speziell ausgebildetes Flugpersonal. Dieses Problem hätte innerhalb einer gewissen Zeitspanne gelöst werden können, denn es zeigte sich, daß sich die Piloten schnell auf diesen Typ umstellen konnten. Aber um sich des Massenaufgebots an Feindbombern wirkungsvoller erwehren zu können, als es durch Einsatz von Flak und Jagdwaffe möglich war, wurden im Projektenbüro der Heinkel-Werke in Wien neue Möglichkeiten durchgearbeitet. So entstand eine Abwehrwaffe, die eine Zwischenlösung einer bemannten Flabrakete (Flab = Fliegerabwehr, im Gegensatz zu Flak = Fliegerabwehrkanone)

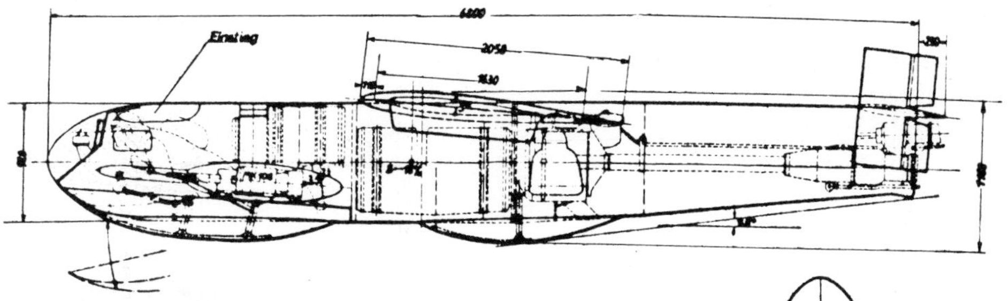

222. Heinkel He P. 1077 »Julia I«

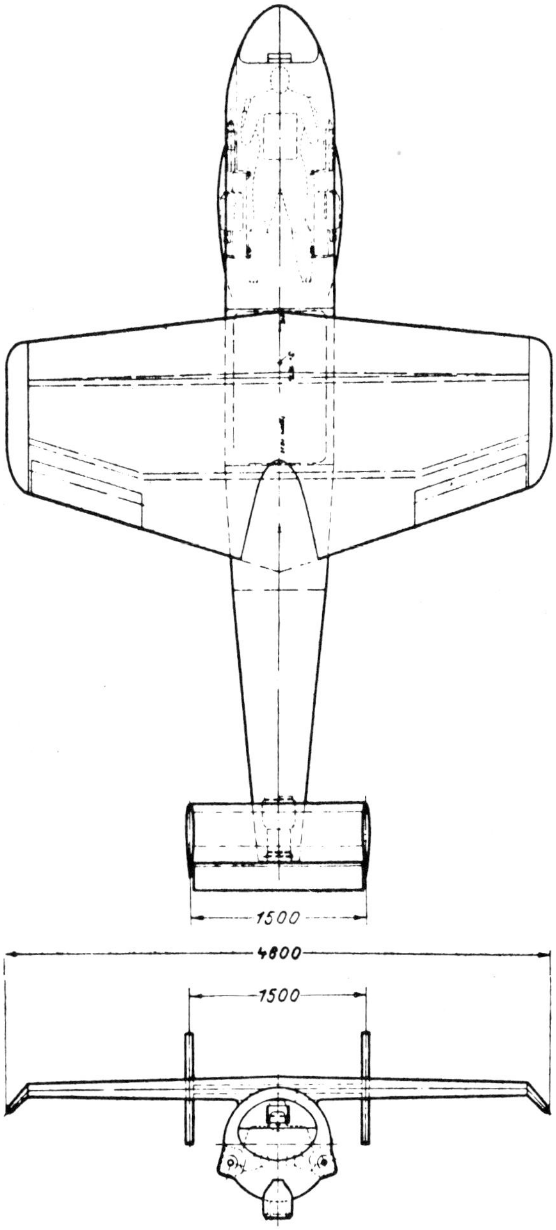

und eines vereinfachten schnellen Kleinst-Jägers mit Raketen-Antrieb darstellte. Der Gedanke an sich war nicht neu, denn die Firma Bachem führte schon ähnliche Versuche für eine entsprechende Abwehr durch und konnte z. Z., da das Heinkel-Projekt P. 1077 noch in der Entwicklung stand, praktische Versuche mit einem bemannten Verschleißgerät durchführen. Dort ging man den radikalen Weg und wollte das Fluggerät von einem Startgerüst aus senkrecht in die Luft starten lassen. Die Versuche verliefen wegen der vielen Schwierigkeiten, die die Verwirklichung eines derartig kühnen Projektes mit sich brachte, bis zum Ende erfolglos. Es kam zu keinem Einsatz des mit Ba 349 A »Natter« (BP 20) bezeichneten Geräts. Der einzige bemannte Start verlief tödlich, da der Pilot offenbar nicht der hohen Startbeschleunigung gewachsen war. Wegen des senkrechten Startes und der Raketenbewaffnung wurde für ein derartiges Fluggerät der Begriff bemannte Flab-Rakete geprägt, obgleich dieser Begriff nicht ganz exakt gewählt war, denn die Natter konnte sich nach Abschuß der mitgeführten Raketen vom Feind absetzen und unter gewissen Voraussetzungen landen. Eine Flabrakete hingegen wird als Ganzes auf das Ziel gerichtet und mit diesem einmaligen Einsatz zerstört. Es würde über den Rahmen dieser Beschreibung hinausgehen, die vielseitigen Forschungen und Experimente der einzelnen Firmen zu beschreiben, die mehr oder weniger zu einem Erfolg führten.
Das Heinkel-Projekt P. 1077 mit dem Beinamen »Julia« konnte als Nebenentwicklung zur He 162 schon am 16. November 1944 den entsprechenden Stellen vorgelegt werden und ging daraufhin, allerdings mit starken Verzögerungen durch Rücksicht auf den H 162 Serienbau, in die Konstruktion. Zur Erreichung guter Flugeigenschaften bei kürzester Entwicklungs- und Erprobungszeit wurde das Flugzeug in normaler Schwanzbauart geplant. Die Größe und der Aufbau des Flugzeuges mußten so gewählt werden, daß hinsichtlich des Triebwerks, der Bewaffnung und Einsatzmöglichkeit genügend große Toleranz und Anpassungsfähigkeit gewährleistet werden konnten, um sich mit den neuesten Waffen und entsprechenden Angriffsmethoden auf die Verteidi-

gungstechnik des Gegners einstellen zu können. Diese Bedingungen setzten voraus, daß die erreichbare Geschwindigkeit größer als die des schnellsten feindlichen Jägers ist, damit einmal ein erfolgreicher Angriff durch den Jagdschutz hindurch durchgeführt werden kann und anschließend ein sicheres Absetzen vom Gegner gewährleistet ist. Somit mußte die geringe Kampfkraft infolge der geringen Nutzlast und der kleinen triebwerkbedingten Reichweite durch eine hohe Übergeschwindigkeit ausgeglichen werden.
Wegen des geringen Wirkungsbereiches der Raketenflugzeuge wurde es notwendig, große Kraftstoffmengen mitzuführen, um mindestens zwei bis drei Angriffe durchzuführen. Der Kraftstoffvorrat der »Julia« wurde aus diesem Grunde zum Auffinden des Gegners bei dessen Ausweichbewegungen und zum sicheren Absetzen vom Verfolger ausreichend groß bemessen. Die Möglichkeit, mehr als einen Anflug pro Start machen zu können, ist schon aus Kraftstoff-Ersparnisgründen erforderlich, da dann etwa 40 Prozent Kraftstoff pro Feindberührung gespart werden. Eine weitere Ausdehnung der Kampfanflüge konnte aus Gründen des Gesamtaufbaus der Konstruktion nicht berücksichtigt werden, denn die »Julia« wurde auf größtmögliche Gewichtersparnis und einfache Fertigung hin ausgelegt. Dieses läßt besonders deutlich die nachfolgende Gewichtszusammenstellung erkennen, wobei das Zellengewicht 19,3 Prozent des Abfluggewichts beträgt.

Gewichte:	Fläche inkl. Landeklappe	120,0 kg
	Rumpf kompl.	150,0 kg
	Leitwerk	30,0 kg
	Steuerung	13,0 kg
	Kufe	34,0 kg
Zellengewicht		347,0 kg
Triebwerk		165,0 kg
Tankanlage		40,0 kg
Panzerung		58,0 kg
Bewaffnung		134,0 kg
Pilot		90,0 kg
Ausrüstung		16,0 kg
Rüstgewicht		850,0 kg
Betriebsstoff C		214,0 kg
Betriebsstoff T		688,0 kg
Munition		48,0 kg
Abfluggewicht		1800,0 kg

Als Verwendungszweck der P. 1077 kam somit vornehmlich die Bekämpfung von Bomberpulks am Tage infrage. Der Einsatz sollte ebenso dem Objektschutz wichtiger Industriezentren und großer ziviler Ansiedlungen wie in Frontnähe der Abriegelung wichtiger Gebiete dienen. Um einen möglichst wirksamen und erfolgreichen Einsatz zu erreichen und alle Möglichkeiten eines bemannten Raketen-Abfangjägers weitgehend auszunutzen, sollten folgende Forderungen berücksichtigt werden:

1. Verzicht auf Flugplätze mit Rücksicht auf Feindeinwirkung, Tarnung, Unabhängigkeit vom Gelände und Bodenbeweglichkeit.
2. Infolge der geringen Reichweite und der hohen Fluggeschwindigkeit kann für einen notwendigen Massenangriff kein Sammeln in der Luft durchgeführt werden, weshalb ein Massenstart vorausgesetzt wird.
3. Es muß möglich sein, jeden Punkt des Kampfraumes auf Sicht oder mit Leitinstrumenten aufgrund von Flakleitwerten ohne komplizierte Jägerleitverfahren in kürzester Zeit anzufliegen.

Diese Forderungen konnten aber nur vom Senkrecht- oder Steil-Start und Steil-Anstieg erfüllt werden, und so wurden erfolgreiche Senkrecht-Start-Modellversuche durchgeführt. Das Startgestell sollte dabei aus Aufwandsgründen nur aus einer billigen und einfachen, leichttransportablen Haltevorrichtung ohne Führungsschienen bestehen. Aus diesem Grunde kam als Sofortlösung erst einmal ein Horizontalstart infrage, da die Haltevorrichtungen noch speziell unter Auswertung der Modellversuche entwickelt werden mußten und eine unvertretbare Zeit in Anspruch genommen hätten.
Größe, Konstruktion und Ausrüstung der »Julia« wurden bis an die Grenze der Zweckmäßigkeit klein und einfach gehalten, damit das Gerät nur einen Bruchteil von den Entwicklungs- und Fertigungszeiten und vom Materialaufwand eines derzeitigen in Entwicklung oder Serie befindlichen Strahljägers kostete. Die einzelnen Konstruktionsteile wurden so klar und einfach gestaltet, daß eine Herstellung der Teile von kleinsten Betrieben mit einfachen Vorrichtungen durchgeführt werden konnte. Trotz des einfachen Aufbaus der Zelle konnten die wesentlichsten Punkte für die Sicherheit des Piloten berücksichtigt werden.
Die Ausbildungsanforderungen wurden wegen der einfachen Bedienung des Fluggerätes gering gehalten, denn es kam eine ausreichende einfache Bedienungsausrüstung zum Einbau. Die Flugeigenschaften wurden weitgehend schon auf Grund früherer Erfahrungen mit in die Konstruktion einbezogen. Da bei einem reinen »Verbrauchsgerät« die Gefahr bestand, daß der Gegner die am Fallschirm hängenden Piloten abschießt, mußte aus diesem und aus Materialerhaltungsgründen eine Vorrichtung für Landungen geschaffen werden. Grundsätzlich mußte hierbei auf ein Minimum an Gewichte und Aufwand geachtet werden, weshalb als einfachste und billigste Lösung die Kufe ein Fahrgestell ersetzt. Damit wurde eine Außenlandung als Regelfall vorausgesetzt. Andererseits konnte der Pilot selbst bei hohen Geschwindigkeiten einen sicheren Absprung durchführen, wobei sich

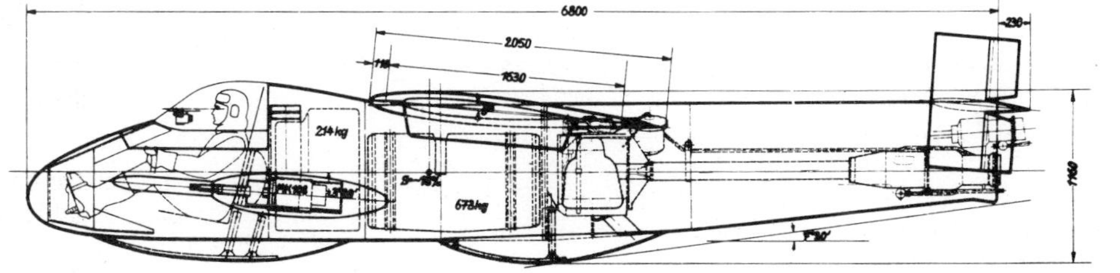

223. Heinkel He P. 1077 »Julia II«

dann die gesamte Liegewanne vom übrigen Fluggerät löste.

Als Bewaffnung kamen zwei MK 108/20 nun zum Einbau, die beiderseits des Rumpfes in Wulsten untergebracht waren. Doch konnten die Waffen durch alle Arten neuartiger Bewaffnungen ausgewechselt werden, ohne daß größere Änderungen oder Leistungsverluste eintraten. Die Sicht- und Panzerungsverhältnisse sowie die Unterbringung des Piloten waren ausgezeichnet, so daß sich bei den Flugleistungen und Festigkeiten die verschiedenartigsten Angriffsmethoden durchführen ließen.

Wie schon erwähnt, zögerte sich der Bau der »Julia« hinaus, denn der Bau der He 162 erforderte weitgehend die Baukapazität der Heinkel-Werke. So wurden zwar die Attrappen der »Julia« fertiggestellt, aber die Bauarbeiten der bei Kriegsende kurz vor der Fertigstellung stehenden Einsatzmuster konnten nicht mehr zu Ende geführt werden; sie wurden kurz vor Einzug der Alliierten in Wien zerstört.

Die »Julia« war eine Holzkonstruktion in Schulterdeckerbauweise mit teilweiser Blechbeplankung. Der Pilot sollte im vorderen Teil des Fluggerätes liegend in einer gepanzerten Druckkabine untergebracht werden. Die Einstiegluke befand sich oberhalb der Kabine, doch konnte im Notfall die Liegewanne mit der vorderen Kufe vom Fluggerät getrennt werden. Beiderseits neben der Kabine befanden sich die beiden Waffenwulste mit den Maschinenkanonen MK 108/20 mm. Die Munitionsmagazine waren innerhalb der Druckkabine über dem Piloten angeordnet, zusammen mit dem Tank für den C-Treibstoff. Hinter dem folgenden Trennspant befand sich der T-Treibstofftank in einem durch einen weiteren Trennspant abgegrenztem Raum, durch dessen oberen Teil die Befestigungsgurte der durchlaufenden Tragfläche führten. An dem zweiten Trennspant wurde die hintere Kufe abgestützt und auch das Walter-Raketentriebwerk R 109-509 aufgehängt. Dieses Antriebsaggregat erreichte eine regelbare Schubleistung von 200 bis 1700 kp. Mit Hilfe der angebauten Marschkammer, deren Schub zwischen 150 kp und 300 kp regelbar war, konnten Sparflüge durchgeführt werden, wodurch die maximale Reichweite auf 73 km nach einem Steigflug auf 5000 m Höhe gebracht werden sollte. Oberhalb der Triebwerk-Öfen wurde das Leitwerk mit dem doppelten Seitenleitwerk aufgesetzt.

Die Tragfläche mit 4,6 m Spannweite war eine reine Holzkonstruktion, die auf den Erfahrungen mit der He 162 basierte. Die Enden waren ebenfalls zur Stabilitätserhöhung nach unten abgewinkelt, doch besaß die Fläche keine Landeklappen, weshalb die Flächenanstellung von 5° bei dem geringen Leergewicht ausreichen mußte.

Eine Parallelentwicklung mit ähnlichem Aufbau und gleicher Projektnummerbezeichnung entstand im Entwicklungsbüro in Wien, die sich dadurch von der »Julia« unterschied, daß der Pilot in normaler sitzender Stellung im Flugzeug untergebracht werden sollte. Diese Lösung, die wegen der hohen Beschleunigung beim Start zu besseren Ergebnissen führte, wurde ohne vorherige Attrappenherstellung ebenfalls in Wien in Bau genommen. Die Leistungen dieses Gerätes waren jedoch wegen des vergrößerten Rumpfquerschnitts bei gleicher Triebwerkausrüstung wie die »Julia I« geringfügig schlechter geworden. Abgesehen von ihrer verstärkten Zelle unterschied sich die »Julia II« äußerlich nicht im Aufbau von der »Julia I«.

Da die Raketentriebwerke damals trotz besten Funktionierens immer noch »heiße« Angelegenheiten waren, untersuchte man eine Ausweichlösung mit einem ähnlich der V-1 (FZG-79 oder Fieseler Fi 103) aufgesetzten Schmidt-Argus-Rohr als Antrieb. Dieses für 750 kp Schubleistung ausgelegte Pulso-Triebwerk hätte dem Flugzeug, das die Bezeichnung »Romeo I« erhielt, bei weitem nicht die Geschwindigkeitsleistung geben können wie das Raketentriebwerk der »Julia«, dafür aber eine ungleich höhere Reichweite. Das Projekt Heinkel He P. 1077 »Romeo I« zeigte einen ähnlichen Aufbau wie die »Julia II«, besaß jedoch die oben erwähnte, abgeänderte Triebwerkanlage. Um wegen der geringeren Schubleistung eine günstigere Flächenbelastung (kg/m^2) und Flächenleistung (kp/m^2) zu erhalten, projektierte man einen zweiten Projekt-Schutzjäger mit der Bezeichnung »Romeo II«. Dieses Flugzeug sollte sich von der »Romeo I« durch eine größere Spannweite bei gleichbleibendem Rumpfaufbau und gleichem Leitwerk von der »Romeo I« unterscheiden.

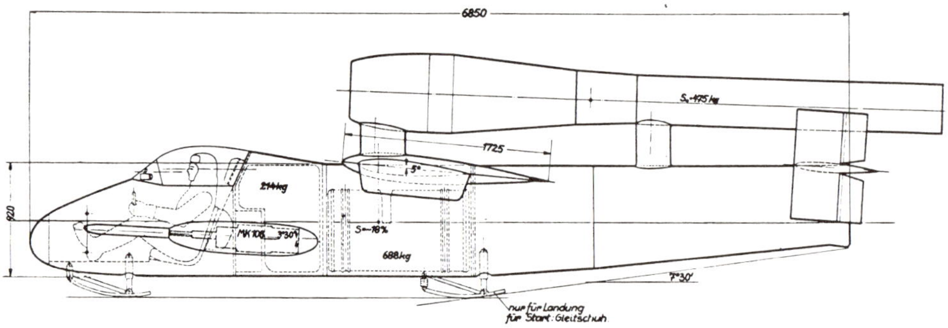

224. Heinkel He P. 1077 »Romeo«

Das Projekt »Romeo« konnte jedoch wegen der nicht vorhandenen Fertigungskapazität nicht mehr in Bauausführung genommen werden. Da die Firma Argus das Pulso-Triebwerk bis Anfang 1945 nicht mehr liefern konnte, konzentrierte man sich bei der Bauausführung des Projekts He P. 1077 auf die Bauausführung der »Julia I« und »Julia II«.

He P. 1078

Mitte 1944 schrieb das OKL einen Entwicklungsauftrag für einen Jagdeinsitzer mit einer 1300 kp Schub starken Heinkel He S 011-Strahlturbine aus. In der Ausschreibung gefordert wurden 2 × 30 mm MK 108 als Bewaffnung und ungefähr 1000 km/h Höchstgeschwindigkeit in 7000 m Höhe. Entsprechende Spezifikationen wurden den Firmen Blohm & Voß, Focke-Wulf, Heinkel, Junkers und Messerschmitt zugeleitet. Das Projekt, welches Heinkel nach dieser Ausschreibung entwickelte, trug die Bezeichnung He P. 1078. Bei einer ersten Besprechung des OKL mit den Entwicklungsfirmen vom 19. bis 21. Dezember 1944 wurden von Heinkel die Pläne der He P. 1078 A und He P. 1078 B vorgelegt, diese jedoch für eine zweite Besprechung vom 12. bis 15. Januar 1945 zur He P. 1078 C weiterentwickelt. Die *He P. 1078 A* war als normaler Pfeilflügeljäger mit einer Spannweite von 8,91 m ausgelegt. Lufteinlauf der im unteren Rumpfteil hängenden Turbine im Rumpfbug mit darüberstehender Nase zur Aufnahme des Such-Radar-Gerätes. Hinter dem Turbinenaustritt lief der Rumpf oben als Leitwerksträger weiter. Freitragendes Normalleitwerk mit Pfeilung an allen Flächen. Die Flügelenden waren leicht nach unten abgeknickt. Einziehbares Normalfahrgestell, bei dem alle Einheiten in den Rumpf eingezogen wurden. Das Bugrad mußte durch den Lufteinlauf unsymmetrisch angeordnet werden und saß nach rechts versetzt. Als Bewaffnung waren 2 × 30 mm MK 108 in den Rumpfseitenwänden vorgesehen. Als Alternativlösung wurde die *He P. 1078 B* schwanzlos ausgelegt. Der gepfeilte Flügel besaß stark nach unten geknickte Flügelenden. Die Strahlturbine lag zentral in einer kurzen Rumpfgondel an der Flügelhinterkante. Der Luftein-

225. Heinkel He P. 1078 A

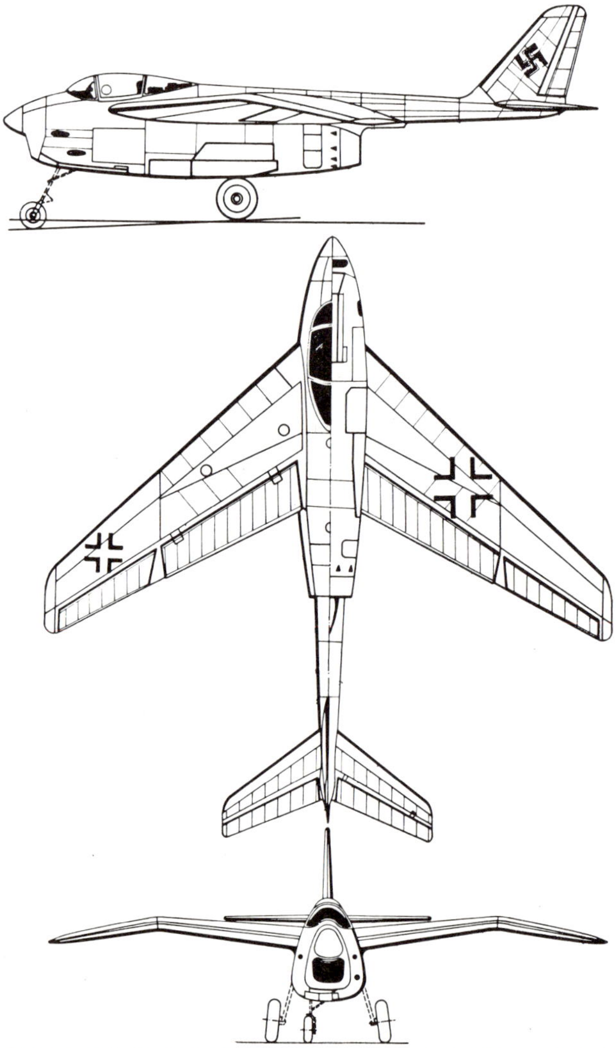

lauf befand sich zwischen zwei weiteren Rumpfgondeln an der Flügelvorderkante, von denen die linke den Piloten und die rechte 2 × 30 mm MK 108 und das Bugrad aufnahm. Dieser Entwurf fand aber nicht den Anklang des OKL, weshalb er zur *He P. 1078 C,* der Abschlußlösung, weiterentwickelt wurde. Für diese Version wurde der komplette Flügel der Ausführung B übernommen, jedoch ein neuer Zentralrumpf konstruiert.

Typ: Einstrahliger Jagdeinsitzer.

Flügel: Freitragender Halbschulterdecker. Fünfteiliger Aufbau in Ganzholzbauweise. Mittelstück aus Metall fest am Rumpf. Die folgenden Außenteile besitzen starke V-Form und die Flügelenden sind scharf nach unten abgeknickt. Flügelpfeilung 45°. Landeklappen.

Rumpf: Kurze Rumpfgondel in Ganzmetall-Schalenbauweise mit im Heck gelagertem Strahltriebwerk. Bug als viereckiger Lufteinlauf ausgebildet.

Leitwerk: Höhen-, Seiten- und Quersteuerung kombiniert durch Klappen im Außenflügel und in den nach unten geknickten Flügelenden.

Fahrwerk: Einziehbares Dreiradfahrgestell. Alle Räder in den Rumpf einfahrbar, das Bugrad nach hinten, die Haupträder nach vorne.

Triebwerk: Eine Heinkel He S 011-Strahlturbine mit 1 × 1300 kp Standschub im Rumpfhinterteil.

226. Heinkel He P. 1078 B

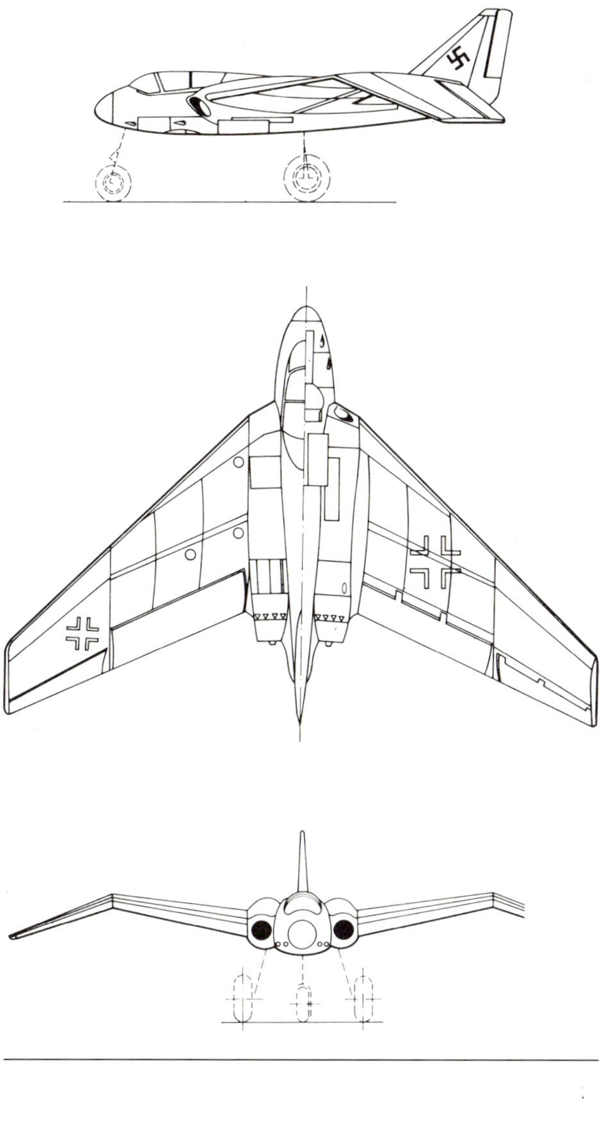

227. Heinkel He P. 1079 A

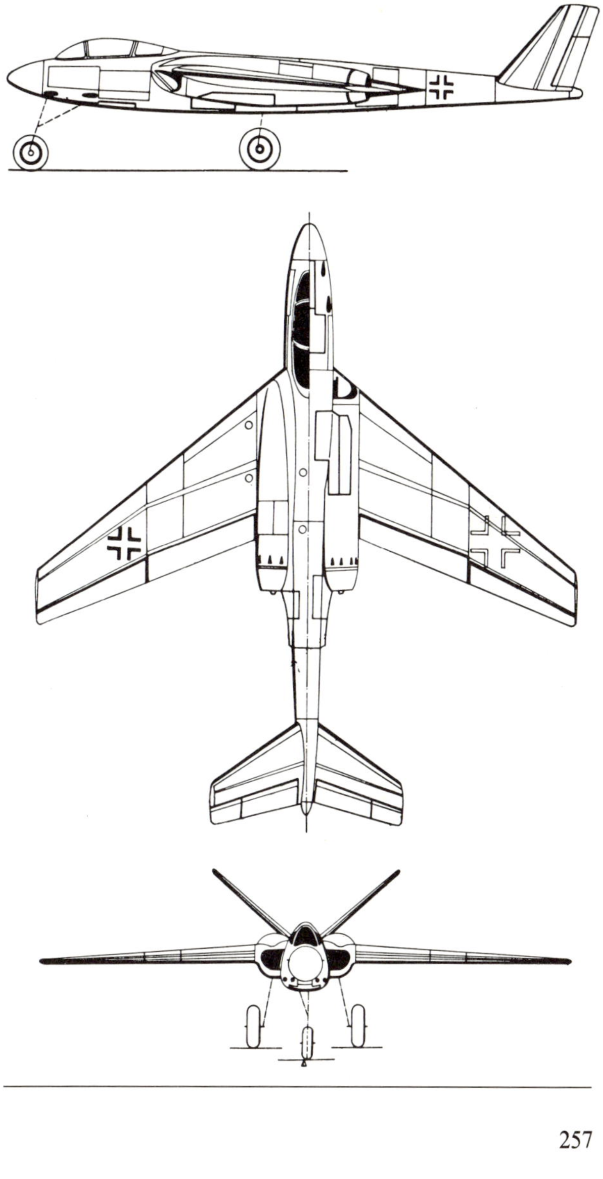

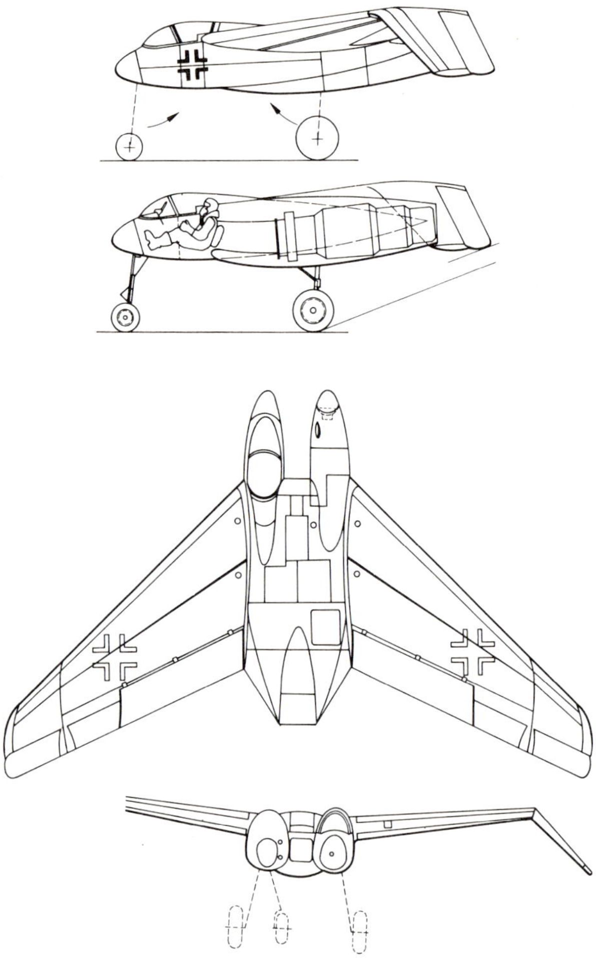

228. Heinkel He P. 1079 B

229. Heinkel He P. 1080

Besatzung: 1 Pilot in Druckkabine.
Militärische Ausrüstung: 2 × 30 mm MK 108 in den Flügelwurzeln beiderseits des Rumpfes.

He P.1079

Bei diesem Projekt handelt es sich um einen Mitteldecker mit zwei He S 011-Strahlturbinen, von dem fünf verschiedene Versionen entwickelt wurden. P. 1079 A war ein Nachtjäger mit einer Tragflügelpfeilung von 35° und V-Leitwerk. Die Triebwerke waren in den Flügelwurzeln untergebracht. Die Bewaffnung bestand aus vier MK 108. Die Zwei-Mann-Besatzung war — Rücken an Rücken sitzend — in einer Druckkabine untergebracht. P. 1079 B war in Nurflügelbauweise entworfen. Die Maschine konnte einsitzig geflogen werden, obwohl zwei nebeneinanderliegende Rumpfvorderteile vorgesehen waren. Links sollte der Flugzeugführer sitzen, während die gesamte Bewaffnung von vier MK 108 in dem rechten Rumpfvorderteil untergebracht war. Auch dieser Tragflügel hatte eine Pfeilung von 35°. P. 1079 C entsprach weitgehend P. 1079 A, hatte aber einen Tragflügel von 45° Pfeilung. Die Versionen D und E waren ebenfalls als Nachtjäger ausgelegt und unterschieden sich von A nur durch unterschiedliche Funk- und Ortungsausrüstung. Die Bewaffnung aller fünf im Jahre 1944 entstandenen Versionen bestand aus vier MK 108.

He P.1080

Kurz vor Kriegsende erhielt das Heinkel-Entwurfsbüro Unterlagen über ein von Dr. Sänger in Ainring entwickeltes Staustrahl-Rohr. Das RLM erteilte den Auftrag, mit diesem

Triebwerk einen Jagdeinsitzer zu entwerfen, der bei Heinkel die Projektbezeichnung He P. 1080 erhielt. Probleme brachten die etwa 2500° C betragenden hohen Verbrennungstemperaturen mit sich, die es erforderlich machten, den heißen Teil des Triebwerkes möglichst ungehindert dem freien Fahrtwind auszusetzen. Es wurde deshalb ein Nurflügelentwurf vorgesehen, bei dem zwei Staustrahlrohre mit je 900 mm Durchmesser seitlich der Rumpfgondel in die Flügelwurzeln gelegt waren. Diese Triebwerke sollten bei einer Geschwindigkeit von 500 km/h 1170 kp und bei 1000 km/h 4370 kp Schub leisten. Als Flügelumriß wurde der der He P. 1078 C gewählt, allerdings der Flügelknick fallengelassen. Der Rumpf besaß im Heck ein normales Seitenleitwerk. Im Bug befand sich vor der Pilotenkabine das verkleidete Such-Radar, dahinter ein Brennstoffbehälter für 1100 kg. 2 × 30 mm MK 108 waren im unteren Rumpfbug untergebracht. Da bei einem Staustrahl-Triebwerk im Stand kein Schub vorhanden ist, sollte der Start mittels 4 × 1000 kp Pulverraketen, die nach ihrer Brenndauer von zwölf Sekunden abwerfbar waren, auf einem abwerfbaren Fahrgestell durchgeführt werden. Für die Landung war eine einziehbare Zentralkufe unter dem Rumpf vorgesehen. Wegen der Kriegsereignisse kam das Projekt über die Durchrechnung nicht hinaus.

Heinkel »Wespe«

Projekt eines Senkrechtstarters in Ringflügelbauweise. Als Antrieb sollte eine Heinkel-Hirth-Propellerturbine He 21 mit einer Startleistung von 2000 PS + 750 kp Schub dienen. Der Durchmesser des Ringflügels sollte 6,20 m betragen, die Flügelfläche 29,70 m². Das Abfluggewicht wurde auf 2140 kg berechnet. Das Gerät sollte eine Höchstgeschwindigkeit von 800 km/h erreichen.

Heinkel »Lerche«

Auch dieses Projekt entstand wie die »Wespe« erst in den letzten Kriegsmonaten. Nach den Ideen des Ingenieurs Reiniger, der im Wiener Heinkelwerk tätig war, sollte dieses ebenfalls in Ringflügelbauart entwickelte Flugzeug als Schlachtflugzeug eingesetzt werden, im Gegensatz zur »Wespe«, die als Objektschutzjäger gedacht war. Die Entwurfszeichnung wurde am 25. Februar 1945 in Wien abgeschlos-

230. Heinkel He Projekt »Wespe«

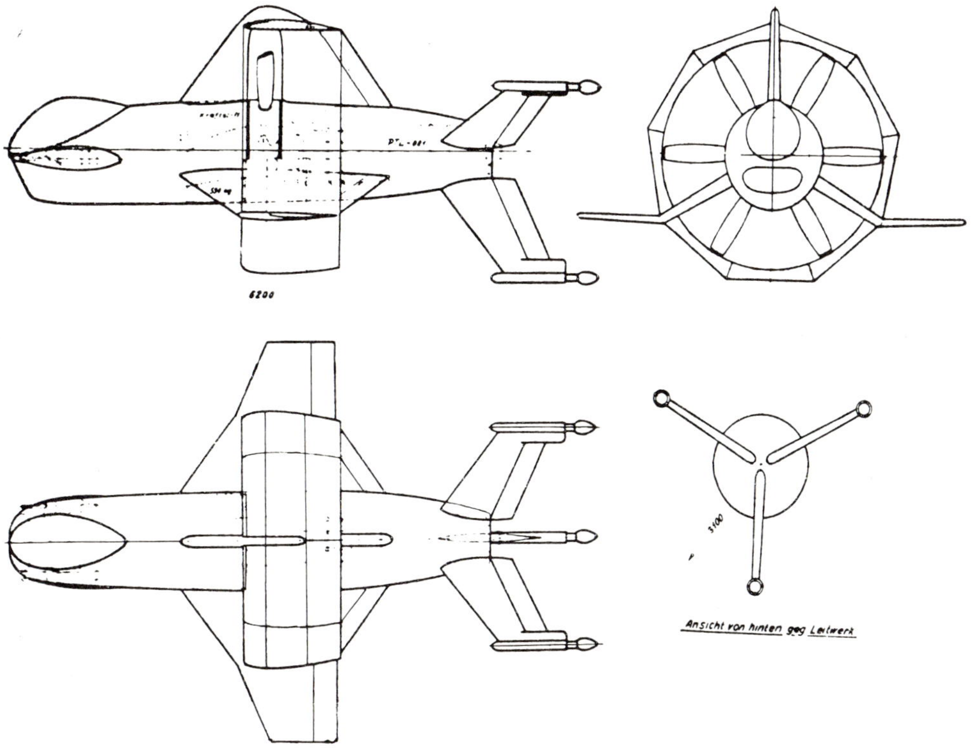

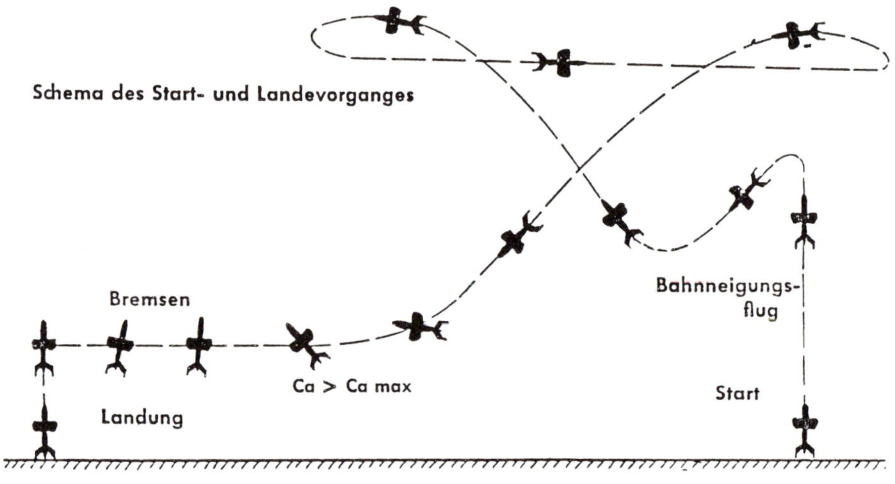

sen. Den Abschlußbericht stellte Reiniger am 8. März 1945 fertig. Als Triebwerk waren zwei Daimler-Benz DB 605 D mit einer Gesamtleistung von 4000 PS vorgesehen. Das Gerät hatte im Stand (aufgerichtet) eine Höhe von 9,40 m, war also um 3,20 m größer als die »Wespe«. Als Bewaffnung waren zwei MK 108 vorgesehen. Beim Start stand der Pilot im Führerraum, hatte dann aber nach Übergang zum Horizontalflug Bauchlage.

232. Heinkel He Projekt »Lerche II« ▷

198. Heinkel »Lerche« (Modell) ▽

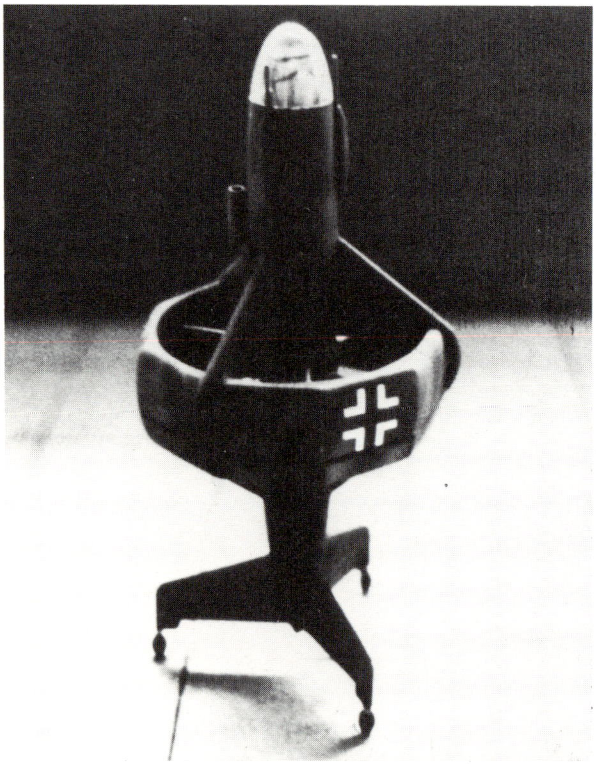

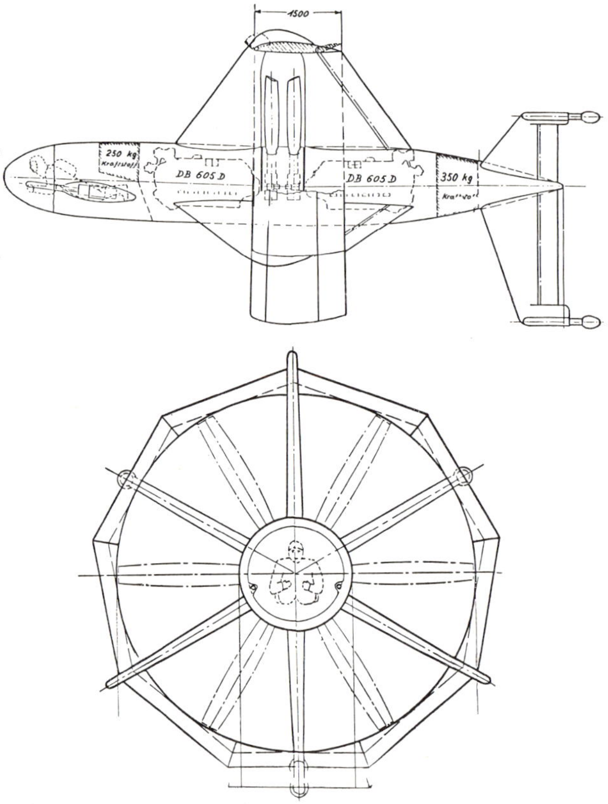

Tabellenteil

Erläuterungen zu den Tabellen

Zweck (Type)

A = Aufklärer (Reconnaissance plane), B = Bomber (Bomber), H = Hubschrauber (Helicopter), J = Jäger (Fighter), JB = Jagdbomber (Fighter-Bomber), LS = Lastensegler (Cargo glider), LZ = Langstrecken-Zerstörer (Long range heavy fighter), M = Mehrzweckflugzeug (Utility plane), N oder NJ = Nachtjäger (Nightfighter), P = Postflugzeug (Mailplane), R = Reiseflugzeug (Touring plane), S oder Sp = Sportflugzeug (Sporting plane), Sc = Schlachtflugzeug (Ground-attack plane), Sch = Schulflugzeug (Basic trainer), SN = Seenotflugzeug (Sea rescue plane), T = Transporter (Cargo plane), Tr = Tragschrauber (Autogyro), Ü = Übungsflugzeug (Advanced trainer), V = Verkehrsflugzeug (Airliner), Wa = Wandelflugzeug (VTOL-Convertiplane), X = Versuchsflugzeug (Experimental plane), Z = Zerstörer (Heavy fighter).

B = Besatzung (Crew)

Triebwerk (Power plant)
Muster (Type)
× N = Anzahl der Triebwerke × Leistung (Number of engines × Power)
(PS = H.P.)

Abmessungen (Dimensions)

b = Spannweite (Span) h = Höhe (Height)
l = Länge (Lenght) F = Flügelfläche (Wing area)

Gewichte (Weights)

G_l = Leergewicht (Weight empty)
G = Fluggewicht (Weight loaded)

Leistungen (Performance)

V_{max}	= Höchstgeschwindigkeit (Max. speed)
V_{reise}	= Reisegeschwindigkeit (Cruising speed)
V_{lande}	= Landegeschwindigkeit (Landing speed)
V_{steig}	= Steiggeschwindigkeit in Bodennähe (Initial rate of climb)
min für m	= Steigzeit in Minuten für Höhe in Meter (Time of climb)
RW	= Reichweite (Range)
H	= Gipfelhöhe (Service Ceiling)

Militärische Ausrüstung (Armament)

Type	Zweck	B	Triebwerk Muster	× N	Abmessungen b (m)	l (m)	h (m)	F (m²)
Erla 4 A	S	1	DKW	1×14 PS	12,20	6,50	.	14,00
Erla 5 D	S	1	Zündapp 9-092	1×50 PS	11,00	6,80	1,80	14,0
Erla 6 A	S	1	Schliha	1×20 PS	12,30	6,70	.	15,00
FAG Hamburg								
Nr. 1	S	2	Breuer	1×45 PS	11,00	7,35	1,90	13,40
Kobold	S	1	ILO FL2-400	1×22 PS	9,70	6,00	1,95	9,50
FAG Stettin								
Typ 4	S	1	Kröber M 4	1×18 PS	11,00	5,70	2,30	19,50
La 11	S	1 }	Mercedes }	1×23 PS	10,50	6,10	2,10	14,50
La 11 W	S	1			10,50	6,10	2,10	14,50
FAG Chemnitz								
C 10	MS	1	Kröber M 4	1×18 PS	12,50	6,03	2,07	12,00
FTF München								
Mü 13	MS	1	Kröber M 4	1×18 PS	16,00	6,40	1,42	17,00
Fieseler								
Fi 5 R	S	2	Hirth HM 60 R	1×80 PS	10,00	6,60	2,30	13,60
Fi 97	R	4	Argus AS 17	1×225 PS	10,70	8,24	2,36	15,30
Fi 98	St	1	BMW-Bramo 322 H-2	1×650 PS	11,50	7,40	3,00	25,50
Fi 99	S	2	Hirth HM 506 A	1×160 PS	10,70	7,90	2,15	16,80
FI 156 C-1	M	1+2	Argus As 10C	1×240 PS	14,25	9,90	3,05	26,00
Fi 256	R	1+4	—	1× PS	14,90	9,70	2,48	27,00
Fi 158	X	1	Hirth HM 506 A	1×160 PS	7,00	6,60	1,70	7,00
Fi 167	M	2	DB 601 A	1×1175 PS	13,50	11,40	4,80	45,50
Fi 253	S	2	Zündapp Z 9-092	1×50 PS	.	.	.	.
Fi 333	T	.	BMW 323 D	2×1000 PS	30,00	22,00	5,80	.
Fl 184	Tr.	2	BMW-Bramo Sh 14A	1×150 PS	12,00	.	.	.
Fl 185	XH	1	BMW-Bramo Sh 14A	1×150 PS	12,0	.	.	.
Fl 265	XH	1	BMW-Bramo Sh 14A	1×150 PS	12,30	.	.	.
Fl 282	AH	1	BMW-Bramo Sh 14A	1×150 PS	12,30	6,16	2,82	.
Fl 339	AH	2	Argus AS 10C	1×240 PS	13,70	.	.	.

Gewichte		Leistungen									Militärische Ausrüstung
G_L (kg)	G_F (kg)	V max (km/h)	in H (m)	V Reise (km/h)	V Lande (km/h)	V Steig (m/min)	(min	f. m)	Rw. (km)	Gipfh. (m)	
180	280	100	0	.	.	.	12,0	1000	.	3000	—
265	385	160	0	140	62	210	6,0	1000	620	4700	—
200	300	125	0	110	45	125	9,0	1000	280	3800	—
330	540	160	—	140	68	—	30,0	3000	500	3800	—
200	305	120	—	100	60	—	11,0	1000	300	—	—
	290	98	—	75	47	—	36,0	2000	225	3000	—
215	325	120	—	100	45	—	9,0	1000	450	3500	—
250	360	105	—	90	48	—	15,0	1000	350	—	—
200	300	155	—	130	58	—	—	—	424	—	—
175	285	133	—	100	50	—	—	—	—	—	—
395	660	200	0	175	60	220	6,0	1000	1000	4200	—
560	1050	250	1000	220	58	335	3,8	1000	1200	7300	—
1450	2160	295	2000	270	95	.	1,7	1000	470	9000	.
555	875	236	1000	223	72	320	3,4	1000	830	6250	—
930	1320	175	0	128	51	275	4,0	1000	385	5090	1 × MG 15
.	.	.	.	.	.	.	.	.	.	.	—
494	646	350	0	300	104	.	2,0	1000	370	6700	—
3100	4850	320	0	250	95	.	2,7	1000	1300	7500	1 × MG 15, 1 × MG 17
.	.	.	.	.	.	.	.	.	.	.	—
.	.	.	.	.	.	.	.	.	.	.	—
.	.	.	.	.	.	.	.	.	.	.	—
.	900	.	.	.	.	.	.	.	.	.	—
.	1000	.	.	.	.	.	.	.	.	.	—
760	1000	150	0	115	.	.	.	.	300	4100	—
.	1300	.	.	.	.	.	.	.	.	.	—

Type	Zweck	B	Triebwerk Muster	Triebwerk × N	Abmessungen b (m)	Abmessungen l (m)	Abmessungen h (m)	Abmessungen F (m²)
Fa 61	XH	1	BMW-Bramo Sh 14 B	1×110 PS	2×7,0	7,29	2,64	
Fa 223 E	TH	6	BMW 323 Q-3	1×735 PS	2×12,0	12,25	4,36	—
Fa 224	SH	2	Argus As 10 C	1×270 PS	·	·	·	·
Fa 225	TTr	·	—	—	12,00	·	·	·
Fa 266	VH	6	BMW 323 Q-3	1×1 000 PS	24,50	11,70	·	·
Fa 269	Wa	2	DB 601 oder 605	2×1 100/1 275	10,00	8,90	·	·
Fa 284	TH	1	BMW 801	2×1 600 PS	37,30	18,60	·	·
Fa 330	ATr	1	—	—	7,31	·	·	·
Fa 336	AH	1	·	1×100 PS	·	·	·	·
Fw 43	R	3	Argus As 10	1×220 PS	10,00	8,30	2,30	14,0
Fw 44 B	Ü	2	BMW-Bramo Sh 14 A	1×150 PS	9,00	7,30	2,70	20,0
Fw 47	W	2	Argus As 10 C	1×240 PS	17,76	10,57	3,04	35,0
Fw 55 L	Ü	2	Argus As 10 C	1×240 PS	13,30	9,30	2,70	22,4
Fw 56	Ü	1	Argus As 10 C	1×240 PS	10,50	7,60	2,60	14,0
Fw 57	B	3	Jumo 210 G	2×680 PS	25,00	16,40	·	73,5
Fw 58 A	Ü	4	Argus As 10 C	2×240 PS	21,00	14,00	4,20	47,0
B						14,10		
BW						14,20	5,10	
C	R	2+6	Hirth HM 508 D	2×260 PS		14,00	3,90	
V-13								
Fw 62 V-1	A	2	BMW 132 K	1×812 PS	12,35	11,15	4,30	36,10
Fw 159 V-2	J	1	Jumo 210 G	1×670 PS	12,40	10,00	3,75	20,2
Fw 187 A-0	J	2	Jumo 210 Ga	2,680 PS	15,30	11,10	3,85	30,4
Fw 189 A-1	A	3	Argus As 410 A-1	2×465 PS	18,40	11,90	3,10	38,0
F-2			Argus As 411	2×575 PS				
Fw 190 A-5	J	1	BMW 801 D	1×1 770 PS	10,383	8,95	3,15	18,3
A-8	SJ	1	BMW 801 D	1×1 770 PS	10,506	8,95	3,15	18,3
F-2	S	1	BMW 801 D	1×1 770 PS	10,506	9,10	3,95	18,3
G-3	Jabo	1	BMW 801 D	1×1 770 PS	10,506	8,95	3,36	18,3
D-9	J	1	Jumo 213 A	1×1 750	10,506	10,24	3,36	18,3
Ta 152 C-0	J	1	DB 603 LA	1×2 100	11,00	10,81	3,38	19,5
H-1	J	1	Jumo 213 E	1×1 730	14,44	10,71	3,36	23,3

Gewichte		Leistungen									Militärische Ausrüstung
G_L (kg)	G_F (kg)	V max (km/h)	in H (m)	V Reise (km/h)	V Lande (km/h)	V Steig (m/min)	V Steig (min	f. m)	Rw. (km)	Gipfh. (m)	
818	950	122	0	90	—	215	.	.	230	3 400	—
3 180	4 300	122	0	—	—	240	.	.	300	2 400	1 MG 15
.	2 000	160	0	.	.	.	.	.	.	.	—
.	2 000	—	—	—	—	—	—	—	—	—	—
.	.	190	0	.	.	.	.	.	.	4 500	—
.	.	600	0	.	.	.	.	.	.	.	—
8 100	12 000	.	.	.	.	.	.	.	.	.	—
.	82	40	.	.	25	.	.	.	.	.	—
.	.	.	.	.	.	.	.	.	.	.	—
725	1 125	255	0	240	.	.	4,5	1 000	1 050	5 100	—
565	870	185	0	172	74	205	5,5	1 000	675	3 900	—
1 065	1 580	191	0	175	76	258	4,4	1 000	640	5 000	—
795	1 230	213	0	190	88	.	.	.	.	5 400	—
755	985	278	0	255	90	505	2,2	1 000	385	6 200	—
6 800	8 300	405	0	.	.	.	.	.	.	9 100	.
} 2 000	2 890	245	0	235	75	} 280	3,8	1 000	650 }	} 5 400	} 2×MG 15
	2 930	254	0	238	76				690		
2 425	3 550	226	0	184	84	190	5,5	1 000	640	3 700	
2 200	3 200	260	0	240	80	280	3,8	1 000	} 800	} 5 400	
2 400	3 600	272	0	242	85	300	.	.			
1 877	2 750	279	1 000	250	90	—	8,9	3 000	750	6 200	1×MG 17, 1×MG 15
1 875	2 250	385	4 000	365	.	—	12,5	6 000	650	7 200	2×MG 17
3 700	5 000	525	4 000	.	.	—	5,8	6 000	.	10 000	4×MG 17, 2×MG FF
2 690	3 950	344	2 500	317 }	120	310	8,3	4 000	940	7 000	2×MG 15, 2×MG 17
2 805	4 250	380	4 000	330		480	.	.	690	7 500	2×MG 17, 2×MG 81 Z
3 141	3 855	656	5 000	—	—	—	—	—	—	10 500	2×MG 17, 2 MG 151, 2 MG/FF
—	—	651	5 000	—	—	—	—	—	—	10 350	2×MG 131, 4 MG 151
3 103	4 700	585	—	530	—	—	—	—	455	8 500	2×MG 17, 2×MG 151/20
3 112	4 999	560	—	510	—	—	—	—	1 040	8 000	2×MG 151, ETC 501
3 490	4 840	685	—	—	—	—	—	—	—	10 000	2×MG 131, 2×MG 151/20
4 014	5 322	750	6 000	520	174	—	—	—	1 480	11 500	1×MK 108, 2×MG 151/20
3 920	5 220	750	6 000	500	155	—	—	—	1 550	14 800	1×MK 108, 2×MG 151/20

Type	Zweck	B	Triebwerk Muster	× N	Abmessungen b (m)	l (m)	h (m)	F (m²)
Fw 191 A(V-6)			Jumo 222	2×1800 PS		19,63		
B	B	4	DB 606	2×2700 PS	26,00		5,60	70,50
C			DB 601E	4×1200 PS		19,50		
Fw 200 A	V	4+26	BMW 132G	4×720 PS			6,00	
B			BMW 132 Dc	4×845 PS	32,84	23,85	6,20	118,00
C-3	B	7	BMW-Bramo 323/R-2	4×1000 PS			6,30	
Fw 206	V	·	BMW-Bramo 323	2×1000 PS	27,30	19,60	·	·
Fw 238H	B		BMW 803	4×3900 PS	52,00	35,30	8,70	290
Fw 249	T	7	Jumo 222	6×1646 PS	58,00	47,00	11,80	460,00
Fw 261	B		BMW 801D	4×1600 PS	40,00	26,78	6,35	185
Fw 300	V	5+40	DB 603	4×1950 PS	46,20	31,00	·	227,20
Ta 154 A-1	N	2	Jomo 211 R	2×1500 PS	16,00	12,60	3,67	32,4
C-1			Jumo 213 A	2×1750 PS		13,70		
Ta 254 A-2	N	2	Jumo 213 E	2×1750 PS	16,00	13,70	3,67	42,0
Ta 400	B	9	BMW 801D	6×1770 PS	42,00	29,40	6,50	170
Jäger-Projekt I	J	1	BMW P 3302	780 kp	8,20	10,50	—	14,0
Jäger-Projekt II	J	1	Jumo 004B/C	890 kp	9,70	9,85	—	15,0
Jäger-Projekt III	J	1	Jumo 004C	1200 kp	—	—	—	—
Jäger-Projekt IV	J	1	Jumo 004C HWK 109-509	2×1500 kp	—	—	—	—
Jäger-Projekt VI	J	1	He S 011	1×1300 kp	10,00	9,30	—	—
Ta 183	J	1	He S 011	1×1300 kp	9,50	8,90	—	—
Jäger-Projekt VII	J	1	He S 011	1×1300 kp	8,00	9,80	2,60	17,0
Jäger-Projekt VIII (FW 281)	J	1	He S 021	1×3300 PSe	8,00	9,90	2,65	17,0
Super TL	J	1	Jumo 004C	1×1200 kp	11,00	10,00	—	—
Ta 283	J	1	Strahlrohr	2×2300 PS	8,00	11,85	2,90	19,00
			+ HWK	1×3000 kg	—		—	
Super-Lorin	J	1	Strahlrohr	2×	7,60	11,60	—	—
Triebflügel	J	1	Lorin-Rohr	3×715 PS	11,50	9,15	—	80
P. 0310226-127	J	1	He S 021	1×3300 PSe	8,20	10,80	—	17,5
P. 0310251-21	NJ	2	He S 011	2×1300 kp	17,30	—	—	50,0
J.P. 011-045	NJ	3	He S 011	2×1300 kp	15,74	—	—	—
J.P. 011-046	NJ	3	He S 011	3×1300 kp	15,74	—	—	—
J.P. 011-047	NJ	3	He S 011	3×1300 kp	15,74	—	—	—
J.P. 000-222-018	J	1	Jumo 222E/F	1×2900 PS	12,60	13,70	4,30	—
P. 0310251-13	NJ	3	Jumo 222C/D	1×2500 PS	21,00	16,55	4,66	55
			BM003 A-1	2×800 kp	—	—	—	—
Jäger-Projekt	J	1	BMW 803	1×3900 PS	13,20	13,80	—	—
P. 0310-025-1006	J	2	As 413	1×4000 PS	16,40	14,20	4,70	55
Jäger-Projekt	J	1	BMW 801F	2×2000 PS	—	—	—	—
J.P. 6035-001	J	1	DB 603	1×1750 PS	—	—	—	—
P. 82114	B	2	DB 600	1×950 PS	17,00	13,10	4,15	37,5
1000×1000×1000A	B	3	MS 011	2×1300 kp	12,65	14,20	3,75	27
1000×1000×1000B	B	3			14,00	5,80	2,75	55
1000×1000×1000C	B	3			12,65	14,20	3,75	27
P. 0310224-20/21	B	7	BMW 801E	4×1700 PS	40,00	27,00	6,00	187
P. 0310224-30	B	7–9	BMW 801E	4×1700 PS	42,00	28,20	6,00	170

Gewichte		Leistungen									
G_L (kg)	G_F (kg)	V max (km/h)	in H (m)	V Reise (km/h)	V Lande (km/h)	V Steig (m/min)	V Steig (min	f. m)	Rw. (km)	Gipfh. (m)	Militärische Ausrüstung
11 545	20 500	600	5 000	505	140		21	6 000	3 500	9 100	1×MG 151, 2×MG 151 Z,
16 300	23 600	605	5 000	500	.	1 075	.	.	3 900	8 300	2×MG 81 Z, 4000 kg B.
.	25 309	475	5 000	410	.	.	.	.	3 800	8 800	4×MG 151, 2×MG 81 Z, 1×MG 131 Z, 4000 kg B.
10 925	17 000	375	0	335	107	420	2,6	1 000	1 770	7 500	—
10 950	17 000	375	2 600	340	110	570	2,3	1 000	2 000	7 400	—
14 100	22 700	285	5 000	235	110		38	6 000	4 300	8 500	2×MG 151/20, 4×MG 15, 9800 kg B.
.	.	.	.	.	.	.	.	.	.	.	—
55 620	114 530	670	8 000	500	130	—	—	—	14 100	—	—
60 000	112 000	490	3 600	400	135	282	—	—	1 500	7 100	
26 760	50 000	560	7 200	—	144	—	15,5	8 000	9 000	9 600	—
25 540	47 500	527	6 000	430	115	240	.	.	8 200	9 600	4 MK 108, 4 MG 131, 4 MG 151
.	8 845	632	8 000	.	.	.	14,5	8 000	1 370	10 920	4×MK 108, 2×MG 151/20
.	9 000	685	10 000	.	.	.	.	.	.	.	6×MK 108
.	11 500	736	10 520	.	.	.	.	.	1 440	10 520	2×MG 151, 2×MK 108
—	62 500	724	—	—	—	—	—	—	4 800	—	FDL 103 Z, 3×MG 151 Z, HL 131 V, 300 kg B.
—	3 350	800	10 000	—	—	—	—	—	—	—	2×MK 108, 2×MG 151
2 410	3 350	800	6 000	—	—	—	15,6	1000	—	—	2×MK 108, 2×MG 151/20
—	—	—	—	—	—	—	—	—	—	—	2×MK 108, 2×MK 103
—	—	—	—	—	—	—	—	—	—	—	
—	—	—	—	—	—	—	—	—	—	—	2×MK 103, 2×MG 151/20
—	—	—	—	—	—	—	—	—	—	—	2×MK 108
3 035	5 000	—	—	—	—	—	—	—	—	—	2×MK 103, 2×MG 151
1 300	—	—	—	—	—	—	—	—	—	—	2×MK 103, 2×MG 151
—	—	—	—	—	—	—	—	—	—	—	2×MK 108
2 680	4 000	1 100	11 000	—	—	—	4,3	10 000	790	—	2×MK 108
—	—	—	—	—	—	—	—	—	—	—	
3 200	5 175	900	7 000	—	—	—	3,5	11 000	740	15 000	2×MK 103, 2×MG 151
3 396	4 900	900	9 000	—	—	2 340	—	—	1 020	13 800	1×MK 103, 2×MG 13
6 920	11 000	—	—	—	—	—	—	—	—	—	4×MK 108
7 691	12 685	904	7 000	—	—	—	—	—	2 000	12 780	6×MK 108
—	—	—	—	—	—	—	—	—	—	—	4×MK 108
—	—	—	—	—	—	—	—	—	—	—	4×MK 108
—	—	815	9 000	—	—	—	—	—	—	—	MW 50
9 300	12 000	—	—	—	—	—	—	—	—	—	4×MK 108
—	—	—	—	—	—	—	—	—	—	—	
—	—	—	—	—	—	—	—	—	—	—	2×MK 103, 2×MG 151/20
—	9 800	—	—	—	—	—	—	—	—	—	2×MK 103, 2×MG 213
—	—	695	6 900	—	—	—	—	—	—	—	3×MK 103, 2×MG 151
—	—	793	11 400	—	—	—	—	—	—	—	1×MK 103, 2×MK 213
—	—	360	4 000	334	98	—	13,9	10 000	800	10 000	2×MG 17, 1×MG 15
4 225	8 100	1 000	—	—	—	—	—	—	—	—	—
4 200	8 100	1 000	—	—	—	—	—	—	—	—	—
4 225	8 100	1 005	—	960	175	1 272	—	—	2 500	—	—
—	53 400	512	6 300	320	—	—	—	—	8 400	8 200	2×MK 108, 5×MG 151, 4×MG 131
—	60 500										4×MK 108, 1 MG 151/20, 4 MG 151, 4 MG 131

Type	Zweck	B	Triebwerk Muster	× N	Abmessungen b (m)	l (m)	h (m)	F (m²)
Gerner G II R	Sch	2	Hirth HM 60R	1×80 PS	7,20	6,32	2,12	12,50
Go 145	Sch	2	Argus As 10C	1×240 PS	9,00	8,70	2,90	21,75
Go 146	R	2+2	Hirth HM 508E	2×240 PS	11,50	9,00	2,85	20,40
Go 147A	X	2	Argus As 10C	1×240 PS	12,25	5,92	2,62	·
Go 147B					11,00	5,40	2,54	·
Go 149	Ü	1	Argus As 10C	1×240 PS	7,80	7,30	2,10	11,35
Go 150	R	2	Zündapp Z 9-092	2×50 PS	11,80	7,15	2,03	17,50
Go 241	R	4	Hirth HM 506A	2×160 PS	14,50	9,02	2,52	23,00
Go 242B	LS	2+23	—	—	24,50	15,80	4,40	64,40
Go 244B	T	2+23	Gnôme 14 M	2×740 PS	24,50	15,80	4,70	64,40
Go 345B	T	2+10	Argus As 014	2× ·	21,00	13,00	4,20	49,90
Ka 430	LS	2+12	—	—	19,50	13,22	4,17	39,90
P. 39	T	3	BMW-Bramo 323	3×1000 PS	36,30	24,00	7,70	165
P, 40B	T	2	BMW 132 Dc	1×1000 PS	24,99	19,37	5,13	—
P. 45	T	2	Jumo 211	1×1100 PS	23,77	—	—	—
P. 46	T	2	Jumo 211	1×1100 PS	24,50	15,80	4,40	64,40
P. 50 I	LS	2	—	—	19,98	10,08	3,38	—
P. 50 II	LS	2	—	—	22,40	14,25	5,54	—
P. 60 A	J	1	BMW 003	2×890 kp	12,41	—	—	—
P. 60 B	J	1	HeS 011	2×1300 kp	13,51	—	—	—
P. 60 C	NJ	2						
Gruse Bo 15/1	Ü	1	Köller M 3	1×18 PS	10,80	6,30	1,63	15,00
Haessler — Villinger HV 1	X		Tretrad	—	12,50	5,55	1,58	10,00
Haessler H 3	Ü	1	Kroeber M 4	1×18 PS	8,00	5,81	2,10	8,20
Heinkel								
He 42 C-2	Sch	2	Junkers L 5 Ga	1×380 PS	14,0	10,60	4,30	56,00
He 45	A	2	BMW VI O	1×600 PS	11,50	10,00	3,60	34,60
He 46 D-1	A	2	SAM 322 B	1×650 PS	14,00	9,50	3,40	32,20
He 49 L	J	1	BMW VI	1×740 PS	11,00	8,24	—	—
He 49 W	J	1			11,00	8,57	—	
He 50	StB	2	SAM 322 B	1×600 PS	11,50	9,60	—	34,80
He 51 A-1	J	1	BMW VI 7,3Z	1×750 PS	11,00	8,40	3,20	27,20
He 51 W	J	1			11,0	9,10	3,90	27,20
He 52	J	1	BMW VI 7,3Z	1×735 PS	13,82	8,40	3,25	34,30
He 56	A	2	Kotobuki II Kai 1	1×580 PS	11,00	10,75	4,30	32,00
He 59 B-2	AS	4	BMW VI 6,0ZU	2×660 PS	23,70	17,35	7,10	153,40

Gewichte		Leistungen									
G_L (kg)	G_F (kg)	V max (km/h)	in H (m)	V Reise (km/h)	V Lande (km/h)	V Steig (m/min)	(min	f. m)	Rw. (km)	Gipfh. (m)	Militärische Ausrüstung
310	500	160	—	145	55	—	5	1 000	600	—	—
880	1 380	212	0	180	90	270	5,5	1 000	630	3 700	—
1 450	2 150	335	0	300	100	450	2,6	1 000	1 000	5 600	—
.	.	.	.	.	.	.	.	.	.	.	—
945	1 145	220	0	·	·	·	4,8	1 000	·	5 500	1 × MG 15
800	1 050	345	0	320	90	417	2,2	1 000	950	6 400	—
512	850	200	0	185	70	·	6,5	1 000	900	4 500	—
1 370	1 850	275	0	255	85	.	4	1 000	740	7 600	—
3 200	7 100	300		V Schlepp 240 km/h, Gleitwinkel 1 : 16							—
5 100	7 800	270	0	250	112	270	4	1 000	740	7 600	—
2 470	6 000	310		V Schlepp 370 km/h, Gleitwinkel 1 : 15							—
1 810	4 600	320		V Schlepp 300 km/h, Gleitwinkel 1 : 14							—
8 743	16 144	350	—	270	109	—	17	4 000	1 880	7 900	1 HDL 151/20, 1 MG 81 Z
—	—	—	—	—	—	—	—	—	—	—	
—	—	—	—	—	—	—	—	—	—	—	
—	—	—	—	—	—	—	—	—	—	—	
—	—	—	—	—	—	—	—	—	—	—	
—	—	—	—	—	—	—	—	—	—	—	
	7 474	953	—	—	—	825	—	—	1 584	—	} 4 × MK 108
	10 032	973	—	—	—	1 122	—	—	2 632	—	}
		960	—	—	—	1 050	—	—	2 500	—	6 × MK 108
180	306	—	90	45	—	25	1 000	—	—		
45	111	—	—	—	—	—	—	—	—	—	—
132	240	165	—	150	60	—	37	3 000	490	3 750	
1 710	2 420	192	1 000	185	80	—	5,6	1 000	—	4 200	1 × MG 17, 1 × MG 15
1 725	2 610	250	0	220	105	—	6,2	2 000	940	5 000	1 × MG 15
1 465	2 300	260	800	220	95	—	9,5	3 000	1 050	—	1 × MG 15
—	1 950	325	—	—	90	—	3	2 000	—	8 000	2 × MG 17
—	1 970	310	—	—	100		3,4	2 000	—	7 500	2 × MG 17
—	2 620	235	—	—	95	—	3	1 000	—	6 400	1 × MG 17, 1 × MG 15
1 470	1 900	310	4 000	280	95	—	16,5	6 000	700	7 500	2 × MG 17
1 525	1 967	306	1 000	250	100	—	9	4 000	670	7 400	2 × MG 17
—	2 055	310	—	—	—	—	—	—	—	—	2 × MG 17
	2 610	294	1 000	245	80	—	9,8	2 000	1 510	6 000	2 × MG 7,7 mm
6 200	8 800	280	—	220	88	—	4,8	1 000	775	6 300	3 × MG 15

Type	Zweck	B	Triebwerk Muster	× N	Abmessungen b (m)	l (m)	h (m)	F (m²)
He 59 D	Seenotfl.	4	BMW VI 6,0ZU	2×660 PS	23,70	17,35	7,10	153,40
He 60	A	2	BMW VI 6,0ZU	1×660 PS	13,50	11,50	—	56,20
He 61	A	2	BMW VI 6,0ZU	1×660 PS	11,50	10,00	—	34,60
He 62	A	2	Kotobuki Kai	1×600 PS	11,40	11,10	—	38,70
He 63 L	Sch	2	Argus As 10	1×220 PS	10,80	8,20	2,70	24,37
He 63 W	Sch	2	Argus As 10	1×220 PS	10,80	8,65	3,00	24,37
He 64	Sch	2	Argus As 8	1×150 PS	9,80	8,30	2,00	14,40
He 65	T	2	BMW-Hornet	1×575 PS	14,30	11,60	—	35,20
He 66	A	2	Sk Jupiter F 7	1×452 PS	11,50	9,70	—	34,80
He 70 F-2	A	2–5	BMW VI 7,3Z	1×750 PS	14,80	11,70	3,10	36,50
He 70 G-2	T	1/5	BMW VI 7,3Z	1×750 PS	14,80	11,70	3,10	36,50
He 71	Sp	1	Hirth HM 4	1×78 PS	9,50	6,97	1,70	12,90
He 72	Sch	2	Siemens Sh 14a	1×160 PS	9,00	7,50	2,70	20,70
He 72 W	Sch	2	Siemens Sh 14a	1×160 PS	9,00	7,90	3,20	20,70
He 74	Ü	1	Argus As 10c	1×240 PS	8,25	6,80	2,25	14,95
He 100D	J	1	DB 601M	1×1175 PS	9,40	8,20	3,60	14,60
He 111 B-2	B	4	DB 600CG	2×950 PS	22,60	17,50	4,40	87,60
He 111 C-01	T	2/10	BMW VI 6 0Z	2×660 PS	22,60	17,50	4,10	87,60
He 111 E-1	B	4	Jumo 211 A-1	2×1000 PS	22,60	17,50	4,20	87,60
He 111 H-3	B	5	Jumo 211 D-1	2×1200 PS	22,60	16,40	4,00	87,60
He 111 H-16	B	5	Jumo 211 F-2	2×1340 PS	22,60	16,40	4,00	87,60
He 111 Z	Schleppflzg.	7	Jumo 211 F-2	5×1340 PS	35,40	16,69	4,53	147
He 112 B-1	J	1	Jumo 210 G	1×675 PS	9,10	9,30	3,80	17
He 113	J	1	DB 601 Aa	1×1100 PS	9,40	8,19	3,53	14,50
He 114	A	2	BMW 132 K	1×830 PS	13,30	11,90	5,15	42,30
He 115 B-1	A-BT	3	BMW 132 K	2×960 PS	22,28	17,30	6,62	86,70
He 116	A	3–4	Hirth HM 508C	4×244 PS	22,00	13,70	3,30	62,90
He 118	B	2	DB 600 C	1×880 PS	15,00	11,80	3,10	37,70
He 119 A	A	3	DB 606 A-2	1×2350 PS	15,90	14,72	5,40	50,00
He 119 V5	A	3			15,90	15,52	—	50,0
He 120	T	—	Jumo 205	4×800 PS	35,00	28,00	—	170
He 162 A-1	J	1	BMW 003 A-1	1×800 kp	7,20	9,05	2,60	11,16
He 162 A-10	J	1	Argus As 014	2×335 kp	7,20	9,20	2,60	11,00
He 162 A-11	J	1	Argus As 044	1×500 kp	7,20	9,20	2,60	11,00
He 170	A	3	Gnôme-Rhône Mistral	1×930 PS	14,80	11,70	3,10	36,50
He 172	Sch	2	Siemens Sh 14A	1×160 PS	9,00	8,15	—	20,70
He 176	X	1	Walter HWK RI	1×690 kp	5,00	5,20	1,44	5,40
He 177 A-3	B	6	DB 606	2×2700 PS	31,44	22,00	6,70	100
He 177 A-5	B	6	DB 610	2×2900 PS	31,44	22,00	6,70	100
He 177 A-7	B	6	DB 610 A/B	2×2975 PS	36,00	22,00	6,70	108
He 177 B-0	B	6	BMW 801E	4×2000 PS	32,80	22,52	6,70	108
He 178	X	1	Heinkel He S 3B	1×500 kp	7,20	7,48	—	9,10
He 219 A-0	NJ	2	DB 603 G	2×1900 PS	18,50	14,50	4,10	44,50
He 219 A-3	J	3	DB 603 G	2×1900 PS	20,00	15,10	3,80	48,40
He 219 A-5	NJ	3	DB 603E	2×1800 PS	18,50	16,34	4,15	44,50
He 219 A-6	NJ	2	DB 603L	2×1750 PS	18,50	15,54	4,10	44,50
He 219 B-2	J	2	DB 603 Aa	2×1760 PS	22,06	15,54	4,10	50,00
He 219 C-1	NJ	4	Jumo 222 A/B	2×2500 PS	22,06	17,13	4,10	50,00
He 220	T	4/32–48	BMW 801 D	4×3500 PS	—	—	—	—
He 270	A	3	DB 601 A	1×1175 PS	14,80	11,80	3,10	36,50
He 274	B	3	DB 603 A	4×1750 PS	44,10	22,30	5,50	170
He 277	B	6	DB 603 G	4×1750 PS	44,40	22,40	6,00	172
He 280 V3	J	1	Heinkel He S 8A	2×600 kp	12,20	10,40	3,06	21,50

Gewichte		Leistungen									
G_L (kg)	G_F (kg)	V max (km/h)	in H (m)	V Reise (km/h)	V Lande (km/h)	V Steig (m/min)	V Steig (min	f. m)	Rw. (km)	Gipfh. (m)	Militärische Ausrüstung
5000	8950	230	1000	205	88	—	11,2	2000	775	3500	—
2410	3400	240	—	—	90	—	3,2	1000	—	5000	1×MG 15
1695	2580	270	—	—	105	—	17,7	5000	—	6000	1×MG 17, 1×MG 15
—	2920	235	—	—	—	—	—	—	—	—	2×MG 7,7 mm
820	1250	201	1000	190	76		12,7	2000	1200	3900	—
1000	1400	177	—	—	64	—	8	1000	—	3000	—
425	740	245	0	225	52	234	4,5	1000	900	5400	—
—	4308	325	—	—	—	—	—	—	—	—	—
—	2235	247	—	—	—	—	—	—	—	—	2 MG 7,7 mm
2360	3500	360	0	280	105	—	15	4000	1820	6000	1×MG 15
2340	3500	360	0	305	105	—	15	4000	1250	6800	—
310	679	212	0	177	68	—	10,6	2000	1600	5200	—
590	900	194	1000	158	80	—	14	2000	820	4200	—
620	965	182	1000	152	80	—	5,2	1000	530	3800	—
730	960	288	0	240	90	—	5,0	2000	380	6200	1×MG 17
1810	2500	670	5000	640	150	—	7,8	6000	890	11000	1×MG/FFM, 2×MG 17
5840	8600	370	4000	345	—	—	—	—	1660	7000	3×MG 15, 1500 kg B.
5400	9610	310	4000	270	110	—	—	—	2400	4800	—
6135	10600	430	4000	380	120	—	—	—	1820	5800	3×MG 15, 2000 kg B.
7200	13120	440	4000	330	125	—	—	—	2300	8000	1×MG/FF, 6×MG 15, 2000 kg B.
8680	14000	435	4000	330	130	—	—	—	2900	6700	1×MG/FF, 1×MG 131, 3×MG 81 Z maximal 3000 kg B.
21400	28400	435		392	130	—	—	—	1500	10000	2×MG 131, 4×MG 81, 2×MG 81 Z
1620	2250	510	—	430	135	—	9,5	6000	1000	9500	2×MG/FF, 2×MG 17
1935	2440	648	4900	660	150	1005	4	4000	900	10500	1×MG/FFM, 2×MG 17
2314	3420	292	0	265	95	330	3	1000	1050	4800	1×MG 15
6715	10420	295	0	275	100	204	—	—	2600	5200	2×MG 15, 1 Torpedo oder 500 kg B.
4050	7130	375	0	345	105	—	32	6000	3500	7600	—
2450	3775	395	4000	325	105	—	13,2	4000	1250	8500	2×MG 17, 1×MG 15, 500 kg B.
5440	7565	590	4500	510	—	—	—	—	3120	8500	1×MG 15
—	8700	550	—	—	—	—	—	—	—	—	1×MG 15
12750	29000	380	—	—	—	—	—	—	—	—	
1523	2495	840	4000	—	170	—	—	—	—	7200	
1632	3301	712	0	—	170	—	—	—	—	6500	2×MK 108 oder MG 151/20
1674	2900	810	0	—	170	—	—	—	—	8000	
2300	3800	455	2000	410	107	—	13,7	3000	950	8300	1×MG 15
—	1040	185	—	—	—	—	—	—	—	—	—
900	1620	750	0	710	135	—	—	—	110	9000	—
—	29800	480	—	—	—	—	—	—	3700	8800	1×M/FF, 2×MG 131, 1×MG 81
—	31000	440	—	—	—	—	—	—	3650	9400	
—	34600	540	—	510	—	—	—	—	3700	9800	
—	38000	555	—	515	—	—	—	—	3600	9400	
—	1998	700	0	—	—	—	—	—	—	—	
9030	11850	655	—	530	—	483	—	—	2460	10600	6×MG 151, 1×MG 131
10120	12880	630	—	480	—	483	—	—	2000	9800	2×MK 108, 1000 kg B.
10127	13575	615	—	510	—	544	—	—	2850	9400	4×MG 151, 2×MK 108, 1×MG 131
9486	11950	650	—	540	—	552	—	—	1600	11000	4×MG 151/20
10587	13070	655	—	530	—	483	—	—	1400	13400	2×MK 108, 2×MG 151
12072	16085	675	—	505	—	504	—	—	1800	12000	4×MK 108, 2×MG 151, 4×MG 131
—	—	—	—	430	—	—	—	—	8700	—	—
—	4150	460	—	—	—	—	—	—	—	—	1×MG 17, 1×MG 15
23840	36010	580	11000	510	158	—	90	13000	4000	14300	5×MG 131, 2000 kg B.
—	45000	557	6000	—	—	—	—	—	6250	14300	6×MG 131, 7200 kg B.
3055	4125	820	2000	710	140	—	—	—	970	11500	3×MG 151/20

Type	Zweck	B	Triebwerk Muster	Triebwerk × N	Abmessungen b (m)	l (m)	h (m)	F (m²)
He 343	B	2	Heinkel He S 011 A	4×1300 kp	18,00	16,50	5,35	42,25
He 419 A-0	J	3	DB 603 G	2×1750 PS	22,40	15,85	5,74	55,50
He P 1064	B		BMW 801 Ea	6×2000 PS	45,00	24,20	—	170
P 1065 Ia	JB	3	BMW 801 E	2×1550 PS	23,00	15,40	—	51
P 1065 Ia	JB	3	Jumo 222C	2×2600 PS	23,00	15,40	—	—
P 1065 Ib	JB	3	Jumo 222C	2×2600 PS	23,00	15,40	—	56,50
P 1065 Ic	B	2	DB 609	2×2270 PS	23,00	15,40	—	57,00
P 1065 IIc	B	2	BMW 803	1×3500 PS	20,40	19,50	—	57,50
P 1065 IIIb	B	3	DB 619	1×4540 PS	20,30	14,40	—	45,00
P 1065 IIIc	B	3	DB 613	1×3100 PS	20,30	14,40	—	41,50
P 1066	Z	3	BMW 801E	2×1500 PS	22,80	15,60	—	47,20
P 1068.01.78	B	2	He S 011	4×1300 kp	19,00	20,00	—	60,00
P 1068.01.80	B	2	He S 011	6×1300 kp	19,00	20,00	—	60,00
P 1068.01.83	B	2	He S 011	4×1300 kp	16,00	17,00	—	43,00
P 1068.01.84	B	2	He S 011	4×1300 kp	16,00	17,90	—	45,00
P 1069	J	1	Jumo 004B	1×900 kp	—	—	—	—
Strabo 16	B	3	Jumo 004C	4×1015 kp	18,00	16,60	—	42,00
P. 1070	J	2	Jumo 004B	2×900 kp	—	—	—	—
P. 1071	J	1	Jumo 004B	2×900 kp	—	—	—	—
P. 1072	B	2	BMW 003 A-0	4×820 kp	—	—	—	—
P. 1073	B	1	He S 011	2×1300 kp	12,00	10,30	—	22,00
P. 1074	J	1	BMW 801E	4×2000 PS	—	—	—	—
P. 1075	J	2	DB 603E	2×1500 PS	27,40	13,85	—	88,80
P. 1076 A	J	1	DB 603 U	1×1810 PS	11,00	9,64	2,90	18,00
P 1076 B	J	1	Jumo 213E	1×1750 PS	11,00	9,60	2,90	18,00
P 1077 I	J	1	HWK 109-509 A	1×1600 kp	4,60	6,80	1,50	7,20
P 1077 II	J	1	HWK 109-509 A	1×1600 kp	4,60	6,80	1,50	7,20
P 1078 A	J	1	He S 011	1×1300 kp	8,80	6,10	2,40	16,85
P 1078 B	J	1	He S 011	1×1300 kp	9,40	6,10	2,40	20,30
P 1078 C	J	1	He S 011	1×1300 kp	9,00	6,10	2,40	17,80
P 1079 A	NJ	3	He S 011	2×1300 kp	13,00	14,25	3,40	35,00
P 1079 B	NJ	3	He S 011	2×1300 kp	13,00	9,00	3,40	41,50
P 1079 C	J	2	He S 011	2×1300 kp	11,00	14,44	3,40	30,00
P 1079 D	NJ	3	He S 011	2×1300 kp	12,00	13,65	3,40	30,00
P 1079 E	NJ	3	He S 011	2×1300 kp	14,80	15,65	3,40	45,00
P 1080 A	J	1	Lorin-Rohr	2×1900 kp	9,00	8,00	—	41,50
Wespe	J	1	He S 21 PTL	2000PS + 190kp	5,00	6,20	1,25	29,70
Lerche	J	1	DB 605 D	2×	4,00	9,40		12,00

Gewichte		Leistungen									
G_L (kg)	G_F (kg)	V max (km/h)	in H (m)	V Reise (km/h)	V Lande (km/h)	V Steig (m/min)	V Steig (min	f. m)	Rw. (km)	Gipfh. (m)	Militärische Ausrüstung
10770	19550	910	—	835	173	—	17,5	10000	1620	14800	2×MG 151, 3000 kg B.
8940	14200	670	—	605	172	—	—	—	2400	11800	6×MG 151
—	59780	570	—	—	—	—	—	—	—	—	—
—	15220	429	—	—	—	—	—	—	—	—	4×MG 151/20
—	—	—	—	—	—	—	—	—	—	—	4×MG 151/20
—	16890	572	—	—	—	—	—	—	—	—	2×MG 151/20
—	17050	525	—	—	—	—	—	—	—	—	2×MK 103
—	15500	519	—	—	—	—	—	—	—	—	2×MG 151/20, 1×MG 131
—	14870	560	—	—	—	—	—	—	—	—	2×MG 131
—	13670	510	—	—	—	—	—	—	—	—	2×MG 151/20, 1×MG 131
—	15800	610	—	—	—	—	—	—	—	—	—
—	22300	853	—	—	—	—	—	—	—	—	—
—	23500	930	—	—	—	—	—	—	—	—	—
—	17960	910	—	—	—	—	—	—	—	—	—
—	18260	895	—	—	—	—	—	—	—	—	—
—	—	—	—	—	—	—	—	—	—	—	—
—	16000	860	—	—	—	—	—	—	—	—	—
—	—	—	—	—	—	—	—	—	—	—	—
—	—	—	—	—	—	—	—	—	—	—	—
—	—	—	—	—	—	—	—	—	—	—	—
—	6100	1010	—	—	—	—	—	—	—	—	2×MK 108
—	—	—	—	—	—	—	—	—	—	—	—
—	32000	730	—	—	—	—	—	—	—	—	4×MG 151/20
3260	4400	860	10800	670	167		12,20	12000	1340	14500	1×MK 103, 2×MK 108
3200	4480	865	—	—	—	—	—	—	—	—	1×MK 103, 2×MK 108
850	1800	900	5000	800	160	—	1,42	15000	50	15000	2×MK 108
850	1840	970	5000	800	160	—	1,42	15000	50	15000	2×MK 108
2000	4050	980	7000	—	175	—	—	—	—	—	2×MK 108
2000	3900	1025	7000	—	175	—	—	—	—	—	2×MK 108
2000	3920	1010	7000	—	175	—	—	—	—	—	2×MK 108
4900	10000	950	7000	—	175		6,80	5000	1800	12500	4×MK 108
4900	9300	1015	7000	—	175		19	10000	1800	12500	4×MK 108
4900	10000	990	7000	—	175		19	10000	1800	12500	4×MK 108
4900	10000	950	7000	—	175		19	10000	1800	12500	4×MK 108
4900	10340	930	7000	—	175		19	10000	1800	12500	4×MK 108
—	9300	1015	—	—	—	—	—	—	—	—	2×MK 108
—	2140	800	—	—	—	—	—	—	—	—	2×MK 108
—	5600	—	—	—	—	—	—	—	—	—	2×MK 108

Verzeichnis der Fotos

Verzeichnis der Zeichnungen

Der Autor

Heinz J. Nowarra, 1912 in Berlin geboren, 1919 – 1928 Besuch des Treitschke-Gymnasiums in Berlin-Wilmersdorf, 1928 – 1930 Lehre als Handlungsgehilfe. 1930 bis Ende 1933 arbeitslos. Dezember 1933 bis Januar 1936 Kontorist und Kassierer, 1936 bis Anfang 1940 Lagerbuchhalter und Terminbearbeiter bei Siemens-Schuckert, Schaltwerk.
1941 bis Mitte 1942 Gesellschaft für Luftfahrtbedarf in Berlin (Ersatzteilbewirtschaftung für Me 109, Januar 1942 für Ju 88). Ab Mitte 1942 in gleicher Funktion abgestellt zu Junkers-Flugzeug- und Motorenwerke, Werft Leipzig, als Gruppenleiter beim Ringführer Ju 88, später auch für Ju 188 zuständig, Mistel-Programm.
Nach 1945 Ausübung verschiedener Berufe, ab 1949 Wiederaufbau des im Kriege zerstörten Luftfahrt-Bild- und Informationsarchivs, zur Zeit größtes Luftfahrt-Bildarchiv in privater Hand (über 30000 Negative. 1968 bis Ende 1977 Mitarbeiter der Abteilung »Marktforschung und Verkehrsentwicklung« am Flughafen Frankfurt/Main, Arbeitsgebiet Interner Informationsdienst und Archiv. Seit 1958 umfangreiche Tätigkeit als Luftfahrtschriftsteller.

Bisherige Veröffentlichungen als Autor bzw. Mitautor:

1958	Harleyford, England	Richthofen and his Flying Circus
1959	Harleyford, England	Air Aces Germany 1914/18
1959	J. F. Lehmanns, München	Entwicklung der Flugzeuge 1914 – 1918
1960	Moewig, München	Jagdgeschwader 2
1960	Moewig, München	Nachtjagd
1961	J. F. Lehmanns, München	Die deutschen Flugzeuge 1933 – 1945 (Co-Autor: K. Kens)
1961	Eigenverlag	50 Jahre deutsche Luftwaffe, Bd. 1
1961	Moewig, München	Fliegerasse 1914/18
1961	Moewig, München	Bombengeschwader 1
1961	Moewig, München	6 Fliegergeschichten
1963	Harleyford, England	Messerschmitt 109
1964	J. F. Lehmanns, München	Die deutschen Flugzeuge (2. Auflage)
1964	Interconair, Genua	50 Jahre deutsche Luftwaffe, Bd. 2
1965	Harleyford, England	Marine Aircraft 1914/18
1966	Harleyford, England	Focke-Wulf Fw 190
1966	Aero Publishers, USA	Dornier Do 335
1966	Aero Publishers, USA	Junkers Ju 87
1966	Aero Publishers, USA	Tigers-Tanks
1967	Aero Publishers, USA	Heinkel He 177
1967	Aero Publishers, USA	Messerschmitt Me 262
1967	Caler, USA	Junkers Ju 87
1967	Caler, USA	Junkers Ju 88
1967	Interconair, Genua	50 Jahre deutsche Luftwaffe Bd. 3
1967	J. F. Lehmanns, München	Sowjetflugzeuge
1968	J. F. Lehmanns, München	Die deutschen Flugzeuge (3. Auflage)
1968	Hoffmann, Mainz	Eisernes Kreuz und Balkenkreuz
1968	Caler, USA	Marseille
1969	Hoffmann, Mainz	Deutsche Flughäfen
1970	Harleyford, England	Russian Civil & Military Aircraft
1971	Doubleday, New York	German Combat Planes (Co-Autor Ray Wagner)
1971	Jan Allen, England	Junkers (Co-Autor J. Hunter)
1972	J. F. Lehmanns, München	Die deutschen Flugzeuge (4. Auflage)
1975	J. F. Lehmanns, München	Heinkel und seine Flugzeuge
1977	J. f. Lehmanns, München	Die deutschen Flugzeuge (5. Auflage)
1977	Podzun, Friedberg	Spitfire (Bildband)
1977	Podzun, Friedberg	Uboot Typ VII (Bildband)
1978	Podzun, Friedberg	Deutsche Lastensegler (Bildband)
1978	Podzun, Friedberg	Russische Jagdflugzeuge (Bildband)
1978	Podzun, Friedberg	Fliegende Bleistifte (Bildband)
1978	Podzun, Friedberg	Junkers Ju 88 (Bildband)
1978	Podzun, Friedberg	Heinkel He 111 (Bildband)
1978	Podzun, Friedberg	Focke-Wulf Fw 200 (Bildband)
1978	Podzun, Friedberg	Luftschlacht um England (Bildband)
1978	Podzun, Friedberg	Geleitzugschlachten i. Mittelmeer
1978	Motorbuch, Stuttgart	Ju 88 und Folgemuster

1979 Motorbuch, Stuttgart	Die He 111
1979 Podzun, Friedberg	Blohm & Voß Bv 138 (Bildband)
1979 Podzun, Friedberg	Junkers Ju 87 (Bildband)
1979 Podzun, Friedberg	Fieseler Fi 156 »Storch«
1979 Podzun, Friedberg	Luftwaffeneinsatz »Barbarossa«
1980 Jane's, England	Heinkel He 111 (Motorbuch-Lizenz)
1980 Motorbuch, Stuttgart	Die verbotenen Flugzeuge
1980 Podzun, Friedberg	Die ersten Strahlbomber (Bildband)
1980 Podzun, Friedberg	Blohm & Voß Bv 222/238 (Bildband)
1980 Podzun, Friedberg	Deutsche Hubschrauber (Bildband)
1981 Motorbuch, Stuttgart	Junkers Ju 88 (2. Auflage)
1981 Motorbuch, Stuttgart	Nahaufklärer
1981 Podzun, Friedberg	Fokker Dr. I & D VII (Bildband)
1981 Podzun, Friedberg	Fremde Vögel
1981 Podzum, Friedberg	Die Bomber kommen
1981 Podzun, Friedberg	Heinkel He 219 (Bildband)
1982 Motorbuch, Stuttgart	Fernaufklärer
1982 Motorbuch, Stuttgart	Gezielter Sturz (Sturzbomber)
1983 Podzun, Friedberg	Die großen Dessauer (Bildband)
1983 Podzun, Friedberg	Udet
1983 Podzun, Friedberg	Die Flugzeuge d. A. Baumann
1984 Podzun, Friedberg	Heinkel He 162 (Bildband)
1984 Podzun, Friedberg	Me 109 II (Bildband)
1984 Podzun, Friedberg	Dornier Do X (Bildband)
1984 Motorbuch, Stuttgart	Torpedoflugzeuge
1984 Podzun, Friedberg	Die Flugzeuge des Alexander Baumann
1985 Podzun, Friedberg	Deutsche Jagdflugzeuge 1915–1945

Mitarbeit an mehreren Werken ausländischer Autoren; Artikel in »Flugrevue«, »Der Flieger« und »Le Fanatique de l'Aviation« (Frankreich)